新编21世纪法学系列教材

总主编　曾宪义　王利明

民法案例分析教程

第六版

杨立新 编著

Case Study Tutorials of the Civil Law

中国人民大学出版社
·北京·

内容简介

本书通过分析适用《中华人民共和国民法典》（以下简称《民法典》）的典型案例，全面阐释了《民法典》总则编、物权编、合同编、人格权编、婚姻家庭编、继承编和侵权责任编的规定与基本原理。作者发挥理论联系实际、审判实践经验丰富的优势，应用四十余年的学术积累，集中介绍了《民法典》的知识点，使民法理论和司法经验相互融通。全书结构严谨，体系严密，语言简洁、通俗，说理由浅入深，适合本科、专科法学专业学生学习民法课程，也适合司法实务人员和关注《民法典》的读者学习使用。本次修订，以《民法典》及其司法解释为依据，更换部分案例，全面体现立法和司法的要求。

主编简介

杨立新 教育部人文社会科学重点研究基地中国人民大学民商事法律科学研究中心研究员，中国人民大学法学院教授；兼任全国人大常委会法制工作委员会立法专家委员会立法专家、最高人民检察院专家咨询委员会专家咨询委员、最高人民法院案例指导工作专家委员会委员等职；全程参与《民法典》编纂工作，系中国法学会民法典编纂领导小组成员兼继承编专家组主要召集人；享受国务院政府特殊津贴，获得北京市师德标兵、吉林省劳动模范、一等功等荣誉。主要研究民法理论与实践，对民法总则、物权法、合同法、人格权法、家事法、侵权责任法都有深入研究。出版《中国民法总则研究》《中国物权法研究》《中国人格权法研究》《中国婚姻家庭法研究》《中国继承法研究》《中国侵权责任法研究》等民法专著、教材数十部，在《中国社会科学》《法学研究》《中国法学》等学术刊物上发表民法学论文600余篇。其中，教材《民法》获得首届全国优秀教材建设一等奖，专著《中国侵权责任法研究》获得第十届钱端升法学研究成果特等奖，论文《从民法通则到民法总则：中国当代民法的历史性跨越》获得天津市社会科学研究优秀成果一等奖，论文《民事行政检察监督与司法公正》获得全国检察机关法学研究金鼎奖一等奖。

总序

曾宪義

在人类文明与文化的发展中，中华民族曾作出过伟大的贡献，不仅最早开启了世界东方文明的大门，而且对人类法治、法学及法学教育的生成与发展进行了积极的探索与光辉的实践。

在我们祖先生存繁衍的土地上，自从摆脱动物生活、开始用双手去进行创造性的劳动、用人类特有的灵性去思考以后，我们人类在不断改造客观世界、创造辉煌的物质文明的同时，也在不断地探索人类的主观世界，逐渐形成了哲学思想、伦理道德、宗教信仰、风俗习惯等一系列维系道德人心、维持一定社会秩序的精神规范，更创造了博大精深、义理精微的法律制度。应该说，在人类所创造的诸种精神文化成果中，法律制度是一种极为奇特的社会现象，因为作为一项人类的精神成果，法律制度往往集中而突出地反映了人类在认识自身、调节社会、谋求发展的各个重要进程中的思想和行动。法律是现实社会的调节器，是人民权利的保障书，是通过国家的强制力来确认人的不同社会地位的有力杠杆，它来源于现实生活，而且真实地反映现实的要求。因而透过一个国家、一个民族、一个时代的法律制度，我们可以清楚地观察到当时人们关于人、社会、人与人的关系、社会组织以及哲学、宗教等诸多方面的思想与观点。同时，法律是一种具有国家强制力、约束力的社会规范，它以一种最明确的方式，对当时社会成员的言论或行动作出规范与要求，因而也清楚地反映了人类在各个历史发展阶段中对于不同的人所作出的种种具体要求和限制。因此，从法律制度的发展变迁中，同样可以看到人类自身不断发展、不断完善的历史轨迹。人类社会几千年的国家文明发展历史已经无可争辩地证明，法律制度乃是维系社会、调整各种社会关系、保持社会稳定的重要的工具。同时，法律制度的不断完善，也是人类社会文明进步的显著体现。

由于发展路径的不同、文化背景的差异，东方社会与西方世界对于法律的意义、底蕴的理解、阐释存有很大的差异，但是，在各自的发展过程中，都曾比较注重法律的制定与完善。中国古代虽然被看成是“礼治”的社会、“人治”的世界，被认为是“只有刑，没有法”的时代，但从《法经》到《唐律疏议》、《大清律例》等数十部优秀成文法典的存在，充分说明了成文制定法在中国古代社会中的突出地位，唯这些成文法制所体现出的精神旨趣与现代法律文明有较大不同而已。时至20世纪初叶，随着西风东渐、东西方文化交流加快，中国社会开始由古代的、传统的社会体制向近现代文明过渡，建立健全的、符合现代理性精神的法律文明体系方成为现代社会的共识。正因为如此，近代以来的数百年间，在西方、东方各主要国家里，伴随着社会变革的潮起潮落，法律改革运动也一直呈方兴未艾之势。

从历史上看，法律的文明、进步，取决于诸多的社会因素。东西方法律发展的历史均充分证明，推动法律文明进步的动力，是现实的社会生活，是政治、经济和社会文化的变迁；同时，法律内容、法律技术的发展，往往依赖于一大批法律专家以及更多的受过法律教育的社会成员的研究和推动。从这个角度看，法学教育、法学研究的发展，对于法律文明的发展进步，也有着异常重要的意义。正因为如此，法学教育和法学研究在现代国家的国民教育体系和科学研究体系中，开始占有越来越重要的位置。

中国近代意义上的法学教育和法学研究，肇始于19世纪末的晚清时代。清光绪二十一年（公元1895年）开办的天津中西学堂，首次开设法科并招收学生，虽然规模较小，但仍可以视为中国最早的近代法学教育机构（天津中西学堂后改名为北洋大学，又发展为天津大学）。三年后，中国近代著名的思想家、有“维新骄子”之称的梁启超先生即在湖南《湘报》上发表题为《论中国宜讲求法律之学》的文章，用他惯有的富有感染力的激情文字，呼唤国人重视法学，发明法学，讲求法学。梁先生是清代末年一位开风气之先的思想巨子，在他的辉煌的学术生涯中，法学并非其专攻，但他仍以敏锐的眼光，预见到了新世纪中国法学研究和法学教育的发展。数年以后，清廷在内外压力之下，被迫宣布实施“新政”，推动变法修律。以修订法律大臣沈家本为代表的一批有识之士，在近十年的变法修律过程中，在大量翻译西方法学著作，引进西方法律观念，有限度地改造中国传统的法律体制的同时，也开始推动中国早期的法学教育和法学研究。 20世纪初，中国最早设立的三所大学——北洋大学、京师大学堂、山西大学堂均设有法科或法律学科目，以期“端正方向，培养通才”。 1906年，应修订法律大臣沈家本、伍廷芳等人的奏请，清政府在京师正式设立中国第一所专门的法政教育机构——京师法律学堂。次年，另一所法政学堂——直属清政府学部的京师法政学堂也正式招生。这些大学法科及法律、法政学堂的设立，应该是中国历史上近代意义上的正规专门法学教育的滥觞。

自清末以来，中国的法学教育作为法律事业的一个重要组成部分，随着中国社会的曲折发展，经历了极不平坦的发展历程。在20世纪的大部分时间里，中国社会一直充斥着各种矛盾和斗争。在外敌入侵、民族危亡的沉重压力之下，中国人民为寻找适合中国国情的发展道路而花费了无穷的心力，付出过沉重的代价。从客观上看，长期的社会骚动和频繁的政治变迁曾给中国的法治与法学带来过极大的消极影响。直至70年代末期，以“文化大革命”宣告结束为标志，中国社会开始用理性的目光重新审视中国的过去，规划国家和社会的未来，中国由此进入长期稳定、和平发展的大好时期，以这种大的社会环境为背景，中国的法学教育也获得了前所未有的发展机遇。

从宏观上看，实行改革开放以来，经过二十多年的努力，中国的法学教育事业所取得的成就是辉煌的。首先，经过“解放思想，实事求是”思想解放运动的洗礼，在中国法学界迅速清除了极左思潮及苏联法学模式的一些消极影响，根据本国国情建设社会主义法治国家已经成为国家民族的共识，这为中国法学教育和法学研究的发展奠定了稳固的思想基础。其次，随着法学禁区的不断被打破、法学研究的逐步深入，一个较为完善的法学学科体系已经建立起来。理论法学、部门法学各学科基本形成了比较系统和成熟的理论体系和学术框架，一些随着法学研究逐渐深入而出现的法学子学科、法学边缘学科也渐次成型。 1997年，国家教育主管部门和教育部高校法学学科教学指导委员会对原有专业目录进行了又一次大幅度调整，决定自1999年起法学类本科只设一个单一的法学专业，按照一个专业招生，从而使法学学科的布局更加科学和合理。同时，在充分论证的基础上，确定了法学专业本科教学的14门核心课程，加上其他必修、选修课程的配合，由此形成了一个传统与更新并重、能够适应国家和社会发展需要的教学体系。法学硕士和博士研究生及法律硕士专业学位研究生的专业设置、课程教学和培养体系也日臻完善。最后，法学教育的规模迅速扩大，层次日趋齐全，结构日臻合理。目前中国有六百余所普通高等院校设置了法律院系或法律本科专业，在校本科学生和研究生已达二十余万人。除本科生外，在一些全国知名的法律院校，法学硕士研究生、法律硕士专业学位研究生、法学博士研究生已经逐步成为培养的重点。

众所周知，法律的进步、法治的完善，是一项综合性的社会工程。一方面，现实社会关系的发展，国家政治、经济和社会生活的变化，为法律的进步、变迁提供动力，提供社会的土壤。另一方面，法学教育、法学研究的发展，直接推动法律进步的进程。同时，全民法律意识、法律素质的提高，则是实现法治国理想的关键的、决定性的因素。在社会发展、法学教育、法学研究等几个攸关法律进步的重要环节中，法学教育无疑处于核心的、基础的地位。中国法学教育过去二十多年所走过的历程令人激动，所取得的成就也足资我们自豪。随着国家的发展、社会的进步，在21世纪，我们面临着更严峻的挑战和更灿烂的前景。“建设世界一流法学教育”，任重道远。

首先，法律是建立在经济基础之上的上层建筑，以法治为研究对象的法学也就成为一门实践性很强的学科。社会生活的发展变化，势必要对法学教育、法学研究不断提出新的要求。经过二十多年的奋斗，中国改革开放的前期目标已顺利实现。但随着改革开放的逐步深入，国家和社会的一些深层次问题，比如说社会主义市场经济秩序的真正建立、国有企业制度的改革、政治体制的完善、全民道德价值的重建、环境保护和自然资源的合理利用等等，也已经开始浮现出来。这些复杂问题的解决，无疑最终都会归结到法律制度的完善上来。建立一套完善、合理的法律制度，构建理想的和谐社会，乃一项持久而庞大的社会工程，需要全民族的智慧和努力。其中的基础性工作，如理论的论证、框架的设计、具体规范的拟订、法律实施中的纠偏等等，则有赖于法学研究的不断深入，以及高素质人才特别是法律人才的养成，而培养法律人才的任务，则是法学教育的直接责任。

其次，21世纪是一个多元化的世纪。20世纪中叶发生的信息技术革命，正在极大地改变着我们的世界。现代科学技术，特别是计算机网络信息技术的发展，使传统的生活方式、思想观念发生了根本的改变，并由此引发许多人类从未面对过的问题。就法学教育而言，在21世纪所要面临的，不仅是教学内容、研究对象的多元化问题，而且还有培养对象、培养目标的多元化、教学方式的多元化等一系列问题，这些问题都需要法学界去思考、去探索。

中国人民大学法学院建立于1950年，是新中国诞生后创办的第一所正规高等法学教育机构。在半个多世纪的岁月中，中国人民大学法学院以其雄厚的学术力量、严谨求实的学风、高水平的教学质量以及丰硕的学术研究成果，在全国法学教育领域处于领先地位，并开始跻身于世界著名法学院之林。据初步统计，中国人民大学法学院已经为国家培养法学专业本科生、硕士生、博士生一万余人，培养各类成人法科学生三十余万人。经过多年的努力，中国人民大学法学院形成了较为明显的学术优势，在现职教师中，既有一批资深望重、在国内外享有盛誉的法学前辈，更有一大批在改革开放后成长起来的优秀中青年法学家。这些老中青法学专家多年来在勤奋研究法学理论的同时，也积极投身于国家的立法、司法实践，对国家法制建设贡献良多。

有鉴于此，中国人民大学法学院与中国人民大学出版社经过研究协商，决定结合中国人民大学法学院的学术优势和中国人民大学出版社的出版力量，出版一套“21世纪法学系列教材”。自1998年开始编写出版本科教材，包括按照教育部所确定的法学专业核心课程和其所颁布印发的《全国高等学校法学专业核心课程基本要求》而编写的14门核心课程教材，也包括法学各领域、各新兴学科教材及教学参考书和案例分析在内，到2000年12月3日在人民大会堂大礼堂召开举世瞩目的“21

世纪世界百所著名大学法学院院长论坛暨中国人民大学法学院成立五十周年庆祝大会”之时，业已出版了50本作为50周年院庆献礼，到现在总共出版了80本。为了进一步适应高等法学教育发展的形势和教学改革的需要，最近中国人民大学法学院与中国人民大学出版社决定将这套教材扩大为四个系列，即：“本科生用书”、“法学研究生用书”、“法律硕士研究生用书”以及“司法考试用书”，总数将达二百多本。我们设想，本套教材的编写，将更加注意“高水准”与“适用性”的合理结合。首先，本套教材将由中国人民大学法学院具有全国影响的各学科的学术带头人领衔，约请全国高校优秀学者参加，形成学术实力强大的编写阵容。同时，在编写教材时，将注意吸收中国法学研究的最新的学术成果，注意国际学术发展的最新动向，力求使教材内容能够站在21世纪的学术前沿，反映各学科成熟的理论，体现中国法学的水平。其次，本套教材在编写时，将针对新时期学生特点，将思想性、学术性、新颖性、可读性有机结合起来，注意运用典型生动的案例、简明流畅的语言去阐释法律理论与法律制度。

我们期望并且相信，经过组织者、编写者、出版者的共同努力，这套法学教材将以其质量效应、规模效应，力求成为奉献给新世纪的精品教材，我们诚挚地祈望得到方家和广大读者的教正。

2006年7月1日

序言

法学教育是高等教育的重要组成部分，是建设社会主义法治国家、构建社会主义和谐社会的重要基础，并居于先导性的战略地位。在我国社会转型的新世纪、新阶段，法学教育不仅要为建设高素质的法律职业共同体服务，而且要面向全社会培养大批治理国家、管理社会、发展经济的高层次法律人才。近年来，法学教育取得了长足的进步，法科数量增长很快，教育质量稳步提高，培养层次日渐完善，目前已经形成了涵盖本科生、第二学士学位生、法学硕士研究生、法律硕士研究生、法学博士研究生的完整的法学人才培养体系，接受法科教育已经成为莘莘学子的优先选择之一。随着中国法治事业的迅速发展，我们有理由相信，中国法学教育的事业大有可为，中国法学教育的前途充满光明。

教育的基本功能在于育人，在于塑造德才兼备的高素质人才。法学教育的宗旨并非培养只会机械适用法律的“工匠”，而承载着培养追求正义、知法懂法、忠于法律、廉洁自律的法律人的任务。要完成法学教育的使命，首先必须认真抓好教材建设。我始终认为，教材是实现教育功能的重要工具和媒介，法学教材不仅仅是法学知识传承的载体，而且是规范教学内容、提高教学质量的关键，对法学教育的发展有着不可估量的作用。

第一，法学教材是传授法学基本知识的工具。初学法律，既要有好的老师，又要有好的教材。正如冯友兰先生所言：“学哲学的目的，是使人作为人能够成为人，而不是成为某种人。其他的学习（不是学哲学）是使人能够成为某种人，即有一定职业的人。”一套好的教材，能够高屋建瓴地展示法律的体系，能够准确简明地阐释法律的逻辑，能够深入浅出地叙述法律的精要，能够生动贴切地表达深奥的法理。所以，法学教材是学生学习法律的向导，是学生步入法律殿堂的阶梯。如果在入门之初教材就有偏颇之处，就可能误人子弟，学生日后还要花费大量时间与精力来修正已经形成的错误观念。

第二，法学教材是传播法律价值理念的载体。好的法学教材不仅要传授法学知识，更要传播法律的精神和法治的理念，例如对公平、正义的追求，尊重权利的观念。本科、研究生阶段的青年学子，正处在人生观、价值观形成的阶段，一套优秀的法学教材，对于他们价值观的塑造和健全人格的培养具有重要意义。

第三，法学教材是形成职业共同体的主要条件。建设社会主义法治国家，有赖于法律职业共同体的生成。一套好的法学教材，向法律研习者传授共同的知识，这对于培养一个接受共同的价值理念、共同的法律思维、共同的话语体系的法律共同体，具有重要的作用。

第四，法学教材是所有法律研习者的良师益友。没有好的教材，一个好的教师或可弥补教材的欠缺和不足，但对那些没有老师指导的自学者而言，教材就是老师，其重要作用是显而易见的。

长期以来，在我们的评价体系中，教材并没有获得应有的注重，对学术成果的形式优先考虑的往往是专著而非教材。在不少人的观念中，教材与创新、与学术精品甚至与学术无缘。其实，要真正写出一部好的教材，其难度之大、工作之艰辛、影响之深远，绝不低于一部优秀的专著，它甚至可以成为在几百年甚至更长的时间内发挥作用的传世之作。以查士丁尼的《法学阶梯》为例，所谓法学阶梯，即法学入门之义，就是一部教材。但它概括了罗马法的精髓，千百年来，一直是人们研习罗马法最基本的著述。日本著名学者我妻荣说过，大学教授有两大任务：一是写出自己熟悉的专业及学术领域的讲义乃至教科书；二是选择自己最有兴趣、最看重的题目，集中精力进行终生的研究。实际上，这两者是相辅相成的。写出一部好教材，必须要对相关领域形成一个完整的知识体系，还要能以深入浅出的语言将问题讲清楚、讲明白。没有编写教材的基本功，实际上也很难写出优秀的专著。当然，也只有对每一个专题都有一定研究，才能形成对这个学术领域的完整把握。

虽然近几年我国法学教育发展迅速，成绩显著，但是法学教育也面临许多挑战。各个学校的师资队伍和教学质量参差不齐，这就更需要推出更多的结构严谨、内容全面、角度各有侧重、能够适应不同需求的法学教材，为提高法学教学和人才培养质量、保障法学教育健康发展提供前提条件。

长期以来，中国人民大学法学院始终高度重视教材建设。作为新中国成立后建立的第一所正规的法学教育机构，中国人民大学法律系最早开设了社会主义法学教学课堂，编写了第一套社会主义法学讲义，培养了新中国第一批法学本科生和各学科的硕士生、博士生，产生了新中国最早的一批法学家和法律工作者。中国人民大学法律系因此被誉为“新中国法学教育的工作母机”。半个多世纪以来，中国人民大学法学院为社会主义法制建设培养了大批优秀的法律人才，并为法学事业的振兴和繁荣作出了卓越贡献，也因此成为引领中国法学教育的重镇、凝聚国内法律人才的平台和沟通中外法学交流的窗口，并在世界知名法学院行列中崭露头角。为了对中国法学教育事业作出更大的贡献，我们有义务也有责任出版一套体现我们最新研究成果的法学教材。

承蒙中国人民大学出版社的大力支持，我们组织编写了本套教材，其中包括本科生用书、法律硕士研究生用书、法学研究生用书和司法考试用书四大系列，分别面向不同层次法科教育需求。编写人员以中国人民大学法学院教师为主，反映了中国人民大学法学院整体的研究实力和学术视野。相信本套教材的出版，一定能够为新时期法学教育的繁荣发展发挥应有的作用。

是为序。

2006 年 7 月 10 日

第六版修订说明

本书初版于2008年，至今已17年有余，已出了5版。作者根据民法典的实践经验和理论研究成果，对本书进行全面修订，出版第六版。

《民法典》实施后，最高人民法院颁布了适用《民法典》的司法解释，也发布了一些新的典型案例。本次修订，一是更新了部分案例，二是对大部分案例分析进行了全面加工整理，三是纠正了一些原来对规则说明和案例分析的不准确之处。因此，修订后的本书，更加贴近现实生活、贴近司法实务，能够准确体现《民法典》的立法精神。

《民法典》及其司法解释彰显了社会主义核心价值观，是社会主义法治的核心内容之一。在民法教学中，应当全面实践《民法典》的立法精神，掌握民法的基本原理和具体规则，让民主、法治、自由、平等、公正、诚信成为民法理论和实践的自觉行动，推动社会文明进步、和谐发展。

本书在17年的教学使用中，受到老师和学生的赞誉和欢迎。对此，作者表示衷心感谢！

最后还是要说，《民法典》博大精深，相关司法解释复杂、具体，受篇幅所限，本书通过案例分析其主要规则只能是挂一漏万，不当之处还请老师和学生以及热心读者指正。

中国人民大学民商事法律科学研究中心研究员
中国人民大学法学院教授
杨立新

2025年5月28日

编写说明

最初接到“21世纪法学系列教材”编辑部要我编写《民法案例分析教程》的任务时，我觉得这应当是一件很轻松的事情，而且是我很愿意做的工作，因此我满怀信心地答应下来。在很长时间里，我一直就想根据我积累的司法实践经验和研究民法的体会，以案例的形式写出一部民法教材来，接受这个任务可谓正合我意。可是真正写作起来，我才发现这个任务并不轻松，而且压力很大。八九个月以来，我沉浸在这部教材的写作中，无法解脱，好像写作从来没有这样累过。现在虽然完成了这部篇幅并不长的教材，但是已经觉得身心疲惫。或许是我对这部教材的期待太高，或许也是太想把这部教材写好，总之感到很累。还好，总算完成了这个任务，在澳门大学法学院讲学期间，我对文稿进行了最后的整理，算是深深地松了一口气。

本教材用典型的民法案例，将民法的基本原理和规则串起来，让刻板的民法原理和规则与典型案例结合起来，让使用本教材的教师和学生能够把民法的条文、原理、规则变成生动的现实，做到民法理论和实践紧密结合，以案例指引民法教学，让学生能够更好地理解民法的基本原理和具体规则。本书既有形象、生动的说明，又有科学、完整的理论体系，改变过去民法教材那种以说教为主，过于重视理论体系和概念演绎的状况。我自己在本科教学中就深深体会到，使用好一个典型、生动的案例，去说明一个复杂的民法规则，往往事半功倍，便于学生理解和掌握，也便于记忆和适用，通过一个好的案例就能够记住一个原理和一串相关的规则。我希望我的这部民法教材能够有这样的效果。

有以下几个问题需要说明：

第一，就教材的内容而言，本书包括了传统民法的主要内容，但没有将亲属法的内容写进来。指导思想是，亲属法可以由专门的教材说明，这样比较切合我国民法教学的实际情况。

第二，在组织教材的内容时，突出了民法教学中的重点，例如对物权法、债与合同法、侵权责任法等，都用较大篇幅作了较为详细的说明，而对继承法的说明则比较简要，没有进行过多的说明。

第三，关于案例的选择，为了更具说服力、形象性和针对性，主要选择的都是真实的案例。除了少数个别案例使用真实姓名和地点之外，其他的都作了虚化处理，避免引起争议，发生麻烦。

第四，用 40 万字的篇幅阐释全部民法内容，是很困难的。同时，本教材是按照案例分析的形式编写的，因此，在民法基本内容方面有所取舍，并没有全面、完整地阐释民法的所有原理和规则。如果采用本教材进行民法教学，建议教师还要参考其他民法教材，避免出现讲授不全的问题。

尽管我对本教材的写作倾注了心血，也尽管我对本教材寄托了较大的期望，但仍然担心本教材存在不足。希望使用本教材的教师和学生发现问题后及时反馈给我，以便再版时能够把本教材修订得更好一些。

中国人民大学民商事法律科学研究中心研究员　杨立新

2007 年 11 月 28 日于澳门大学法学院

目录

第一编

总　则

第二编

物　权

第三编

债与合同

第七编

侵权责任

PART ONE

1

| 第一编 |

总　则

第一章
民法导论

第一节　民法的调整对象及适用范围

1.

"何某与县自然资源和规划局采矿权纠纷"案

案情介绍

何某与县自然资源和规划局签订了一份"采矿权有偿出让合同"，何某取得该县白溪河道A采矿区建筑用砂的开采权和采矿许可证。许可证到期后，自然资源和规划局与水利局、镇政府组织人员用挖掘机等，将何某在砂场内的采砂设备强行拆毁。何某曾提起行政诉讼，后又以自然资源和规划局未完全履行出让合同义务为由，向法院提起民事诉讼，请求判令自然资源和规划局承担违约责任；自然资源和规划局辩称本案不属于《民法典》的调整范围，应驳回何某的起诉。

法院经审理认为，双方当事人意思表示一致后，签订案涉合同，一方以违约为由诉至法院，属于《民法典》的调整范围。

法律问题

1.民法的概念和渊源

2.民法的调整对象及调整方法

3.民法的适用范围

法理分析

一、民法的概念和渊源

民法，是指调整平等主体的自然人、法人、非法人组织之间的人身关系和财产关系的法律规范的总称。《民法典》第2条规定："民法调整平等主体的自然人、法人和非法人组织之间的人身关系和财产关系。”

民法分为形式意义上的民法和实质意义上的民法。形式意义上的民法是指《民法典》。《民法典》是按照一定的体系结构将各种基本的民事法律制度加以系统编纂，形成的规范性法律文件。其基本特点是体系化和系统化，体现了民法形式理性的要求，从而使其成为民事法律规范中的最高形式。《民法典》是对基本民事法律制度的规定，内容是普遍适用的基本民事法律规范，因此，“不管在哪里，民法典都往往被当作整个法律制度的核心”。在法国，民法典则被认为是“法律的真正心脏”。从另一个意义上说，形式意义上的民法即《民法典》也是民法的普通法。实质意义上的民法是指所有调整民事法律关系的法律规范的总称，包括《民法典》和其他民事法律规范：不仅包括成文的《民法典》，还包括一切具有民法性质的法律、法规以及判例法、习惯法。

民法的渊源是指民法的表现形式，表现为各国家机关根据其权限范围所制定的各种规范性文件。在我国民法的渊源主要有以下几种：（1）宪法；（2）《民法典》和民法单行法；（3）行政法规中的民事规范；（4）部门规章和地方性法规中的民事规范；（5）最高人民法院适用《民法典》的司法解释；（6）国际条约和国际惯例中的民法规范；（7）国家认可的民事习惯。

二、民法的调整对象及调整方法

民法调整的对象是平等主体的自然人、法人和非法人组织之间的人身关系和财产关系。

民法调整的对象包括三个要素：一是平等主体，二是人身关系，三是财产关系。其中，平等主体是民法调整内容的主体范围，人身关系和财产关系是民法调整内容的两大类型。概括起来，民法的调整对象分为两大类：一类是平等主体之间的人身关系，另一类是平等主体之间的财产关系。

人身关系是指与人身密切相连而不可分割的社会关系。平等主体之间的人身关系是指平等主体之间与人身不可分离而无直接财产内容的社会关系，在民法上表现为人格权和身份权。前者是具有非财产性、专属性、固有性的社会关系，后者是亲属之间的非财产性、身份性和义务性的社会关系。平等主体之间的人身关系的特点是：（1）主体地位平等。民法调整的人身关系的主体具有平等的法律地位，相互之间没有隶属关系。（2）与人身不可分离。人身关系是基于人身利益而发生的关系，离开了人身就不会发生人身关系。（3）不直接体现财产利益。

财产关系是以财产为媒介而发生的社会关系，是指平等主体在物质资料的生产、分配、交换和消费过程中形成的具有财产内容的社会关系。在民法上，这种财产关系主要表现为两种：一种是静态的财产所有关系，另一种是动态的财产流转关系。

上述社会关系作为民法的调整内容，必须是在平等主体之间发生的。也就是说，民法调整的财产关系和人身关系，必须在主体上是平等的。不是平等的主体之间发生的财产关系和人身关系不能作为民法调整的内容。主体平等，就是当事人之间互不隶属，处在同等的地位，在相互之间的关系上保持自己独立的意志自由。

民法的调整方法，是指民法凭借其权威，对社会关系施加影响、进行规范的活动，使之形成一种理想的社会秩序。民法的调整方法有：（1）事前调整，是指将社会关系塑造为法律关系，使其向符合立法者意志的方向发展，形成一种理想的民法秩序。这就是确定民事权利义务关系，使民事法律关系的参加者按照民法的规定行使权利、履行义务，从而形成理想的民法秩序。（2）事后调整，是指对被破坏的民事法律关系按照民法的规定使之恢复圆满状态，恢复民法规定的民事秩序。这就是对破坏法律关系的人课以民事责任，使其受到制裁，强制其按照民法规范实施行为，同时对受害人进行救济，使其损害得到平复。

三、民法的适用范围

民法的适用范围即民法的效力，是指民法在哪些范围内发生法律效力。《民法典》第 12 条规定：“中华人民共和国领域内的民事活动，适用中华人民共和国法律。法律另有规定的，依照其规定。”

1. 民法对人的适用范围

民法对人的适用范围是指民事法律规范对于哪些人具有法律效力。民法对人的适用范围主要有以下几种不同的情况：（1）我国民法对于居住在中国境内的中国自然人或设立在中国境内的中国法人、非法人组织，具有法律效力。（2）我国民法对于居留在我国境内的外国人、无国籍人和经我国政府准许设立在中国境内的外国法人，原则上具有法律效力，但有两种例外：第一，根据我国缔结或参加的国际条约、双边协定的规定或经我国认可的国际惯例，我国民法对享有司法豁免权的外国公民（如来访的国家元首、政府首脑和他们的随从人员，外国使节和他们的家属等）不具有法律效力；第二，我国民法中某些专门由中国自然人、法人、非法人组织享有的权利，对外国人、无国籍人或外国法人不具有法律效力。（3）对于居留在外国的我国自然人，原则上应适用所在国的民法，但依照我国民法的特别规定和我国缔结或参加的国际条约、双边协定以及我国认可的国际惯例，应当适用我国民法的，仍然适用我国民法。

2. 民法在空间上的适用范围

民法在空间上的适用范围是指民事法律规范在地域上所具有的效力。任何国家都是根据主权、领土完整和法治统一的原则，确定各种法律、法规空间效力范围的，我国民法同样如此。（1）民法的域内效力，是指一国民法的法律效力可以及于该国管辖的全部领域，而在该国管辖领域以外无效。中国民法的域内效力的一般原则是：第一，凡全国人民代表大会及其常务委员会或国务院及其下属各委、部、局、署、办等中央机关制定并颁布的民事法律、法规、规章，除非有特别规定，适用于中华人民共和国的领土、领空、领海，以及根据国际法、国际惯例应当被视为我国领域的一切领域。第二，凡地方各级立法机关根据各自的权限所颁布的民事法规，只在各该立法机关管辖区域内发生效力，在其他区域不发生效力。（2）民法的域外效力，是指民法在其制定国管辖领域以外的效力。我国民法的域外效力同样如此，如《海洋环境保护法》第 2 条第 3 款规定："在中华人民共和国管辖海域以外，造成中华人民共和国管辖海域环境污染、生态破坏的，适用本法相关规定。"

3. 民法在时间上的适用范围

民法在时间上的适用范围是指民事法律规范在时间上所具有的法律效力，具体包括两个方面，即民法的生效和民法的失效。民事法律规范开始生效的时间通常有以下两种情况：（1）自民事法律颁布之日起生效；（2）民事法律通过并颁布以后经过一段时间再开始生效。《民法典》第 1260 条第一句规定："本法自 2021 年 1 月 1 日起施行。"依照《最高人民法院关于适用〈中华人民共和国民法典〉时间效力的若干规定》第 1 条，《民法典》施行后的法律事实引起的民事纠纷案件，适用《民法典》的规定；《民法典》施行前的法律事实引起的民事纠纷案件，适用当时的法律、司法解释的规定，但是法律、司法解释另有规定的除外；《民法典》施行前的法律事实持续至《民法典》施行后，该法律事实引起的民事纠纷案件，适用《民法典》的规定，但是法律、司法解释另有规定的除外。

四、对本案的分析

平等主体是界定民法调整内容的主体范围，判断当事人是否属于法律地位平等的主体，是确定案件是否为民法适用范围的基本根据之一。在判断当事人是否属于法律地位平等的主体时，不能仅根据当事人之间具有管理和被管理的关系，就认定不是平等民事主体关系，而应当根据当事人是否以平等的身份加入具体的社会关系中，即在实质意义上作出判断。

本案的双方当事人为自然人和国家机关，在行政关系上具有管理和被管理的关系，何某是行政相对人，但案涉合同的当事人双方意思表示一致，自愿订立合同，并非管理与被管理的行政关系所决定。国土局代表国家作为矿产资源所有权人，将其享有的矿产资源所有权的占有、使用、收益权能，通过收取出让金的对价，让渡给平等的自然人主体，是民事主体之间等价有偿的市场交易行为，是《民法典》第

2条规定的民法调整范围，法院受理该争议案件，符合《民法典》的规定。

分析本案可以看到，民法调整的对象，是平等主体之间的人身关系和财产关系。何某和国土局之间存在的是国有资源的交易关系，是债的关系。就此发生的争议，不能以双方当事人之间行政机关与行政相对人的关系为基础，而应当以平等主体之间的民事法律关系作为根据，适用《民法典》的规定解决。

本案也涉及国有资源管理法的适用，这些法律也是民法的渊源，属于民法特别法，在《民法典》第11条规范的范围之内。

第二节 民法基本原则

2.

“狗主人逼迫儿童向狗下跪磕头侵害人格尊严”案

案情介绍

10岁男孩刘某和姐姐刘某某从南湖公园玩耍归来，经过小区大门口时，刘某拿着的一根竹棍碰到了一条狗。狗的主人言某冲上前，对刘某拳打脚踢，掐住刘某的脖子拖出十几米，又拉起来打耳光，致其鼻子出血。言某又让刘某给狗跪下，刘某不从，言某用脚踢强令刘某跪下，逼着刘某给狗磕了两个头赔礼道歉。后刘某发病，医院诊断为阵发性癫痫，鉴定为6级伤残。

法律问题

1. 民法基本原则的概念和体系
2. 民法基本原则的内容

法理分析

一、民法基本原则的概念和体系

《民法典》是由复杂的规则构成的民法基本法。民法规则体系，是指民法规则的层次结构，由三个层次的规则构成，即最高规则、基本规则和具体规则。

民法规则体系中的最高规则，就是民法基本原则。这些原则是民法的本质及基础的集中表现，是高度抽象的、最一般的民事行为规范和价值判断标准；不仅是民事立法的基本准则，而且是民事主体进行民事活动的基本准则，还是解释民法、适用民法和补充立法漏洞的基本准则。

二、民法基本原则的内容

（一）保护民事主体合法权益原则

保护民事主体合法权益原则，也称为私权神圣原则，既是我国民法的宗旨，也是我国民法的基本原则。民法是一部民事权利法，它不仅要赋予民事主体权利，同时还要保护民事主体的权利。如果只赋予权利而不对权利进行有效保护，任何权利只能是一种“宣言”，而不能成为实际享有的现实权利。《民法典》第3条规定：“民事主体的人身权利、财产权利以及其他合法权益受法律保护，任何组织或者个人不得侵犯。”

我国民法特别强调民事责任对民事主体合法权益保护的重要作用，在《民法典》中设专章规定民事责任，突出用民事责任保护民事权利。侵权责任法被单独列为一编，放在分则各编的最后，是为了突出其权利保护法的地位，也是为了突出民法对民事主体合法权益的保护。

（二）平等原则

平等原则是民法针对民事主体地位确定的最高规则，是指在民法中所有的民事主体在地位上一律平等，没有任何人的地位可以高于其他人的地位。《民法典》第4条规定了平等原则。

民法调整平等主体之间的人身关系和财产关系，这些社会关系的本质特点在于其平等性。平等原则的基础是：民法调整的财产关系基本上是商品经济关系；民法调整的其他财产关系和人身关系也属于平等主体之间的关系。这些社会关系的性质要求民事主体必须平等。

平等原则的具体内容包括：（1）民事主体资格平等。民事主体资格平等就是所有的民事主体的民事权利能力一律平等。（2）民事主体的地位平等。在各种具体的民事法律关系中，在各种民事活动中，民事主体的法律地位一律平等，任何一方都不具有凌驾或优越于另一方的法律地位。（3）民事主体平等地享有权利、承担义务。在民事法律关系中，当事人的权利、义务也是平等的，平等地享有权利、承担义务。（4）民事主体在适用法律时受到平等对待。当事人在法律面前一律平等，在适用法律规则时一律平等，平等地受到民事法律的拘束，违反法律时平等地承担相应的民事责任，不得有任何偏袒和歧视。（5）民事主体的民事权益平等地受法律保护。任何一个民事主体的权利在受到侵害之后，都平等地受到民法的保护和救济。

（三）自愿原则

自愿原则就是意思自治原则，其含义是：民事主体在实施民事活动时，有充分表达自己真实意志的自由，根据自己的意愿，设立、变更和终止民事法律关系。其实质在于，这一原则是对民事主体的独立意思在民事活动中居于支配地位的法律确认，赋予了民事主体在法律规定的范围内享有的广泛自由。《民法典》第 5 条规定了自愿原则。

意思自治原则在以下三个方面具有独特的内涵：第一，意思自治原则是个人主义、自由主义哲学思潮在法律上的直接产物，社会成员依照自己的理性判断、按照自己的意志管理自己的事务，体现个人的自由。第二，意思自治是指私法自治，不是指公法自治。私法的主体有权实施私法行为，并对自己的私法行为独立负责。在不违反强行法的前提下，私法主体自愿达成的协议优于私法的适用。第三，在涉外法律适用上，意思自治原则是指当事人有权协商选择处理纠纷所适用的准据法。应当看到的是，意思自治原则是发展到一定阶段的商品经济对民事法律的客观要求，符合资本主义发展时期的需要。在现阶段，意思自治原则的地位受到国家干预主义的挑战。将意思自治原则限制在法律允许的范围之内，较好地处理了意思自治原则与国家干预主义之间的矛盾。

（四）公平原则

公平原则是民法针对民事利益确定的最高规则，是指对民法社会的人身利益、财产利益进行分配时，必须以社会公认的公平观念作为基础，维持民事主体之间的利益均衡。民法规范民事利益的分配关系，是以权利为标准，对全部的民事利益进行分配，实现利益的均衡和公平。因此，公平是民法的最高规则，是进步和正义的道德观在民法上的体现。在处理涉及权利冲突和利益争执的纠纷时，公平原则是最基本的平衡标准。《民法典》第 6 条规定的是公平原则。

公平原则的具体内容是：(1) 公平原则的基本要求是民事利益分配关系的均衡。民法的公平是以利益的均衡作为价值判断标准，来调整民事主体之间的民事利益关系。(2) 公平原则要求民事主体依照公平观念行使权利、履行义务。在权利行使过程中，民事主体应当充分顾及他人的利益，不得滥用权利。(3) 公平原则主要是对民事活动目的性的评价标准。判断任何一项民事活动是否违背公平原则，较难从行为本身和行为过程作出评价，更多地需要从结果上对于其是否符合公平要求进行评价。如果交易的结果使当事人之间产生严重的利益失衡，除非当事人自愿接受，否则法律应当作出适当调整。(4) 公平原则是法官适用民法时应当遵循的重要理念。法官在适用法律处理民事纠纷时，应当严格依照公平理念作出判断。

（五）诚信原则

诚信原则是民法针对具有交易性质的民事行为和民事活动确定的最高规则，是指将诚实信用的市场伦理道德准则吸收到民法规则中，要求具有交易性质的民事行为和民事活动的行为人应当诚实守信、恪守承诺。诚信原则是民法特别重要的原则，常常被称为民法特别是债法的最高指导原则或“帝王规则”。《民法典》第 7 条规定的是诚信原则。

诚信原则的基本内容是：（1）确定民事行为规则。这主要体现在两个方面：一是行使民事权利应诚实为本，二是履行民事义务应恪守信用。（2）为解释法律和合同确定准则并填补法律漏洞和合同漏洞。在解释法律和合同时，应当遵守诚信原则；在法律出现漏洞时，应当依据诚信原则进行补充。（3）依诚信原则衡平当事人的利益冲突。要以事实为依据、以法律为准绳，全面保护各方当事人的权利，平衡各方当事人的利益，平衡当事人与社会之间的利益关系。

（六）公序良俗原则

公序良俗原则是民法针对非交易性质的民事法律行为和民事活动确定的最高规则，是指以一般道德为核心，民事主体在进行非交易性质的民事法律行为时，应当尊重公共秩序和善良风俗。这是民法要求民事主体对社会和道德予以尊重的起码要求。在我国，公序更多的是指公共利益，良俗是指一般的伦理要求。在非交易的民事法律行为和民事活动中，公序良俗是衡量利益冲突的一般标准。法官依据公序良俗原则，填补法律漏洞，平衡利益冲突，确保国家的和公共的利益，保护弱者的利益，维护社会正义。《民法典》第 8 条规定的是公序良俗原则。

公共秩序是指全体社会成员的共同利益。法律维护公共秩序，保障社会公共利益，也就是保护全体人民的共同利益，保护每一个公民的自身利益。善良风俗是指由社会全体成员普遍认许、遵循的道德准则，是我国民法恪守的一个基本理念，如我国民法提倡尊重人格尊严，切实保护民事主体的人格权；提倡家庭生活中互相帮助、和睦团结，禁止遗弃、虐待老人和未成年人，禁止订立违背道德的遗嘱，禁止有伤风化、违背伦理的行为；在财产关系中，要求人们本着“团结互助，公平合理”的精神建立睦邻关系，提倡拾金不昧的良风美俗，确认因维护他人利益而蒙受损失者有权获得补偿等。

规定公序良俗原则的意义在于：（1）实现对社会秩序的控制，不可能全部由强行法来完成，还特别强调民事主体进行民事活动须遵循社会普遍认同的道德，以补充强行法规定的不足，从而使社会有序发展。（2）对私法自治进行必要的限制。意思自治须以公序良俗原则作为配套，实现意思自治必须在不违背公序良俗原则之下才为适法，据此对民事法律行为提供更为全面的规则，并对其法律效力作出评价。（3）弘扬社会公共道德，建立稳定的民法社会秩序，保障社会和谐、有序地发展。

（七）绿色原则

绿色原则也被称为生态原则，是指民法要求民事主体在从事民事活动时，应当有利于节约资源、保护生态环境，实现人与环境、资源关系的平衡，促进人与环境和谐相处的基本准则。把绿色原则规定为民法基本原则的意义是，任何民事主体从事民事活动，不仅要遵循公平、正义、平等、诚实信用、公序良俗的原则，还要把保护生态环境、节约资源的基本精神作为贯穿物权、债权、知识产权、婚姻家庭、继承以及侵权责任的基本准则。民法基本原则虽然不能直接适用于具体案件，但却是指导民事活动的指导思想。《民法典》第 9 条规定绿色原则为民法基本原则，就是把绿色原则与公平原则、平等原则、诚信原则、公序良俗原则并列在一起，使节约资源、保护生态环境成为贯彻始终的行为准则，进而使人与环境资源的关系平衡、人与环境和谐相处。

三、对本案的分析

讨论这个案件，应当特别注意《民法典》第 1 条关于“为了保护民事主体的合法权益，调整民事关系，维护社会和经济秩序，适应中国特色社会主义发展要求，弘扬社会主义核心价值观，根据宪法，制定本法”的规定。在《民法典》编纂过程中，要求将社会主义核心价值观“入典”，开始的草案曾经将其规定在民事法律行为效力的条文中，确实不妥，最后决定放在第 1 条最显著位置，使其成为《民法典》立法目的的内容之一。

应当看到，《民法典》规定的民法基本原则，都是社会主义核心价值观的体现，“平等”就是平等原则，“公正”体现为公平原则，“法治”体现为保护民事主体权益原则，“诚信”直接表现为诚信原则，意思自治原则包含了“自由”“民主”的精神。

《民法典》第 4 条规定：“民事主体在民事活动中的法律地位一律平等。”平等原则是由民法调整的社会关系的性质决定的，是社会主义核心价值观的内容。民事主体地位平等的前提是人格独立和人格平等，实现民事主体的地位一律平等。平等以独立为前提，独立以平等为归宿。平等的实现，使民事主体相互之间互不隶属，各自能独立表达自己的意愿，合法权益得到平等保护。

本案的刘某和言某都是自然人，是平等主体，具有平等的人格地位，享有平等的权利，一方不得歧视另一方，不得贬损对方的人格。可是，就因刘某用棍子碰了言某的狗，言某就对该未成年人进行打骂，并且责令其向狗下跪、赔礼道歉。这完全无视他人的人格尊严，严重违反了民法平等原则，侵害了刘某的人格尊严，为社会主义核心价值观所不容。同时，言某的行为也违背公序良俗原则，置社会公共道德和普遍的善良风俗、生活准则于不顾，违背了社会的一般伦理。因此，言某的行为违反了民法基本原则，侵害了受害人刘某的人格权，是民法不能容忍的违法行为。言某应当承担侵权责任，以救济受害人的人格利益和人格尊严的损害。

第三节　民事法律关系的要素和基本方法

3.

“经过物权登记的物权交易发生物权变动”案

案情介绍

甲将自己的一套房子出卖，与乙签订了房屋买卖合同。由于市场价格上涨，甲不愿意将这套房子卖给乙，于是与丙串通，双方签订合同，由丙购买此房，并进行了过户登记，甲将房子交给丙使用。在丙死亡后，丙的儿子丁继承了该房，将该房抵押给戊，办理了抵押登记。现在，甲提出买卖合同无效，进而主张该房的权利；乙也主张该房应由其取得所有权；丁和戊均以自己登记取得的权利证书进行抗辩。

法律问题

1. 民事法律关系的概念和特征
2. 民事法律关系的要素
3. 民事法律关系的方法论意义

法理分析

一、民事法律关系的概念和特征

民事法律关系是指民法规范调整的权利和义务关系，是由民法所调整的平等主体即民事主体之间的人身关系和财产关系。

民事法律关系的基本特征是：(1) 民事法律关系是人与人之间的社会关系，即使是所有权关系，归根结底也是一种人与人之间的法律关系。(2) 民事法律关系是民法规范调整的平等主体之间的社会关系。在民法社会，民事主体都是平等的，其人格、地位一律平等，当事人之间不存在管理与服从的关系，而存在彼此平等、互不从属的关系。(3) 民事法律关系是以权利、义务为内容的人身关系和财产关系，即民法调整平等主体之间关系的方法是赋予当事人以民事权利，同时使当事人承担民事义务，权利和义务构成了民事法律关系的内容。（4）民事法律关系是由国家强制力保障实施的社会关系。例如，当事人依法订立的合同具有法律约束力，任何一方违约都要承担违约责任。

二、民事法律关系的要素

民法社会的全部基本要素，是主体、客体以及基于主体支配客体形成的主体与主体之间的权利义务关系。这就是民事法律关系的基本要素，包括主体、客体和内容。

1. 主体

民事法律关系的主体也称为民事主体，是指法律所承认的能够以自己的名义参加民事法律关系、享受民事权利并承担民事义务的人，包括《民法典》总则编第二章至第四章规定的自然人、法人和非法人组织。国家在特定场合也可以成为民事主体。在民事法律关系中，民事主体分为权利主体和义务主体。民事法律关系的一方主体可以是单一的，也可以是多数的。例如，在物权关系中，在单独所有的情况下，其权利主体是一个人，除物权人以外的其他所有的人都是义务主体；而在共有的情况下，其权利主体是两个或两个以上的人，除此之外的其他任何人均为义务主体。

2. 客体

民事法律关系的客体也称为权利客体，是指民事权利和民事义务指向的对象。各民事主体之间也正是因为一定的客体而彼此发生联系，从而为民法所调整。民事法律关系的客体就是民事利益，其中包括物和其他民事利益。这些物和其他民事利益包含了民法社会的不同利益。在民法社会，民事主体支配这些民事利益，就是支配整个民法社会。因此，包含这些利益的物和其他民事利益就成了民法社会的客体要素，称为民事法律关系的客体。这是产生民事法律关系的客观基础。《民法典》总则编第五章“民事权利”规定了部分民事权利客体。

3. 内容

民事法律关系的内容，是指民事主体在民事法律关系中所享有的权利和承担的义务。民事法律关系的具体表现，就是民事权利主体对特定的民事利益享有权利。对这项民事利益占有和支配，就是民事权利。民事权利就是民事主体为实现某种利益而依法为某种行为或不为某种行为的自由（或者可能性）。为了保障民事主体对这种民事利益的支配，即保障民事主体的权利，法律确定与这一个民事主体相对应的其他民事主体即其他所有人或相对的特定人负有义务。或者是权利主体之外的全体民事主体，或者是与权利主体相对的特定的民事主体，为满足权利人的利益而为一定的行为或者不为一定的行为的必要性，就是民事义务。这种权利和义务关系，是民法社会民事主体的基本联系方式，也是民事法律关系的内容。

三、民事法律关系的方法论意义

观察、规制以及研究民法社会的基本方法，是民事法律关系方法。这表现在：(1) 民事法律关系方法是观察民法社会的基本方法。在民法社会中，每一个人都是这个社会的主体，相互之间按照民事权利和义务关系结合在一起。尽管关系纷繁复杂，但其层次清楚、性质分明，都是按照民事权利和义务关系有序地组合在一起。(2) 民事法律关系方法是规范民法社会中主体行为的基本方法。从民事法律关系入手，赋予民事主体以权利，同时规定权利人的相对人应当履行的义务。(3) 民事法律关系方法是裁判民事纠纷案件的基本方法。分析当事人之间民事法律关系的性质，确定解决纠纷所适用的法律。(4) 民事法律关系方法也是研究民法的基本方法。研究民法，就要看人，看人与人之间的关系，看人与人之间的权利和义务关系，看民法社会主体之间的民事法律关系。

正因为如此，民事法律关系方法是在民法的立场上观察社会、规范社会行为、裁判纠纷、研究民法规则和原理的基本方法。掌握了这个方法，就掌握了认识民法、认识民法规范、认识民法社会的基本方法。很多同学在开始学习、研究民法的时候，面对复杂的民法社会和各种各样的民法规则以及形形色色的民事案件，感到无从下手，不知道怎样才能学好民法。其实，学习、研究民法就是要学习、研究民事法律关系，用最简捷的方法，找到这个民法社会运动的基本形式和规律。在这个基础上，遵循民法社会运动的基本形式和规律，就能够认识民法社会，掌握解决民事纠纷的方法，并且能够发现民法新问题，创造民法新规则。

四、对本案的分析

本案是一个复杂的民事纠纷案件。如果仅仅按照案例介绍的情况看，似乎看不出解决纠纷的办法。唯一的办法，就是分清其中的民事法律关系，分别按照各个不同的民事法律关系的性质，确定所适用的法律。这就是对民事案件法律关系的“定性”，即运用民事法律关系的基本方法，确认本案的民事法律关系的性质，找到所要适用的法律。没有民事法律关系的定性，就没有民事案件的法律适用。

本案有五个法律关系，错综复杂，分别是：

第一个法律关系，是甲和乙之间的民事法律关系。这是一个合法、有效的房屋买卖合同关系，受《民法典》的约束和保护。

第二个法律关系，是甲和丙之间的民事法律关系。这是一个双重买卖的法律关系，也是房屋买卖合同关系。对双重买卖合同的实际履行，应当依据当事人的意志，主要是由出卖人的意志决定，因为这受合同自由原则的约束。甲将房屋卖给丙，虽有恶意，但是经过物权登记，发生物权变动效力。

第三个法律关系，是乙和丙以及甲之间的民事法律关系。由于甲和丙恶意串通，用双重买卖的方法侵害乙的债权，因此乙和甲、丙之间是一个侵害债权的法律关系，是侵权法律关系。乙可以行使侵权请求权救济自己的债权损害。

第四个法律关系，是丙和丁之间的民事法律关系。这是一个继承法律关系，丙取得房屋的所有权，在其死后房屋成为遗产，被丁继承。

第五个法律关系，是丁和戊之间的抵押法律关系。这是一个经过登记且戊善意、无过失，构成善意取得抵押权的法律关系，因而是一个有效的抵押法律关系。

经过这样的分析定性，这个案件的民事法律关系就确定了性质，也就找到了所要适用的法律，怎样处理也就清楚了。

第四节　民事流转与法律事实

4.

“错误火化他人尸体致使遗体告别仪式无法进行”案

案情介绍

高级工程师金某去世后，其遗体被存放在殡仪馆中。其近亲属在约定的时间举行遗体告别仪式时，却找不到金某的遗体，无奈只得在棺椁上覆盖旗帜进行遗体告别。事后经查找，确认殡仪馆在日前火化无名尸体时，错将金某的遗体火化，应当火化的无名尸体尚在。金某的近亲属遭受严重精神损害，向法院起诉追究殡仪馆的民事责任。

法律问题

1. 民事流转是民事法律关系的基本运动形式
2. 法律事实是民事流转的基本动力

法理分析

一、民事流转是民事法律关系的基本运动形式

民事流转就是民事法律关系产生、变更和消灭的过程，是民事法律关系运动的

基本方式。民事法律关系通过产生、变更和消灭，推动民法社会不断发展和变化。

民事法律关系的产生，是指民事法律关系基于何种事实或者行为而发生。这是民事流转的基本形式之一。

民事法律关系的变更，也是民事流转的基本形式之一，是指民事法律关系在存续期间发生了变化。民事法律关系的变更，分为主体变更、内容变更和客体变更。民事法律关系变更的意义在于，民事法律关系变更之后，旧的民事法律关系消灭，新的民事法律关系产生。

民事法律关系的消灭，是该民事法律关系已经完成了自己的使命，到了终结的时候，走到了灭亡，不复存在。消灭的原因有三：一是主体死亡，二是权利转让，三是义务履行。民事法律关系消灭的意义在于，特定的民事法律关系彻底不复存在，权利和义务关系对当事人不再具有拘束力。

二、法律事实是民事流转的基本动力

任何事物的发生、发展、变化，都要有动力来推动。民事法律关系的流转同样需要动力来推动，这种动力就是法律事实。能够引起民事法律关系产生、变更和消灭的客观现象，就是法律事实。《民法典》第 129 条规定：“民事权利可以依据民事法律行为、事实行为、法律规定的事件或者法律规定的其他方式取得。”

法律事实分为事件和行为。如果一个民事法律关系的发生、变更或者消灭需要几个法律事实才能实现，这几个法律事实的总和就是法律事实构成，简称为事实构成。

事件是指不直接包含人的意志的法律事实。最典型的事件，就是人的出生和死亡，以及灾害、时间的经过等。虽然这些事实与人的意志无关，或者不直接具有意志性，但是其一旦发生，就依法在一定的主体之间发生、变更或者消灭一定的民事法律关系。事件的意义在于：(1) 对于事件，法律只能规定法律后果，但不能对它进行控制。(2) 当事人对于事件的发生与否不能进行人为干预，不能人为地促使或者阻止事件的发生，否则，须承担不利于己的法律后果。(3) 事件本身没有合法性的属性，不存在合法与不合法之分。

行为是指受人的意志支配的有意识的活动。行为分为合法行为和不合法行为：(1) 合法行为产生法律规定的法律后果、肯定性的法律后果，能够产生、变更或者消灭民事法律关系。合法行为是指符合或者不违反民事法律规范的行为，分为表示行为和事实行为。表示行为，就是民事法律行为，是指民事主体基于意思表示，旨在发生、变更、消灭民事法律关系的行为。事实行为，是指行为人主观上不一定具有发生、变更、消灭民事法律关系的意思，但是客观上能够引起这种法律后果的行为。例如，作者在写作时尽管不具有取得著作权的意思，但是写作能产生著作权法律关系。(2) 不合法行为是不符合法律要求的行为或者违反法律规定的行为，例如违约行为、侵权行为、不履行法定义务的行为和不合法的表示行为。这些行为的发生，引起民法的否定反应，在当事人之间产生民事责任的法律关系。

事实构成，是引起某一个民事法律关系发生、变更或者消灭的几个法律事实的总和。例如遗嘱继承法律关系的发生，须具备有效的遗嘱行为，还须发生被继承人死亡的事件。这两个法律事实结合在一起，才能产生遗嘱继承法律关系。事实构成的意义就在于，当法律规定一个民事法律关系的发生、变更或者消灭需要具备事实构成时，就须按照法律要求，同时具备事实构成的几个法律事实，否则，不发生法律规定的后果。

三、对本案的分析

本案法律关系的主体，一方是权利主体，即金某的近亲属；另一方是义务主体，即殡仪馆。双方之间发生了侵权法律关系。现在，权利主体即金某的近亲属向法院起诉，追究义务主体殡仪馆因错误火化尸体而造成精神损害的侵权责任。

这一侵权法律关系的发生，是基于殡仪馆的行为。殡仪馆由于过失，将金某的遗体误认作无名尸进行火化，致使金某的近亲属无法正常举行遗体告别仪式，造成其严重精神损害后果。引起该侵权法律关系发生的法律事实，是殡仪馆的错误火化行为。这个行为是受人的意志支配的有意识的活动，但它是一个不合法的行为。虽然殡仪馆在实施这一行为时并没有追求侵权法律关系发生的意思，但该不合法行为直接依照法律规定发生侵权损害赔偿的法律后果。这不是行为人的意志所能控制的，而是由法律规定的。这种不合法行为的发生引起了民法的否定反应，在当事人之间产生侵权损害赔偿的法律关系，行为人应当承担民事责任。因此，殡仪馆须承担侵权责任，才能补偿受害人的精神损害。同样，殡仪馆履行了这一侵权损害赔偿债务，就消灭了这个侵权法律关系。这也是基于行为而使民事法律关系发生消灭。

第二章

民事法律关系的主体

第一节　自然人及宣告失踪与宣告死亡

5.

“被宣告死亡人重新出现，妻子不同意恢复婚姻关系”案

案情介绍

冯某离家出走，长期没有与家人联系。5 年后，妻子关某向法院提出宣告死亡申请，法院依法宣告冯某死亡，公安机关注销了冯某的户口。关某独自将儿子抚养长大，上了大学。2024 年，冯某突然回来，向法院申请撤销死亡宣告，法院撤销了对他的死亡宣告，冯某办理了身份登记等相关手续。冯某认为自己与关某的婚姻关系应当自行恢复，但关某已经有了意中人，正在谈婚论嫁，认为既然之前法院已经宣告冯某死亡，自己跟冯某的婚姻关系就消灭了，于是不同意与冯某恢复婚姻关系。

法律问题

1. 自然人的概念和范围
2. 自然人的民事权利能力和民事行为能力
3. 宣告失踪和宣告死亡

法理分析

一、自然人的概念和范围

自然人是指依自然规律产生，具有自然生命，区别于其他动物的人。

自然人既包括本国的自然人，也包括外国的自然人和无国籍的自然人。

二、自然人的民事权利能力和民事行为能力

1. 自然人的民事权利能力

民事权利能力也叫民事主体资格，简称为人格，是指作为民事主体，可以享受民事权利、承担民事义务的资格。

所有的自然人都具有民事权利能力，都具有法律上的人的资格。在当代社会，自然人作为民事主体，一律享有平等的人格，都具有民事权利能力。

自然人的民事权利能力始于出生、终于死亡。《民法典》第 13 条规定："自然人从出生时起到死亡时止，具有民事权利能力，依法享有民事权利，承担民事义务。"自然人的民事权利能力终止于死亡，包括生理死亡和宣告死亡。自然人的出生时间和死亡时间，以出生证明、死亡证明记载的时间为准；没有出生证明、死亡证明的，以户籍登记或者其他有效身份登记记载的时间为准。有其他证据足以推翻以上记载时间的，以该证据证明的时间为准。《民法典》第 16 条规定："涉及遗产继承、接受赠与等胎儿利益保护的，胎儿视为具有民事权利能力。但是，胎儿娩出时为死体的，其民事权利能力自始不存在。"

2. 自然人的民事行为能力

民事行为能力是指民事主体以其行为参与民事法律关系，取得民事权利、承担民事义务和民事责任的资格。从另一个角度来说，民事行为能力是民事主体独立从事民事活动的资格。自然人具有民事权利能力，就有资格享受权利、负担义务。

民事行为能力与民事权利能力密切相关。民事行为能力以民事权利能力为前提，又是民事权利能力实现的条件。但是，民事行为能力与民事权利能力也有不同：民事权利能力是享受权利、负担义务的资格；而民事行为能力是依行为人的民事法律行为而取得某些权利、履行特定义务的资格。凡人皆有民事权利能力，民事权利能力因人的出生而当然取得，非因人的死亡而不得剥夺。但并非人人皆有民事行为能力，只有具备一定条件的人才能具有民事行为能力。

《民法典》将自然人的民事行为能力分为无民事行为能力、限制民事行为能力和完全民事行为能力三种类型，采取的是德国法立法例。(1) 无民事行为能力，是指自然人完全不具有独立进行有效民事法律行为、取得民事权利和承担民事义务的能力。我国立法规定，不满 8 周岁的未成年人和不能辨认自己行为的成年人为无民事行为能力的自然人；8 周岁以上的未成年人不能辨认自己行为的，视为无民事行为能力人。(2) 限制民事行为能力，是指自然人不具有完全民事行为能力，只能在法律限定的范围内，进行有效法律行为并取得权利、承担义务的能力。8 周岁以上、不满 18 周岁的未成年人，年满 18 周岁、不能完全辨认自己行为的成年人，具有受限制的民事行为能力，实施民事法律行为由其法定代理人代理或者经其法定代理人

同意、追认，但是可以独立实施纯获利益的民事法律行为或者与其年龄、智力以及精神健康状况相适应的民事法律行为。(3) 完全民事行为能力，是指自然人可以独立进行有效民事法律行为，并取得民事权利、承担民事义务的能力。我国的完全民事行为能力人分为两种：一是年满 18 周岁的成年人，二是以自己的劳动收入为主要生活来源的、已满 16 周岁不满 18 周岁的未成年人。前者是完全民事行为能力人，后者被视为完全民事行为能力人。

对于丧失或者部分丧失民事行为能力的成年人，应当进行认定。已满 8 周岁的未成年人，不能辨认自己的行为，需要被认定为无民事行为能力人的，应当依照法律程序认定。

3. 监护

监护是指对于不在亲权照护之下的未成年人、丧失或者部分丧失民事行为能力的无民事行为能力人和限制民事行为能力人，为保护其人身权利、财产权利以及其他合法权益而设置的民事法律制度。

设置监护的目的是，保护无民事行为能力人和限制民事行为能力人的合法权益，防止被监护人的合法权益受到非法侵害，保障被监护人的正常生活。监护人的监护职权的具体内容包括监护被监护人的人身，管理被监护人的财产，代理被监护人进行民事活动，承担被监护人致人损害的民事法律后果，以及代理被监护人参加诉讼活动等。

三、宣告失踪和宣告死亡

1. 宣告失踪

宣告失踪是指自然人离开自己的住所下落不明达到法定期限，经过利害关系人申请，法院依照法定程序宣告其为失踪人的民事主体制度。法律规定宣告失踪的目的是，通过法院确认自然人失踪的事实，结束失踪人的财产无人管理及应履行的义务不能得到及时履行的非正常状态，以保护失踪人和利害关系人的利益，并维护社会经济秩序的稳定。

依照《民法典》第 40 条的规定，宣告失踪应当具备以下条件：(1) 必须自然人下落不明满 2 年。(2) 必须由利害关系人向法院提出申请。(3) 必须由法院根据法定程序宣告。

自然人被宣告为失踪人以后，由于其民事主体资格仍然存在，所以不产生婚姻关系解除和继承开始的后果，只在以下两个方面产生法律效果：(1) 为失踪人的财产设定代管人；(2) 清偿失踪人的债务并追索其债权。

被宣告失踪的人重新出现或者确知他的下落，经本人或者利害关系人申请，法院应当撤销对他的失踪宣告。失踪宣告的撤销，同样要由法院依据法定程序进行。

失踪宣告一经被撤销，财产代管关系随之终止，代管人应当将其代管的财产交还给被宣告失踪的人，并向被宣告失踪的人报告在其代管期间对财产管理和处置的情况。只要代管人非出于恶意，对于其在代管期间支付的各种合理费用，被宣告失踪的人无权要求代管人返还。

2. 宣告死亡

宣告死亡是指自然人下落不明达到法定期限，经利害关系人申请，法院经过法定程序，在法律上推定失踪人死亡的一项民事主体制度。法律规定宣告死亡制度的意义在于，消除自然人长期下落不明所造成的财产关系和人身关系极不稳定的状态，及时了结下落不明人与他人的财产关系和人身关系，从而维护正常的社会秩序。

宣告死亡应当具备以下条件：(1) 自然人下落不明达到法定期限。《民法典》第46条规定，自然人下落不明满4年，或者因意外事件下落不明满2年，可以宣告该自然人死亡。(2) 必须由利害关系人向法院提出申请。(3) 必须由法院依法定程序作出宣告，法院应作出死亡宣告的判决。

自然人被宣告死亡后，发生与自然死亡相同的法律后果。宣告死亡的法律后果是：(1) 财产继承关系开始。(2) 婚姻关系终止。其与配偶的婚姻关系终止，双方当事人之间的婚姻关系不再存在，原配偶可以再婚。但是，自然人被宣告死亡，实际上并未死亡的，不影响该自然人在被宣告死亡期间实施的民事法律行为的效力。

被宣告死亡的人重新出现或者确知他没有死亡，经本人或者利害关系人申请，法院应当撤销对他的死亡宣告。其法律后果是：(1) 被宣告死亡的人的婚姻关系，自死亡宣告之日起消灭。死亡宣告被撤销的，婚姻关系自撤销死亡宣告之日起自行恢复，但是其配偶再婚或者向婚姻登记机关书面声明不愿意恢复的除外。(2) 在被宣告死亡的人被宣告死亡期间，其子女被他人依法收养的，在死亡宣告被撤销后，不得以未经本人同意为由主张收养关系无效。(3) 被撤销死亡宣告的人有权请求依照《民法典》继承编的规定取得其财产的民事主体返还财产；无法返还的，应当给予适当补偿。利害关系人隐瞒真实情况，致使他人被宣告死亡而取得其财产的，除应当返还财产外，还应当对由此造成的损失承担赔偿责任。

四、对本案的分析

《民法典》第46条规定：下落不明满4年；或者因意外事件，下落不明满2年；或者因意外事件下落不明，经有关机关证明该自然人不可能生存的，利害关系人可以向人民法院申请宣告该自然人死亡。关某申请宣告失踪5年的丈夫冯某死亡，法院依照法律规定作出宣告冯某死亡的判决，被宣告死亡与自然死亡发生同样的效果。在此之后，关某与他人谈婚论嫁是合法的。但冯某在被宣告死亡后重新出现，法院也撤销了对其死亡宣告的判决，其自然人的身份恢复。在冯某的宣告死亡宣告撤销后，他与关某之间的婚姻关系原则上可以自行恢复，二人能够继续以夫妻身份共同生活。但是，《民法典》的新规定是，死亡宣告被撤销后，其配偶向婚姻登记机关书面声明不愿意恢复婚姻关系的，其婚姻关系不予以恢复。这样就保障了配偶的婚姻自由权。

本案的关某在冯某被宣告死亡后，又有了新的恋爱对象，不愿意恢复与冯某的婚姻关系，是合法的，只要向婚姻登记机关提出书面声明，就可以让婚姻关系不再恢复，冯某不能纠缠。

第二节　法人及其能力

6. “一人公司的股东起诉，原告不适格”案

案情介绍

运输公司的机动车发生交通事故，汽车救援中心将事故车辆拖送至汽车修理部修理；运输公司欠施救费未支付，汽车救援中心多次催要未果。汽车救援中心股东金某新向法院提起诉讼索赔。

法院认为：金某新经营的汽车救援中心是一人公司，运输公司拖欠施救费的债权人是汽车救援中心，而不是金某新，金某新不具有主体资格。运输公司已被市场监督管理局注销登记，失去法人资格，起诉的被告不适格。故裁定驳回原告金某新的起诉。

法律问题

1. 法人的概念与特征
2. 法人的民事权利能力、民事行为能力和民事责任能力
3. 法人的成立、类型与终止，清算

法理分析

一、法人的概念与特征

法人是指法律规定具有民事权利能力和民事行为能力，能够独立享受民事权利和承担民事义务的组织。

法人的特征是：（1）法人具有独立的名义；（2）法人具有独立的财产；（3）法人具有独立的意思；（4）法人承担独立的责任。

二、法人的民事权利能力、民事行为能力和民事责任能力

法人的民事权利能力是指法人作为民事主体，享受民事权利并承担民事义务的资格。法人作为民事权利主体，与自然人一样，具有民事权利能力。但法人不像自然人那样民事权利能力平等，不同法人的民事权利能力有所受到限制：（1）受法人自然性质的限制：法人不享有与自然人的人身不可分离的那些权利。（2）受法律和行政法规的限制：法人只能在法律或行政法规的范围内，具有享有权利和承担义务的能力。（3）受法人目的范围的限制：其设立人在设立法人时确立的目的范围直接决定法人的民事权利能力的范围。法人的民事权利能力从法人成立时产生，到法人终止时消灭。

法人的民事行为能力是指法人作为民事主体，以自己的行为享受民事权利并承担民事义务的资格。《民法典》确认：法人具有自身的独立意志，依照法律或者组织章程的规定，从其成立时起至其终止时止，享有民事行为能力。代表法人行使职权的负责人，是法人的法定代表人；法人对它的法定代表人的经营活动承担民事责任，法定代表人的活动所产生的权利、义务和责任，均归属于法人。

民事责任能力，是指民事主体据以独立承担民事责任的法律地位或法律资格，也叫作侵权行为能力。我国民法承认法人的民事责任能力。法人作为一个实在的组织体，其本身不可能从事侵权行为。法人的侵权责任指的是法人对其法定代表人和其工作人员在执行职务中的侵权行为承担侵权责任，即代表责任、替代责任。

三、法人的成立、类型与终止，清算

1. 法人的成立

法人成立是指法人开始取得民事主体资格、享有民事权利能力。法人成立的条件是：（1）须有设立行为；（2）须有法律依据或经主管机关批准；（3）须经登记。

2. 法人的类型

法人分为营利法人、非营利法人和特别法人。

营利法人是指以取得利润并分配给股东等出资人为目的而成立的法人。非营利法人是指为公益目的或者其他非营利目的而成立，不向出资人、设立人或者会员分配所取得利润的法人。特别法人是指既不是营利法人也不是非营利法人的机关法人、农村集体经济组织法人、城镇农村的合作经济组织法人、基层群众性自治组织法人。

3. 法人的终止

法人的终止也叫作法人的消灭，是指法人丧失民事主体资格，不再具有民事权利能力与民事行为能力。法人终止后，其民事权利能力和民事行为能力消灭，其民事主体资格丧失。终止后的法人不能再以法人的名义对外从事民事活动。

法人终止的原因是：（1）法人被依法撤销；（2）法人自行解散；（3）法人依法宣告破产。企业法人因歇业、被撤销、被宣告破产或者其他原因终止营业的，应当向登记主管机关办理注销登记。

4. 清算

法人终止前，必须进行清算。清算是指法人在终止前，对其财产进行清理，对债权和债务关系进行了结的行为。

法人的清算有两种形式：（1）依破产程序进行的清算。这是指对法人在宣告破产以后，由主管机关或法院组织有关人员成立清算组织，依照破产程序进行清算。其程序应适用《企业破产法》的相关规定。（2）非依破产程序进行的清算。法人因宣告破产外的原因而被解散的，应按法律规定（如《民法典》等的有关规定）的其他程序而不按照破产程序进行清算。

清算法人是指在清算期间的已经终止法人资格的法人。在清算期间，清算法人可以从事清算范围内的活动，包括清理财产、清偿债务、从事清算活动所必要的资金借贷、变卖法人的财产、追回被他人占有的财产、在法院起诉和应诉等。其间，清算法人应停止清算范围外的活动，不能实施超出清算范围的活动；已经实施的，应立即停止。

清算人是法人在清算期间的意思机关和执行机构，故在法人清算期间应当由清算人代表法人行使职权。清算人的职权是：对内清理财产，处理法人的有关事务；对外代表法人了结债权、债务，在法院起诉和应诉。

清算终结是指清算人完成了清算职责。清算终结之后，应由清算人向登记主管机关办理注销登记并予以公告。完成注销登记和公告之后，法人即告消灭。按照《公司法》的规定，其程序是公司清算结束之后，应当制作清算报告，报告股东会或者主管机关确认，之后报送登记主管机关申请注销公司登记，公告公司终止。

四、对本案的分析

《民法典》规定，法人的民事权利能力和民事行为能力从法人成立时产生，到法人终止时消灭。

本案的原告应当是汽车救援中心，而不是金某新。这是因为，汽车救援中心是法人，尽管其只有一个股东，也是营利法人，具有民事主体资格。金某新误以为公司是自己的，自己就可以起诉，显然是错误的。

本案的被告运输公司也是营利法人，但问题是，其已被主管部门注销登记，丧失了法人资格，主体地位终止，民事权利能力和民事行为能力也随之消灭。金某新将运输公司列为被告，也是错误的。

法院以金某新起诉的被告不适格为由，驳回其起诉是正确的。如果汽车救援中心以运输公司的清算人作为被告起诉，原告和被告都适格。

第三节　非法人组织

7. “非法人组织租赁合同违约”案

案情介绍

岩上村经济合作社与俞氏纸制品厂签订房屋租赁协议，约定：将村集体所有的学校经营场地及房屋租赁给俞氏纸制品厂使用，租赁期 10 年，年租金 7 000 元，每年租金于年初一次性上交；租赁期内出租方不得擅自收回房屋，违约需赔偿违约金 2 万元；承租方违反协议，需支付出租方违约金 2 万元，出租方有权终止协议，收回房屋。俞氏纸制品厂第四年被注销。岩上村经济合作社部分村民擅自将厂房内存放的纸张搬走，后经协调搬回。俞某某作为俞氏纸制品厂的出资人，据此以造成其损失为由，拒付租金。

法律问题

1. 非法人组织的概念
2. 非法人组织的设立
3. 非法人组织的责任及管理
4. 非法人组织的解散

法理分析

一、非法人组织的概念

非法人组织是不具有法人资格，但能依法以自己的名义从事民事活动的组织。

非法人组织包括个人独资企业、合伙企业、不具有法人资格的专业服务机构等。除了上述三种非法人组织，符合上述要求的外资企业、乡镇企业等，也属于非法人组织。

二、非法人组织的设立

非法人组织应当依照法律的规定登记设立，例如，个人独资企业应当依照《个人独资企业法》的规定，合伙企业应当依照《合伙企业法》的规定，进行登记，方为设立。设立非法人组织，法律、行政法规规定须经有关机关批准的，依照其规定。例如设立律师事务所，须经司法行政机关批准。

三、非法人组织的责任及管理

非法人组织对其所负债务，承担无限责任。在其财产不足以清偿债务时，其出资人或者设立人承担无限责任；法律另有规定的（例如隐名合伙人承担有限责任），依照其规定。

非法人组织可以确定一人或者数人代表该组织从事民事活动。

四、非法人组织的解散

非法人组织的章程规定的存续期间届满或者章程规定的其他解散事由出现，或者出资人、设立人决定解散，或者法律规定的其他情形出现，非法人组织解散。

非法人组织解散的，应当依法进行清算。

五、对本案的分析

《个人独资企业法》第 2 条规定："本法所称个人独资企业，是指依照本法在中国境内设立，由一个自然人投资，财产为投资人个人所有，投资人以其个人财产对企业债务承担无限责任的经营实体。"根据《民法典》第 102 条的规定，个人独资企业系非法人组织，是不具有法人资格但是能够依法以自己的名义从事民事活动的组织。本案的承租人俞氏纸制品厂是非法人组织，但已经被注销，失去了非法人组织的资格，租赁合同应当解除。俞某某作为个人独资企业的投资者，在企业被注销后，应当对企业债务负无限责任。

对租赁合同存续期间俞氏纸制品厂所欠的租金，俞某某应负清偿责任。如果部分村民私自搬运纸张的行为与岩上村经济合作社有关，可以抵销租金债务。如果没有意思联络，部分村民自己承担责任，俞某某不能主张抵销租金债务。

第三章

民事法律关系的客体

第一节　民事法律关系的客体及人身利益

8.

"医院给产妇抱错孩子损害亲子利益构成侵害亲权责任"案

案情介绍

20年前，赵甲的妻子宫某、孙甲的妻子李某同时在某医院生孩子。20年后，赵甲的儿子赵乙在大学献血时得知其血型，据其血型推断，他不可能是赵甲和宫某所生子女。三人做了血型检验，仍怀疑赵乙不是赵甲和宫某的亲生子，有可能在医院生产期间抱错了孩子。赵乙出生的当日，在该医院共有8个男孩出生。宫某发现同一天邻床李某生产的孙乙酷似赵甲，认为两家孩子有抱错的可能。赵家和孙家6人做亲子鉴定，确认孙乙是赵甲和宫某的亲生子，但赵乙与赵甲、宫某及孙甲、李某均无血缘关系。上述6人作为原告向法院起诉，以侵害亲权追究该医院的侵权责任。

法律问题

1. 民事法律关系的客体是民事利益
2. 人身利益

法理分析

一、民事法律关系的客体是民事利益

民事法律关系的客体是指民事主体之间的民事权利和民事义务共同指向的对象。

在民法理论中，对什么是民事法律关系的客体，历来存在意见分歧，没有统一的见解，主要观点有以下几种：一是物说，认为权利的客体就是与权利相联系的物。

二是行为说，认为权利的客体就是作为或者不作为的行为，是民事主体应当受到约束的行为。三是物、行为和智力成果说，认为民事法律关系的客体分别为物、行为和智力成果。四是物、行为、智力成果、人身利益和有价证券说，认为民事法律关系的客体概括起来包括物、行为、智力成果、人身利益和有价证券。五是多样性说，认为民事法律关系的客体具有多样性。

对于民事法律关系的客体，应当用更抽象、更概括的方法进行界定，不宜采用具体列举的方式，也不能仅仅概括财产权利的客体而忽略人身权利的客体。本书认为，民事法律关系的客体是民事利益。

作为民事法律关系客体的民事利益，是指民事主体之间为满足自己的生存和发展而产生的、对一定对象需求的人身利害关系和财产利害关系。民事利益可以表现为物、行为、智力成果以及人身利益等。

民事利益作为民事法律关系的客体，最基本的类型就是人身利益和财产利益。

人身利益概括的是人格利益和身份利益。财产利益概括的是静态财产利益、动态财产利益和无形财产利益，静态财产利益集中体现为物，动态财产利益主要表现为交易中的行为，无形财产利益表现为智力成果。《民法典》总则编第五章“民事权利”规定的民事权利客体，既包括物权的客体——物，债权的客体——行为，知识产权的客体——作品、发明实用新型外观设计、商标、地理标志、商业秘密、集成电路布图设计、植物新品种、法律规定的其他客体，继承权的客体——遗产，也包括数据和网络虚拟财产。

二、人身利益

1. 人身的含义

民法意义上的人身，是指民事主体在物质上、精神上的人格和亲属之间的身份。人身包括人格和身份，前者以物质性的人体和精神性的人格为其表现形式，后者以亲属之间的身份、地位为其表现形式。

作为民事利益的人格，是指构成民事主体资格的各个要素，包括人格尊严、人身安全和生命、身体、健康、姓名、名称、肖像、名誉、信用、荣誉、人身自由、隐私、性利益以及个人信息等。

作为民事利益的身份，是指民事主体在亲属社会关系中所处的相互之间的稳定地位。身份是亲属相互之间的稳定地位，表明一种社会地位，表示民事主体在特定亲属之间的法律关系中的地位。

2. 作为民事法律关系客体的人身利益

作为民事法律关系客体的人身利益，是指民事主体在人格关系和身份关系中所体现的与其自身不可分离的利益，包括人格利益和身份利益。

（1）人格利益。

人格利益是指民事主体对构成民事主体资格的各个要素所享有的利益。人格利益分为物质型人格利益和精神型人格利益。

物质型人格利益是指自然人对构成民事主体资格的物质性要素享有的利益，主要表现为生命利益、身体利益和健康利益。这种人格利益是人之所以为人的物质条件，维持生命、人体组织的完整和人体器官的正常机能，是享有民事权利、承担民事义务的物质基础。侵害自然人的身体、健康、生命所造成的损害为有形损害，表现为自然人的身体缺损、健康损伤和生命丧失。

物质型人格利益是自然人才有的，基于自然人的物质表现形式即人体以及人体所负载的生命、健康和身体的人格利益。法人没有身体，因此没有物质型人格利益。

精神型人格利益是指民事主体对构成民事主体资格的精神性要素享有的利益。精神型人格利益可以分为四种类型：第一，一般人格利益，是一般人格权的客体，概括的内容是人格尊严。第二，标表型人格利益，是指民事主体在标表自己人格特征时的人格利益，主要是姓名利益、名称利益、肖像和声音利益。第三，评价型人格利益，是指民事主体在具有评价性的人格要素上所享有的人格利益，主要是名誉利益、信用利益和荣誉利益。第四，自由型人格利益，是指民事主体对于自身享有一定的自由支配的人格要素所体现的人格利益，主要有人身自由、隐私利益、性利益以及个人信息。

（2）身份利益。

身份利益，是指自然人就其在亲属之间所处的稳定地位所享有的利益，如配偶对其相互之间的配偶利益的支配。身份利益与民事主体的人身不可分离，身份利益须处于特定的社会关系之中，离开特定的社会关系不存在身份利益。身份利益受配偶权、亲权和亲属权的保护。

身份利益分为基本身份利益和支分身份利益。基本身份利益，是民事主体对于特定身份关系的支配性利益，是为配偶、为父母、为亲属的利益。支分身份利益，是由基本身份利益派生的具体身份利益。支分身份利益具有多样性、复杂性的特点。配偶的支分身份利益诸如配偶之间共同生活、相互依靠、相互体贴的依赖关系，互相扶助、扶养关系等。亲子的支分身份利益是父母对未成年子女的管理、教育、抚育以及相互尊重、爱戴关系。其他近亲属的支分身份利益是相互扶养、抚养、赡养关系。

三、对本案的分析

本案作为轰动一时的“串子”案，引起了公众关注。从民法角度研究该案，关键在于这个案件的法律关系的性质、侵害的客体是什么。要确定本案法律关系的性质，首先须确定医院的医疗行为损害的是当事人的何种民事利益，即侵害的客体是什么。

无论是在赵家还是在孙家，医院抱错孩子的行为对其造成的损害，都是父母与子女的骨肉分离。已经找到自己亲生子的赵家，父母子女骨肉分离已经 20 年，没有找到自己亲生子女的孙家，以及没有找到自己亲生父母的赵乙，骨肉分离的状态仍然在继续。

父母子女的骨肉分离，在民法上表现为亲子利益的损害。亲子利益是指父母与未成年子女之间的身份、地位所体现的身份利益。亲子利益中更重要的是未成年子女的利益，父母对未成年子女所负有的人身照护和财产照护义务，以及父母与未成年子女间的亲情和关爱。亲子利益是亲权的客体，亲权固定亲子利益，依法保护亲子利益不受侵犯。亲子利益属于身份利益，包含在人身利益的概念之中。

保护亲子利益的权利是亲权，性质是身份权，因此，亲权法律关系的客体就是亲子利益。

医院对抱错孩子的行为有过错，侵害的客体是亲权，造成的是对两个家庭的父母与未成年子女间的亲子利益的损害。

第二节　物

9.

“未经本人同意医院擅自处理患者人体医疗废物构成侵权责任”案

案情介绍

彩某宝的妻子焦某怀孕 7 个多月时患感冒，在一家私人诊所治疗。20 天后，焦某发现胎动减少，就诊时发现胎儿已经没有生命迹象。焦某到 H 医院剖宫产下一死胎。彩某宝向警方报案，指控该私人诊所非法行医，造成胎儿死亡后果。警方出具法医鉴定委托书，要求对死胎进行法医鉴定。彩某宝找到 H 医院，要求提供死胎做法医鉴定。H 医院告知彩某宝死胎是病理性医疗废物，不需要按照一般尸体处理方法处理，死胎的父母也没有对死胎的处分权，医院已经把死胎作为医疗废物销毁了。由于无法进行死胎检验，彩某宝夫妇无法追究私人诊所的责任。彩某宝夫妇将 H 医院起诉，要求医院赔偿损失、赔礼道歉。

法院认定 H 医院的行为构成侵权。

法律问题

1. 物的概念和特征
2. 物的分类
3. 人体变异物及其物权规则

法理分析

一、物的概念和特征

《民法典》第115条第一句规定："物包括不动产和动产。"物是民事法律关系客体中最重要的类型之一，体现的是民事法律关系客体中的财产利益。

物，作为民法的基本范畴之一，与人相对应，是民法社会的物质构成要素之一。民法上的物，在广义上说，包括有体物、无体物（权利），也包括智力成果、工商业标记等无形财产；在狭义上说，仅指作为物权客体的物，原则上为有体物。有体物是指除人体之外，能够为人力所控制并能够独立满足人类社会生活需要的有形物和自然力。按照《民法典》第127条的规定，网络虚拟财产也是物的一种类型。

物具有下列法律特征：(1) 能够为人力所控制；(2) 能够满足人类的某种需要；(3) 须存在于人身之外；(4) 须为独立一体。网络及网络中的物是虚拟物，也具有物的属性，民法也认其为物。

在民事法律关系中，物作为权利客体，代表的是物质财富，体现的是民法社会的基本财产形态。物不仅可以作为物权关系的客体，也可以作为继承关系的客体。即使是在债权关系中，物也往往是给付的标的，如买卖、租赁合同中交付的标的物，借用、保管合同中借用、保管的标的物。因此，物被视为权利客体的代表而被规定在《民法典》总则编中。

二、物的分类

根据物是否具有可移动性，可以将物分为不动产和动产。不动产，是指依自然性或者法律的规定在空间上占有固定位置，移动后会影响其经济价值的物，包括土地、土地定着物、与土地尚未脱离的土地生成物、因自然或者人力添附于土地上并且不能分离的其他物。动产，是指不动产以外的其他能在空间上移动而不会损害其经济价值的物，不动产以外的其他的物都是动产。在法律上各种可以支配的自然力，也属于动产。货币和有价证券，为特别动产。网络虚拟物也分为虚拟不动产和虚拟动产，前者如网站，后者如网络货币。区分不动产和动产的意义在于：(1) 物权类型不同。用益物权的客体限于不动产，而动产质权、留置权的客体以动产为限。(2) 物权变动的法律行为不同。动产物权变动以交付为要件，不动产物权变动以登记为要件。（3）公示方式不同。不动产物权以登记为公示方式，而动产物权以占有为公示方式，通常不要求进行登记。具有特殊性的是，机动车、船舶、航空器等交通运输工具虽然可以移动且不损害其价值或用途，但一般法律规定其适用不动产的物权变动规则，因此也有学者将其称为准不动产。

按照物是否在交易观念上具有附属性，可以将物分为主物与从物。从物，是指从属于主物的物。它不是主物的组成部分，但根据交易观念从属于主物，并常对主物发挥辅助效用，因此叫作从物。主物，是指从物以外的物，即能够独立发挥效用的物。

按照物的产生关系不同，可以将物分为原物与孳息。孳息，是指因物而产生的收益，包括天然孳息和法定孳息。产生孳息的物，是原物。

按照是否可以进行重复使用，可以将物分为消费物和非消费物。消费物，是指不可重复使用，一经使用即改变其原有形态、性质的物。非消费物，是指经反复使用不改变其形态、性质的物，即消费物之外的物。

按照物是否可以代替，可以将物分为可代替物和不可代替物。可代替物，是指具有共同的特征，能以品种、规格、质量、数量等相互代替的动产。不可代替物，是指不能以品种、规格、质量、数量等加以相互代替的动产。

按照是否依据当事人的主观意思具体指定，可以将物分为特定物和非特定物。特定物，是指根据当事人的意思能够具体指定的物。非特定物是指未经当事人的意思具体指定的物，仅以品种、规格、质量、数量抽象指定的物。

三、人体变异物及其物权规则

人体变异物是指从人体衍化、变异而来的具有物的形态的物。人体不是物，是人格利益的载体，但人体的组成部分一旦从人体脱离，或者从人体变异而为物，就具有物的形态和属性，应将其作为物对待，赋予其物的资格。人体变异物从人格利益的载体变异而来，包含人格利益或者人格利益因素，故人体变异物并不是普通的物，是具有人格利益的物。

人体变异物有以下三种。

1. 脱离人体的器官和组织

脱离人体的器官和组织是指从人体脱离后、在被植入新的人体之前的人体器官和组织。在此期间存在的人体器官和人体组织，是物的形态。《民法典》第1006条规定的人体细胞、人体组织、人体器官，就是这种物的形态。

2. 人体医疗废物

人体医疗废物是指由于医疗活动脱离人体的无生命价值或者生理活性的器官、

组织以及人体滋生物。其法律属性是权利的客体，属于物。人体医疗废物的所有权归属于曾经拥有它们并将它们作为自己人格组成部分，基于医疗的因素而使它们与自己相脱离的自然人。支配人体医疗废物的基本规则是：尊重权利、保护健康，防止危害发生。人体医疗废物并不是统一体，在对其进行支配的时候，不能一视同仁，而应区别对待，在不违背公共秩序和善良风俗，能够保护健康，防止人体医疗废物造成社会危害和对人的健康造成危险的情况下，应当充分尊重权利人的意见。

3. 尸体

尸体是包含了确定的人格利益的物，是具有社会伦理道德内容的物。《民法典》第 1006 条规定的遗体，就是这种形态的物。尸体的所有权由死者的近亲属享有，权利人可以在法律规定的范围内对尸体进行处分：（1）对尸体享有管理、保护和埋葬等形式的权利；（2）对尸体享有部分处分权，仅限于不违背善良风俗的尸体捐献与尸体的部分器官、组织的捐献；（3）对于捐献尸体或者器官的补偿金的收取权；（4）保护尸体的权利，当其所有的尸体受到侵害时，享有防止侵害、损害除去请求权以及损害赔偿请求权。

四、对本案的分析

本案当事人争议的核心问题是死胎的性质是什么，其权利归何人所有。

死胎是人体医疗废物，它具有物的所有特征：能够为人力所控制；能够满足人类的某种需要；存在于人身之外；为独立一体。按照其性质而言，人体医疗废物属于动产，应当适用动产的物权变动规则。

人体医疗废物从人体脱离以后，不再存在人格上的价值，不再对人体健康存在作用，而是具有物的属性，即人体医疗废物从人体脱离之后，就成为物，产生所有权。该物的所有权应当归属于何人，H 医院认为死胎既然是医疗废物，就属于医院，由医院行使权利、进行处置。可是问题在于，人体的组成部分本属于人的人格利益，由权利人自己享有权利。一旦身体的组成部分从人体脱离，产生所有权，这个所有权必然归属于权利人，应由权利人原始取得所有权，不能归属于医院。彩某宝夫妇的怀疑完全有道理，这就是：从自己身上分离出来的死胎，其权利怎么就归属于医院了呢？所以，法院判决 H 医院侵害了死胎所有权是完全有道理的。这就是，本应当归属于患者本人的死胎，由于医院错误地认为归属于自己而不归属于权利人，未经权利人同意而擅自作了销毁死胎的处理，造成了权利人无法控告侵权行为以保护自己权利的损害后果，构成侵权行为。法院判决 H 医院承担侵权责任是正确的。法院在没有法律规定的情况下，采用法理作为依据，作出这样的判决，值得赞赏。

第四章

民事法律关系的内容

第一节　民事权利和民事义务的类型

10.

“离婚双方当事人讼争宠物‘抚养权’和‘探望权’纠纷”案

案情介绍

王女士和张先生结婚后没有生育子女，对饲养的小狗“威威”宠爱有加，后因感情纠葛发生纠纷诉至法院，请求离婚，就离婚和财产分割达成协议，但如何解决威威的“抚养”成为争议焦点，无法达成协议。张先生让步不争议“抚养权”，但因自己看着威威一天天长大，狗见不到自己会很伤心，主张自己对威威享有“探望权”。王女士不同意，理由是威威一直由自己照料，离婚后都有各自的新生活，“探望”会造成生活不方便。双方争执不下，诉请法院依法裁断。

经法官调解，双方当事人达成由王女士“抚养”小狗威威，张先生可以定期“探视”小狗威威的协议。

法律问题

1. 民事权利及其类型
2. 民事义务及其类型

法理分析

一、民事权利及其类型

民事权利是指由特定民事利益和法律上之力相结合，共同构成的民事主体自由行使意志、实施法律行为的范围。民事权利具有以下三个基本特征：（1）民事权利由特定民事利益构成；（2）民事权利是对特定民事利益赋予的法律之力；（3）民事权利是民事主体自由行使意志、实施法律行为的范围。

民事权利分为以下类型。

1. 人身权、财产权和综合性权利

按照权利的客体是否具有财产价值，可以将民事权利分为人身权、财产权和综合性权利。

人身权是指以人格利益或身份利益为内容、与权利人的人身不可分离的民事权利。人身权包括人格权和身份权。人格权是指权利人直接支配其生命、健康、名誉等人格利益并排除他人干涉的民事权利，包括生命权、健康权、身体权、姓名权、名称权、肖像权、声音权、名誉权、荣誉权、隐私权、人身自由权和性自主权等。身份权是指权利人基于特定的亲属身份而产生的支配身份利益的民事权利。在现代社会，身份权以义务为中心，包括配偶权、亲权和亲属权。

财产权是指与权利人的人格、身份相分离，直接体现某种财产价值的权利。财产权包括物权和债权。

综合性权利，是指那些兼具财产性和人身性，其内容既包括人身利益又包括财产利益的权利。综合性权利包括知识产权和继承权。

2. 支配权、请求权、抗辩权、形成权

按照民事权利的功用，可以将民事权利分为支配权、请求权、形成权和抗辩权。

支配权是指权利人直接支配权利客体并排除他人干涉的权利。请求权是指根据权利的内容，得请求他人为一定行为或者不为一定行为的权利。抗辩权专指对抗他人请求权行使的权利，也就是拒绝他人请求给付的拒绝给付权。形成权是指权利人仅凭其单方意思即可使民事法律关系发生变动的权利。

3. 绝对权与相对权

以权利的义务主体是否特定为标准，可以将民事权利分为绝对权和相对权。绝对权，也称为对世权，是指以权利人以外的任何第三人为义务人的民事权利。因此，绝对权的权利人是特定的，其义务人是权利人之外的任何人。相对权，也称为对人权，是指权利人只能够请求特定的义务人为一定行为或者不为一定行为的民事权利。

4. 主权利与从权利

按照民事权利之间是否存在主从关系，可以将民事权利分为主权利和从权利。主权利，是指数个有主从关系的权利中，不依赖于其他民事权利就可以独立存在的权利。民事权利通常都是主权利。从权利，是指其存在必须以其他民事权利的存在为前提的民事权利。从权利一般包括地役权、抵押权、质权、留置权以及保证债权。

5. 专属权与非专属权

按照民事权利是否可以与其主体相分离，可以将民事权利分为专属权和非专属权。专属权，是指专属于特定的民事主体的民事权利。专属权与主体不能分离，不得转让、继承。人格权、身份权都具有人身性，为专属权。非专属权，是指非专属于权利人本人，可以转让、继承的民事权利。物权、债权、知识产权等财产权原则上属于非专属权。

二、民事义务及其类型

民事义务是与民事权利相对应的概念，是指义务人为满足权利人的要求而为一定的行为或者不为一定行为的法律负担。民事义务的特征是：(1) 民事义务产生于法律的规定和当事人的约定；(2) 民事义务的内容表现为为一定行为或者不为一定行为；(3) 义务的履行是为了满足权利人的利益；(4) 民事义务具有法律的强制性。

民事义务具有以下类型。

1. 作为义务与不作为义务

作为义务是指行为人应当按照法律规定或者权利人的要求，作出积极行为以满足权利人利益要求的义务。不作为义务是指义务人应当按照法律的规定或者当事人的约定，不从事某种行为，以保障权利人权利实现的义务。

2. 法定义务与约定义务

法定义务是指由法律、法规规定以及根据诚实信用原则所产生的义务。约定义务是指当事人在合同中通过协商确立的义务。

3. 对世义务与对人义务

对世义务也叫作绝对义务，是指绝对权的义务人对权利人所负担的义务，事实上等于对所有的绝对权人都负有这样的义务。人格权的义务人、物权的义务人以及其他绝对权的义务人负担的义务都是对世义务。对人义务也叫作相对义务，是相对权的义务人对特定的权利人所负担的义务。其义务仅仅对其相对的权利人承担，对他人不负有这样的义务。债权关系的义务人所负担的义务都是对人义务。

4. 主给付义务与附随义务

主给付义务也叫作主义务，是指债的关系所固有的、必备的、直接影响到债的目的实现的义务。在买卖合同中，卖方交付标的物、买方交付价款的义务，都是主给付义务。附随义务是指合同当事人依照法律或者依照诚实信用原则、交易习惯以及合同约定产生的义务。这种义务并不单独存在，而是依附于主给付义务而存在，如售后服务义务。

5. 真正义务和不真正义务

真正义务是指违反该义务能够发生民事责任的民事义务。绝大多数民事义务都是真正义务，例如绝对权的义务人所负担的不可侵义务、合同当事人约定的给付义务。在有些情况下，虽然某人依法应当实施某种行为（包括作为和不作为），但在义务人不实施时，相对人也不能请求其承担民事责任，只是使其遭受权利丧失或减损的不利益，这样的义务就是不真正义务。例如，在债务履行过程中，债权人自身发生重大事故，致使履行债务发生困难时负有通知义务，债权人怠于履行此义务时，债务人不能请求其承担违约责任，但可以中止履行或者将标的物提存。

三、对本案的分析

本案是特别具有人情味的一件离婚案，当事人之间的争议和协商充满了对动物的关爱。在当代社会，人们保护环境、关爱动物，体现了社会的发展和进步。在离婚案中对动物“抚养权”和“探望权”的争议，是社会进步的缩影。

但是，动物不是人，不能用对人的法律规定来解决对动物权属发生的纠纷。在法官劝说下，当事人达成了“抚养”和“探视”宠物的协议，充满了温情和关爱。

婚姻关系当事人之间享有的身份权是配偶权，在离婚时，对未成年的子女有抚养权和探望权，即未成年子女归一方当事人抚养，对方当事人享有探望权。离婚纠纷就“抚养”和“探望”宠物达成的协议，处分的不是身份利益，而是分割和支配夫妻共同财产的权利义务。因为动物不是人，虽然饲养人可以将其称为“孩子”，但法律不能按照子女抚养适用法律。因此，这个权利不是人身权，而是财产权。权利人负有的义务，是物权关系的义务。这种义务不履行，不能要求义务人按照探望权的规定承担民事责任。

从本案可以看到民事权利和民事义务的类型。离婚达成的对宠物的“探望权”，是财产权、请求权、相对权、主权利和非专属权；允许探望的义务，是不作为义务、约定义务、对人义务、主给付义务和不真正义务。

第二节　民事法律行为

11.
“酒业销售公司销售奖券出错是否应当兑现”案

案情介绍

某酒业销售公司组织促销活动，设立有奖销售，宣称所有购买该店某种品牌酒的顾客均获得奖券 1 张，都有中奖机会，中奖率为 100%，分为一等奖 3 名、二等奖至五等奖若干。一等奖奖金为 2 888 元。齐某购买了 50 瓶酒，获得 50 张奖券，其中一等奖19张，其余各种等级的奖券均有。齐某向酒业销售公司主张兑奖，酒业销售公司称自己的奖券印刷有错误，不同意兑现全部奖券的奖金，只同意兑现3张一等奖、其他等级的奖券若干。齐某诉至法院。

法院判决按照促销活动奖励章程规定的各种奖励等级的比例给齐某兑现奖金。

法律问题

1. 民事法律行为的概念和特征
2. 意思表示
3. 民事法律行为的成立、生效和效力状态

法理分析

一、民事法律行为的概念和特征

民事法律行为是指自然人、法人或者非法人组织设立、变更、终止民事权利和民事义务的，以意思表示为要素的行为。《民法典》第133条规定："民事法律行为是民事主体通过意思表示设立、变更、终止民事法律关系的行为。"民事法律行为的形式是意思表示的方式，主要有以下几类：

（1）口头形式，是指以谈话的方式进行的意思表示。口头形式具有简便、迅速的优点，但发生纠纷时举证较为困难，故主要适用于即时清结或者标的数额较小的交易。

（2）书面形式，是指以书面文字的方式进行的意思表示。书面形式可以促使当事人在深思熟虑后实施民事法律行为，使权利和义务关系明确化，并方便证据保存，主要适用于不能即时清结、数额较大的民事法律行为。

（3）推定形式，是指以有目的、有意识的积极行为表示其意思的民事法律行为形式。如租期届满后，根据承租人继续交纳租金而出租人予以接受的行为，即可推知当事人延长了租赁期限，是延长租期的推定形式。

（4）沉默形式，是指既无语言表示又无行为表示的消极行为。在法律有特别规定的情况下，当事人的沉默可以视为意思表示，使民事法律行为成立。

二、意思表示

意思表示在民事法律行为理论中占有特殊的重要地位，是指民事主体向外部表明意欲发生一定的民法上法律效果的意思行为。换言之，意思表示就是行为人将其关于民事法律行为的内心意愿以一定的方式表达于外部的行为。

意思表示是民事主体的内心意愿的对外表达，是一个心理过程，因此，意思表示总是要有不同的阶段，使其意思不断地形成并作出表示。意思表示的心理过程分为三个阶段：一是动机意思阶段。行为人将某种客观需要反映在心理上，形成实施某种行为以满足这种客观需要的内心需求，是形成某种行为的内心动机。二是效果意思阶段。行为人的动机促使行为人形成进行一定行为而取得相应法律后果的内心意愿。三是表示行为阶段。行为人把这种通过行为而取得相应法律后果的内心意愿用一定的法定方式表达于外部，使他人得以了解，就是表示行为。

意思表示的构造即意思表示的构成要素有三个：动机意思、效果意思和表示行为。一个行为具备了这三个要素，就构成意思表示。其中，前两个要素是意思表示的主观构成要素，主要说明成立意思表示需要具备哪些意思内容；后一个要素为意思表示的客观构成要素，其意义在于说明成立意思表示须具备何种外部行为。

意思与表示不一致主要表现为：（1）真意保留，又称为单独虚伪表示，是指行为人故意隐瞒其真意，而表示其他意思的意思表示。真意保留的民事法律行为原则上有效，其条件是接受意思表示的相对人不知其意思表示行为为真意保留；如果接受意思表示的相对人知道其意思表示为真意保留，则该民事法律行为无效。（2）隐藏行为，是指行为人将其真意隐藏在虚假的意思表示中。虚假的意思表示行为无效，至于其隐藏的真实意思表示行为是否有效，应当依照该行为应适用的法律规定判断。《民法典》第146条第2款规定的是隐藏行为及其效力。（3）虚伪表示，又称虚假行为，是指行为人与相对人通谋而为虚假的意思表示。虚伪表示是双方行为，是双方进行串通的行为，不具有虚伪表示的行为所应当发生的法律效力。《民法典》第146条第1款规定的是虚假行为及其效力。（4）错误，是指表意人因误认或者不知而使其表示与意思不一致。错误的后果可以撤销，撤销后发生自始无效的后果。《民法典》第147条只规定了重大误解是可撤销的民事法律行为，但错误并不只是行为人自己的重大误解，还包括第三人的错误，例如误传，是指因传达人或者传达机关的错误导致行为人的意思与表示不一致。

意思表示不自由主要表现为：（1）欺诈，是指一方当事人故意实施某种欺骗他人的行为，并使该他人陷入错误，与欺诈行为人订立民事法律行为，因此受到损害的行为。《民法典》第148条和第149条规定的是一方欺诈行为和第三人欺诈行为，其都是可撤销的民事法律行为。（2）胁迫，是指行为人以将来发生的祸害或者实施的不法行为，给另一方当事人以心理上的恐吓，或者直接造成损害，迫使对方当事人与其为民事法律行为，使对方当事人受到损害的行为。《民法典》第150条规定了一方或者第三人的胁迫行为也是可撤销的民事法律行为。（3）显失公平。《民法典》第151条规定，一方利用对方处于危困状态、缺乏判断能力等情形，致使民事法律行为成立时显失公平的，受损害方有权请求法院或者仲裁机构予以撤销。

三、民事法律行为的成立、生效和效力状态

民事法律行为在符合其成立要件时成立，因此，民事法律行为成立，是指民事法律行为在客观上已经存在。不符合民事法律行为成立要件的行为，视为民事法律行为不存在。按照《民法典》第 143 条的规定，民事法律行为的成立要件是：（1）行为人具有相应的民事行为能力；（2）意思表示真实；（3）不违反法律、行政法规的强制性规定，不违背公序良俗。

民事法律行为的生效，是指民事法律行为因符合法律规定而能够引起民事法律关系的设立、变更或者终止的法律效力。民事法律行为成立之后，须具备生效的要件，才能发生法律上的效力，发生设立、变更或者消灭民事法律关系的法律后果。

民事法律行为的效力状态，分为以下几种。

1. 绝对无效

绝对无效的民事法律行为就是无效的民事法律行为，是指已经成立但严重欠缺民事法律行为的有效要件，自始、绝对、确定地不按照行为人设立、变更、终止民事法律关系的意思表示发生法律效力的民事法律行为。

绝对无效的民事法律行为的种类有：（1）无民事行为能力人实施的民事法律行为。无民事行为能力人实施的行为是无效的民事法律行为，其行为自始无效。（2）行为人与相对人以虚假的意思表示实施的民事法律行为。（3）行为人与相对人恶意串通，损害他人合法权益的民事法律行为。（4）违反法律、行政法规的强制性规定的民事法律行为，但是该强制性规定不导致该民事法律行为无效的除外。（5）违背公序良俗的民事法律行为。

2. 相对无效

相对无效的民事法律行为也叫可撤销的民事法律行为，是指欠缺民事法律行为的有效条件但又并不当然无效，而由当事人自主决定是否使其归于无效的民事法律行为。相对无效的民事法律行为的特点是：在被撤销之前其效力是继续保持的；该行为是否归于无效取决于撤销权人的意思；使可撤销的民事法律行为的效力消灭必须有撤销行为；撤销相对无效的民事法律行为的效力溯及既往。

相对无效的民事法律行为的种类有：（1）重大误解的民事法律行为；（2）一方欺诈或者第三人欺诈行为；（3）一方或者第三人胁迫行为；（4）显失公平的行为。

对于相对无效的民事法律行为，法律准许当事人予以撤销。该撤销权撤销的对象是意思表示不真实的民事法律行为。在一般情况下，撤销权须在 1 年之内行使，超出 1 年的撤销权消灭；但是，重大误解的当事人自知道或者应当知道撤销事由之日起 3 个月内没有行使撤销权的，撤销权消灭；当事人受胁迫，自胁迫行为终止之日起 1 年内没有行使撤销权的，撤销权消灭；当事人知道撤销权事由后明确表示或

者以自己的行为表明放弃撤销权的，撤销权消灭。当事人自民事法律行为发生之日起5年内没有行使撤销权的，撤销权消灭。但是，依照《最高人民法院关于适用〈中华人民共和国民法典〉婚姻家庭编的解释（一）》第19条的规定，受胁迫或者被非法限制人身自由的当事人请求撤销婚姻的，不适用最长除斥期间为5年的规定，例如被拐卖的女子受胁迫或者被非法限制人身自由的非法婚姻，任何时候在被解救后都有权主张撤销婚姻关系。

3. 效力待定

效力待定的民事法律行为是指民事法律行为虽已成立，但是否生效尚不确定，只有经过特定当事人的行为，才能确定生效或者不生效的民事法律行为。

效力待定的民事法律行为的类型有：（1）限制民事行为能力人实施的依法不能独立实施的民事法律行为；（2）无权代理行为。

效力待定的民事法律行为的效力确定，可以经由以下途径：一是特定当事人的追认权的行使与不行使，二是相对人行使撤销权。

民事法律行为无效或者被撤销的法律效果，不是行为人预期追求的后果，而是法律规定的行为人应当承担的后果责任，包括返还财产、赔偿损失和追缴财产收归国家或者返还集体、第三人。

四、对本案的分析

本案的酒业销售公司进行有奖销售，其内心意思和表示行为显然不一致，造成不一致的原因在于印制奖券的第三人的错误。错误的构成要件是：第一，须表示与意思不一致；第二，须其不一致出于表意人的误认或者不知。误认，是指认识不正确，例如误甲为乙；不知，是指通常的笔误、口误，例如租赁而说成借贷。错误应是过失所为，是无意的，不是故意所为。

酒业销售公司宣布有奖销售设置一等奖3名、二等奖至五等奖若干名，而齐某购买50瓶酒就中了19个一等奖。这符合错误的构成要件，构成错误。这种错误是因奖券印制错误造成的，就该公司而言，属于不知。

意思表示错误的后果，一般是法律行为可以被撤销，发生自始无效的后果；但是对方当事人无过错的，行为人应当对其承担损害赔偿责任。传统民法严格区分错误和误解，我国《民法典》不作这种区分，在关于重大误解的规定中，涵盖了错误和误解的内容，其行为的后果为相对无效。因此，对于本案，酒业销售公司的行为属于重大误解中的错误。酒业销售公司可以认可行为有效，也可以请求撤销该意思表示。对酒业销售公司的抗辩法院应当支持，判决支持齐某的部分诉讼请求是不对的。

第三节 代理及其效力

12.

“无权代理售房但具有代理权外观请求返还房款争议”案

案情介绍

王某甲假冒财经学院的名义，与刘某签订“房屋认购协议”，约定刘某购买涉案的房屋，支付了全款。刘某与王某乙签订“无产证补充协议”，与房地产公司签订房屋买卖委托协议，交付定金和余款。其后，王某乙收到财经学院告知函，得知刘某无权处分涉案房屋，王某甲涉嫌合同诈骗案发。刘某无法取得争议房屋的所有权，起诉财经学院退回购房款。财经学院主张自己不是“房屋认购协议”的当事人。

法院认为，王某甲出售涉案房屋时任公寓物业主任，且在涉案房屋的“城市供用水合同”上代表财经学院在供水委托代理人处签字，并使用了财经学院的公章，因而王某甲具有财经学院代理权的外观，符合表见代理的客观要件。刘某作为普通购房者，有理由相信能够合法地从王某甲手中购买涉案财经学院所有的房屋，主观上为善意，对王某甲代理行为的信赖是正当的。故判决财经学院退还原告购房款。

法律问题

1. 代理的概念和特征
2. 代理权
3. 无权代理
4. 表见代理

法理分析

一、代理的概念和特征

代理是指代理人在代理权范围内，以被代理人的名义独立与第三人为民事法律行为，由此产生的法律效果直接归属于被代理人的民法制度。《民法典》第 161 条第 1 款规定：“民事主体可以通过代理人实施民事法律行为。”

在代理制度中，以他人名义实施民事法律行为的人称为代理人；其名义被他人使用而由他人实施民事法律行为的人，称为被代理人或者本人；与代理人实施法律行为的相对人称为第三人。依照法律规定、当事人约定或者民事法律行为的性质，应当由本人亲自实施的民事法律行为，不得代理。

代理的法律特征是：(1) 代理人要为被代理人作出意思表示。(2) 对于代理人是否以被代理人的名义进行活动，采取区别对待态度：直接代理，须以被代理人的名义进行活动；间接代理，则以代理人自己的名义进行活动。(3) 代理人在代理权限内独立进行民事法律行为。(4) 代理行为的法律后果直接归属于被代理人。

二、代理权

代理权是指代理人基于被代理人的意思表示、法律的规定或者有关机关的指定而能够代理他人实施民事法律行为的权利。《民法典》第 162 条规定："代理人在代理权限内，以被代理人名义实施的民事法律行为，对被代理人发生效力。"

根据代理产生的原因不同，可以将代理分为三种类型：(1) 委托代理，是基于被代理人的单方授权行为产生的代理；(2) 法定代理，是基于法律的直接规定产生的代理；(3) 指定代理，是基于法院或者有关机关的指定产生的代理。

代理权基于一定的原因而消灭，不同的代理有着不同的代理权消灭原因。代理权消灭后，代理人的代理资格即行丧失。

代理权消灭的效果是：(1) 代理人不得再以被代理人的代理人身份进行活动，否则为无权代理。(2) 代理人在必要和可能的情况下，应当向被代理人或者其继承人、遗嘱执行人、清算人、新代理人等，就其代理事务及有关财产事项作出报告或者移交。(3) 代理人应向被代理人交回代理证书及其他证明代理权的凭证。

代理人行使代理权，应当遵守以下规则：(1) 代理人必须为被代理人的利益实施代理行为；(2) 代理人必须亲自代理；(3) 代理人必须在代理权限范围内行使代理权；(4) 代理人必须谨慎、勤勉、忠实地行使代理权。

为了维护被代理人的利益，应当对代理人行使代理权进行必要的限制：(1) 禁止自己代理行为；(2) 禁止双方代理行为；(3) 禁止代理人懈怠行为；(4) 禁止与第三人恶意通谋行为。

复代理又称为再代理，与本代理相对应，是指代理人为实施代理权限内的全部或者部分行为，以自己的名义选定他人担任被代理人的代理人，并由该他人代理被代理人实施民事法律行为的情形。被选定的该他人为复代理人，其代理的法律效果直接归属于被代理人。被代理人与代理人之间存在着人身信赖关系，代理人因此负有亲自执行代理事务、不得转委托他人处理代理事务的义务。但在紧急情况下，代理人不能亲自处理代理事务，如此下去又会损害被代理人的利益时，法律允许进行复代理。复代理人总是先由代理人选择，因此，复代理也是行使代理权的一种方式。代理人选择他人担任复代理人的权利称为复任权，属于代理权的一项内容。复代理人是被代理人的代理人，不是代理人的代理人，只能以被代理人的名义为民事法律行为，其行为的法律后果也归属于被代理人，而不经过代理人。

三、无权代理

无权代理是指代理人不具有代理权而实施的代理行为。无权代理具有一般代理行为的表面特征，但不具有代理行为的实质特征，因而不是真正的代理。《民法典》第 171 条规定的是无权代理及其后果。

无权代理的类型有：(1) 未经授权的代理；(2) 超越代理权的代理；(3) 代理权消灭后的代理。

无权代理本身不具有法律效力，不发生代理的法律效果。相对人可以催告被代理人自收到通知之日起 1 个月内予以追认；被代理人未作表示的，视为拒绝追认。行为人实施的行为被追认前，善意相对人有撤销的权利，撤销应当以通知的方式作出。行为人实施的行为未被追认的，善意相对人有权请求行为人履行债务或者就其受到的损害请求行为人赔偿，但是赔偿的范围不得超过被代理人追认时相对人所能获得的利益。相对人知道或者应当知道行为人无权代理的，相对人和行为人按照各自的过错承担责任。

发生与有权代理相同的法律效果的是：(1) 被代理人追认。无权代理设立的民事法律行为，如果得到被代理人的追认，无权代理的性质发生改变，其所欠缺的代理权得到补足，转化为有权代理，发生与有权代理同样的法律效果。(2) 视为同意。被代理人明知他人以自己的名义实施民事法律行为，但是不作否认表示，表明其已经对这个行为予以默许，是以不作为的默示方式同意了这个代理行为，因此产生有权代理的法律效果。

不发生与有权代理相同的法律效果的是：(1) 被代理人行使拒绝追认权，或者在交易相对人确定的催告期间内不作出追认表示的，无权代理行为不生效力。(2) 交易的善意相对人行使撤销权，也会直接确定该无权代理行为不发生法律效力。

四、表见代理

表见代理是指被代理人的行为足以使第三人相信无权代理人具有代理权，并基于这种信赖而与无权代理人实施民事法律行为的代理。表见代理原本属于无权代理的一种，但法律并不使其产生无权代理的法律后果，而是令其产生有权代理的效果，从而有别于上述三种无权代理。《民法典》第 172 条规定的是表见代理。

表见代理的构成要件是：(1) 须代理人没有代理权；(2) 客观上存在使相对人相信行为人具有代理权的理由；(3) 相对人与行为人成立民事法律行为；(4) 相对人善意且无过失。

表见代理发生的主要原因有以下几种：(1) 被代理人以书面或者口头形式直接

或者间接地向第三人表示以他人为自己的代理人，而事实上他并没有对该他人进行授权，第三人信赖被代理人的表示而与该他人实施交易行为。(2) 被代理人与代理人之间的委托合同不成立、无效或者被撤销，但尚未收回代理证书，交易相对人基于对代理证书的信赖，与代理人进行交易。(3) 代理关系终止后被代理人未采取必要措施公示代理关系终止的事实并收回代理人持有的代理证书，造成第三人不知代理关系终止而仍与代理人为交易。(4) 行为人的外观表象足以使第三人认为其有代理权而与之交易。

表见代理发生以下法律效力：(1) 是有效代理。(2) 表见代理人对被代理人所受的损害承担赔偿责任。(3) 善意相对人主张撤销时被代理人不得主张表见代理。

五、对本案的分析

《民法典》第 172 条规定，行为人没有代理权、超越代理权或者代理权终止后，仍然实施代理行为，相对人有理由相信行为人有代理权的，代理行为有效。本案的争议焦点，就是王某甲出卖房屋的行为是否构成表见代理。

本案的财经学院在为刘某办理缴纳水费手续时，为其出具认可其所有权的证明，在涉案房屋的“城市供用水合同”中，王某甲对外代表财经学院在供水委托代理人处签字，还使用了财经学院的公章，因而使王某甲的行为具有代理权的外观。刘某在善意的情况下与王某甲签订买卖合同，构成表见代理，财经学院应该对王某甲的行为承担责任。

第四节　民事责任

13. “列车地板松动造成旅客掉落铁轨被列车轧伤致残”案

案情介绍

晚 7 时，到湖南凤凰旅游的游客胡某与丈夫李某在湖南吉首乘坐从张家界开往南宁的火车。次日凌晨 1 时，火车进入广西三江侗族自治县境内，胡某从卫生间返回卧铺车厢时，过道一块松动的车厢地板突然上翘，她在翘起的地板处滑出车厢，掉在铁道上。火车从胡某身上碾过，使她失去了双腿和左臂，造成惨案。1 小时后，另一辆经过的火车发现胡某，胡某获救，经治疗脱离危险，但造成了严重伤残。胡某起诉铁路局。在诉讼中，双方对赔偿金额存在分歧，没有达成协议。

法律问题

1. 民事责任的概念、特征和功能
2. 民事责任的基本类型
3. 民事责任的归责原则和构成
4. 民事责任方式
5. 免责事由
6. 有关民事责任的特别规定

法理分析

一、民事责任的概念、特征和功能

民事责任是指民事主体违反民事法律义务所应当承担的不利法律后果。违反民事法律义务的这种“不利法律后果”，既包括原应履行的义务的继续履行，也包括追加一个新的法律义务。《民法典》第 176 条规定：“民事主体依照法律规定或者按照当事人约定，履行民事义务，承担民事责任。”

民事责任的特征是：(1) 民事责任是以民事义务的存在为前提产生的法律责任；(2) 民事责任是具有强制性的法律责任；(3) 民事责任是具有制裁性的法律责任；(4) 民事责任是具有财产性的法律责任；(5) 民事责任是具有补偿性的法律责任，这突出地体现在损害赔偿责任上。

民事责任的功能是：(1) 填补损害，救济权利；(2) 惩罚违法行为；(3) 警诫社会，达到一般预防目的。

二、民事责任的基本类型

依据行为人违反的民事义务性质的不同，可以将民事责任划分为违约责任与侵权责任。违约责任是指合同一方当事人违反合同约定的义务而对对方当事人所应当承担的民事责任。侵权责任是指行为人实施违法行为，侵害他人的民事权利，造成人身损害、财产损害或者精神损害时所应当承担的民事责任。

依据承担民事责任的范围有无限制，可以将民事责任分为无限责任与有限责任。无限责任是指责任人以其全部财产对其应承担的责任负责的民事责任。有限责任是指责任人以其部分财产对其责任负责的民事责任。

依据责任人之间承担责任的关系，可以将民事责任分为连带责任、不真正连带责任、按份责任。连带责任是指因违反连带债务或者依照法律的直接规定，两个以上的赔偿义务人向赔偿权利人连带承担全部赔偿责任，赔偿权利人有权要求连带责任人中的一人或数人承担全部责任，而该一人或数人在承担全部赔偿责任后，将免除其他责任人的赔偿责任的民事责任形态。不真正连带责任是指基于同一个损害事实产生数个损害赔偿责任请求权，而数个请求权在客观上具有同一目的，故权利人只能选择其中一个请求权行使，选择一个请求权行使之后，其他的请求权归于消灭的民事责任形态。按份责任，是指数个责任人按照约定或者法律规定，对一个责任按照各自不同的份额承担的民事责任。

三、民事责任的归责原则和构成

归责原则是指确定民事责任归属的一般准则。我国民事责任的归责原则体系是由过错责任原则、过错推定责任原则和无过错责任原则构成的。在侵权法中，这三个归责原则构成了侵权责任的归责原则体系。在合同法中，这三个归责原则也构成合同责任的归责原则体系。

民事责任构成是指行为人的行为具备哪些必要条件才能构成民事责任的一般要求。换言之，民事责任构成是依据法律进行理性分析，确定行为人所应承担的民事责任。

民事责任构成要件是与民事责任构成密切相关的概念。它是构成民事责任的行为人应当承担民事责任的必要条件，是民事责任有机构成的基本要素。通常的民事责任构成要件是：（1）违法或者违约行为；（2）损害或者其他违约造成的后果；（3）因果关系；（4）主观上的故意或者过失。

四、民事责任方式

民事责任方式是指行为人承担与其所实施的违反法定义务或者约定义务的行为和救济对方当事人相适应的民事责任的具体方法和形式。换言之，民事责任方式，就是民法规定的违反法定义务或者约定义务的行为人所应当承担的法律后果的具体形式。

《民法典》第179条规定了民事责任的11种承担方式，这些民事责任承担方式包括：（1）停止侵害；（2）排除妨碍；（3）消除危险；（4）返还财产；（5）恢复原状；（6）修理、重作、更换；（7）继续履行；（8）赔偿损失；（9）支付违约金；（10）消除影响、恢复名誉；（11）赔礼道歉。法律规定了惩罚性赔偿的，依照该法律规定确定惩罚性赔偿责任。上述民事责任承担方式，可以单独适用，也可以合并适用。

五、免责事由

1. 不可抗力

不可抗力是指人力所不可抗拒的力量，包括自然原因如地震、台风、洪水、海啸等和社会原因如战争等。不可抗力，是独立于人的行为之外，并且不受当事人的意志所支配的现象。它是各国侵权法通行的免责事由。《民法典》第 180 条规定："因不可抗力不能履行民事义务的，不承担民事责任。法律另有规定的，依照其规定。""不可抗力是不能预见、不能避免且不能克服的客观情况。"

2. 正当防卫

正当防卫，是指当社会公共利益、他人或本人的人身或者其他利益遭受不法侵害时，行为人所采取的防卫措施。民法上的正当防卫行为，与刑法上的正当防卫基本相同，都是为了保护社会公共利益、自身或者他人的合法权益，对于正在进行的非法侵害给予适度的还击，以排除或减轻不法侵害可能造成的损害。正当防卫是保护性措施，是一种合法行为。《民法典》第 181 条第 1 款规定："因正当防卫造成损害的，不承担民事责任。"

正当防卫超过必要的限度，造成不应有的损害的，应当承担适当的民事责任。所谓"适当的民事责任"包括以下三层意思：（1）防卫过当不能免除民事责任。（2）防卫过当造成损害的，一般应当减轻民事责任。"承担适当的民事责任"中的"适当"，要求赔偿既要与过当的损害后果适当，又要与案情适当，而且后者更为重要。（3）在防卫过程中故意对不法侵害者采取加害行为的，对超出必要限度的损害，防卫人应当全部赔偿。

3. 紧急避险

为了社会公共利益、自身或者他人的合法利益免受更大的损害，在不得已的情况下而采取的造成他人少量损失的紧急措施，称为紧急避险。紧急避险是一种合法行为，是在两种合法利益不可能同时得到保护的情况下，不得已而采取的牺牲其中较轻的利益、保全较重大的利益的行为。

六、有关民事责任的特别规定

《民法典》对民事责任作了部分特别规定：

（1）因保护他人民事权益使自己受到损害的，由侵权人承担民事责任，受益人可以给予适当补偿。没有侵权人、侵权人逃逸或者无力承担民事责任，受害人请求补偿的，受益人应当给予适当补偿。

（2）因自愿实施紧急救助行为造成受助人损害的，救助人不承担民事责任。

（3）侵害英雄烈士等的姓名、肖像、名誉、荣誉，损害社会公共利益的，应当承担民事责任。

（4）民事主体因同一行为应当承担民事责任、行政责任和刑事责任的，承担行政责任或者刑事责任不影响承担民事责任；民事主体的财产不足以支付的，优先用于承担民事责任。

七、对本案的分析

在旅客运输合同中，承运人不仅要按照合同的要求将乘客按时送到目的地，更重要的是要安全地将乘客送到目的地。承运人保障乘客的安全，不仅要防止各种事故，防止他人对乘客实施侵权行为，更要保证自己的运送行为安全，不使乘客遭受任何原因所致的损害。本案的铁路局没有做到这一点，甚至对自己的运送工具的安全性都没有保证，竟然使一节车厢的地板松动上翘，使乘客漏到车外的铁道上，造成严重伤残。这不是铁路局的一般疏忽，而是对乘客的严重不负责任，是重大过失。对此，铁路局须接受法律制裁，对受害人给予充分的赔偿。全国铁路企业以及所有承担旅客运输任务的承运人，都须接受这一惨痛教训，确保今后不再发生这样的惨痛事故，切实保障乘客的人身安全。按照合同责任，造成损害，应当适用过错推定原则；按照侵权责任，因为是高度危险作业致人损害，应适用无过错责任原则。

在本案中，铁路局作为承运人因自己的重大过失，使乘客遭受严重伤残的后果，具备民事责任构成的全部要件，应当承担损害赔偿责任。这种责任既是违约责任，又是侵权责任，构成违约责任和侵权责任的竞合。违约责任与侵权责任竞合，是指一个违约行为造成对方当事人合同履行利益之外的人身的或者财产的固有利益的损害，既构成违约责任，也构成侵权责任。按照《民法典》第 186 条的规定，受损害方有权选择提起违约之诉或者侵权之诉，以更好地保护自己的权利。就本案而论，受害人选择侵权之诉，可能会得到更多的赔偿，对保护自己的合法权益更为有利。

第五节　诉讼时效

14.

“被告主张因诉讼时效完成行使抗辩权争议”案

案情介绍

2015 年 9 月 8 日，S 公司向 R 公司发出两个订单，购买 123 吨无缝钢管。R 公司收到订单后，于 2015 年 9 月 14 日向 S 公司确认货物的种类、型号、质量、价款等。2015 年 10 月 26 日，R 公司依据实际装运数量向 S 公司发出商业发票，货值 72 289.23 欧元。S 公司已全部付款。货物运抵克罗地亚后，S 公司于 2015 年 11 月 2 日发现货物种类不符合约定，经检验，R 公司交付的是焊接钢管而非无缝钢管，故向 R 公司提出损失赔偿。R 公司一直拖延。2017 年 12 月 28 日，S 公司认为 R 公司的行为已构成根本违约，故诉至法院。R 公司以诉讼时效完成为由进行抗辩。

法院认为：双方在合同履行中发生争议的时间是 2015 年 11 月 2 日，起诉时《中华人民共和国民法总则》已经生效，诉讼时效期间已经改为 3 年。S 公司起诉违约损害赔偿在诉讼时效期间内，R 公司主张 S 公司超过诉讼时效期间的抗辩，没有法律根据。法院判决 R 公司承担违约损害赔偿责任。

法律问题

1. 诉讼时效的概念和效力
2. 诉讼时效期间的种类和起算时间
3. 诉讼时效期间的中止、中断和延长
4. 对诉讼时效期间起算的特别规定
5. 除斥期间

法理分析

一、诉讼时效的概念和效力

诉讼时效又称消灭时效，是指权利人在一定期间内不行使权利，即在某种程度上丧失请求利益，义务人产生抗辩权的时效制度。诉讼时效是一种能够引起民事法律关系发生变化的法律事实。

设立诉讼时效制度的主要目的是客观地促进权利状态安定，及时结束权利、义务的不确定状态，稳定法律秩序，降低社会交易成本。

诉讼时效的效力是指诉讼时效期间届满后的法律后果。按照《民法典》第 192 条的规定，诉讼时效期间届满的，义务人可以提出不履行义务的抗辩。义务人享有的抗辩权，可以对抗权利人的请求权。诉讼时效期间届满后，义务人同意履行的，不得以诉讼时效期间届满为由抗辩；义务人已自愿履行的，不得请求返还。《民法典》第 193 条还规定，人民法院不得主动适用诉讼时效的规定。

二、诉讼时效期间的种类和起算时间

我国的诉讼时效根据诉讼时效期间的不同，分为三种：

（1）一般诉讼时效，是指由民法统一规定的，普遍适用于法律没有作特别诉讼时效规定的各种民事法律关系的消灭时效。《民法典》第 188 条第 1 款规定，一般诉讼时效的期间为 3 年。

（2）特别诉讼时效，也叫作特殊诉讼时效，是指由民法或民法单行法特别规定的，只适用于某些特殊民事法律关系的消灭时效。关于特别诉讼时效的规定，是其他法律中的规定。《民法典》第 594 条规定，因国际货物买卖合同和技术进出口合同争议提起诉讼或者申请仲裁时效期间为 4 年。

（3）最长诉讼时效，也叫作绝对诉讼时效，是指不适用诉讼时效中止、中断、延长规定的诉讼时效。《民法典》第 188 条第 2 款规定："……自权利受到损害之日起超过二十年的，人民法院不予保护，有特殊情况的，人民法院可以根据权利人的申请决定延长。"

诉讼时效期间的起算又称作诉讼时效期间的开始，是指诉讼时效期间从何时开始计算，即如何确定诉讼时效期间的始期的问题。《民法典》第 188 条第 2 款第一句规定："诉讼时效期间自权利人知道或者应当知道权利受到损害以及义务人之日起计算。"

不适用诉讼时效的请求权包括：（1）请求停止侵害、排除妨碍、消除危险；（2）不动产物权和登记的动产物权的权利人请求返还财产；（3）请求支付抚养费、赡养费或者扶养费；（4）依法不适用诉讼时效的其他请求权。

三、诉讼时效期间的中止、中断和延长

诉讼时效期间中止是指在诉讼时效进行中，由于某种法定事由的发生，权利人不能行使请求权，而暂时停止时效期间的计算，待阻碍时效期间进行的事由消除后，时效期间继续计算的消灭时效制度。《民法典》第 194 条规定："在诉讼时效期间的最后六个月内，因下列障碍，不能行使请求权的，诉讼时效中止：（一）不可抗力；（二）无民事行为能力人或者限制民事行为能力人没有法定代理人，或者法定代理人死亡、丧失民事行为能力、丧失代理权；（三）继承开始后未确定继承人或者遗产管理人；（四）权利人被义务人或者其他人控制；（五）其他导致权利人不能行使请求权的障碍。""自中止时效的原因消除之日起满六个月，诉讼时效期间届满。"

诉讼时效期间中断是指在诉讼时效进行中发生了法定事由，以前经过的期间归于消灭，自中断事由终止后重新计算时效期间的时效制度。《民法典》第 195 条规定："有下列情形之一的，诉讼时效中断，从中断、有关程序终结时起，诉讼时效期间重新计算：（一）权利人向义务人提出履行请求；（二）义务人同意履行义务；（三）权利人提起诉讼或者申请仲裁；（四）与提起诉讼或者申请仲裁具有同等效力

的其他情形。”

诉讼时效期间延长是指在最长诉讼时效期间届满后，权利人基于某种正当理由，要求法院根据具体情况延长诉讼时效期间，经法院确认后决定延长的消灭时效制度。

四、对诉讼时效期间起算的特别规定

《民法典》第 189～191 条对诉讼时效期间的起算作了特别规定：第一，当事人约定同一债务分期履行的，诉讼时效期间自最后一期履行期限届满之日起计算。第二，无民事行为能力人或者限制民事行为能力人对其法定代理人的请求权的诉讼时效期间，自该法定代理终止之日起计算。第三，未成年人遭受性侵害的损害赔偿请求权的诉讼时效期间，自受害人年满 18 周岁之日起计算。

五、除斥期间

除斥期间也称为失权期间、不变期间，是指法律对某种权利所规定的存续期间。其法律意义在于督促权利人尽快行使权利，在除斥期间内怠于行使该权利，除斥期间届满，该权利消灭。《民法典》第 199 条规定：“法律规定或者当事人约定的撤销权、解除权等权利的存续期间，除法律另有规定外，自权利人知道或者应当知道权利产生之日起计算，不适用有关诉讼时效中止、中断和延长的规定。存续期间届满，撤销权、解除权等权利消灭。”

除斥期间的特征是：（1）除斥期间是法定期间；（2）除斥期间是权利存续期间；（3）除斥期间的适用是法官职权主义。除斥期间届满后，不必对方当事人主张，法院可以主动依照职权确定该期间届满的效果，确定该权利绝对、当然、确定地消灭。因此，除斥期间的期间利益并不是当事人主动选择的，当事人只能被动承受，并且不能抛弃。

六、对本案的分析

《民法通则》规定的诉讼时效期间，是从权利人知道或者应当知道其权利被侵害时起计算，普通诉讼时效期间为 2 年，人身损害赔偿的诉讼时效期间为 1 年。《民法总则》第 188 条规定诉讼时效：一是普通诉讼时效期间为 3 年，二是诉讼时效期间的起算是自权利人知道或者应当知道权利受到损害以及义务人之日起，增加了“知道或者应当知道义务人”的条件，对保护权利人的合法权益更为有利。

本案当事人的争议，是适用《民法通则》规定的诉讼时效期间，还是适用《民法总则》规定的诉讼时效期间。按照《民法通则》规定的 2 年诉讼时效期间，S 公司的起诉超过了诉讼时效，但是《民法总则》已经规定了 3 年的诉讼时效期间。因此，法律判决不支持 R 公司的超过诉讼时效的抗辩，判决其承担违约责任，是符合法律规定的。

第六节　期间计算

15. “还款日期没有对应日如何确定借款人是否违约争议”案

案情介绍

黄某向甘某借款 4.5 万元人民币，签订的借款合同约定借款期限为 2 个月，自借款支付之日起算，逾期偿还应当支付逾期利息。黄某收到甘某给付的借款是 2024 年 12 月 31 日。2025 年 3 月 1 日，黄某向甘某偿还本金和利息。甘某认为黄某还款违约，要求支付逾期利息。黄某认为自己没有违约，因为公历 2 月没有 31 日，按照每月 30 天算，自己也没有违约。

起诉后，法院判决支持甘某的诉讼请求，黄某应当支付逾期罚息若干。

法律问题

1. 期限及其种类
2. 期限的确定和计算

法理分析

一、期限及其种类

期限是指民事法律关系产生、变更和终止的时间。期限分为期日和期间。

期日是指不可分割的一定时间。期日以静态的某一点作为表示时间的一种方式，因此，通常将期日称为“时间点”。期日常表现为某时、某日，如约定 2020 年 1 月 1 日为清偿期，该具体日期即为期日。

期间是指从某一时间点到另一时间点所经过的时间。实际上，期间是期日与期日之间的间隔时间，如某时至某时、某日至某日等。期日表现的是时间点，期间表现的是时间段即时段，是以一定时点为起点、以另一时点为终点，期间延续的时间长度。期间必有一定长度，并且有始有终。因此，确定期间，须首先确定其起始时间和终止时间，即确定期日。

期日和期间可以独立发挥作用，也可以与其他事实结合，以成立特殊法律事实的形式发挥作用。在前一种作用方式下，期日和期间仅具有时间标志或度量的意义，用以确定某种法律事件或法律效果存在的时点或时段。如出生时间、死亡时间等为时间点，是期日；限制民事行为能力期间、特定权利的存续期间等为时间段，是期间。这两种期限都可以单独作为法律事实存在，发生法律后果。在后一种作用形式下，期日和期间以构成法律事实的形式发挥更为复杂的作用，即引起某种法律效果的发生，如期间与不行使权利的事实结合，构成诉讼时效，发生胜诉权消灭的法律后果。

期限分为三种：（1）法定期限，是直接由法律规定的期限，如自然人成年的期日、时效期间。此种期限具有一定强制性，不允许当事人擅自变更。（2）指定期限，是由法院或有关机关确定的期限，如在法院判决书中指定的债务履行期日或期间、判决离婚一方探视子女的时间等。（3）约定期限，是当事人自行约定的期限，如合同双方当事人约定的合同履行期限。

期限具有重大意义：（1）决定民事主体的民事权利能力与民事行为能力的起止。（2）是进行某些法律推定的依据，如进行死亡宣告时须首先确定失踪人失踪的时间是否符合法律要求。（3）决定权利行使和义务履行的时间限度。（4）是民事法律行为效力的起点或终点。（5）可以用来确定权利的取得、存续或丧失，如所有权转移、商标权的有效期、诉讼时效期间。

二、期限的确定和计算

期限的确定方法有四种：（1）规定日历上的一定时间，如 2020 年 10 月 8 日。（2）规定一定的期间，例如规定 6 个月、1 年等。（3）规定某一法律事实出现的特定时刻，例如某人结婚的时间。（4）规定以某人提出请求的时间为准，例如未约定清偿期的借贷合同，出借人第一次提出清偿请求的时间，就是计算清偿期的起始时间。

期限的计算方法是：（1）期间按照公历年、月、日、小时计算。（2）按照年、月、日计算期间的，开始的当日不计入，自下一日开始计算。按照小时计算期间的，自法律规定或者当事人约定的时间开始计算。（3）按照年、月计算期间的，到期月的对应日为期间的最后一日；没有对应日的，月末日为期间的最后一日。例如到期日是 2 月 29 日，该年没有对应日，则 2 月 28 日为到期日。（4）期间的最后一日是法定休假日的，以法定休假日结束的次日为期间的最后一日。期间的最后一日的截止时间为 24 时；有业务时间的，停止业务活动的时间为截止时间。（5）期间的计算方法依照《民法典》规定的上述方法计算，但是法律另有规定或者当事人另有约定的除外。

三、对本案的分析

本案对逾期罚息的争议不大，但是涉及一个很重大的法律解释问题，就是《民法典》第 202 条规定的“对应日”应当如何理解。

本案的借款人黄某清偿债务，确实构成逾期还款的违约责任。原因是，《民法典》第 202 条规定：“按照年、月计算期间的，到期月的对应日为期间的最后一日；没有对应日的，月末日为期间的最后一日。”本案的借款期限是两个月，2024 年 12 月 31 日的两个月到期月是 2025 年 2 月，该月没有 31 日，因而没有对应日。按照这一规定，不是按照每月 30 日计算，而是月末日就是对应日。2025 年 2 月的月末日为 28 日，因而该日就是双方当事人约定的债务清偿期。黄某在 3 月 1 日偿还借款，构成违约，支付逾期还款的罚息是应当的。

PART TWO

2

| 第二编 |

物　权

第五章 物权法概述

第一节 物权法及其基本原则

16. "离婚后给共有房屋换锁阻止其他共有人行使物权"案

案情介绍

朱甲与朱丁原系夫妻，朱乙、朱丙系朱甲与朱丁的子女，朱甲与朱丁经法院判决离婚。朱甲向法院起诉分割讼争的共有房屋。法院判决四位当事人分割共有权后，朱丁因与朱丙产生纠纷，将讼争房屋的门锁更换，使朱甲、朱乙、朱丙无法进入涉案房屋。朱甲、朱乙、朱丙向法院起诉，主张朱丁对共有房屋共有权停止侵害。朱丁辩称，自己是房屋的共有人，对房屋有支配权，换锁行为并不违法。

法院支持三原告的诉讼请求，判决朱丁停止侵害，向三原告交付新锁的钥匙。

法律问题

1. 物权法的调整对象与特点
2. 物权法的基本原则和功能

法理分析

一、物权法的调整对象与特点

关于物权法的调整对象，《民法典》第205条规定："本编调整因物的归属和利用产生的民事关系。"首先，物权法所调整的对象，就是物权法律关系。从表面上看，这个物权法律关系是指人与物的关系，但是在实质上并不是人与物的关系，而是人基于对物的支配所产生的人与人之间的关系。人对物的支配关系，并不是单纯的人对物的支配，而是人基于对物的支配所形成的人与人之间的关系。其次，物权法律关系的内容，是人对物的支配关系，这种支配关系具体表现为人对物的归属和利用关系。对物的归属关系，就是确定特定的物究竟归谁所有，谁享有绝对的支配权，也就是所有权关系。对物的利用关系，是对他人所有的物的合法利用关系，包括用益物权关系和担保物权关系。因此，物权法的调整对象，就是人对物的归属和利用的法律关系。

物权法与其他法律相比较，有以下特点：(1) 物权法是财产法。(2) 物权法是强行法，除少数例外规范之外，不许当事人任意变更，必须绝对适用。(3) 物权法是普通法，是适用于全国领域、规定了物权的一般事项的民事法律。(4) 物权法是固有法，是保留了较多的国家、民族、历史传统和国民性的法律。

二、物权法的基本原则和功能

物权法的基本原则包括物权法定原则、一物一权原则和公示公信原则。这些基本原则具有以下功能：(1) 是制定物权法时贯穿始终的基本精神。(2) 是理解和解释物权法条文的基准。(3) 在适用物权法时具有一般拘束力。

1. 物权法定原则

物权法定原则是物权法区别于合同法的重要标志，是指物权只能依据法律设定，禁止当事人自由创设物权，也不得变更物权的种类、内容、效力和公示方法。《民法典》第 116 条规定的是物权法定原则。

物权法定原则的主要内容有以下两点：(1) 物权类型强制。其含义是：物权的种类非经法律规定，当事人不得创设。因此，这一内容被称为物权的种类强制。(2) 物权类型固定。其含义是：物权的内容非经法律规定，当事人不得创设。因此，这一内容被称为物权的内容强制，指的是物权的具体内容也由法律规定，法律对一个具体的物权内容规定是什么就是什么，不得由当事人约定物权的具体内容。

实行物权类型强制和物权类型固定，要求物权立法和当事人实施设定物权的行为必须遵守以下规则：(1) 物权的类型必须在《民法典》以及其他法律中规定，应当规定的必须明确规定，不应当规定的物权不能含糊，应当让民事主体在设定物权时有明确的依据。(2) 规定物权的内容应当尽量全面。尽管立法难以穷尽社会现象，但基本内容应当规定清楚、明确，不能有歧义，避免在民事主体设定物权时对该种物权的内容约定不清。(3) 在实施设定物权的行为时，应当遵守种类强制和内容强制的规则，按照法律的规定设定物权种类和内容，而不能自行其是。

当事人违反物权法定原则的后果是：(1) 依照法律规定承担法律后果。(2) 法律没有规定的物权，当事人不得自由设立。当事人自由设立物权种类和内容，属于违反法律的禁止性规定，属于无效的民事法律行为。（3）部分内容违反物权法定原则的，违反的部分无效。

为适应经济发展需要，物权法定原则可以适当缓和，即承认法律未明确规定的具有物权特征的权利为物权。《民法典》第388条规定“其他具有担保功能的合同”能够创设新的物权，体现了对物权法定原则的刚性进行了适度的缓和，因而《最高人民法院关于适用〈中华人民共和国民法典〉有关担保制度的解释》第68、69条规定财产权让与担保和股权让与担保也为担保物权。

2. 一物一权原则

一物一权原则也叫物权客体特定主义，是指在一个物上仅能成立一个所有权，一个所有权的客体仅为一个物。

一物一权原则包括三方面的内容：（1）一个物之上只能成立一个所有权。不能设立两个或者两个以上的内容对立的所有权。（2）一个物的部分之上不能成立独立的所有权。（3）集合物之上原则上不能成立所有权。例如，一只母羊是一个物，在这只母羊身上只能设立一个所有权；一块地上的庄稼，是一个集合物，权利人对其享有一个所有权。

一物一权原则并不排斥在一个物上设立几个他物权，因为这是充分利用物的价值创造社会财富的途径。对于这种情况要注意的是，在一个物上所设立的他物权，是设立在所有权的基础之上，同时，这些设立的他物权也不能相互冲突、相互矛盾。

3. 公示公信原则

公示公信原则按其内容是两个原则，即物权公示原则和物权公信原则。

物权公示是指在物权变动时，必须将物权变动的事实通过一定的公示方法向社会公开，使第三人知道物权变动的情况，以避免第三人遭受损害并保护交易的安全。物权公示原则，是指物权的变动即物权产生、变更或者消灭，必须以特定的、可以从外部查知的方式即公示表现出来的物权法基本规则。公示的范围应当是，除少数法定物权以外，其产生都以公示为条件，物权变动必须符合法定的公示条件才能够成立。物权公示的方法，必须依照法律规定的形式。这就是不动产的物权变动必须经过登记，动产物权的变动则须交付。

公信是指物权变动经过公示以后所产生的公信力。物权公信原则所着眼的，正是物权变动中公示形式所产生的这种公信力，是指物权变动按照法定方法公示以后，不仅正常的物权变动产生公信后果，而且即使物的出让人事实上无权处分，善意受让人基于对公示的信赖，仍能取得物权的原则。物权公信原则并不特别着眼于前者而是着眼于后者。物权公信原则的内容是：（1）登记记载的权利人，在法律上只能推定其为真正的权利人。即使他不是真正的权利人，法律也认为他是权利人。（2）任何人因为相信经过公示的权利而与权利人从事了移转该权利的交易的，该项交易应当受到法律保护。即使公示有瑕疵，善意受让人也不负返还义务。这是物权公信原则的着重点。

三、对本案的分析

物权法调整的是民事主体对物的归属和利用的民事关系。凡是对物的归属和利用关系发生的争议，物权法都依法进行调整。本案主要争议的是共有权的支配，当然是物权争议，属于物权法调整范围。

本案的原、被告原系同一家庭成员，讼争的房产为家庭共有财产，且在朱甲与朱丁离婚后进行使用权分割，原、被告各自享有自己的使用权，对各自使用的部分具有排他性的支配权。朱丁擅自更换房屋的钥匙，致使朱甲、朱乙、朱丙无法进入房屋行使物权权利，是对三原告享有的物权的侵害。三原告依据《民法典》的规定，主张行使物权请求权中的停止侵害请求权，合法合理；法院支持三原告的诉讼请求，判令朱丁停止侵害，是完全正确的，保护了三原告的物权。

第二节　物权变动及其规则

17.

"签订房屋买卖合同并交付房价款和房屋但没有办理物权登记手续，主张解除合同"案

案情介绍

李某将自己所有的一套房屋卖给易某，房价为 138 万元，约定交易费用和办理物权登记手续由买方承担。李某收到房款后，将房子和房产证一起交给易某，易某搬入居住，但一直未办理物权变更登记。3 年后，李某得知此情况后，以不动产登记的权利人身份诉请法院判决解除该房屋买卖合同，退还房款，返还房屋。易某则以已经交付了房款并占有房屋、房产证为由，主张自己对该房屋的所有权，要求驳回李某的诉讼请求。

法律问题

1. 物权的法律效力与物权变动形式
2. 不动产登记
3. 动产交付

4. 对动产变动特殊情况的处理

法理分析

一、物权的法律效力与物权变动形式

物权是指民事主体在法律规定的范围内直接支配一定的物，享受利益并排除他人干涉的权利，是人与人之间对物的归属和利用关系在法律上的体现。

物权具有以下法律效力：（1）排他性效力，主要表现为：在同一标的物上，已经有所有权存在的，不能另有其他所有权成立；在一个特定物上存在所有权，但他人由于取得时效或者善意取得制度而取得对该物的所有权时，先前的所有权将因此而消灭，并不得对抗后一个所有权；在同一标的物上，已有以占有为内容的用益物权存在的，不得另有同样性质的用益物权的成立。（2）优先效力，是指物权相对于其他权利具有排斥或先于其他权利实现的效力。（3）追及效力，是指物权的标的物不管辗转流通到什么人手中，所有权人都可以依法向物的占有人索取，请求其返还原物。（4）物上请求权，即物权的权利人在其权利的实现上遇有某种妨害时，有权对造成妨害其权利事由发生的人请求除去妨害。

物权变动是指物权的动态现象，即物权产生、变更及消灭的运动形态。物权变动的实质，就是人与人之间关于物权客体的支配和归属法律关系的变化。物权变动的基本形态包括：（1）物权的发生，是指物权与特定主体相结合，也就是物权的取得。（2）物权的变更。广义的变更是指主体的变更、客体的变更和内容的变更，狭义的变更是指物权的客体和内容的变更。（3）物权的消灭，是指物权的丧失。

二、不动产登记

不动产物权变动的公示方法是登记，未经登记不能发生物权变动的法律后果。不动产登记为不动产物权变动的公示方法，具有物权设立的公示功能、物权变动的公示功能和权利正确性的推定功能。

不动产登记分为实体权利登记和程序权利登记。实体权利登记也叫作实体登记，是指对于当事人所享有的实体权利进行的登记。程序权利登记也叫作顺位登记，是指登记的权利在不动产法上的顺位即一个不动产客体承担的数个不动产物权所产生的时间顺位，决定着哪个权利先行使的登记。

不动产登记还分为权利登记和表彰登记。权利登记是指就所有权及其他物权的发生、转移、消灭、保存、处分限制等所进行的登记。表彰登记是指对土地、建筑物以及其他地上附着物的物权现状进行公示的登记。

不动产登记还分为设权登记和宣示登记。设权登记，是指创设物权效力的登记。宣示登记，是指将已经成立的物权变动昭示于人的登记。

不动产登记还分为本登记和预备登记。本登记是终局登记，是与预备登记相对应的一种登记，是将不动产物权的移转、设定、分割、合并、增减及消灭记入登记簿中，有确定的、终局的效力。预备登记是不动产登记法上与本登记相对应的一项登记制度，是为了保障登记请求权而为的一种登记。本登记分为总登记、变动登记、更正登记、回复登记和涂销登记。预备登记包括预告登记、异议登记。

《民法典》第 221 条规定的是预告登记。当事人约定买卖期房或者转让其他不动产物权的，债权人为了限制债务人处分该不动产，保障将来取得物权，可以申请预告登记。进行预告登记的条件是，债权人已经支付了一半以上的价款或者债务人书面同意预告登记。符合上述条件的，可以进行预告登记。预告登记后，债务人未经债权人同意，不得处分该不动产。预告登记后，债权人自能够进行不动产登记之日起 90 日内未申请登记的，预告登记失效。具有预告登记失效事由的，债务人有权申请注销预告登记。

《民法典》第 220 条第 1 款规定的是更正登记。权利人和利害关系人认为不动产登记簿记载的事项错误的，可以申请更正登记。不动产登记簿记载的权利人书面同意更正或者有证据证明登记确有错误的，登记机构应当予以更正。

《民法典》第 220 条第 2 款规定的是异议登记。不动产登记簿记载的权利人不同意更正的，利害关系人可以申请异议登记。登记机构予以异议登记的，申请人自异议登记之日起 15 日内不起诉，异议登记失效。异议登记不当，造成权利人损害的，权利人可以向申请人请求损害赔偿。

不动产物权登记具有以下效力：（1）物权公示效力。登记首先发挥着向社会展示当事人的物权变动的公示作用。（2）物权变动的根据效力。不动产物权依法律行为取得、设定、丧失及变更时，未经登记不生效力。（3）权利正确性推定效力。登记簿记载的权利即使有错误，对于善意第三人来说都应当是正确的登记，因此，登记是最具社会公信力的事实。（4）善意保护效力。在信赖登记的善意第三人取得登记的不动产物权时，其正当权利不会由于错误登记而被追夺，从而使正当的社会交易秩序得到维护。（5）警示效力。不动产登记为社会作不动产风险警示，让社会，尤其是不动产取得人了解不动产的全面情况，然后决定是否进行有关的民事法律行为。

登记错误的后果是：（1）当事人提供虚假的权属证书等证明材料申请登记，给他人造成损害的，应当承担损害赔偿责任。（2）因登记机构登记错误给他人造成损害的，登记机构应当承担赔偿责任。这种责任的性质是替代责任，登记机构在赔偿后，可以向造成登记错误的责任人追偿。

三、动产交付

动产物权变动的公示方法，是交付。

动产交付着眼于动态的动产物权变动。交付作为公示方法，公示着物权的运动过程，其结果是转移占有和受让占有，最终的占有作为事实状态表示了交付的结果。

民法根据交付的不同形态，将交付形态分为现实交付和观念交付。

现实交付是最传统的交付方式，是指对动产的事实管领力的移转，使受让人取得标的物的直接占有。因交付而取得直接占有，故动产的交付使受让人取得了对物的事实上的管领力。

观念交付概括的是简易交付、指示交付和占有改定这三种交付形态。这三种交付存在于观念上，而不是现实地转移占有，即法律为了实现交易的便捷，在特殊情形下采用变通的方法，以观念上的占有转移代替现实的占有转移，实现动产物权的变动。(1) 简易交付，是指交易标的物已经为受让人占有，转让人无须进行现实交付的无形交付方式。(2) 指示交付，又叫作返还请求权让与，是指在交易标的物被第三人占有的场合，出让人与受让人约定，出让人将其对占有人的返还请求权移转给受让人，由受让人向第三人行使，以代替现实交付的观念交付方式。(3) 占有改定，是指在动产交易中出让人与受让人约定，由出让人继续直接占有动产，受让人取得对动产的间接占有并取得动产所有权的观念交付方式。

四、对物权变动特殊情况的处理

对不动产物权和动产物权变动，应当依照《民法典》第 229 条至第 232 条的规定享有物权，即：人民法院、仲裁机构的法律文书或者人民政府的征收决定导致物权设立、变更、转让或者消灭的；因继承取得物权的；因合法建造、拆除房屋等事实行为，设立或者消灭物权的，自法律文书或者征收决定等生效时、继承开始时或者事实行为成就时，发生物权效力。

五、对本案的分析

在本案李某和易某的交易行为中，买卖房屋合同是债权行为，即合同行为，而移转买卖房屋的所有权是物权行为。原因行为是买卖合同，其法律后果是房屋所有权的转移。双方的意思表示一致，因而合同的效力没有问题。李某将房屋和房产证都交付给易某后，易某没有进行物权变更登记，而不动产的物权变动的公示方法是登记，没有登记就没有发生所有权的转移。尽管易某占有了这套房子，也使用了 3 年，但是他还是没有取得这套房子的所有权。李某之所以可以以物权登记簿上的权利人的身份起诉，就是因为法律仍然承认其为该房屋的所有权人。

对这个案件如何处理，要看法官如何裁量：由于所有权没有转移，可以让登记的权利人行使所有权，判决解除买卖合同；也可以责令易某进行登记，使易某取得所有权。笔者同意后一种意见，理由是：双方签订房屋买卖合同是真实意思表示，且易某已经交付了房款和取得了交易的标的物即房屋并已经居住多年。另外，易某虽未办理房屋产权过户登记，但已实际占有其房产证。而卖方李某的行为违反诚信原则，其既没有法定的解除权，也没有约定的解除权，不能解除这一合同，因而不能支持其解除合同的请求。

第三节　物权的保护

18.

“照相馆丢失珍贵照片造成照片所有人精神损害，请求精神损害赔偿”案

案情介绍

江某是唐山地震的幸存者，当时为婴儿，其父母均死于该次地震。江某的亲戚将保存的江某父母的结婚照交给她，留作纪念。四十余年后，江某到照相馆要求用电脑将该照片放大制成大幅照片。照相馆承诺后，由于管理不善，将该照片丢失。江某因父母照片丢失，遭受巨大的精神痛苦，受到严重精神损害，向法院起诉，主张追究照相馆的精神损害赔偿责任。受诉法院支持了江某的诉讼请求。

法律问题

1. 物权保护及其方法
2. 物权请求权的保护方法及其规则
3. 侵权请求权的保护方法及其规则

法理分析

一、物权保护及其方法

物权的保护是指通过法律规定的方法和程序，保障所有权人在法律许可的范围内对其所有的财产行使占有、使用、收益和处分的权利，以及他物权人的用益物权和担保物权的制度。《民法典》物权编第三章专门规定了“物权的保护”，规定了物权的保护方法和程序。

《民法典》对于物权的保护，是从物权的权利人受到侵害而享有物权请求权的角

度规定的。当物权受到侵害的时候，权利人享有物权请求权，可以请求侵害物权或者妨害物权行使的行为人承担民事责任。侵害物权造成财产损失的，适用侵权请求权的保护方法。

物权的民法保护，以是否通过民事诉讼程序为标准，可分为两种：（1）物权人的自我保护，即自力救济，是指物权人在其权利受到侵害时依法自行行使其享有的请求权，如果侵害人依物权人的请求实施了一定的行为，如停止侵害、返还原物、赔偿损失，则物权人的物权就得到了保护的救济方法。因而，物权人行使请求权保护其权利，是物权保护的一个重要方法。（2）通过民事诉讼程序对物权的保护，也称为公力救济，是指物权人在其权利受到侵害时，有权向法院提起民事诉讼，请求法院予以保护，恢复自己被侵害的合法权益。《民法典》第 233 条规定："物权受到侵害的，权利人可以通过和解、调解、仲裁、诉讼等途径解决。"这个规定包括了前述两种物权的民法保护。从民法的意义上说，物权保护的基本方法分为物权请求权的保护方法和侵权请求权的保护方法。

二、物权请求权的保护方法及其规则

《民法典》规定的物权保护方法，主要是物权请求权的保护方法。物权请求权是指物权本身包含的请求权。物权人在其权利被侵害或有可能遭受侵害时，有权请求恢复物权的圆满状态或防止侵害。广义的物权请求权还包括占有人的占有保护请求权。

按照《民法典》物权编第三章的规定，保护物权的请求权包括确权请求权、返还原物请求权、恢复原状请求权、排除妨害请求权和损害赔偿请求权。其中，确权请求权、返还原物请求权、排除妨碍请求权是物权请求权，恢复原状请求权和损害赔偿请求权是侵权请求权。

物权请求权都是基于所有权而生的请求权，他物权受到侵害或者存在被侵害的可能时，他物权人也可以行使这些请求权。（1）确权请求权。因物权的归属发生争议的，利害关系人享有确权请求权，可以请求法院确认权利。（2）返还原物请求权。所有人在其所有物被他人非法占用时，可以向非法占有人请求返还原物，或请求法院责令非法占有人返还原物。（3）排除妨害请求权。由于他人的非法行为，物权人行使其占有、使用、收益、处分的权能受妨碍时，物权人可以请求侵害人或者请求法院责令其排除妨碍，以保护物权人充分行使其物权的各项权能。他人的非法行为足以使财产有毁损、灭失的危险时，物权人有权请求人民法院责令其消除危险。

三、侵权请求权的保护方法及其规则

侵权请求权的保护方法，是指按照《民法典》的规定，物权受到侵害后，造成损害，具有过错和因果关系的，权利人可以依法行使侵权请求权，救济受到的损失。他人的非法行为造成财产毁损、灭失，无法返还原物时，物权人可以请求违法行为人赔偿损失，或者恢复原状。赔偿损失是对不法侵害造成的财产的毁损、灭失，以原物的价值折合货币进行赔偿，分为两种情况：（1）因侵害人的侵权行为而致财产不能要求返还或全部毁损的，侵权人要依财产的全部价值予以赔偿；（2）财产受到侵害，但在现有情况下仍有使用的可能的，侵权人就要按照财产减损的价值进行赔偿。这一部分请求权的行使，应当按照《民法典》侵权责任编的规定进行。

侵权请求权是物权受到侵害造成损失的救济方法：（1）恢复原状请求权。物权人的财产因受非法侵害而遭到损坏时，如果有恢复的可能，物权人可以请求侵害人恢复财产原来的状态，或者请求法院责令侵害人恢复财产的原状。（2）损害赔偿请求权，是指他人的非法行为造成了财产的毁损和灭失，侵害了权利人的物权时，权利人所享有的要求补偿其损失的请求权。这两种请求权虽然规定在《民法典》的物权编，但与物权请求权不同，应当适用侵权责任编的规定。

四、对本案的分析

毫无疑问，江某对大地震中保存下来的父母珍贵照片享有所有权，应当依法予以保护。照相馆在占有该照片之后，由于疏忽造成灭失的结果，侵害了江某的所有权，江某享有依法保护自己的物权的权利。对此，江某可以依照《民法典》的规定行使物权请求权，也可以按照《民法典》侵权责任编的规定行使侵权请求权。本案权利人行使的损害赔偿请求权，性质就是侵权请求权，并不是物权请求权，应按照《民法典》侵权责任编的规定起诉。

从实际情况来说，物权请求权保护方法较为简单，因为物权请求权是物权本身就有的权利，因此，无须具备特别的构成要件，只要物权受到侵害，就可以行使物权请求权，保护自己的权利。至于侵权请求权，须按照侵权责任法的规定，具备侵权责任的构成要件，即违法行为、损害事实、因果关系和过错，才能行使，以此保护自己的物权。相比较之下，运用前一个保护方法即物权请求权的保护方法，权利人的证明责任较轻，权利行使较为简单，更容易得到法院的支持。而运用后一个保护方法即侵权请求权的保护方法，权利人的证明责任较重，程序上更为复杂。因此，权利人选择物权请求权的方法保护自己的物权，具有更为便捷和稳妥的特点，但可能保护范围不够宽。例如本案的照相馆丢失照片，受害人若按照物权请求权的保护方法，不能要求赔偿照片的损失，也不能请求精神损害抚慰金的赔偿，只有按照《民法典》第 1183 条第 2 款规定的侵权请求权的保护方法，才可以请求精神损害抚慰金的赔偿。

第六章

所有权

第一节　所有权的一般规定

19.

“在原、被告争议土地和山林所有权的诉讼中有独立请求权的第三人请求参加诉讼被驳回”案

案情介绍

甲村和乙村讼争东狗能岭土地及山林的所有权，但双方均没有有效的权利证书和登记。在诉讼中，丙村提出以有独立请求权的第三人的身份参加诉讼，主张甲村和乙村争执的东狗能岭土地和山林的所有权在土改时已经确权给丙村，但权属证书丢失，无法提供书证证明。一审法院不准许丙村参加诉讼，认定讼争土地和山林在土改时未确权，故判决归甲村所有。乙村上诉后，丙村在县档案馆找到了“土改”时的原始确权证据，持该土地、山林的权属证明和历史档案复印件，证明自己享有该土地和山林的所有权，要求参加诉讼，主张权利。

法律问题

1. 所有权的概念和特征
2. 所有权的权能
3. 所有权的行使和消灭

法理分析

一、所有权的概念和特征

所有权也叫自物权，是所有人依法按照自己的意志通过对其所有物进行占有、使用、收益和处分等方式，独占性支配其所有物并排斥他人非法干涉的永久性物权。

所有权是物权的基本形态，是其他各种物权的基础。所有权以外的物权都是由所有权派生出来的。因此，所有权除具备物权的共性外，还具有以下特征：（1）所有权具有完全性。所有权是所有权人对其所有物进行一般、全面支配的最完全、最充分的物权。（2）所有权具有原始物权性，不是从其他财产权派生出来的，而是法律直接确认财产归属关系的结果。（3）所有权具有弹力性，内容可以自由伸缩，所有权的权能能够与所有权部分分离而并不消灭。（4）所有权具有永久存续性，不能预定其存续期间，其也不因时效经过而消灭。

二、所有权的权能

所有权的权能是所有权人为利用所有物以实现对所有物的独占利益，而于法律规定的范围内可以采取的各种措施与手段。占有、使用、收益、处分权能是所有权的积极权能，排除他人干涉的权能是其消极权能。

所有权的积极权能是物的所有人利用所有物实现所有权而需主动进行的行为：（1）占有权能，是指所有权人对财产实际管领和支配的权能。它不是行使所有权的目的，而是所有权人对物进行使用、收益或处分的前提。占有权能作为所有权的一项独立权能，在一定条件下可与所有权分离。当占有权能与所有权分离而属于非所有权人时，非所有权人享有的占有权能同样受法律保护，所有权人不能随意请求返还原物，恢复其对所有物的占有。（2）使用权能，是指所有权人按照物的性能和用途对物加以利用，以满足生产、生活需要的权能，如居住房屋、耕作田地、乘坐汽车等。使用权能通常由所有权人享有，但它与占有权能一样，也可以与所有权分离而由非所有权人享有。（3）收益权能，是指收取由原物产生出来的新增经济价值的权能。所有物新增的经济价值包括孳息与利润。孳息分为天然孳息和法定孳息。收益除孳息外，还包括物投入生产经营活动中所产生的利润等。（4）处分权能，是指权利主体对其财产在事实上和法律上处置的权能。处分权能是所有权的主要权能，因为处分权能涉及财物的命运和所有权的发生、变更和终止问题，而占有、使用、收益通常并不发生所有权的根本改变。从这个意义上说，处分权能是所有权中带有根本性的一项权能。

所有权的消极权能是指所有权人有权排除他人对其所有物违背其意志的干涉。其权利表现，就是物权请求权。由于这种权能并不是所有权人对物可以施加的积极行为，在没有他人干涉时，此种权能无须体现出来，故称之为消极权能。《民法典》第 207 条规定：“国家、集体、私人的物权和其他权利人的物权受法律平等保护，任何组织或者个人不得侵犯。”这种不得侵犯的义务，就是所有权的消极权能。所有权人对其所有物进行占有、使用、收益及处分时，如遇他人的非法干涉与妨害，可以根据具体情况，请求排除妨碍、返还原物、恢复原状、赔偿损失。所有权人行使此项权能时，须受法律、习惯及社会公德的限制，对于法律、习惯和社会公德认为正当的干涉不得请求排除。

三、所有权的行使和消灭

所有权的行使，是指物的所有权人依照法律规定实现其所有权各项权能的行为。物的所有权人既可以自己行使权利，也可以依照法律规定将所有权的权能转让给他人。在许多情况下，所有权人无须借助他人的行为就可以独立地行使其所有权。物的所有权人不仅可以依法独立地进行各种行使其所有权的活动，而且可以通过行使所有权获得经济利益，还可以将所有权的一项或几项权能分离或转让出去。这种权能的分离并不使所有权人丧失其所有权，而是所有权人正常行使其所有权的具体表现。

所有权的消灭是指某种法律事实致使所有权人丧失其所有权，或者由于权利主体的消灭而形成所有权转移。所有权的消灭分为两种：一是所有权人失去对物的占有与支配。此时原物尚存，只是由新的所有权人取得其所有权。这称为所有权的相对消灭。二是物本身不存在。此时不会再发生新的所有权。这称为所有权的绝对消灭。所有权消灭的原因有：（1）所有权的转让；（2）所有权客体的灭失；（3）所有权主体的消灭；（4）所有权抛弃；（5）物被强制征收、征用。

四、对本案的分析

在本案中，丙村拥有东狗能岭土地和山林的所有权，其并不因为没有具体实施管领行为而丧失所有权。在甲村和乙村争执该土地和山林的所有权时，丙村提供证据，证明自己所拥有的所有权，因此，它以有独立请求权第三人的身份向法院主张权利、要求确权，是完全正当的。这就是所有权的消极权能的体现。

在本案中，丙村对甲村和乙村争议的标的享有独立请求权，是有独立请求权的第三人。按照民事诉讼程序的规定，有独立请求权的第三人请求参加已经发生的原、被告之间的诉讼，法院应当准许，因为有独立请求权的第三人对原告和被告争议的标的具有独立的请求权，是将原告和被告作为共同被告，对原、被告争议的标的主张权利。一审法院不准许丙村参加诉讼，是严重的程序错误，因此，没有保护好丙村的所有权。

第二节 国家所有权、集体所有权和私人所有权

20.

“电力公司无偿接收私人设立的高压线路侵害私人所有权”案

案情介绍

沈某经乡政府、县水利电力管理站同意后，自筹资金购买了节能变压器、高压铝芯线等价值29 950.91元的电力器材，自请民工，自付占地补偿费，架通了一条自乡政府至其居住的村二组长达2.6公里的高压线路，解决了二组100户村民的生产、生活用电问题。县电网公司在进行农网改造中，对沈某购买的电力器材予以接收，并列了清单，用于该村的农网改造，但没有给予补偿。沈某书面要求县电网公司补偿未果，诉至法院，请求判令县电网公司补偿其所有的电力资产的损失。

法律问题

1. 国家所有权及其规则
2. 集体所有权及其规则
3. 私人所有权及其规则

法理分析

一、国家所有权及其规则

国家所有权是指国家对全民所有的财产进行占有、使用、收益和处分的权利。

国家所有权具有特殊的法律地位，这是由国家所有权所反映的全民所有制经济的地位所决定的。社会主义全民所有制是社会全体成员共同占有社会生产资料的一种所有制形式，这种所有制形式在法律上必然表现为国家所有权。国家代表着全体人民的根本利益，社会主义社会的全体人民必须通过其代表者即国家才能形成一个整体，从而有步骤、有计划、有目的地共同支配全民财产，使生产资料在分配、使用上与社会的共同利益结合并协调起来。

国家所有权的特征体现在：（1）国家所有权的权利主体具有统一性和唯一性。这是指对于国家财产只有代表全体人民意志和利益的国家才能享有所有权，而国家所有权只能由国家统一行使，国家是全民财产的唯一所有人。非经国家授权或法律规定，任何组织和个人都不得行使该所有权权能或充当其权利主体。（2）国家所有

权的权利客体具有无限广泛性和专有性。无限广泛性是指国家所有权的客体没有范围限制，任何财产都可以作为国家所有权的客体；专有性则是指对国家所有权的客体，只能由国家专属享有所有权。

国家所有权权利主体的特殊属性，决定了国家所有权的取得方式有以下几种：（1）没收；（2）赎买；（3）积累资金；（4）税收；（5）征收、征用；（6）罚款和罚金；（7）依法取得无主财产。

国家所有权的内容，是指国家对全民所有的财产的占有、使用、收益、处分的权能。国家所有权的客体，按照《民法典》第247条至第254条的规定，包括以下内容：（1）矿藏、水流、海域、无居民海岛；（2）城市的土地，法律规定属于国家所有的农村和城市郊区的土地；（3）森林、山岭、草原、荒地、滩涂等自然资源，法律规定属于集体的除外；（4）法律规定属于国家所有的野生动植物资源；（5）无线电频谱资源；（6）法律规定属于国家所有的文物；（7）国防资产，法律规定为国家所有的铁路、公路、电力设施、电信设施、油气管道等基础设施。

国家所有权的行使主要有以下几种方式：（1）国家直接行使其所有权；（2）国家机关、国家举办的事业单位进行经营管理；（3）国家投资设立的企业使用或经营某些国有的财产。

二、集体所有权及其规则

集体所有权是指劳动群众集体依法对其所有财产的占有、使用、收益和处分的权利。它是劳动群众集体所有制的法律表现。《民法典》第260条至第265条对集体所有权作出了具体规定。

集体所有权同国家所有权一样，是建立在生产资料公有制基础上的所有权法律制度，是我国所有权制度中的重要类型之一。集体所有权与国家所有权相比较，具有以下法律特征：（1）权利主体的广泛性与多元化。广泛性表现在各个具体的集体所有制组织都是独立的集体所有权的权利主体，每个集体组织仅对属于自己组织的财产享有所有权。多元化表现在我国集体所有制组织普遍地存在于城乡中的工业、农业、商业等领域，其财产又分属于各自的集体组织。（2）权利客体的限定性。法律对每个集体所有制组织能够拥有的财产是有限制的，如从事农业生产经营的集体所有制组织可以拥有土地等自然资源，而城乡其他部门的集体所有制组织因其性质、任务与上述集体所有制组织不同，而不得拥有土地等自然资源的所有权。（3）所有权的独立性。集体所有制组织行使所有权，除应遵守法律外，不受其他所有权的限制，也无须任何人授权，更不得由集体所有制组织的成员个人处分其财产。（4）所有权取得方式的有限性。集体所有制组织所有的财产最初是劳动群众在自愿互利的基础上，通过生产资料的集体化或交纳股金、入社费取得的；在建立起集体所有制组织后，其财产主要是通过民事方式取得的。

按照《民法典》第 260 条的规定，集体所有权的客体范围包括以下内容：（1）法律规定属于集体所有的土地和森林、山岭、草原、荒地、滩涂；（2）集体所有的建筑物、生产设施、农田水利设施；（3）集体所有的教育、科学、文化、卫生、体育等设施；（4）集体所有的其他不动产和动产。

集体所有权包括两种形式：（1）农村集体所有权。《民法典》第 261 条第 1 款规定："农村集体所有的不动产和动产，属于本集体成员集体所有。"（2）城镇集体所有权。《民法典》第 263 条规定："城镇集体所有的不动产和动产，依照法律、行政法规的规定由本集体享有占有、使用、收益和处分的权利。"

集体所有权作为所有权的一种类型，同样具有占有、使用、收益、处分四项权能。法律充分保护集体所有制组织对其所有权的行使。集体所有制组织在行使所有权时，必须遵守国家的法律、政策和社会公德，处理好集体所有权与国家对国民经济宏观调控的关系，注意兼顾国家、集体、个人三方面的利益，不得阻碍国民经济的发展。要处理好改革开放与市场经济新形势下集体所有权主体与占有权主体分离的问题，禁止非所有权人非法转让土地等财产，注意在开办的集体企业中贯彻自主经营、独立核算、自负盈亏的原则。

《民法典》规定了集体所有权行使的规则：第一，对于集体所有的土地和森林、山岭、草原、荒地、滩涂等，依照下列规定行使所有权：（1）属于村农民集体所有的，由村集体经济组织或者村民委员会依法代表集体行使所有权；（2）分别属于村内两个以上农民集体所有的，由村内各该集体经济组织或者村民小组依法代表集体行使所有权；（3）属于乡镇农民集体所有的，由乡镇集体经济组织代表集体行使所有权。第二，城镇集体所有的不动产和动产，依照法律、行政法规的规定由本集体享有占有、使用、收益和处分的权利。第三，农村集体经济组织或者村民委员会、村民小组应当依照法律、行政法规以及章程、村规民约向本集体成员公布集体财产的状况。集体成员有权查阅、复制相关资料。第四，集体所有的财产受法律保护，禁止任何组织或者个人侵占、哄抢、私分、破坏。农村集体经济组织、村民委员会或者其负责人作出的决定侵害集体成员合法权益的，受侵害的集体成员可以请求人民法院予以撤销。

三、私人所有权及其规则

私人所有权是指私人对其所有的财产依法进行占有、使用、收益和处分的权利。《民法典》第 266 条至第 270 条对私人所有权作出了规定。企业法人、营利法人、营利法人之外的法人以及社会团体法人、捐助法人的所有权，也被规定在私人所有权范围内。

我国私人所有权具有以下法律特征：（1）私人所有权的主体主要是自然人个人，

以及国家、集体和私人依法出资设立的公司或者其他企业，如营利法人和社会团体法人、捐助法人。(2) 私人所有权的客体包括私人的生活资料和生产资料。(3) 私人财产的基本来源是私人的劳动所得和其他合法收入。(4) 私人所有权与其他所有权受到同等法律保护。

私人所有权同样包括占有、使用、收益、处分四项权能。私人行使这四项权能，与国家、集体的行使有所不同，通常以直接的方式进行，即私人自己以积极、主动的行为直接作用于所有物。私人通过行使这些权能，在生产、生活中发挥其物的效用，满足其物质文化生活需求。

私人所有权的客体，是《民法典》第 266 条规定的内容，即合法的收入、房屋、生活用品、生产工具、原材料等不动产和动产。

私人行使所有权主要表现为：在实际生活中自由地使用物，收取利益，从事法律允许的民事活动，如买卖、租赁、借贷等；承包经营户则应在法律许可的范围内从事家庭副业，按照承包合同确定的农业生产项目支配其生产资料，履行规定的义务；个体工商户应当在核准登记的业务范围内从事经营活动，并支配其生产资料。正确行使私人所有权，须以不违反法律、不扰乱经济秩序、不危害社会公共利益、不妨碍他人合法权益为基本前提，如有违背，则应根据情节轻重承担民事责任、行政责任乃至刑事的责任。

四、对本案的分析

《民法典》第 113 条规定："民事主体的财产权利受法律平等保护。"平等保护原则，是物权法的基本原则之一，也是《民法典》规定的民法基本原则，即国家所有权、集体所有权和私人所有权受平等保护，不同的所有权地位平等，所有的财产权利地位平等，依法受到平等保护，不得歧视私人所有权。因此，私人对自己所拥有的物享有完整的所有权，具有占有、使用、收益、处分的权能。任何人不得以拆迁、征收等名义，非法改变私人财产的权属关系。

在本案中，沈某经乡政府、县水利电力管理站同意后，自筹资金购买了设备和电力器材，自请民工，自付占地补偿费，架通自乡政府至其居住的村二组长达 2.6 公里的高压线路，取得对该高压线路的所有权，应当依法保护。依照国家规定，私人不能享有高压线路的所有权，因而县电网公司接收高压线路以及沈某购买的电力器材，用于农网改造，成为国家农网的组成部分。私人所有权与国家所有权有严格的区别，既然将个人所有的高压线路收归国有，应当给予足额补偿，但县电网公司没有对沈某给予任何补偿。这是国有企业侵害私人所有权的行为，违反《民法典》关于保护私人所有权的规定。沈某要求县电网公司补偿，依法有据。法院应当支持其正当诉求，判决县电网公司承担民事责任。

第三节　业主的建筑物区分所有权

21.

“区分所有的商铺业主以不作为方式妨害其他业主行使权利侵害建筑物区分所有权”案

案情介绍

处于上海黄金地段的某商场开盘后，一百余家业主购买了商铺。疫情防控期间，业主投资信心受挫。ND公司利用疫情防控期间业主心理压力大的机会，采取不正当手段，要求业主将商铺原价出让，其进行收购，意图达到低价取得整个商场的目的。少数业主无法承受风险和ND公司打压，同意低价转让，ND公司取得了四百多平方米、约占商场四分之一面积的商铺的建筑物区分所有权。此后，ND公司故意不装修、不开业，造成整个商场不能全面装修、开业的局面，继续迫使其他业主低价出让商铺。商铺业主委员会依照“经营管理公约”的规定，要求该公司与其他所有业主一样统一装修、经营，按照商铺所占的建筑面积与铺位数量，分担相关费用。ND公司对商铺业主委员会的要求置之不理，继续空置商铺，既不经营，又不转让，并拒绝承担业主义务，致使其他业主长时间不能开张营业，遭受严重经济损失。

法律问题

1. 建筑物区分所有权的概念和法律关系
2. 专有权及其规则
3. 共有权及其规则
4. 管理权及其规则

法理分析

一、建筑物区分所有权的概念和法律关系

对建筑物区分所有权，《民法典》称为业主的建筑物区分所有权，是指建筑物的业主依其应有部分对独自占有、使用的专有部分享有专有权，对共同使用部分享有共有权，以及相互之间对建筑物的整体享有管理权，从而构成的新型建筑物所有权。

建筑物区分所有权的特点是：（1）建筑物区分所有权的客体具有整体性。这种建筑物是指居民住宅、写字楼等统一的整体建筑物。（2）建筑物区分所有权的内容包括专有权、共有权和管理权。（3）建筑物区分所有权本身具有统一性，是一个整

体权利。（4）在建筑物区分所有权中，专有权具有主导性。

建筑物区分所有权包含“4+1”的法律关系：（1）团体关系：建筑物的全体业主作为一个团体，享有建筑物的总体权利，承担总体义务。（2）区域所有关系：特定的业主对其专有部分享有所有权的权利义务关系。（3）相邻关系：业主相互之间产生相邻关系。（4）共有关系：业主对于建筑物大门、楼梯、走廊、屋顶等共用部分享有共有的权利义务关系。（5）业主大会、业主委员会与物业管理人之间存在的物业管理的合同关系。这是一个附加在建筑物区分所有权上的法律关系。因此把以上法律关系叫作“4+1”的法律关系。

二、专有权及其规则

建筑物区分所有权的专有权，是指权利人享有的以区分所有建筑物的独立建筑空间为标的物的专有所有权。建筑物区分所有权的专有权在性质上是具有单独所有权性质的物权。

专有部分的范围也就是专有权的标的物，必须是建筑物的独立建筑空间所包括的范围。关于专有部分的界定，通说为“最后粉刷表层兼采壁心说”：就实体权利而言，专有部分应为壁、柱、地板及天花板的表层所粉刷的部分，这是权利的实像，壁、柱、天花板和地板为共有部分；就业主行使权利而言，可以延伸至壁、柱、地板及天花板等厚度的中心线，这是权利的虚像。

业主享有专有权的权利，包括所有权的一切权能，因而业主对其专有权的标的物具有完整的占有、使用、收益、处分的权能，可以将其转让、出租、出借、出典、抵押，可以按自己的意愿对内部进行装饰。业主享有物上追及权，在其专有物受到侵夺时，有权要求停止侵害、返还原物、赔偿损失。

业主的义务是：（1）不得违反使用目的；（2）维护建筑物牢固和完整；（3）不得侵害专有部分中的共有部分；（4）准许其他业主进入；（5）对于造成的损害予以赔偿。

三、共有权及其规则

建筑物区分所有权的共有权，是指以区分所有建筑物的共用部分为标的物，全体业主共同享有的不可分割的共同共有权。其权利人为全体业主。共有权在性质上是共同共有中的互有，为共同共有的一种特殊形态，是在共同共有中共有人无分割共有物请求权的共有权。

共有权的标的物，是区分所有建筑物中的共有部分。按照《民法典》的规定，确定区分所有建筑物共有部分的一般规则是，在区分所有的建筑物中，除每一个业主专有部分之外的其余部分，都是全体业主共有的部分。确定共有部分的范围时主要的问题是：（1）建设用地使用权，属于全体业主共有，为按份共有。（2）建筑物基本构造部分属于全体业主共有。（3）车库车位，应当“首先满足业主的需要”。确定车位和车库的权属应当依据合同确定：出售和附赠的，业主取得的是所有权；出租的，业主享有使用权。占用共有的道路、共有的其他场所建立的车位属于全体业主共有。（4）区分所有建筑物中的道路，属于业主共有，但属于城镇公共道路的除外。（5）小区的绿地属于全体业主共有，但属于城镇公共绿地和明示属于个人的除外。（6）会所，具有经营性的不能规定为全体业主共有。（7）其他公共场所如活动室、俱乐部、棋牌室等，属于确定的共有部分，不得归开发商所有。（8）公用设施如小区内的健身设施、消防设施、自行车棚等，属于共有部分。（9）物业服务用房的权属没有商量的余地，一律归全体业主所有。（10）楼顶平台，属于全体业主所有。（11）外墙面属于建筑物的组成部分，属于建筑物的整体构造，属于全体业主共有。（12）维修资金属于全体业主共有。（13）共有部分产生的收益，在扣除合理成本之后，归全体业主所有。

共有权的权利义务关系表现为，业主作为共有权人对共用部分所享有的权利和所负担的义务。业主的权利是：（1）使用权；（2）收益共享权；（3）处分权；（4）物上追及权。业主的义务是：（1）维护现状的义务；（2）不得侵占的义务；（3）按照共用部分的用途使用的义务；（4）费用负担义务。

四、管理权及其规则

管理权也叫作成员权，是区分所有建筑物业主作为整栋建筑物所有权人团体成员之一所享有的权利。

我国的建筑物区分所有的团体形式是业主大会，在业主大会之下设立业主委员会。业主大会的性质是非法人组织，具有一定的民事行为能力和诉讼行为能力，可以起诉和应诉。业主委员会是业主大会的执行机构，执行业主大会的决议，对区分所有建筑物进行管理。

管理权有以下内容：（1）表决权；（2）选举权和被选举权；（3）监督权；（4）遵守业主大会决议的义务。

区分所有建筑物的管理，是指为维持区分所有建筑物的物理机能，并充分发挥其社会的、经济的机能，而对其所进行的一切经营活动。

业主大会的活动方式是举行会议，作出决议。依照《民法典》第278条的规定，下列事项由业主共同决定：（1）制定和修改业主大会议事规则；（2）制定和修改管理规约；（3）选举业主委员会或者更换业主委员会成员；（4）选聘和解聘物业服务企业或者其他管理人；（5）使用建筑物及其附属设施的维修资金；（6）筹集建筑物及其附属设施的维修资金；（7）改建、重建建筑物及其附属设施；（8）改变共有部分的用途或者利用共有部分从事经营活动；（9）有关共有和共同管理权利的其他重大事项。业主共同决定事项，应当由专有部分面积占比三分之二以上的业主且人数占比三分之二以上的业主参与表决。决定前述第六项至第八项规定的事项，应当经参与表决专有部分面积占四分之三以上的业主且参与表决人数占四分之三以上的业主同意。决定前述其他事项，应当经参与表决专有部分面积过半数的业主且参与表决人数过半数的业主同意。

业主可以自行管理建筑物及其附属设施，也可以委托物业服务企业或者其他管理人管理。对于建设单位聘请的物业服务企业或者其他管理人，业主依法有权更换。

管理规约是业主大会制定的关于区分所有建筑物管理的自治规则，其内容是业主为了增进共同利益、确保良好的生活环境，经业主大会决议的共同遵守事项。

区分所有建筑物的管理内容，分为物的管理和人的管理。（1）物的管理，包括对建筑物、地基以及附属设施的保存、改良、利用乃至处分等管理。（2）人的管理。对人的管理，不仅指对业主的管理，还包括对出入该建筑物的所有的人进行管理。具体的管理内容是：第一，对建筑物不当毁损行为的管理；第二，对建筑物不当使用行为的管理；第三，对生活妨害行为的管理。

五、对本案的分析

首先应当看到，建筑物区分所有权并非只有商品房住宅才有，只要构成区分所有的建筑物，并且由业主分别取得区分所有部分权利的，享有的同样是这种物权。

对于本案应当如何处理，有不同的意见：第一种意见认为，ND公司的行为不当，但系正当行使权利，因而不能追究它的责任。第二种意见认为，ND公司的行为造成了对其他业主的损害，可以按照侵权法的规定，追究其侵权责任。第三种意见认为，ND公司享有建筑物区分所有权，在行使自己的专有权时，侵害了其他业主的合法权益，应当按照物权法的规定追究其民事责任。

笔者认为，上述第一种意见是不对的，第二种意见和第三种意见都有道理。

第一，依照《民法典》第272条关于业主行使权利不得损害其他业主的合法权益的规定，ND公司的行为造成了对其他业主合法权益的损害，其应当承担民事责任。

商场的商铺分属于各个不同的业主，业主均享有建筑物区分所有权。主张权利的大部分业主是该区分所有建筑物即商场的物权人，ND公司作为业主，也是该区分所有建筑物的物权人，都须按照《民法典》物权编第六章“业主的建筑物区分所有权”的规定，行使权利，履行义务。依照《民法典》第272条，所有的业主对于自己在区分所有建筑物中的专有部分，享有占有、使用、收益、处分的权利，但是，任何业主在行使自己的专有权时，“不得危及建筑物的安全，不得损害其他业主的合法权益”。这是对所有的区分所有建筑物的业主的要求，任何业主都不得违反这一法定义务。

ND公司作为商场的业主之一，在取得业主的地位、享有业主的建筑物区分所有权之后，长期空置商铺，不开门营业，可以认为是行使权利的行为。但是，这种行使权利的行为已经造成了整个商场无法正常开业的后果，已经违反了《民法典》第272条规定的业主在行使专有权时所应当承担的法定义务，也违反了《民法典》第132条关于“民事主体不得滥用民事权利损害国家利益、社会公共利益或者他人合法权益”的规定，损害了其他业主的合法权益，使其他业主因长期无法营业而遭受严重经济损失。按照《民法典》第236条关于“妨害物权或者可能妨害物权的，权利人可以请求排除妨害或者消除危险”的规定、第238条关于“侵害物权，造成权利人损害的，权利人可以依法请求损害赔偿，也可以请求承担其他民事责任”的规定，以及第287条关于“业主对建设单位、物业服务企业或者其他管理人以及其他业主侵害自己合法权益的行为，有权请求其承担民事责任”的规定，受到侵害的业主享有物权请求权，完全可以依法向法院起诉，请求法院责令ND公司承担相应的民事责任，维护自己的合法权益。

第二，ND公司故意以不开业的不作为行为，妨害有利害关系的业主进行正常经营，属于故意违背善良风俗的违法行为，也构成对其他业主经营权利的损害，受到侵害的经营者有权追究其侵权责任。

从另一个角度来说，ND公司的上述行为是故意违背善良风俗、加损害于他人的违法行为。ND公司作为建筑物区分所有权的权利人，其空置商铺、不开业的不作为行为构成违反法定义务，其他业主可以依照《民法典》的规定要求其承担民事责任；同样，作为共同的经营者之一，ND公司故意以空置商铺、不开业的不作为行为，迫使其他业主放弃自己的经营活动，以图低价收购其商铺，正是故意违背善良风俗的违法行为，构成妨害经营的侵权责任，受损害的其他经营者可以依照《民法典》第1165条第1款的规定，直接向法院起诉，以妨害经营为由追究该公司的侵权责任。

第四节 相邻关系

22. “邻家越界树根拱裂相邻人的房屋山墙和火炕，威胁人身财产安全”案

案情介绍

贾某和甄某的住宅东西相邻。贾某的院中有一棵百年古树，根系延伸到甄某的

房屋的地下，将甄某的墙壁和火炕拱裂，危及甄某的房屋安全和家人的人身安全。甄某要求贾某砍掉古树，贾某不同意；要求其砍断树根，贾某仍然不同意。甄某诉请法院判决贾某砍断树根，不得因越界树木根枝影响乃至威胁自己的人身、财产安全。

法律问题

1. 相邻关系的概念和实质
2. 相邻关系的类型

法理分析

一、相邻关系的概念和实质

相邻关系也叫作相邻权，是指不动产的相邻各方在行使所有权或其他物权时，因相互间应当给予方便或接受限制而发生的权利义务关系。

相邻权并不是一种独立的物权，而是法律直接规定的不动产所有权的内容，其实质是对所有权的限制和延伸。相邻关系对不动产物权的合理延伸和限制，集中表现在相邻的不动产权利人一方对另一方行使权利提供必要的便利。所谓提供必要的便利，是指如果不从相邻一方获得这种便利，另一方自己就无法行使权利；而相邻另一方获得此种便利后，就使自己的权利得到了延伸，也能够顺利地行使自身权利；相应地，相邻一方因提供此种便利而使其权利受到限制。

处理相邻关系的原则是：（1）有利于生产、方便生活；（2）团结互助、公平合理；（3）尊重历史和习惯；（4）赔偿合理损失原则。

二、相邻关系的类型

相邻关系有以下类型：（1）相邻用水、排水和流水关系。不动产权利人应当为相邻权利人用水、排水提供必要的便利。对自然流水的利用，应当在不动产相邻权利人之间合理分配；对自然流水的排放，应当尊重自然流向。（2）相邻通行、利用关系。不动产权利人对于相邻权利人因通行等必须利用该土地的，应当提供必要的便利。（3）相邻地界关系。不动产权利人因建造、修缮建筑物以及铺设电线、电缆、水管、暖气和燃气管线等必须利用相邻土地、建筑物的，该土地、建筑物的权利人应当提供必要的便利。（4）建筑物通风、采光关系。建造建筑物，不得违反国家有关工程建设标准，不得妨碍相邻建筑物的通风、采光和日照。（5）相邻环保关系。不动产权利人不得违反国家规定弃置固体废物，排放大气污染物、水污染物、噪声、光、电磁波辐射等有害物质。(6)相邻防险关系。不动产权利人挖掘土地、建造建筑物、铺设管线以及安装设备等，不得危及相邻不动产的安全。对于法律、法规没有规定的相邻关系，可以依照当地民事习惯处理。

三、对本案的分析

对于本案涉及的相邻关系，《民法典》没有作出明确规定，但在第 289 条规定了一个基本原则，就是处理相邻关系时没有法律、法规作出明确规定的，可以适用当地习惯。

按照处理相邻关系的一般规则，对于本案涉及的相邻关系是“越界枝丫根系”，处理规则是：相邻一方在地界一侧栽培竹木时，应与地界线保持适当距离，以预防竹木根枝越界侵入对方土地。相邻一方种植的竹木的根系或者枝丫越界，不影响他人的，相邻另一方应当容忍；影响他人生活和生产的，另一方有权请求竹木所有权人或管理人刈除越界的根系或枝丫；如果所有权人或者管理人拒绝刈除，相邻另一方有权刈除越界的根系、枝丫，如果刈除根枝花费过巨，则相邻另一方有权请求赔偿。超越地界在他方土地上种植的竹木，应依法归他方所有，种植人无权取得该竹木的所有权。越界的树木枝丫结有果实的，该果实归树木所有权人所有；越界枝丫结出的果实自落于邻地的，属于邻地所有权人所有，但如果邻地是公地，则不适用这一规则。

应当注意的是，第一，邻地包括相邻的田园、水路，但不以直接毗邻为必要；第二，自落，是指果实因风吹或者成熟而自然坠落，但邻地权利人自己或者指使他人摇动果树而致果实坠落者，不得认为是自落。

本案并不疑难，只要按照这个规则处理即可。

第五节 按份共有

23. “共有人未经其他共有人同意出卖按份共有的房屋”案

案情介绍

赵某于 1942 年在住地白石街 78 号自建草房 3 间，1949 年因故回河南原籍居住，将该房租赁给结拜兄弟庞某夫妇居住，赵某按年收取租金。1967 年庞某经与赵某协商，将该房拆掉重建，修成两层小楼，共6间，口头约定楼下三间仍归赵某所有、由庞某使用，楼上三间归庞某所有，所有房屋由庞某负管理责任。后来，庞某未经赵某同意，将该房全部卖给他人，房价80万元。赵某得知后，要求庞某退回房款、追回房屋。庞某不同意。赵某向法院起诉，要求法院判决解除房屋买卖合同关系。

法律问题

1. 按份共有及其产生的事实
2. 按份共有中的应有部分
3. 按份共有的内部关系
4. 按份共有的外部关系

法理分析

一、按份共有及其产生的事实

按份共有也叫作分别共有、通常共有，是共有的基本类型，是指两个或者两个以上的权利主体，对同一项财产按照应有部分，共同享有权利、分担义务的共有关系。

按份共有产生的主要事实是：（1）共同购置。两个以上的民事主体按份额出资共同购买一项财产时，即在该数个民事主体之间发生按份共有关系。（2）共同投资。两个以上的民事主体共同投资，共同投资的财产为按份共有，发生按份共有关系。（3）其他约定。当事人采取其他形式约定按份共有的，产生按份共有关系。（4）依法定的事实而发生。二个以上的人的财产相互结合成为合成物时，发生按份共有。（5）共有关系不明确的，推定按份共有。《民法典》第308条规定：“共有人对共有的不动产或者动产没有约定为按份共有或者共同共有，或者约定不明确的，除共有人具有家庭关系等外，视为按份共有。”

二、按份共有中的应有部分

按份共有中的应有部分，是指按份共有人对共有财产所有权所享有的权利的比例，即按份共有人对共有财产所有权于“分量”上的应享部分，也就是各个按份共有人行使权利和承担义务的范围即份额。

按份共有的应有部分，最主要的是按照按份共有人的约定确定。如果不能按照这样的约定确定，则按照《民法典》第309条的规定处理，即：“按份共有人对共有的不动产或者动产享有的份额，没有约定或者约定不明确的，按照出资额确定；不能确定出资额的，视为等额享有。”

如果按份共有的共有财产是不动产，则无论是土地权利还是建筑物权利，均应当进行登记。

三、按份共有的内部关系

按份共有的内部关系，是指按份共有的各共有人相互之间的权利义务关系。这些权利和义务关系是：（1）共有财产的使用、收益。按份共有人对共有财产的全部享有使用、收益权，依按份共有人的份额决定使用、收益的权利范围，可以共同使用，也可以分别使用。共有财产的收益，应在各按份共有人之间按照份额分配。（2）共有财产的处分。处分共有财产的权利，包括按份共有人处分自己的份额和全体共有人处分全部共有财产。共有人处分自己的份额是共有人的权利。《民法典》第 305 条规定：“按份共有人可以转让其享有的共有的不动产或者动产份额。其他共有人在同等条件下享有优先购买的权利。”处分全部共有财产，是全体共有人的权利。《民法典》第 301 条规定：“处分共有的不动产或者动产以及对共有的不动产或者动产作重大修缮、变更性质或者用途的，应当经占份额三分之二以上的按份共有人或者全体共同共有人同意，但是共有人之间另有约定的除外。”（3）共有财产的管理。《民法典》第 300 条规定：“共有人按照约定管理共有的不动产或者动产；没有约定或者约定不明确的，各共有人都有管理的权利和义务。”（4）共有费用的承担。管理费用也包括其他负担，如因共有物致害他人所应支付的损害赔偿金。《民法典》第 302 条规定：“共有人对共有物的管理费用以及其他负担，有约定的，按照其约定；没有约定或者约定不明确的，按份共有人按照其份额负担，共同共有人共同负担。”

四、按份共有的外部关系

按份共有的外部关系，是指共有人作为共有权的主体，与其他民事主体发生的权利义务关系：（1）对第三人的权利。各共有人对第三人的权利，是基于其所有权人的身份，就全部共有财产所产生的权利。各共有人均可以行使。（2）对第三人的义务。按份共有人对外承担义务，分为按份责任和连带责任。其基本规则是：因共有物产生的对第三人的义务，除当事人另有约定外，应当根据债务是否可以分割来决定：如果该债务是可分割债务，由各共有人按其应有份额分担；如果是不可分割债务，由各共有人承担连带责任。按份共有物所担负的债务，为连带债务，按份共有人之一超出自己的份额承担债务的，取得对其他共有人的债权，有权向其他共有人请求偿还。（3）优先购买权。按份共有人可以转让其享有的共有的不动产或者动产份额，其他共有人在同等条件下享有优先购买的权利。

五、对本案的分析

对本案应当适用《最高人民法院关于适用〈中华人民共和国民法典〉合同编通则若干问题的解释》（以下简称《合同编通则司法解释》）第 19 条关于无权处分合同的效力的规定。这一规定有两款，第 1 款的内容是："以转让或者设定财产权利为目的订立的合同，当事人或者真正权利人仅以让与人在订立合同时对标的物没有所有权或者处分权为由主张合同无效的，人民法院不予支持；因未取得真正权利人事后同意或者让与人事后未取得处分权导致合同不能履行，受让人主张解除合同并请求让与人承担违反合同的赔偿责任的，人民法院依法予以支持。"第 2 款的内容是："前款规定的合同被认定有效，且让与人已经将财产交付或者移转登记至受让人，真正权利人请求认定财产权利未发生变动或者请求返还财产的，人民法院应予支持。但是，受让人依据民法典第三百一十一条等规定善意取得财产权利的除外。"

这是关于无权处分合同效力的最新司法解释。首先，无权处分合同不能认定为无效，是有效的合同。庞某处分赵某按份共有的房屋，是无权处分，但合同并非无效。其次，受让人因真正权利人不同意或者导致合同不能履行的，可以解除合同，并请求损害赔偿。不过本案不存在这样的问题。再次，真正权利人主张权利未发生变动或者请求返还财产的，也是可以的，但不能对抗受让人的善意取得主张。本案的受让人取得庞某转让的房屋共有份额，符合善意取得要件的，可以得到所有权；如果不符合善意取得，赵某就可以主张返还原物。最后，构成善意取得的，赵某不能主张返还原物，只能主张庞某赔偿损失。

第六节　共同共有

24. "共有人擅自将共同共有房屋变更登记为个人所有侵害共有权"案

案情介绍

宋某和李甲系继母女关系。宋某的丈夫即李甲的生父李乙在 1965 年去世时，遗下夫妻共同修建的房屋 5 间，一直由李甲和宋某共同居住、使用，其中，宋某居住东边二间，李甲居住西边三间。1990 年宋某去国外居住，5 间房均由李甲居住。后李甲趁继母不在，通过熟人将产权变更为自己个人所有。宋某得知后要求析产，主张自己对3间房的权利。李甲不同意，主张对5间房的权利，不承认宋某为其继母。宋某向法院起诉，要求析产、确权，制裁李甲的侵权行为。

法律问题

1. 共同共有及发生共同共有关系的事实
2. 共同共有的权利义务关系
3. 共同共有关系的终止

法理分析

一、共同共有及发生共同共有关系的事实

共同共有也称为公同共有，是指两个或两个以上的民事主体基于某种共同关系，对同一项财产不分份额地共同享有权利、承担义务的共有关系。《民法典》第299条规定："共同共有人对共有的不动产或者动产共同享有所有权。"

共同共有的性质是不可分割的共有权。首先，共同共有不分份额，因而是没有应有部分即份额的共有权。其次，虽然共同共有人中的每个人都享有共有权，但在实际上存在潜在的共有部分。最后，在共同共有关系终止时，共有财产才可以分割。

共同共有的发生原因分为两个层次：（1）共同共有发生的事实基础，即数人存在的某种共同关系。正是这种共同关系的存在，才使在这些人当中发生共同共有关系。例如，在夫妻关系、家庭关系的缔结上，都不是以发生财产关系而是以确定身份关系为目的的，但这种共同关系是发生共同共有的基础。（2）共同共有发生的法律原因，即法律规定。法律规定某种共同的财产关系为共同共有，是共同共有发生的基本原因。

符合上述要求的下面的事实，是共同共有发生的事实：（1）夫妻关系的缔结且未选择其他夫妻财产制；（2）家庭关系的存在且家庭成员对家庭财产的形成作出贡献；（3）合伙经营的收益；（4）共同继承遗产；（5）其他发生共同共有的事实；（6）推定的共同共有。《民法典》第308条规定："共有人对共有的不动产或者动产没有约定为按份共有或者共同共有，或者约定不明确的，除共有人具有家庭关系等外，视为按份共有。"换言之，存在上述条件，具有家庭关系的，应当推定为共同共有。

二、共同共有的权利义务关系

共同共有的权利义务关系的基本内容是：（1）共有人的权利和义务按照法律规

定或者当事人的约定进行确定。（2）共有人的权利、义务平等，全部财产不分份额地一体享有。（3）行使权利应当协商一致。（4）共有人有义务保持共有财产状况，不得分割共有财产。（5）费用平均分担。（6）发生的债务由共有人连带负担。

共同共有人的权利是：（1）共同的使用、收益权。共同共有人可以共同或单独使用共有物，共同享用共有物产生的收益而不是按份额分配。（2）共有财产的部分处分权，但这种处分只及于部分共有财产，不能及于全部共有财产。（3）物上追及权。共同共有财产受到不法侵害时，任何共同共有人均可独自行使这一权利。（4）设置共有物物上权的权利。（5）代表权。推举一个共有人作为代表，其行为代表全体共有人的意志。（6）优先购买权。共有财产经过分割之后，一方共有人处分自己分得的财产的，其他共有人在同等条件下享有优先购买权。（7）管理权。由全体共有人对共有财产统一进行管理。

共同共有人的义务是：（1）对共有物进行维修、保管、改良的义务；（2）不得分割共有财产的义务；（3）对所欠债务的连带清偿责任；（4）共有物造成他人损害及各共有人造成他人损害时的赔偿义务；（5）为部分共同共有人擅自处分共有财产的后果承担义务。

三、共同共有关系的终止

共同共有关系基于产生共同共有的共同关系的消灭而终止。产生共同共有关系的事实基础是共同关系，共同关系消灭，共同共有关系的事实基础已经不存在，共同共有关系当然就不会继续存在了，共同共有关系必然消灭。

共同共有关系依据下述事实而终止：（1）婚姻关系消灭；（2）家庭关系解体；（3）合伙散伙；（4）共同继承人分割遗产；（5）共有财产被转让或灭失；（6）终止共有关系的协议。例如，离婚使存在夫妻共有财产关系的基础关系即婚姻关系消灭，因此，夫妻共有财产关系消灭。

四、对本案的分析

处理本案有两种意见：一是认为，全部5间房均为共同共有财产，宋某作为李乙的妻子，对夫妻共同财产有一半的份额，5间房应当先分出一半归宋某所有；其余一半为李乙的遗产，由宋某与李甲继承。李甲未经主要共同共有人的同意，将全部房屋产权变更登记为自己个人所有，侵害了继母的共有权，应当撤销这一登记，按上述析产方法重新分割。二是认为，李乙死亡后，所遗5间房屋经李甲与宋某共同使用达20年以上，因宋某始终没有主张自己的份额而已成为共同共有财产，虽然李甲将房屋产权擅自变更登记为其个人所有不当，但应考虑双方原来实际使用的面积，进行析产分割。

分析本案应当从以下方面研究：第一，在本案中，先后有两个不同的共同共有关系。在宋某与李乙共同生活期间，争执的5间房子为夫妻共同财产，由夫妻双方共同共有。这一部分财产不是家庭共有财产，李甲不是权利主体。李乙死后没有进行析产、继承，由宋某和李甲共同使用，应视为家庭共有财产，其中有共同继承的财产。后一个共同共有关系中，宋某和李甲为共同共有人。第二，李甲在宋某出国期间，将全部共有财产变更登记、据为己有，违反了共同共有财产处分须经过全体共有人协商一致决定的原则，构成了对其他共有人共有权的侵害，应当承担侵权责任。第三，在李甲侵占全部共同财产的情况下，宋某提出析产的请求，要求终止共同共有关系、分割共同共有财产，应当支持。第四，在确定分割这一家庭共有财产时，首先应当弄清这一共同共有财产形成的原因，作为分割财产的基础。该5间房屋为宋某和李乙共同共有。李乙死亡时，对该5间房应当分割、继承，2.5间由宋某所有，另外2.5间房由宋某与李甲继承。双方同为第一顺序继承人，继承份额应当相同，每人分得1.25间。按照这样的共同财产形成的基础，宋某可分得3.75间房，李甲可分得1.25间房。

在这样的基础上，宋某主张自己分得3间房、李甲分得2间房，是合情合理的，且照顾了李甲的利益，故可依法准许。

第七节　取得所有权的特别规定与善意取得

25. “夫妻一方擅自处分共有财产，买受方善意无过失构成善意取得”案

案情介绍

李某与王某系夫妻关系，共同购买了一辆日产轿车经营出租运营业务。双方发生纠纷后，王某赌气将该轿车开走，离家独居，并与刘某联系，以10万元的价格将该轿车卖给刘某，并于当天双方分别交付了轿车和价款，一起去车辆管理部门办理了轿车过户手续。当工作人员询问王某其丈夫对卖车的意见时，王某出具了李某同意出卖该车的字条，工作人员遂办理了汽车所有权过户登记手续，将车籍转到刘某名下。10日后，李某发现此事，找刘某要车，被刘某拒绝。李某以王某和刘某为被告，向法院起诉，要求确认买卖合同无效、刘某返还财产。

法律问题

1.所有权取得的一般规则

2. 原始取得及其规则
3. 继受取得及其规则
4. 善意取得及其规则
5. 添附

法理分析

一、所有权取得的一般规则

所有权的取得是指民事主体根据一定的法律事实获得某物的所有权，在该特定主体与其他人之间发生以该物为客体的所有权法律关系。所有权是法律赋予的权利，没有法律根据或者违反法律规定而取得财产，是非法取得，取得人不能得到所有权。

所有权的取得有原始取得和继受取得两种方式。经善意取得而取得所有权也是原始取得，但其规则较为复杂，因此作单独说明。

二、原始取得及其规则

原始取得也称最初取得，是指不以他人已有的所有权和意志为根据，直接依照法律的规定，通过某种方式或行为取得所有权。比方说，一个无主物，没有任何所有权人，当一个人对该物取得所有权的时候，就是最初取得所有权，是第一次取得所有权，也就是原始取得。

原始取得主要有以下几种方法：（1）劳动生产。（2）收取孳息。（3）国家强制。这是指在法律规定的特定场合，国家从社会公共利益出发，不顾及所有权人的意志和权利，直接采用没收、征收、国有化、收税等强制手段取得所有权的方式。（4）对无主财产取得所有权。无主财产包括三种：一是遗失物。拾得遗失物，应当返还权利人。拾得人应当及时通知权利人领取，或者送交公安等有关部门。有关部门收到遗失物，知道权利人的，应当及时通知其领取；不知道的，应当及时发布招领公告。拾得人在将遗失物送交有关部门前，有关部门在遗失物被领取前，应当妥善保管遗失物，因故意或者重大过失致使遗失物毁损、灭失的，应当承担民事责任。权利人领取遗失物时，应当向拾得人或者有关部门支付保管遗失物而支出的必要费用。权利人悬赏寻找遗失物的，领取遗失物时应当按照承诺履行义务。拾得人侵占遗失物的，无权请求保管遗失物等而支出的费用，也无权请求权利人按照承诺履行义务。遗失物自发布招领公告之日起 6 个月内无人认领的，归国家所有。二是漂流物、埋藏物和隐藏物。拾得漂流物、发现埋藏物或者隐藏物的，参照拾得遗失物的有关规定。《文物保护法》等法律另有规定的，依照其规定。三是无人继承又无人受遗赠的财产，国家或集体取得其所有权。(5) 无主动产的先占取得。(6) 添附，包括三种：一是加工，即一方使用他人的物，将其加工改造为具有更高价值的物。二是附合，即不同所有权人的物密切结合在一起而成为一种新物。三是混合，即不同所有权人的物互相结合在一起，难以分开并形成新的财产。添附的所有权归属规则是：第一，因加工、附合、混合而产生的物的归属，有约定的按照约定；没有约定或者约定不明确的，依照法律规定。第二，法律没有规定的，按照充分发挥物的效用以及保护无过错当事人的原则确定。发挥物的效用原则，是物归属于哪一方更能够发挥物的效用，就应归属于哪一方的原则。保护无过错当事人原则，是指对于无过错一方当事人给予更好的保护。两个原则冲突时，应当首先考虑发挥物的效用原则。第三，因一方当事人的过错或者确定物的归属给另一方当事人造成损失的，应当给予赔偿。

三、继受取得及其规则

继受取得也称传来取得，是指财产所有权人通过某种法律事实，从原所有权人处取得财产所有权。继受取得与原始取得不同，它是以原所有权人的所有权和原所有权人转让所有权的意志为根据的。例如，在市场上买菜，菜的所有权从出卖人转移到买受人，是继受取得所有权。

继受取得的基本方式主要有以下几种：(1) 买卖；(2) 互易；(3) 赠与；(4) 继承与受遗赠。

原所有权人的所有权于何时转移给继受人，是所有权继受取得中的重要问题，因为它不仅关系到何时完成所有权转移，而且关系到标的物意外毁损、灭失的风险由谁负担。对此，《民法典》第 208 条、第 209 条和第 224 条也作了明确规定：动产以交付为继受取得所有权的标志，不动产以登记为继受取得所有权的标志。

四、善意取得及其规则

善意取得亦称即时取得，是指无权处分他人财产的财产占有人将其占有的财产转让给第三人以后，受让人如果在取得该财产时系出于善意，即依法取得该财产的所有权，原所有权人不得要求受让人返还财产的制度。在现代商品经济高度发展的社会，善意取得既是适应商品经济发展的一项交易规则，也是现代民法中的一项重要制度。

依照《民法典》第 311 条的规定，善意取得的构成要件是：(1) 受让人在受让时不知道或者不应当知道转让人无处分权，即是善意。这一要件包括两个内容：一是须处分财产的出让人无处分权；二是须受让人出于善意，善意就是不知情，即受让人在受让财产时不知让与人为无处分权人。受让人受让不动产或者动产时，不知道转让人无处分权，且无过失的，应当认定受让人为善意。真实权利人主张受让人不构成善意时，应当承担举证证明责任。（2）以合理价格转让。构成善意取得，其财产转移占有必须是通过交换而实现，以合理的价格有偿转让。确定价格是否合理时，应当按照转让标的物的性质、数量以及付款方式等具体情况，参考转让时的市场价格以及市场习惯等因素综合认定。（3）转让的财产依照法律规定应当登记的已经登记，不需要登记的已经交付给受让人。（4）转移占有的财产须是法律允许流通的动产和不动产。

在善意取得制度中有一个问题特别重要，就是盗赃和拾得物是否适用善意取得。对于盗赃和拾得物，处理的规则是：（1）对被盗、被抢的财物或者遗失物，所有权人等权利人有权追回。这是物上追及权的效力。（2）盗赃和拾得物通过转让被他人占有的，所有权人、遗失人等权利人有权选择：或者向无处分权人请求损害赔偿，这样的结果是承认受让人取得所有权；或者自知道或者应当知道该动产丧失占有之日起 2 年内向受让人请求返还原物，否定受让人取得所有权。但是，如果受让人是通过拍卖或者向具有经营资格的经营者购得该动产的，则尽管法律不承认其构成善意取得，但所有权人等权利人在请求返还原物时，应当支付受让人所付的费用。（3）法律另有规定的，依照其规定。

具备善意取得的构成要件，即发生善意取得的法律效力，受让人即时取得受让财产的所有权，原所有权人对该财产的所有权归于消灭，并不得向善意受让人请求返还原物。

善意取得制度，保护的是交易的动态安全，但也必须对原所有权人的权益进行保护。原所有权人的权利受到侵害的原因，是出让财产的无处分权人的出让行为。这种行为属于侵害财产权的行为。基于这一法律事实，原所有权人享有侵权损害赔偿请求权，让与人对原所有权人负有损害赔偿义务，赔偿的范围应包括原物的价值及因此而造成的其他损失。

不构成善意取得的转移占有，不发生善意取得效力，所有权人可依物权请求权向受让人请求返还，受让人负返还义务。如果原物已经灭失或毁损，则所有权人可以向受让人请求赔偿转让的价金。受让人承担返还责任后，可以向让与人请求返还价金。

五、添附

《民法典》第 322 条规定：“因加工、附合、混合而产生的物的归属，有约定的，按照约定；没有约定或者约定不明确的，依照法律规定；法律没有规定的，按照充分发挥物的效用以及保护无过错当事人的原则确定。因一方当事人的过错或者确定物的归属造成另一方当事人损害的，应当给予赔偿或者补偿。”这一条文是《民法典》关于添附物权利归属的新规定。

添附，是指不同所有权人的物被结合、混合在一起，成为一个新物，或者将别人之物加工成为新物的事实。把添附作为取得所有权的根据，原因在于添附发生后，要恢复各物的原状在事实上已不可能，或者在经济上是不合理的，有必要使添附物归一方所有或各方共有，以解决双方的争执。

添附物的归属因添附情况的不同，分为三种类型，具体的法律适用规则如下：

1. 加工

加工是指一方使用他人的物，将其加工改造为具有更高价值的物。原物因为加入了加工人的劳动而成为新物，如在他人的木板上作画。加工物的所有权归属，当事人有约定的依约定处理；无约定的，加工所增价值未超过原材料价值的，加工物归原材料所有权人所有；加工所增价值显然大于原物的价值的，新物可以归加工人所有；如果加工所增价值与原材料价值相当，可由双方共有。除共有外，不论哪种情况，取得加工物所有权的一方，应当对对方的加工劳动或原材料的价值予以补偿。

2. 附合

附合，是指不同所有权人的物密切结合在一起而成为一种新物。在附合的情况下，各原所有权人的物虽可识别，但非经拆毁不能恢复原来的状态，如砖、木的附合构建成房屋。附合物的所有权归属应区分两种情况：（1）当动产附合于不动产时，由不动产所有权人取得附合物的所有权，原动产所有权人则可取得与其原财产价值相当的补偿。（2）当动产与动产附合时，附合的动产有主从之别的，由主物的所有权人取得附合物的所有权，是单独所有，而非共有。[①] 从物的所有权人有权请求对方予以价值上的补偿。如无主从之别，则由各动产所有权人按其动产附合时的价值共有附合物。

3. 混合

混合，是指不同所有权人的物互相结合在一起，难以分开并形成新的财产，如米与米的混合、酒与酒的混合。混合与附合不同，在混合的情况下，已无法识别原各所有权人的财产，而附合中原各所有权人的财产仍然能够识别。混合物一般应由原物价值较大的一方取得所有权，给另一方以相当的补偿。如果原物价值相差不多，也可由各方共有。

将添附的所有权归属规则概括起来，主要规则是：（1）因加工、附合、混合而产生的物的归属，有约定的按照约定。（2）没有约定或者约定不明确的，依照法律规定。（3）当事人没有约定，法律也没有规定的，按照充分发挥物的效用以及保护无过错当事人的原则确定。（4）一方当事人有过错或者确定物的归属给另一方当事

---

① 参见鲍尔、施蒂尔纳：《德国物权法》（下册），申卫星、王洪亮译，445 页及以下，北京，法律出版社，2006。

人造成损失的，应当给予赔偿或者足额的补偿。

六、对本案的分析

本案是一起典型的善意取得案件。尽管王某是轿车的所有权人之一，但该轿车是李某和王某的共有财产，在对其处分时，应当由共有人共同决定，不得一人擅自处理。王某没有经过李某的同意而处分，当然是无权处分。根据上述善意取得的要件分析本案：第一，受让人刘某在受让时不知道转让人王某无完全的处分权，且无过失，因此，刘某是善意的，具备了处分财产的出让人无处分权且受让人出于善意的要求。第二，王某和刘某在转让轿车权属时，是以合理价格转让，其财产转移占有确实是通过买卖合同实现的。第三，转让的轿车依照法律规定应当登记，他们已经进行了过户登记。第四，转移占有的轿车是法律允许流通的动产，并非禁止流通或者限制流通物。因此，刘某受让该轿车，构成善意取得。

至于王某对李某怎样承担责任，应当根据共同共有的规则处理。他们之间的内部关系，应当按照共同共有人之间的权利、义务关系确定。共同共有人之一未经其他共有人同意，擅自处分共有物，对其他共有人应当承担损害赔偿责任。

在本案中还有一个问题是，为什么善意取得也属于原始取得。理由是，构成善意取得的出卖人须是无权处分之人，既然他是无权处分人，那么他对这个物就没有所有权或者处分权。从善意买受人的角度看，他购买的物是从无所有权到产生所有权，当然是最初取得。尽管王某并非对轿车完全没有所有权，而是享有共有权，但由于共同共有权人无权擅自处分共有物，所以，王某的处分也属于无权处分。既然如此，刘某对该轿车取得所有权，就是原始取得。

第七章
用益物权

第一节　土地承包经营权

26.
“原村委会主任以村委会的名义收回农户承包土地违法”案

案情介绍

村民唐某在村委会分配土地时，分得一块承包地，但未发放土地承包经营权证，亦未订立土地承包合同。唐某因无力耕种，委托本村村民代耕，后又找到村委会主任陈某，请求另找他人耕种，并代缴相应费用。陈某以村委会名义，将唐某的承包地承包给村民付某，订立了土地承包合同。唐某发现后，诉请法院判决付某返还承包地。村委会和付某主张唐某自愿交还承包土地，已经放弃了土地承包经营权。

法院认为，唐某依法享有涉案土地的承包经营权，在承包期内受到法律保护，对其返还承包地的诉讼请求予以支持。村委会擅自收回其承包土地交与付某承包的行为，侵害了唐某的土地承包经营权。

法律问题

1. 土地承包经营权的特征和性质
2. 土地承包经营权的取得
3. 土地承包经营权人和土地所有权人的权利、义务
4. 土地承包经营权的“三权分置”
5. 土地承包经营权消灭的原因

法理分析

一、土地承包经营权的特征和性质

土地承包经营权是指农村集体经济组织成员对集体所有或国家所有，由集体经

济组织长期使用的耕地、林地、草地等农业土地，采取家庭承包、公开协商等方式进行承包，依法对所承包的土地等占有、使用和收益的用益物权。土地承包经营权人对其承包经营的耕地、林地、草地等依法享有占有、使用和收益的权利，有权自主从事种植业、林业、畜牧业等农业生产。

土地承包经营权在法律上的特点是：（1）土地承包经营权的主体具有特殊性，是从事农业生产的自然人或集体。（2）土地承包经营权的标的物具有特殊性，仅限于集体所有或国家所有，由农民集体使用的以种植、畜牧等农业生产为目的的土地。（3）土地承包经营权的目的具有特殊性，是在集体所有或国家所有、由集体使用的土地上进行农业活动。（4）土地承包经营权的产生方式具有特定性，是基于土地承包经营合同产生的。

土地承包经营权的性质是物权，是用益物权。《民法典》物权编第十一章规定土地承包经营权是用益物权。

二、土地承包经营权的取得

土地承包经营权的取得有两种方式：一为依民事法律行为而取得，二为基于民事法律行为以外的原因而取得。

依民事法律行为而取得土地承包经营权是土地承包经营权取得的主要方式，具体的方式是：（1）基于农村土地承包经营合同而取得。（2）通过招标、拍卖、公开协商而取得。（3）基于土地承包经营权流转而取得。根据《民法典》第334条的规定，土地承包经营权人依照《农村土地承包法》的规定，有权将土地承包经营权采取互换、转让等方式流转。未经依法批准，不得将承包地用于非农建设。

除了民事法律行为，继承也是基于民事法律行为以外的原因而取得土地承包经营权的方式。承包人应得的承包收益，可依照《民法典》的规定继承。林地承包的承包人死亡的，其继承人可以在承包期内继续承包。土地承包经营权通过招标、拍卖、公开协商等方式取得的，该承包人死亡，其应得的承包收益，依照《民法典》的规定继承；在承包期内，其继承人可以继续承包。

三、土地承包经营权人和土地所有权人的权利、义务

土地承包经营权人的权利是：（1）占有、使用、收益权。（2）依法流转权。（3）承包地被依法征用、占用后有权依法获得相应的补偿。（4）其他权利：土地所有权人或者其他组织、个人针对承包地收取法律、法规规定以外的费用，或者违法进行集资、摊派、罚款等，土地承包经营权人有权拒绝。土地承包经营权人的义务是：（1）维持土地的农业用途，不得用于非农建设；（2）依法保护和合理利用土地，不得给土地造成永久性损害。

土地所有权人的权利是：（1）发包本集体所有的或者国家所有、依法由本集体使用的农村土地；（2）对承包土地的必要调整权；（3）监督土地承包经营权人依照约定的用途合理利用和保护土地；（4）制止土地承包经营权人损害承包地和农业资源的行为。土地所有权人的义务是：（1）维护土地承包经营权人的土地承包经营权；（2）尊重土地承包经营权人的生产经营自主权；（3）依照约定为土地承包经营权人提供生产、技术、信息服务；（4）执行土地利用总体规划、组织农业基础设施建设。

四、土地承包经营权的“三权分置”

1.“三权分置”与土地经营权

《民法典》第339条规定：“土地承包经营权人可以自主决定依法采取出租、入股或者其他方式向他人流转土地经营权。”这是对农村土地“三权分置”规定的新规则。

土地经营权，是建立在农村土地承包经营的“三权分置”制度之上的权利，即在农村土地集体所有权的基础上，设立土地承包经营权，再在土地承包经营权之上设立土地经营权，从而构成“三权分置”的农村土地权利结构。其中，土地所有权归农村集体经济组织所有，土地承包经营权归承包该土地的农民家庭享有。由于土地承包经营权缺乏流转性，因而在土地承包经营权之上设立一个土地经营权。这属于土地承包经营权人享有的、可以进行较大范围流转并且能够保持土地承包经营权不变的用益物权。

土地承包经营权人为了发展农业经济，实现自己的权益，可以采用出租、入股或者其他方式，向他人流转土地经营权，将承包土地的占有、使用、收益权转让给他人。通过流转土地经营权，既保住了自己的土地承包经营权，又能够使自己获得转让土地经营权的收益。

2.土地经营权人的权利

对土地经营权人的权利，《民法典》第340条规定：“土地经营权人有权在合同约定的期限内占有农村土地，自主开展农业生产经营并取得收益。”在合同约定的期限内，土地经营权人享有用益物权的权能，即占有、使用、收益的权利，有权占有该农村土地，自主开展农业生产经营活动，获得收益。

3.土地经营权的期限

依照《民法典》第341条的规定，流转期限为5年以上的土地经营权，自流转合同生效时设立。当事人可以向登记机构申请土地经营权登记；未经登记，不得对抗善意第三人。

五、土地承包经营权消灭的原因

导致土地承包经营权的消灭，既有导致物权消灭的一般事由，也有导致土地承包经营权消失的特定事由。

导致土地承包经营权消灭的一般事由有：(1) 承包地被征收。(2) 承包地灭失或使用价值丧失。(3) 土地承包经营权人死亡，无继承人或继承人放弃继承。(4) 土地承包经营权转让。

导致土地承包经营权消灭的特定事由是：(1) 土地承包经营权提前收回。(2) 土地承包经营权提前交回，包括在承包期内土地承包经营权人全家迁入设区的市、享有城市居民社会保障待遇的强制交回和土地承包经营权人自愿交回。无论是交回还是收回承包的土地，土地承包经营权人在承包地上投入而提高土地生产能力的，都有权获得合理的补偿。(3) 土地承包经营权的期限届满。土地承包经营权人在承包地上建造了附属设施，以及对承包地进行了改良的，有权取回附属设施，恢复土地原状。土地所有权人要求以时价购买的，土地承包经营权人不得拒绝。对改良费用和其他有益费用，土地所有权人知道或应当知道而没有立即反对的，在承包经营合同期限届满没有续期时，土地承包经营权人有权向土地所有权人提出返还请求。

六、对本案的分析

《民法典》第 332 条与《农村土地承包法》，都规定了土地承包经营权的性质是用益物权，违法收回、调整承包地是对用益物权人的侵害，承包权人有权基于用益物权人的地位，请求返还土地，保护其土地承包经营权。耕地的承包期为 30 年，在土地承包期内，承包人享有土地承包经营权。虽然付某认为唐某已经自愿将承包地交还给村委会，系对土地承包经营权的放弃，但是，《农村土地承包法》对农民自愿交回承包地进行了严格的程序限制，要求承包权人提前半年以书面形式作出放弃的意思表示。

本案中，付某和村委会都未能提出证据证明唐某以书面形式放弃了对讼争土地的承包经营权。因此本案的村委会擅自将唐某的承包地重新承包给付某，侵害了唐某的土地承包经营权，唐某有权要求村委会和付某返还涉案土地。

第二节　建设用地使用权

27.

“借用他人不享有建设用地使用权的土地自行申请建设用地使用权是否构成侵权”案

案情介绍

某宗地位于甲机场的一端，在甲机场享有建设用地使用权的土地的一侧，长期被认为是甲机场的土地。乙公司经与甲机场协商，长期借用。后来，乙公司发现该宗地的建设用地使用权人不明，遂向地方自然资源和规划部门请求，签订了建设用地使用权出让合同，缴纳了出让金，取得了该宗地的建设用地使用权，并已经过登记。甲机场发现后，向乙公司主张权利，被乙公司拒绝。甲机场向法院起诉，要求对该宗地进行确权，并追究乙公司的侵权责任。乙公司以其取得该宗土地的建设用地使用权为由抗辩。法院判决驳回原告的诉讼请求。

法律问题

1. 建设用地使用权的概念和设立
2. 建设用地使用权的内容和流转
3. 建设用地使用权与地上建筑物所有权的关系
4. 乡村建设用地使用权与分层建设用地使用权

法理分析

一、建设用地使用权的概念和设立

建设用地使用权是指自然人、法人、非法人组织依法对国家所有的土地享有的占有、使用和收益，建造并经营建筑物、构筑物及其附属设施的地上权。建设用地使用权人依法对国家所有的土地享有占有、使用和收益的权利，有权自主利用该土地建造并经营建筑物、构筑物及其附属设施。《民法典》第 344 条规定了建设用地使用权的概念。

建设用地使用权具有以下法律特征：（1）建设用地使用权以开发利用、生产经营和社会公益事业为目的。（2）建设用地使用权的标的物为国家所有的城镇土地，不包括集体所有的农村土地。（3）建设用地使用权人使用土地的范围限于建造并经营建筑物、构筑物及其附属设施。（4）建设用地使用权的性质是地上权。

建设用地使用权的设立，是指建设用地使用权的取得。建设用地使用权的设立方式有两种，即建设用地使用权的出让设立和划拨设立。

以出让方式设立建设用地使用权，是国家以土地所有权人的身份，将建设用地使用权在一定年限内出让给土地使用者，由土地使用者向国家支付建设用地使用权出让金的行为。

划拨设立建设用地使用权有两种方式：一是县级以上人民政府依法批准，在土地使用者缴纳补偿、安置等费用后，将国有土地交付给土地使用者使用；二是县级以上人民政府依法批准，将建设用地使用权无偿交付给土地使用者使用。

二、建设用地使用权的内容和流转

建设用地使用权人对作为权利客体的土地，享有占有、使用、收益的权利，有权自主利用该土地建造并经营建筑物、构筑物及其附属设施。以出让方式取得建设用地使用权的，权利人还可依法转让、互换、出资、赠与或抵押，但法律另有规定的除外。通过划拨出让方式取得建设用地使用权的，土地使用者应当从事社会公益事业，不得以营利目的使用国有土地。

建设用地使用权人的义务是：（1）支付建设用地使用权出让金；（2）合理利用土地；（3）依法保护土地；（4）恢复土地原状。

建设用地使用权可以依法进行流转：（1）建设用地使用权可以转让，建设用地使用权人可以合同方式将建设用地使用权再行转移给他人。（2）建设用地使用权可以进行抵押，抵押人可以将建设用地使用权向抵押权人提供债务履行担保，债务人不履行债务时，抵押权人有权依法从抵押的建设用地使用权拍卖所得价款中优先受偿。（3）建设用地使用权的期限届满，建设用地使用权消灭。这种消灭是建设用地使用权终局消灭，不再存在。

三、建设用地使用权与地上建筑物所有权的关系

《民法典》采纳了建设用地使用权与建筑物所有权一体主义的立法例。在房产和地产的交易中，建设用地使用权及其地上建筑物所有权须共同作为交易标的，不能单独流转，应当同时转移、抵押和出租。这就是通常所说的“房随地走”或“地随房走”的规则。采纳这种立法例的好处是：第一，可以使建设用地使用权和地上建筑物所有权的主体保持一致，从而最大限度地避免各种产权纠纷。第二，可以使房地产交易的障碍消除，促进交易发展。

建设用地使用权是有期限的。在建设用地使用权人在土地上建造了各种建筑物和其他附着物以后，建筑物和附着物所有权受到建设用地使用权的期限限制。《民法典》第 358 条规定：“建设用地使用权期限届满前，因公共利益需要提前收回该土地的，应当依据本法第二百四十三条的规定对该土地上的房屋以及其他不动产给予补偿，并退还相应的出让金。”第 359 条规定：“住宅建设用地使用权期限届满的，自动续期。续期费用的缴纳或者减免，依照法律、行政法规的规定。”“非住宅建设用地使用权期限届满后的续期，依照法律规定办理。该土地上的房屋以及其他不动产的归属，有约定的，按照约定；没有约定或者约定不明确的，依照法律、行政法规的规定办理。”这种做法能够解决这个矛盾。

四、乡村建设用地使用权与分层建设用地使用权

乡村建设用地使用权，是指乡（镇）、村企业等自然人、法人、非法人组织依法对集体所有的土地享有的占有、使用和收益，建造并经营建筑物、构筑物及其附属设施的地上权。因设立乡（镇）、村企业或者乡村公共设施、公益事业建设等需要使用集体所有的土地的，依照有关法律规定取得建设用地使用权；法律没有规定的，参照关于建设用地使用权的规定。设立乡村建设用地使用权，应当依照《土地管理法》和《民法典》的规定进行；没有具体规定的，应当参照适用关于建设用地使用权的规定。

分层建设用地使用权，是指在他人所有的土地的上下一定空间内所设定的地上权。《民法典》第 345 条规定："建设用地使用权可以在土地的地表、地上或者地下分别设立。"其中，在地表设立的，是建设用地使用权；在地上或者地下设立的，就是分层建设用地使用权。

分层建设用地使用权的设立，应当采取一般的建设用地使用权的设定方法，但在以下方面具有特殊之处：（1）设定的权利客体是土地之上和土地之下的空间；（2）设定的目的，应当与设定建设用地使用权的目的相同。分层建设用地使用权是物权，因此，在相同的物上设立的物权，依设立时间的先后确定其效力。同时，分层建设用地使用权有优先于债权的效力。此外，分层建设用地使用权还具有相对于在同一标的物上已经设立的用益物权为优先的效力，这是物权优先原则的例外。

分层建设用地使用权的消灭原因，与建设用地使用权的消灭原因相同。分层建设用地使用权的消灭后果也与建设用地使用权的消灭后果相同。

五、对本案的分析

本案争议的地块，甲机场虽然一直在使用，但是其并不享有建设用地使用权。甲机场将该宗地借给乙公司使用后，乙公司发现甲机场对该宗地不享有建设用地使用权，就自己直接向国土资源部门申请建设用地使用权，最终与国土资源部门达成出让协议，有偿取得了建设用地使用权。可以说，乙公司的这一行为并不光明磊落，但却不违反法律，是通过正当程序，签订了建设用地使用权出让合同，缴纳了土地出让金，依法取得了国有土地的建设用地使用权。这是通过出让方式取得建设用地使用权，符合建设用地使用权设立的条件。因此，应当承认乙公司取得的建设用地使用权合法、有效，依法予以保护。由于甲机场原本对该宗国有土地就没有取得建设用地使用权，因而其主张没有法律依据，法院判决驳回其诉讼请求是正确的。

第三节　宅基地使用权

28. “相邻方的房屋地基在地下延伸到他方宅基地范围内构成侵害宅基地使用权”案

案情介绍

甲与乙的宅院南北相邻。乙重新建房时，将新建房屋的地基在地下延伸到甲的宅基地的范围内 20 厘米，但在地表并没有越界。甲要求乙停止施工，解决纠纷，乙不同意。甲向法院起诉，要求乙停止侵害，恢复自己对该宅基地的使用权。乙答辩认为，自己建房地基在地下虽有越界，但并未妨害甲对其宅基地地表的正常使用，故未构成侵权。

法院认为，乙的行为已经侵害了甲的宅基地使用权，判决乙承担恢复原状的民事责任。

法律问题

1. 宅基地使用权的概念和特征
2. 宅基地使用权的内容
3. 宅基地使用权的消灭

法理分析

一、宅基地使用权的概念和特征

宅基地使用权是指农村居民对集体所有的土地占有和使用，自主利用该土地建造住房及其附属设施，以供居住的地上权。宅基地使用权人依法对集体所有的土地享有占有和使用的权利，有权自主利用该土地建造住房及其附属设施。《民法典》第 362 条规定了宅基地使用权的概念。

宅基地使用权是我国特有的一种用益物权，其主要特征是：（1）宅基地使用权是我国农村居民因建造住宅而享有的土地权利。（2）宅基地使用权与农村集体经济组织成员的资格、福利不可分离。（3）宅基地使用权是特定主体在集体土地上设定的用益物权。（4）农村集体经济组织的成员只能申请一处宅基地。（5）宅基地使用权的性质是地上权。

二、宅基地使用权的内容

宅基地使用权人的权利是：（1）既有权在宅基地上建造住房及其附属设施，也有权种植树木。(2)有权依照法律的规定转让宅基地使用权，可以将建造的住房转让给本集体内符合宅基地使用权分配条件的农户；住房转让时，宅基地使用权一并转让。(3)行使宅基地使用权不受期限限制，宅基地上的建筑物或者其他附属物灭失时，不影响宅基地使用权的效力，权利人仍有权在宅基地上重建房屋。

宅基地使用权人的义务是：(1)不得非法转让宅基地使用权。以馈赠钱款、索取物资、土地入股等方式变相买卖宅基地使用权的，不产生宅基地使用权转移的法律效力。即使是合法转让宅基地使用权的，农户也不得再申请宅基地使用权。(2)接受政府和乡村统一规划的义务，但农村集体经济组织应当为宅基地被占用的农户重新分配宅基地。因此而造成宅基地使用权人损失的，应当依法给予补偿。(3)正当使用宅基地的义务。未经依法批准，不得改变宅基地用途，不得将宅基地作为生产资料使用，如盖厂房或改做鱼塘等，也不得改作其他用途。

三、宅基地使用权的消灭

宅基地使用权的消灭有以下几种原因：(1)宅基地收回和调整。土地所有权人根据乡村的发展规划，可以收回宅基地使用权，也可以对宅基地使用权进行调整。这些都可以使权利人原来的宅基地使用权消灭。土地所有权人收回宅基地使用权的，应当为原使用权人另行批准相应的宅基地使用权，以保证农户的生活需要。(2)宅基地被征收的，消灭宅基地使用权，但就宅基地上的建筑物征收方应当给予相应的补偿；经原宅基地使用权人申请，土地所有权人应当另行分给相当的宅基地使用权。(3)宅基地使用权被抛弃的，该权利消灭。宅基地使用权人抛弃宅基地使用权的，不得再申请新的宅基地使用权。(4)宅基地灭失的，宅基地使用权丧失了存在的基础，应归于消灭。如果只是宅基地上的建筑物或其他附属物灭失，则不影响宅基地使用权的效力，宅基地使用权人有权在宅基地上重新建造建筑物或其他设施。(5)宅基地长期闲置的，土地所有权人有权收回该宅基地使用权，从而导致宅基地使用权消灭。

《民法典》第365条规定："已经登记的宅基地使用权转让或者消灭的，应当及时办理变更登记或者注销登记。"对于宅基地使用权的取得，法律并没有要求进行登记。已经登记的，在转让或者消灭的时候，应当及时办理变更登记或者注销登记。

四、对本案的分析

我国农村的农户不享有土地所有权，因为农村土地是集体所有，农户对自己的宅基地依法享有宅基地使用权这种用益物权。农民享有这个权利，可以在集体的土地上建造自己的住房居住，任何人都不得侵害。在本案中，甲和乙都是农户，都依法享有宅基地使用权，其权利都依法受到平等保护，其他任何人，包括相邻的宅基地使用权人，不得予以侵犯。

应当明确的是，宅基地使用权的界限，从平面上说是四至，即以土地东、南、西、北所达到的位置为限。此外，宅基地使用权与其他土地权利一样，存在立体的空间界限。从原则上说，土地权利的立体空间界限为，上至大气层，下至地心。当然，在当代的土地权利上，还受分层建设用地使用权的限制。只要在没有设置分层建设用地使用权的情况下，就可以这样认为。如果在地表之上和之下的空间另设立分层建设用地使用权，上至大气层、下至地心的空间将进行分割，在地表设立的土地权利的立体空间界限就会受到限制。

宅基地使用权的立体空间界限当然也是如此。乙建房时，将新建房屋的地基在地下延伸到甲的宅基地范围内 20 厘米，当然侵害了甲的宅基地使用权的立体空间，构成侵权。乙提出的建房地基在地下虽有越界，但在地表并未越界，并未妨害甲对他的宅基地地表的正常使用的抗辩，不能成立，不能对抗甲的权利主张。应当看到，土地权利的四至，在立体空间上是垂直的，延伸至向上的空间和向下的空间。相邻一方行使权利，无论是向上的空间还是向下的空间越界，都是侵权。因此，法院判决支持甲的诉讼请求是完全正确的。

第四节　居住权

29.

“‘分单’约定居住权，居住权人主张权利受到侵害”案

案情介绍

胡某伟、董某蓉系胡某明、郑某仙的儿子、儿媳妇。胡某伟、董某蓉与胡某明、郑某仙立有分单一份，约定：“长子胡某伟房屋由自己去买，胡某明付胡某伟 23 万元，已付 5 万元，到买屋时应付胡某伟 18 万元”。分单还约定：“23 万元付清后，胡某伟房屋买进，我俩（胡某明、郑某仙）有居住之权，至去世为止。”胡某伟、董某蓉购买了文景街房屋一套，胡某明、郑某仙支付了 18 万元款项。房屋购入后，胡某伟、董某蓉曾共同居住生活。后董某蓉向法院起诉，主张与胡某伟离婚，法院判决准予离婚，将文景街的房屋判归董某蓉所有。

胡某明、郑某仙在董某蓉起诉离婚后，以要求胡某伟、董某蓉归还购买涉案房屋借款 14 万元为由，向法院提起诉讼。法院判决胡某伟、董某蓉共同偿还胡某明借

款 14 万元。胡某明、郑某仙又起诉主张对讼争房屋的居住权。法院认为：胡某明知道胡某伟、董某蓉起诉离婚后，向胡某伟、董某蓉起诉要求归还所借购房款 14 万元，但在胡某伟、董某蓉离婚诉讼过程中，并未主张涉案房屋的居住权，而在涉案房屋所有权转移后方始主张居住权，且居住权没有经过登记，因而有悖情理。涉案房屋已判归董某蓉个人所有，董某蓉没有义务承担胡某明、郑某仙的居住问题，因而对胡某明、郑某仙之诉请不予支持。

法律问题

1. 居住权的概念与特征
2. 居住权的设立和效力
3. 居住权的期限和消灭

法理分析

一、居住权的概念与特征

1. 居住权的概念

居住权，是指自然人以满足生活居住的需要，按照合同的约定，对他人所有的住宅享有的占有、使用的用益物权。《民法典》第 366 条规定："居住权人有权按照合同约定，对他人的住宅享有占有、使用的用益物权，以满足生活居住的需要。"

2. 居住权的特征

（1）居住权的基本属性是他物权，具有用益性。居住权是在他人所有的房屋所有权之上设立的物权，因此，其基本属性是他物权。

（2）居住权是为特定自然人基于生活用房而设立的物权，具有人身性。其设立，不是为了商业目的或者其他经济上的目的，而是为了解决自然人的赡养、扶养等，满足自然人的生活用房的特定生活需要，因而具有人身性。

（3）居住权是一种长期存在的物权，具有独立性。居住权是一种物权而不是一种债权，因而具有长期性和稳定性的特点。

（4）居住权的设定是一种恩惠行为，具有不可转让性。居住权的设立通常是无偿的，居住权人取得居住权一般不必支付对价。因此，居住权的设定属于恩惠行为。

二、居住权的设立和效力

1. 居住权的设立

依照《民法典》的规定，居住权通过合同设立，即意定居住权，是指根据房屋所有权人的意愿而设定的居住权。设立人须是房屋所有权人，其他人不得在他人所有的房屋之上设定居住权。约定居住权，应当采用书面合同方式。

设立意定居住权，应当向登记机构申请居住权登记。按照《民法典》第368条的规定，居住权自登记时设立。

2. 居住权的效力

居住权人的权利包括：（1）使用权。居住权人对设立居住权的房屋享有占有和使用权，居住权人对部分住房享有居住权的，可以使用该住房的共用部分。（2）进行必要改良和修缮的权利。居住权人对于对房屋进行的必要改良和修缮的费用，在居住权消灭时，不享有返还请求权。（3）排除所有权人侵害的权利。居住权人有权要求所有权人不为妨害其居住的行为，所有权人不得对居住权人行使排除妨害、返还原物等物上请求权。（4）对抗房屋所有权人变更的权利。房屋所有权人发生变更，居住权跟随所有权的转移而转移，故所有权人的变更并不影响居住权。（5）抛弃权。权利人可以将居住权抛弃。

居住权人的义务包括：（1）合理使用房屋的义务。不得将房屋用于生活消费以外的目的，不得改建、改装和作重大的结构性改变。（2）支付必要费用的义务。应当支付住房及其附属设施的日常维护费用和物业管理费用。（3）对房屋的合理保管义务。居住权人在居住期内，应当尽到善良管理人的注意义务，不得从事任何损害房屋的行为。（4）不得转让、出租和继承的义务。对出租另有约定的，依照其约定。

三、居住权的期限和消灭

1. 居住权的期限

居住权的发生时间，是居住权合同生效的时间。居住权依据遗嘱、遗赠或者裁判而发生的，应当在遗产分割或者裁判生效时发生。

2. 居住权的消灭

居住权消灭的原因有：（1）居住权抛弃。（2）居住权期限届满或居住权人死亡。（3）解除居住权的条件成就。（4）居住权被撤销。（5）房屋被征收、征用、灭失。房屋被征收、征用，以及房屋灭失的，居住权都消灭。（6）权利混同。房屋所有权和居住权发生混同，即两个权利归属于同一人的，发生居住权消灭的后果。

居住权消灭的后果是，在当事人之间消灭居住权的权利义务关系，居住权人应当返还房屋。房屋被征用、灭失的，如果房屋所有权人因此取得补偿费、赔偿金，则居住权人有权请求分得适当的份额；如果居住权人没有独立生活能力，也可以放弃补偿请求权而要求得到适当安置。居住权人故意或者有重大过失致使房屋毁损或者灭失的，居住权人应当对所有权人承担损害赔偿责任。

四、对本案的分析

依照《民法典》第367条的规定，设立居住权，当事人应当采用书面形式订立居住权合同，并应进行物权登记。本案的董某蓉、胡某伟与胡某明、郑某仙签订的分单合法、有效。分单约定胡某明、郑某仙对争议房屋享有居住权，但只是对当事人的姓名、住宅的位置进行了约定，对居住的条件和要求、解决争议的方法等问题未进行约定；对居住权的期限的约定是明确的，即两原告去世时为止。对分单的主要条款约定明确的居住权，原本应当支持，但是该居住权没有经过登记。虽然法院以争议房屋的所有权已经变更为由不支持居住权人行使权利的请求不正确，但是最终判决的结果是符合法律规定的，因而法院的判决结果基本正确。

第五节 地役权

30. "设立地役权的宅基地使用权转移，受让人亦取得对供役地的地役权"案

案情介绍

刘某堂等10人与谷某来签订协议书，约定刘某堂等人投资，在谷某来旧宅基地上打井，水井使用权永远属于刘某堂等人，谷某来可无偿使用该水井；刘某堂等人向谷某来支付了占地补贴款。嗣后，谷某来将该旧宅基地转让给李某章，水井使用权一并转移给李某章，李某章可以按照协议使用该水井。李某章在该宅基地上施工，大量使用该水井的水；刘某堂等人起诉，主张李某章无权使用该水井之水。

法院认为：设立地役权后，供役地的宅基地使用权虽然转移，但地役权的权利亦随之转移，判决李某章对争议水井有使用权，施工可以适量取水，对刘某堂等人的诉讼请求不予支持。

法律问题

1. 地役权及其与相邻权的关系
2. 地役权的取得和内容
3. 地役权消灭的原因和后果

法理分析

一、地役权及与相邻权的关系

地役权也叫作不动产役权，是指在他人的土地之上设立的以供自己土地便利使用的用益物权。《民法典》第372条第1款规定："地役权人有权按照合同约定，利用他人的不动产，以提高自己的不动产的效益。"

在地役权法律关系中，为自己土地的便利而使用他人土地的一方当事人称为地役权人（也叫需役地人），把自己的土地提供给他人使用的一方当事人称为供役地人；因使用他人土地而获得便利的土地为需役地，为他人土地的便利而供使用的土地为供役地。因此，地役权的产生必须有两个不同权属的土地存在。地役权关系的成立并不要求供役地和需役地必须相邻，即使在不相互毗邻的土地之间也可能设立地役权。

地役权的法律特征是：（1）地役权是存在于他人土地之上的他物权。（2）地役权是利用他人土地的用益物权，也就是对供役地的利用。（3）地役权是为需役地的便利而设定的他物权。（4）地役权具有从属性和不可分性，必须从属于需役地而存在，同时，地役权须存在于需役地和供役地的全部，不能被分割为各个部分或仅仅在一部分上单独存在。

地役权有以下种类：（1）积极地役权与消极地役权。积极地役权也叫作为地役权，是指以地役权人可以在供役地上为一定行为为内容的地役权。消极地役权也叫不作为地役权，是指以供役地所有人在供役地上不得为一定行为为内容的地役权。（2）继续地役权与非继续地役权。地役权的行使，无须每次依赖权利人的行为而能继续行使的地役权，是继续地役权；地役权的行使，每次均须有地役权人的行为而存在的地役权，为非继续地役权。（3）表见地役权与非表见地役权。表见地役权是指地役权的存在有外形事实为表现，非表见地役权是指地役权的存在无外形事实为表现。

相邻权和地役权在外观上有很大的相似之处，但两者有明显的区别：（1）权利的性质不同。相邻关系即相邻权并不是一个独立的权利，而地役权是一种用益物权。（2）权利的取得方式不同。相邻权依照法律的规定而取得，而地役权须当事人经过约定而设定。（3）权利的内容不同。在相邻关系中，一方为了使自己的权利得到正常的行使，或者使自己能够维护正常的生活和生产，有权对相邻的另一方提出提供便利的最低要求。而地役权设定的目的并非满足不动产权利行使过程中的最低要求，而是使自己的权利更好地得到行使。（4）对不动产是否相邻的要求不同。相邻关系依法发生在相互毗邻的不动产合法占有人之间，而地役权的发生不受土地是否相互毗邻的限制。（5）权利的有偿性和期限限制不同。相邻权是无偿的、无固定期限的，而地役权一般是有偿的、有固定期限限制的。

二、地役权的取得和内容

地役权的取得就是地役权的发生。地役权的取得原因，可以是民事法律行为，也可以是民事法律行为以外的事实。

地役权的约定取得也叫作地役权基于民事法律行为取得，即当事人之间以地役权设定合同来设定地役权。《民法典》第 373 条第 1 款规定："设立地役权，当事人应当采取书面形式订立地役权合同。"

地役权可因某种法定事实的发生而取得，此为地役权的法定取得。地役权的法定取得有两种类型：(1) 因用益物权的设定而取得地役权。《民法典》第 378 条规定："土地所有权人享有地役权或者负担地役权的，设立土地承包经营权、宅基地使用权等用益物权时，该用益物权人继续享有或者负担已经设立的地役权。"(2) 因用益物权的分割转让而取得地役权。按照《民法典》第 382 条和第 383 条的规定，需役地以及需役地上的土地承包经营权、建设用地使用权、宅基地使用权部分转让时，转让部分涉及地役权的，受让人同时享有地役权；供役地以及供役地上的土地承包经营权、建设用地使用权、宅基地使用权部分转让时，转让部分涉及地役权的，地役权对受让人具有约束力。

地役权人死亡时，由其继承人继承，不必进行登记，但需办理登记后才可以处分继承取得的地役权。

地役权的内容是指在地役权设定以后，在有关当事人之间发生的权利义务关系，即地役权人的权利、义务和供役地人的权利、义务。地役权人的权利和义务是：(1) 供役地的使用权；(2) 地役权行使处所或方法变更权；(3) 为必要的附随行为与设立设施的权利；(4) 行使物上请求权的权利；(5) 支付地租的义务；(6) 维持附属设施的义务。供役地人的权利和义务是：(1) 容忍土地上的负担或不作为的义务；(2) 附属设施使用权及费用分担义务；(3) 变更使用场所及方法的请求权；(4) 租金及其调整请求权。

按照《民法典》的规定，取得地役权可以进行登记，也可以不登记，不登记的地役权对第三人不具有对抗效力。

三、地役权消灭的原因和后果

地役权消灭的原因是：(1) 期限届满。(2) 约定消灭地役权的事由出现。(3) 地役权设定的目的发生变化而事实不能。(4) 供役地人依法解除地役权关系。(5) 地役权被抛弃。(6) 地役权让与。(7) 土地征收。这些事实的出现都会导致地役权的消灭。

地役权消灭以后，地役权人不存在继续支配供役地的权能，所以，地役权已经登记的，应当及时办理注销登记。除供役地人单独申请注销地役权登记外，地役权人承担协助办理注销登记的义务。地役权人占有供役地人的土地的，应当及时清除土地上的各种设施和附属物，恢复土地原状，交还土地；不占有供役地，而在供役地上设置设施的，应当恢复土地原状。在交还土地或者恢复土地原状时，对于供役地的附属物等，供役地人有继续使用必要的，应当转移附属物的权属，并且由供役地人承担适当的补偿费用，需役地人享有补偿费用的请求权。当事人另有约定的，按照约定处理。

四、对本案的分析

本案双方当事人争议的焦点，是供役地权利人将基础物权转让，物权受让人能否继受取得供役地的权利。

地役权具有从属性和不可分性，须从属于需役地而存在。地役权不得与需役地分离而让与，地役权不得与需役地分离而为其他权利的标的，不能单独以地役权设定抵押或者出租等。依据《民法典》第383条的规定，供役地以及供役地上的土地承包经营权、建设用地使用权等部分转让时，转让部分涉及地役权的，地役权对受让人具有法律约束力。本案地役权的基础权利是宅基地使用权，对本案的争议应当适用该条规定。

对本案，法院判决认为，谷某来将其宅基地使用权转让给李某章，该宅基地上的地役权一并转让给李某章，该地役权对受让人李某章具有约束力，李某章亦应按照合同约定，允许原告继续利用该旧宅基地，不得妨害刘某堂等人使用水井的权利。因李某章翻建旧宅施工用水较多，刘某堂等人否定地役权受让人享有地役权，违反法律规定，只要告诫李某章适量用水即可，且并非长期施工，故刘某堂等人的诉讼主张不能予以支持。

第六节　特许物权

31.

“取得养殖权后，他人在养殖区域设置横截渔网捕鱼侵权”案

案情介绍

李某甲经当地政府批准、水产管理局登记，取得为期3年的水域、滩涂养殖使

用权，在该养殖区域养殖蟹苗。李某乙未经李某甲允许，在该养殖区域设置横截渔网捕鱼。李某甲起诉，请求判令李某乙拆除渔网、恢复自己的水域养殖权、赔偿经济损失。

法院认为，李某甲依法取得使用水域从事养殖的权利，受法律保护；李某乙侵害李某甲的养殖权，应当停止侵害，拆除渔网，赔偿李某甲的损失。

法律问题

1. 特许物权的概念、特征和性质
2. 特许物权的种类

法理分析

一、特许物权的概念、特征和性质

特许物权是指经过行政许可开发、利用自然资源，获得收益的准物权。由于特许物权是基于开发、利用土地之外的自然资源而享有的权利，故也将其称为自然资源使用权。

特许物权制度是基于当代社会对土地和自然资源利用的多元化而出现，并且随着这种多元化的趋势不断发展而日益强大起来的。特许物权的特征是：(1) 特许物权的标的是自然资源而不是土地本身。(2) 特许物权的权利行使方式是对自然资源的开发和获取行为，权利人对具体的自然资源并不享有物权意义上的控制权。(3) 特许物权的取得方式是行政许可。(4) 特许物权的设定目的具有一定的公法意义。

特许物权是由国家直接赋予的物权，权利人行使特许物权的行为，在外观上并不表现为对土地的简单占有、控制和利用，而是表现为对自然资源的带有创造性的开发行为。因此，特许物权的性质表现为：首先，特许物权是一种民事权利，并且是一种物权。其次，特许物权是一种绝对性的权利，是对土地上的自然资源利用和开发的权利，权利行使实际上也直接涉及传统民法上所指向的不动产，符合用益物权的特征。最后，特许物权不同于用益物权，其目的不在于占有土地上的自然资源，而仅在于对其实施某种开发性的行为，因而物权法最基本的占有和归属规则在特许物权上无法得到实现。因此，特许物权是具有用益物权性质的准物权。

二、特许物权的种类

1. 海域使用权

海域使用权是指依法经批准获得的持续使用特定海域 3 个月以上的排他性特许

物权。《民法典》第 328 条规定："依法取得的海域使用权受法律保护。"

海域使用权的取得方式有三种：（1）依法申请取得；（2）招标取得；（3）拍卖取得。取得海域使用权的条件是缴纳海域使用金，按照规定一次性缴纳或者按照年度缴纳。军事用海，公务船舶专用码头用海，非经营性的航道、锚地等交通基础设施用海，教学、科研、防灾减灾、海难搜救打捞等公益事业用海，不用缴纳使用金。公用设施用海、国家重大建设项目用海以及养殖用海，经过批准，可以减缴或者免缴使用金。取得、变更、终止海域使用权，应当进行登记。

海域使用权具有期限，按照规定，养殖用海为 15 年，拆船用海为 20 年，旅游、娱乐用海为 25 年，盐业、矿业用海为 30 年，公益事业用海为 40 年，港口、修造船厂等建设工程用海为 50 年。

海域使用权期限届满前两个月，需要继续使用海域的，可以向原批准用海的人民政府申请续期，除非有公共利益或者国家安全的需要，人民政府应当批准续期。海域使用权人应当按照规定缴纳海域使用金。

2. 采矿权

采矿权是指全民和集体所有制单位与自然人个人依照法定程序取得的，在采矿许可证规定的范围内开采矿产资源，获得所开采的矿产品的特许物权。

采矿权的具体规则是：（1）采矿权的取得须经行政许可。权利人取得采矿权，必须经过行政主管部门的行政许可。行政主管部门对采矿权人的资质、开采顺序、开采方法和选矿工艺等条件进行审查后，通过审批等行政程序授予申请人以采矿权。（2）采矿权是有偿取得的私权利。我国的矿产资源属于国家所有，实行采矿权有偿取得制度，开采矿产资源必须按照国家有关规定缴纳资源税和资源补偿费。（3）采矿权人有权开采矿产品并获得所有权。采矿权人的主要权利就是开采国有的矿产，对所采矿产享有使用、收益和处分权。采矿人对于其因采掘而获得的矿产品有权依照法律的规定出售，从而获得一定的经济利益或为自己使用。（4）采矿权的行使须由国家行政机关进行监管。虽采矿权为准物权，但由于其事关社会公共利益、国家战略利益，故其取得、转让、行使等方面被强加了一些公法义务。法律对采矿权设置了监督的规定。采矿权人不履行其应负的义务，如擅自开采国家规定的实行保护性开采的特定矿种，采用破坏性的开采方法开采矿产资源等，依法应承担相应的民事责任、行政责任和刑事责任。（5）采矿权流转须受适当限制。采矿权的流转受法律严格限制，但在市场经济条件下，严格限制采矿权的流转并不完全合理。应当参照《民法典》关于用益物权的规定，适当放开，如要求采矿权的受让人、承租人必须具备某种资格，或买卖、出租合同应当经过行政主管部门审批，从而防止国有矿产资源遭受破坏，保护国有矿产资源的合理开发和利用。

3. 取水权

取水权是指自然人、法人或者非法人组织依法经批准取得的，利用水工程或者机械提水设施直接从江河湖泊或者地下取水的特许物权。

取水权人的权利是：在有关主管机关核定的取水量、确定的取水地点以及取水期限等范围内，直接从江河湖泊或者地下取用水资源，并加以利用。取水权人的义务是：应当按照有关规定及时缴纳水资源费；不得违反规定取水；装置量水设施并报送真实的取水数据；按照国家规定的退水水质退水。

4. 渔业权

渔业权是指自然人、法人或非法人组织依法取得的，在一定水域从事养殖或捕捞水生动植物的特许物权。渔业权包括养殖权和捕捞权。

养殖权是指权利人经过批准，在国家或者集体所有的海面、河道、湖泊以及水库的水面从事养殖、经营，并排除他人干涉的特许物权。

捕捞权是指自然人、法人或非法人组织依法经批准获得的，在我国管辖的内水、滩涂、领海、专属经济区以及我国管辖的一切海域内从事捕捞水生动植物等活动的特许物权。

三、对本案的分析

从事养殖、捕捞的权利，是指自然人、法人或非法人组织依法取得的在一定水域从事养殖或捕捞水生动植物的特许物权。《民法典》第 329 条规定：“依法取得的探矿权、采矿权、取水权和使用水域、滩涂从事养殖、捕捞的权利受法律保护。”

本案的原告李某甲通过合法手续取得涉案水域、滩涂的养殖使用权，即享有使用涉案水域、滩涂从事养殖的权利，该权利具有排他性，他人不得侵犯。李某乙未经李某甲允许，在李某甲享有养殖权的水域横截渔网捕鱼，侵害了李某甲从事养殖的特许物权，应当承担相应的侵权责任。法院判令被告立即拆除渔网、恢复原告水域养殖权并赔偿其损失，是正确的。

第八章
担保物权

第一节　担保物权概述

32.
“以股权过户担保民间借贷债权构成让与担保”案

案情介绍

刘某平分 9 次借给西港公司本金 4.678 亿元，年利率为 18%。签订借款合同时，西港公司与刘某平签订了“股权转让协议”，西港公司将其持有的翠山公司 64%的股权转让给刘某平，言明若不能清偿借款将以该股权变价清偿债务，并办理了股权变更手续。在大部分借款未清偿时，西港公司以刘某平为被告起诉，请求确认登记在刘某平名下的翠山公司股权归西港公司所有，刘某平与西港公司签订的股权转让协议无效。

一审法院认为，借款约定以公司股权提供担保，真实目的是对案涉债务提供担保，翠山公司 64%股权的权利人仍为西港公司。二审法院认为，双方以翠山公司 64%的股权设定让与担保，刘某平享有就翠山公司 64%股权的优先受偿权。

法律问题

1. 担保物权的概念、特征和属性
2. 担保物权的社会功能和类型
3. 其他具有担保功能的合同设立的担保物权

法理分析

一、担保物权的概念、特征和属性

1. 担保物权的概念

担保物权是指债权人所享有的，为确保债权实现而在债务人或者第三人所有的物或者权利之上所设定的，在债务人的债务不履行时，或者发生当事人约定的实现担保物权的情形时，优先受偿的他物权。《民法典》第 386 条规定：“担保物权人在债务人不履行到期债务或者发生当事人约定的实现担保物权的情形，依法享有就担保财产优先受偿的权利，但是法律另有规定的除外。”

2. 担保物权的特征

（1）担保物权以担保债权的实现为目的。担保物权所担保的债权必须特定，是担保物权的一般要求，不得为担保债权人与债务人之间可能发生的债务而设定担保物权。《民法典》第 420 条至第 424 条规定的最高额抵押权，第 439 条规定的最高额质权，当属例外。

（2）担保物权的标的是特定的。担保物权的标的是债务人或第三人所有的特定动产、不动产或其他财产权利。作为担保物权标的物的动产、不动产或权利，都必须是既存的、特定的。只有浮动抵押不受此限。

（3）担保物权限制了担保人对担保标的物的处分权。担保物权人通过两种方法实现这一限制：一是移转占有，由债权人直接占有担保标的物。这是一种事实状态的限制。二是尽管不转移占有但进行登记。这是一种法律状态的限制。

（4）债权人享有对担保标的物的换价权。当债务人届期不清偿债务时，债权人即担保物权人有权将担保标的物拍卖、变卖或折价，从而优先实现其债权。债权人享有换价权，通过确实支配担保物的交换价值，来确保债务的清偿，实现担保物权的功能。

（5）担保物权能够担保其债权享有优先受偿权。当债务人不履行债务，或者发生当事人约定的实现担保物权的情形时，担保物权人的债权优先于其他普通债权而受清偿。

3. 担保物权的属性

（1）从属性。担保物权的从属性，是指担保物权必须从属于债权而存在，其成立以债权的成立为前提，并因债权的移转而移转，因债权的消灭而消灭。

（2）不可分性。担保物权的不可分性，是指被担保的债权在受全部清偿前，担保物权人可以就担保物的全部行使权利。被担保的债权即使经过分割、部分清偿或消灭，担保物权仍为了担保各部分的债权或剩余的债权而存在；担保物即使经过分割或一部分灭失，各部分或余存的担保物仍为担保全部债权而存在。

（3）物上代位性。担保物权的物上代位性，是指因担保物灭失、毁损而获得赔偿金、补偿金或保险金的，该赔偿金、补偿金或保险金成为担保物的代位物，权利人有权就其行使担保物权。

《最高人民法院关于适用〈中华人民共和国民法典〉有关担保制度的解释》确认担保物权具有以上三种属性。

二、担保物权的社会功能和类型

1. 担保物权的社会功能

（1）保障债权实现。担保物权的产生使债权与物权相结合，当债务人不履行债务，或者发生当事人约定的实现担保物权的情形时，债权人可以就担保物的交换价值优先受偿，实现其担保物权，从而实现了债权。由此，债权的安全系数就得到了提高。

（2）作为媒介融资。企业筹措资金最为便捷的方式是向金融机构融资，金融机构考虑到贷款的风险，通常都要求企业提供各种担保，其中设定担保物权是金融机构最乐于接受的方式。因此，企业获取融资需要以财产设定担保物权，以担保物权为手段获取融资后，因清偿责任加重、责任感加强，多数债务人会尽快将融资转为投资，扩大生产，从而获取利润，用以清偿债务，保障债权的实现。

2. 担保物权的类型

（1）法定担保物权与约定担保物权。依据担保物权的发生原因不同，可以将担保物权分为法定担保物权与约定担保物权。前者是依据法律规定的构成要件而发生的一种担保物权，例如留置权；而后者是通过当事人之间设定物权的意思表示而设定的担保物权，例如抵押权和质权。

（2）优先受偿性担保物权与留置性担保物权。依据担保物权的法律效力不同，可以将担保物权分为优先受偿性担保物权与留置性担保物权。前者以抵押权为典型代表；后者以留置权为典型代表。此外，还有兼具留置性与优先受偿性两种性质的担保物权，如质权。

（3）占有担保物权与非占有担保物权。以是否转移担保标的物的占有为标准，可以将担保物权分为占有担保物权和非占有担保物权。占有担保物权系以标的物转移给债权人占有，为其成立和存续要件的担保物权，如质权、留置权。非占有担保物权不以标的物转移给债权人占有为条件，担保人仍可继续用益担保标的物的担保物权，如抵押权。

三、其他具有担保功能的合同设立的担保物权

《民法典》第 388 条第 1 款在《物权法》第 172 条第 1 款关于“设立担保物权，应当依照本法和其他法律的规定订立担保合同。担保合同是主债权债务合同的从合同。主债权债务合同无效，担保合同无效，但法律另有规定的除外”的规定的基础上，新增加了一句话，即“担保合同包括抵押合同、质押合同和其他具有担保功能的合同”，从而大大拓宽了《民法典》规定的担保合同概念的外延，使设立意定担保

物权的合同不限于抵押合同和质押合同，还包括《民法典》合同编规定的所有权保留合同、融资租赁合同、保理合同，更重要的是，也包括法律没有规定的那些具有担保功能的合同，例如让与担保合同，让与担保合同是在实践中大量使用的合同，其法律后果是产生让与财产权利的担保物权。虽然《民法典》对此没有规定，但依照《最高人民法院关于适用〈中华人民共和国民法典〉有关担保制度的解释》第68条，首先，债务人或者第三人与债权人约定将财产形式上转移至债权人名下，债务人不履行到期债务，债权人有权对财产折价或者以拍卖、变卖该财产所得价款偿还债务的，构成让与担保，人民法院应当认定该约定有效。当事人已经完成财产权利变动的公示，债务人不履行到期债务，债权人请求参照《民法典》关于担保物权的有关规定就该财产优先受偿的，人民法院应予支持。其次，债务人或者第三人与债权人约定将财产形式上转移至债权人名下，债务人不履行到期债务，财产归债权人所有的，法院应当认定该约定无效，但是不影响当事人有关提供担保的意思表示的效力。当事人已经完成财产权利变动的公示，债务人不履行到期债务，债权人请求对该财产享有所有权的，法院不予支持；债权人请求参照《民法典》关于担保物权的规定对财产折价或者以拍卖、变卖该财产所得的价款优先受偿的，人民法院应予支持；债务人履行债务后请求返还财产，或者请求对财产折价或者以拍卖、变卖所得的价款清偿债务的，法院应予支持。最后，股东以将其股权转移至债权人名下的方式为债务履行提供担保，公司或者公司的债权人以股东未履行或者未全面履行出资义务、抽逃出资等为由，请求作为名义股东的债权人与股东承担连带责任的，法院不予支持。

应当看到的是，具有担保功能的合同能够设立担保物权，不能设立担保物权的合同一般不能被称为具有担保功能的合同。例如保证合同不能设立担保物权，而是设立人保的合同，因为其为典型合同，因而不能被概括在“其他具有担保功能的合同”的概念之中。

在上述对“其他具有担保功能的合同”概念的解释中，最具有价值的是，使长期存在于社会实际经济生活中又没有法律依据的让与担保，具有了法律规定的身份，通过让与担保合同设立有法律依据的让与担保物权。所有权保留、保理、融资租赁、保证金等，都属于“其他具有担保功能的合同”设立的担保物权，进一步实现了担保物权的多样化，使在物权法定原则的基础上，实现了物权法定缓和的功能。

四、对本案的分析

本案的争议焦点，是西港公司与刘某平关于股权转让的约定究竟是股权转让还是股权让与担保。《民法典》第388条通过“其他具有担保功能的合同”的概念，将让与担保也容纳进来。《最高人民法院关于适用〈中华人民共和国民法典〉有关担保制度的解释》第 68、69 条规定了让与担保的认定及效力规则。

按照该司法解释第 69 条的规定，股权让与担保作为让与担保的一种，不同于其他财产权的让与担保。这主要是因为，其他财产权仅具有财产性，而股权兼具人身性与财产性。关于股权让与担保的认定，主要是与股权转让相区分。认定究竟是股权转让还是股权让与担保，不能仅看合同的名称，还应该探究当事人的真实意思表示。至于当事人是否具有担保债务的意思表示，有三项考量因素，（1）是否存在被担保的主债权债务关系；（2）是否存在股权回购条款；（3）股东是否享有并行使股东权利。据此，应当认定西港公司与刘某平之间成立股权让与担保法律关系，而非股权转让法律关系。刘某平虽然经过工商变更登记手续成为股东，但其实际上并不享有对应的股东权利。通过对这三个方面因素的考量可以看出，双方签订股权转让协议的目的是以股权转让形式担保西港公司按协议约定偿还借款，是股权让与担保。在西港公司清偿债务之前，债权人刘某平有权以此股权担保自己的债权，并且就其变价款优先受偿。

第二节　抵押权

33.

“约定以建设用地使用权抵押，抵押权人主张对地上物一并行使抵押权”案

案情介绍

中行南湖支行与天祥公司签订借款合同，约定由中行南湖支行向天祥公司发放借款 5 600 万元；溪远公司以其所有的建设用地使用权提供抵押担保，并办理了抵押权登记。天祥公司拖欠借款本息，中行南湖支行起诉，要求对溪远公司该地上建筑物享有优先受偿权。

一审法院认为，因中行南湖支行未举证证明溪远公司有以该地上建筑物作抵押担保的意思表示，亦未对该地上建筑物办理抵押登记，故中行南湖支行的上述诉请，于法无据。二审法院认为：只要建设用地使用权和其附着的建筑物之一项办理了抵押登记，即使另外一项没有办理抵押登记，亦依法推定为两者一并抵押。即便未注明抵押物包括地上建筑物，该建设用地使用权之抵押权效力也及于其所附着的建筑物，中行南湖支行亦应就本案享有的债权依法对案涉土地所附着的建筑物享有优先受偿权。

法律问题

1. 抵押权的概念、特征和种类
2. 抵押财产及其范围
3. 抵押权的取得和登记
4. 抵押权的效力

法理分析

一、抵押权的概念、特征和种类

抵押权是指债权人对于债务人或者第三人不转移占有而为债权提供担保的抵押财产，于债务人不履行债务或者发生当事人约定的实现抵押权的情形时，依法享有的就该物变价并优先受偿的担保物权。在抵押法律关系中，提供担保财产的债务人或者第三人为抵押人；享有抵押权的债权人为抵押权人；抵押人提供的担保财产为抵押财产，也叫作抵押物。

抵押权具有以下法律特征：(1) 抵押权的性质属于担保物权，用以担保债权的实现。抵押权具有支配效力与优先效力。(2) 抵押权的标的物是债务人或者第三人的不动产、动产或者权利。(3) 抵押权的标的物不需要移转占有，抵押人仍然可以占有标的物而予以使用、收益、处分。(4) 抵押权的价值功能在于抵押权人就抵押财产所卖得的价款优先受偿。

抵押权的类型有：(1) 普通抵押权和特殊抵押权。普通抵押权是在《民法典》中规定的一般抵押权。特殊抵押权则是与普通抵押权相比具有特殊性的抵押权，例如共同抵押权、浮动抵押权和最高额抵押权。(2) 不动产抵押权、动产抵押权和权利抵押权。不动产抵押权是以不动产为标的物而设定的抵押权；动产抵押权是以动产为标的物而设定的抵押权；权利抵押权是以不动产物权如建设用地使用权等作为抵押权客体而设定的抵押权。

二、抵押财产及其范围

抵押财产也称为抵押权的标的物或者抵押物，是指被设置了抵押权的不动产、动产或者权利。

《民法典》第 395 条和第 399 条详细规定了允许抵押的财产范围与禁止抵押的财产范围。允许抵押的财产范围是：(1) 建筑物和其他土地附着物；(2) 建设用地使用权；(3) 海域使用权；(4) 生产设备、原材料、半成品、产品；(5) 正在建造的建筑物、船舶、航空器；(6) 交通运输工具；(7) 法律、行政法规未禁止抵押的其他财产。禁止抵押的财产范围是：（1）土地所有权；（2）宅基地、自留地、自留山等集体所有土地的使用权，但是法律规定可以抵押的除外；（3）学校、幼儿园、医疗机构等为公益目的成立的非营利法人的教育设施、医疗卫生设施和其他公益设施；（4）所有权、使用权不明或者有争议的财产；（5）依法被查封、扣押、监管的财产；（6）法律、行政法规规定不得抵押的其他财产。

三、抵押权的取得和登记

抵押权的取得可以分为基于法律行为取得和非基于法律行为取得两种：（1）基于法律行为取得，包括抵押权设立与抵押权转让两种。（2）非基于法律行为取得，包括两种：一是基于法律的规定而取得抵押权；二是通过继承而取得抵押权。

设定抵押权应当进行物权登记。《民法典》将当事人不办理抵押权登记的法律后果区分为两种不同的情形：（1）不办理登记，抵押合同无法产生抵押权设定的法律效果。以建筑物和其他土地附着物、建设用地使用权，或以招标、拍卖、公开协商等方式取得的荒地等土地承包经营权，正在建造的建筑物抵押的，应当办理抵押登记，抵押权自登记时设立。（2）不办理登记，抵押权依然成立，但不能对抗善意第三人。以生产设备、原材料、半成品、产品，正在建造的船舶、航空器抵押的，抵押权自抵押合同生效时设立；未经登记，不得对抗善意第三人。企业、个体工商户、农业生产经营者以现有的以及将有的生产设备、原材料、半成品、产品抵押的，抵押权自抵押合同生效时发生效力；未经登记，不得对抗善意第三人；办理登记的，也不得对抗正常经营活动中已支付合理价款并取得抵押财产的买受人。

四、抵押权的效力

抵押权具有以下效力。

1. 抵押权对担保债权的效力

此即抵押权担保的债权及涉及的其他债权利益。抵押权担保的范围包括主债权及利息、违约金、损害赔偿金、实现担保权的费用。当事人另有约定的，按照约定。

2. 抵押权对抵押财产的效力

此即抵押权人在实现抵押权时可以就哪些财产进行折价或拍卖、变卖，并优先受偿。在一定条件下，从物、添附物、从权利、孳息、抵押财产的代位物、增建物也应被纳入抵押权标的物的范围。

3. 抵押权对抵押权人的效力

此即抵押权人所享有的具体权利，包括：（1）保全抵押权的权利。（2）抵押权人的处分权。(3) 抵押权人的顺位权。抵押人因担保两个或两个以上债权，就同一财产设定两个或两个以上的抵押权时，清偿顺位的确定有三项标准：第一，抵押权都已经登记的，按照登记的先后顺序受偿；顺序相同的，按照债权比例受偿。如果抵押登记的日期是在同一天的，则抵押权的顺序相同。当事人同一天在不同的法定登记机构办理抵押登记的，也视为顺序相同。第二，抵押权已经登记的，先于未登记的受偿。已经登记的优先清偿，没有登记的，只能在经过登记的抵押权实现后，以剩余的抵押财产受偿。第三，抵押权未登记的，抵押权担保的债权仍然是平等债权，不具有对抗效力，无优先受偿权，仍按照债权比例平均受偿。

4. 抵押权对抵押人的效力

抵押人依然可以享有对抵押财产进行使用、收益与处分的权利。不过，抵押人的所有权是设置了负担的所有权，因而受到抵押权的制约。

五、对本案的分析

我国《民法典》明确规定房地产交易中“房随地走”和“地随房走”的双向统一原则，其立法意旨在于重申房地一体主义，防止引发抵押权实现的困境，导致债权人的利益受到损害。

本案涉及《民法典》第 397 条的规定。该条沿袭了《物权法》第 182 条的规定。判断房地产抵押关系，首先应该回归抵押权设立的合意基础，即双方的抵押合同约定。其次，应该判断是否满足登记要件。依据《民法典》第 397 条的规定，在“合意＋公示”的物权变动模式之下，无论是建筑物抵押还是建设用地使用权抵押，在当事人的合意之外，均需履行抵押权设立的登记手续。二审法院针对当事人的抗辩理由进行逐一回应，充分说理，详细阐明了房地一体主义在实务和立法两个层面的具体变迁，结合案情事实认定抵押的建设用地使用权上的建筑物视为一并抵押。

对此，《最高人民法院关于适用〈中华人民共和国民法典〉有关担保制度的解释》第 51 条进一步规定，当事人仅以建设用地使用权抵押，债权人主张抵押权的效力及于土地上已有的建筑物以及正在建造的建筑物已完成部分的，法院应予支持。债权人主张抵押权的效力及于正在建造的建筑物的续建部分以及新增建筑物的，法院不予支持。当事人以正在建造的建筑物抵押，抵押权的效力范围限于已办理抵押登记的部分。当事人按照担保合同的约定，主张抵押权的效力及于续建部分、新增建筑物以及规划中尚未建造的建筑物的，法院不予支持。抵押人将建设用地使用权、土地上的建筑物或者正在建造的建筑物分别抵押给不同债权人的，法院应当根据抵押登记的时间先后确定清偿顺序。

第三节　浮动抵押权与最高额抵押权

34.

“以不动产为不特定债权设定抵押，抵押权人无权超出最高额债权主张优先受偿”案

案情介绍

商业银行与开发公司签订了最高额抵押合同，约定：担保公司以其所有的一栋价值2 000万元的楼房为该连续借款作抵押担保，担保的借款金额不超过2 000万元，担保期间为2023年11月16日至2024年11月16日。商业银行与担保公司办理了抵押权登记。在约定期间内，开发公司分3次向商业银行借款共计2 500万元。合同到期后，开发公司不能清偿债务，商业银行主张担保公司承担2 500万元的担保责任，担保公司拒绝承担最高额抵押担保之外的500万元担保义务。

法律问题

1. 浮动抵押权及其规则
2. 最高额抵押权及其规则

法理分析

一、浮动抵押权及其规则

浮动抵押是指抵押人以其所有的全部财产（包括现有的以及将有的财产）为标的而设立抵押权。《民法典》第396条规定：“企业、个体工商户、农业生产经营者可以将现有的以及将有的生产设备、原材料、半成品、产品抵押，债务人不履行到期债务或者发生当事人约定的实现抵押权的情形，债权人有权就抵押财产确定时的动产优先受偿。”

设定浮动抵押的前提是，企业、个体工商户和农业生产经营者向银行借款或者发行公司债券。它们向银行贷款或者发行债券时，作为债权人的银行无论是在人力、物力、财力还是在专业技术上，对于抵押人对财产的经营运用都具有更强的监督管理能力。而发行公司债券有着更为严格的要求。因此，在它们向银行借款或者发行债券时，它们的全部财产，也就是浮动的生产设备、原材料、半成品和产品，可以设定浮动抵押权。

当事人设定浮动抵押权，应当签订书面抵押合同，同时，按照《民法典》第

402、403条的规定，应当办理登记。抵押权自抵押合同生效时设立；未经登记，不得对抗善意第三人。但即使是办理了登记，也不得对抗正常经营活动中已支付合理价款并取得抵押财产的买受人。

浮动抵押权的特点就是其担保物的不特定性，因此，在抵押权实现时，应当按照《民法典》第411条的规定，将其确定，才能够保障抵押权的实现。浮动抵押权在以下情形出现时确定：（1）债务履行期限届满，债权未实现；（2）抵押人被宣告破产或者解散；（3）当事人约定的实现抵押权的情形；（4）严重影响债权实现的其他情形。

浮动抵押权的效力及于浮动抵押确定时抵押人所有的或者有权处分的全部财产。为了防止抵押人恶意实施损害抵押权人利益的行为，浮动抵押权成立后，抵押人在经营过程中处分的财产不属于抵押财产，但抵押人为逃避债务而处分其财产的，抵押权人享有撤销权，可以请求撤销该处分行为。在抵押人的财产上同时存在法定担保物权的，浮动抵押权不能对抗法定担保物权，因此，法定担保物权人优先于浮动抵押权人受偿。

浮动抵押权的实现，自抵押权人向法院提出实现抵押权的申请，经法院作出浮动抵押权实现的决定时开始。法院作出浮动抵押权实现的决定后应当予以公告，并同时发布查封抵押人的总财产的公告。

依照《民法典》第416条的规定，动产抵押担保的主债权是抵押物的价款，标的物交付后10日内办理抵押登记的，该抵押权人优先于抵押物买受人的其他担保物权人受偿，但是留置权人除外。具体情形是，企业、个体工商户、农业生产经营者将其现有的以及将有的生产设备、原材料、半成品及产品设定浮动抵押后，又以所有权保留或融资租赁的方式购入动产，出卖人或者出租人在该动产交付后10日内办理了该动产保留所有权或者融资租赁公示，其根据《民法典》第416条的规定主张其权利优先于浮动抵押权的，法院应予支持。《最高人民法院关于适用〈中华人民共和国民法典〉有关担保制度的解释》第57条规定，担保人在设立动产浮动抵押并办理抵押登记后又购入或者以融资租赁方式承租新的动产，在该动产上设立抵押权或者保留所有权的出卖人，或者为价款支付提供融资而在该动产上设立抵押权的债权人，或者以融资租赁方式出租该动产的出租人，为担保价款债权或者租金的实现而订立担保合同，并在该动产交付后10日内办理登记，主张其权利优先于在先设立的浮动抵押权的，人民法院应予支持。

二、最高额抵押权及其规则

最高额抵押权，是指为担保债务的履行，债务人或者第三人以抵押财产对一定期间将要发生的债权提供担保，债务人未履行债务时，抵押权人有权在最高债权额限度内就该财产优先受偿的特殊抵押权。

最高额抵押权与普通抵押权在设立的程序和设立的内容上基本相同，但存在以下差别：（1）最高额抵押权须为当事人在一定期间连续交易的合同法律关系中产生的不特定的债权而设立。（2）由于最高额抵押权担保的是不特定的债权，因此在设定最高额抵押权的合同中，应当包括最高债权额度。

最高额抵押权的特殊效力主要表现在：（1）最高额抵押权所担保的债权范围。最高额抵押权所担保的债权在抵押权设立时并没有确定具体的数额，只是确定了一个最高债权额度以及一定的期间。（2）最高额抵押权的转让。在最高额抵押担保的债权确定前，部分债权转让的，最高额抵押权不得转让，但当事人另有约定的除外。（3）对最高额抵押合同条款的变更。设定最高额抵押权的抵押合同条款在抵押关系存续期间可以进行变更。这种变更仅指对最高额抵押合同独有条款的变更。最高额抵押合同的独有条款主要是三项：确定债权的期间、债权范围和最高债权限额。按照《民法典》第422条的规定，在最高额抵押担保的债权确定前，抵押权人与抵押人可以通过协议变更确定债权的期间、债权范围以及最高债权额，但变更的内容不得对其他抵押权人产生不利影响。

最高额抵押担保债权的确定，是指最高额抵押权所担保的一定范围内的不特定债权，因一定事由的发生而归于具体、特定。抵押权人的债权确定在下列情形出现时进行：（1）约定的确定债权期间届满；（2）没有约定确定债权期间或者约定不明确的，抵押权人或者抵押人自最高额抵押权设立之日起满2年后请求确定债权；（3）新的债权不可能发生；（4）抵押财产被查封、扣押；（5）债务人、抵押人被宣告破产或者被撤销；（6）法律规定确定债权的其他情形。

最高额抵押担保的债权确定之后，发生的效力是：（1）只有在确定时已经发生的主债权才属于抵押担保的范围，确定之后产生的债权即使来源于基础法律关系，也不属于担保的范围。（2）最高额抵押担保的债权一经确定，无论出于何种原因，担保债权的流动性随之丧失，该抵押所担保的不特定债权变为特定债权。这时，最高额抵押权的从属性与普通抵押权的完全相同。

最高额抵押权的实现，除与普通抵押权的实现相同的外，还应注意的是：（1）最高额抵押所担保的不特定债权确定后，债权已届清偿期的，最高额抵押权人可以根据关于普通抵押权的规定行使其抵押权。（2）债权确定时，实际发生的债权余额高于最高限额的，以最高限额为限，超过部分不具有优先受偿的效力；实际发生的债权余额低于最高限额的，以实际发生的债权余额为限，对抵押财产优先受偿。在抵押财产上存在两个以上抵押权的，最高额抵押权与普通抵押权一样，依据法律规定的受偿顺序受偿。

三、对本案的分析

本案的商业银行与担保公司签订的抵押合同是最高额抵押合同。该最高额抵押合同的担保最高额是 2 000 万元。这个“2 000 万元”，是弹性的数额，即担保范围可以低于这个数额，不得高于这个数额，而不是一个确定的债权数额。按照一般抵押权的规则，设立有效的抵押权，必须具备抵押财产确定、担保的债权确定的要件。可是，在这个案件中，抵押担保的债权没有确定，而是“不超过”。这符合最高额抵押权须为当事人在一定期间连续交易的合同法律关系中产生的不特定的债权而设立的特点，同时，也具备了最高额抵押担保的不特定的债权具有最高债权额度的特点，因此，这个抵押权就是最高额抵押权，而不是普通抵押权。

商业银行与担保公司在设立了最高额抵押权之后，到登记机构办理了抵押权登记，抵押发生法律效力。在约定的期间内，开发公司分 3 次向商业银行借款共计2 500 万元，超过约定的最高额抵押担保的债权 500 万元。按照最高额抵押权的规则，在债务确定后，超出最高额担保部分的债务，抵押人不承担担保责任，因此，商业银行的主张违反法律规定，担保公司只承担 2 000 万元的担保责任即可。

第四节　动产质权

35.

“设定动产质权之后又以该动产设定抵押权，质权效力优先”案

案情介绍

农商银行、商业银行和开发公司在同一城市。开发公司与农商银行签订了一个金额为 400 万元的质押担保借款合同，质押财产为开发公司价值 600 万元的动产。合同签订后，开发公司即将质押财产转移给农商银行占有。嗣后，开发公司与商业银行签订了一份金额为 280 万元的借款抵押合同，抵押物也为开发公司的上述动产，并办理了抵押登记。合同到期后，开发公司无法向农商银行和商业银行偿还债务，农商银行和商业银行均要求以开发公司用于担保的自有动产优先清偿债务，引发纠纷。

法律问题

1. 质权的概念、特征和种类
2. 动产质权及其规则

法理分析

一、质权的概念、特征和种类

质权是指债务人或第三人将特定的财产交由债权人占有，或者以财产权利为标的，作为债权的担保，在债务人不履行债务时，或者发生当事人约定的实现质权的情形时，债权人有以该财产折价或以拍卖、变卖所得价款优先受偿的权利。债务人或者第三人交由债权人占有的特定财产叫作质押财产，也叫作质押物；债权人叫作质权人；而提供财产出质的人叫作出质人。

质权的特征是：（1）质权是为了担保债权的实现而设立的担保物权。（2）质权只能在债务人或者第三人提供的特定财产或者权利上设定。（3）动产质权以债权人占有债务人或第三人提供的动产为必要条件。（4）质权人在债务人履行债务前对质押财产享有留置的权利。

质权包括以下种类：（1）动产质权与权利质权；（2）意定质权与法定质权；（3）民事质权、商事质权和营业质权。

二、动产质权及其规则

动产质权是指债务人或者第三人将其动产移交债权人占有，将该动产作为债权的担保，债务人不履行债务时，或者发生当事人约定的实现质权的情形时，债权人以该动产折价或者以拍卖、变卖该动产的价款优先受偿的担保物权。

动产质权主要是基于法律行为而取得，在实践中最为常见的是通过质权合同设定动产质权。作为质权标的物的动产必须符合以下几项条件：（1）该动产须为特定物，这是物权的标的物需要具有特定性的当然要求；（2）该动产须为独立物，这是物权的标的物必须具有独立性的必然结果；（3）该动产必须是法律上允许流通或者允许让与的动产。依照《民法典》第 429 条的规定，质权自出质人交付质押财产时设立。交付包括现实交付以及简易交付和指示交付，但不包括占有改定，出质人代质权人占有质押财产的，质权合同不生效。非基于法律行为而取得动产质权，包括依继承取得质权和依善意取得质权。

动产质权的效力是：（1）动产质权对所担保的债权的效力。质权的效力及于主债权及利息、违约金、损害赔偿金、质押财产保管费用和实现质权的费用。（2）动产质权对质权标的物的效力。质权的效力及于作为质押财产的动产，在一定条件下及于质押财产的从物、孳息、添附物、代位物等。（3）质权对出质人的效力。出质后，出质人仍享有质押财产的收益权、处分权、物上保证人的代位权和保全质押财产的权利。出质人相应的义务是：当质押财产存在隐蔽瑕疵而致质权人遭受损害时，应由出质人承担赔偿责任。(4) 质权对质权人的效力。出质后，质权人享有如下权利：留置质押财产的权利、优先受偿的权利、收取孳息的权利、转质权、因质权受侵害的请求权和质权保全权。质权人相应的义务是：质押财产的保管义务、返还质押财产的义务。

动产质权的实现，是指质权所担保的债权已届清偿期，债务人未履行债务，或者发生当事人约定的实现质权的情形时，质权人与出质人协议以质押财产折价，或依法拍卖、变卖质押财产并就所得的价款优先受偿的行为。动产质权实现的条件有：(1) 动产质权有效存在；(2) 债务人不履行到期债务，或者发生当事人约定的实现质权的情形；(3) 作为质权人的主债权人未受清偿。出质人请求质权人及时行使权利，而质权人怠于行使权利，致使对质押财产造成损害的，依照《民法典》第 437 条第 2 款的规定，质权人就由此造成的损失应当承担赔偿责任。动产质权实现的方法有三种——折价、拍卖与变卖，其中拍卖是主要方法。对于质押财产被拍卖、变卖后的变价款，质权人有权优先受偿。将质押财产折价或者拍卖、变卖后，其价款超过债权数额的部分归出质人所有，不足部分由债务人清偿。

除担保物权的共同消灭原因，如混同、抛弃、没收等，会导致动产质权消灭之外，以下几项原因也会导致动产质权的消灭：(1) 质押财产返还；(2) 质押财产灭失；(3) 质权人丧失质押财产的占有，无法请求返还。

当事人可设立最高额质权，在质押财产的价值范围内，对一定时期发生的连续性交易关系进行担保。其具体的规则应当参照关于质权的规定和关于最高额抵押权的规定。

三、对本案的分析

在本案中，开发公司与农商银行签订质押担保借款合同，质押财产为开发公司的动产，质押财产已经转移占有，质押合同生效，农商银行取得质权。开发公司随后又以该质押财产设定抵押权，为与商业银行签订的借款合同担保，办理了抵押登记。因此，开发公司以同一财产设定的质权有效，设定的抵押权经过登记后也有效，商业银行取得抵押权。

开发公司无法向农商银行和商业银行偿还债务，农商银行和商业银行均要求以开发公司用于担保的动产优先清偿债务，引发纠纷，涉及了动产质权与其他担保物权之间的关系问题，其规则是：

第一，动产质权对动产抵押权的效力规则是：(1) 在同一财产上，法定登记的抵押权与质权并存时，抵押权人优先于质权人受偿。(2) 对于无须办理登记即可成立的抵押权，仍须按照权利设定的先后并考虑其他因素加以判定：一是当动产上先设定抵押权后设定质权时，如果抵押权已经登记，则抵押权人优先于质权人受偿；

二是先成立的抵押权未经登记的，其不能对抗善意第三人，因此，除非证明质权人知道或者应当知道质押财产上已经先设定了抵押权，否则抵押权不能对抗质权；三是当动产上先设定质权后设定抵押权时，无论该抵押权是否办理登记，都不能对抗设定在先的质权。

第二，动产质权与留置权的冲突可以发生在以下两种情形当中：(1) 质押财产被留置。债权人取得动产质权后，将质押财产交与第三人保管，而作为寄存人的债权人没有按照保管合同的约定支付保管费以及其他费用的，保管人对该质押财产享有留置权。此时，留置权具有优先于质权的效力，留置权人优先于质权人受清偿。(2) 留置物被质押。动产质权的质押财产可以采用指示交付方式交付，出质人在其已经成为留置权标的物的动产上依然可以设定质权。由于留置权产生在先，因而应当依照“时间在先即效力优先”原则处理，留置权优先于质权。留置权人擅自以留置物为其债权人设定质权，而该债权人善意取得该留置物上的质权的，由于作为留置权人的出质人有过错，所以也应当认定留置权优先于质权。

第三，动产质权对动产质权。设立动产质权时可以采用指示交付的方法交付质押财产，因此就同一动产能够成立数个质权。对此，应当按照“时间在先即效力优先”原则处理，先成立的质权优先于后成立的质权。

本案中发生冲突的是动产质权与动产抵押权。按照“当动产上先设定质权后设定抵押权时，无论该抵押权是否办理登记，都不能对抗设定在先的质权”的规则，本案属于先设定质权后设定抵押权，因此，该抵押权不能对抗设定在先的质权。

第五节　权利质权

36. “以他人的存款单设立质权但没有背书，存款单所有人主张清偿债务”案

案情介绍

银行吸储员王某请于某帮助吸储，于某将自己的5万元现金交给王某代办存款。王某将该款存入银行，却将存款单质押给郑某，向郑某借款5万元，但在于某的存款单上没有背书。借款到期后，王某未能偿还借款，郑某持存款单向银行要求提前支取5万元存款。于某得知后，要求银行向自己支付存款。银行对郑某和于某均拒付。于某向法院起诉，以自己是存款单的合法所有权人为由，要求银行向自己支付5万元存款。郑某要求参加诉讼，以自己是质权人为由，请求法院判决自己实现质权。

法律问题

1. 权利质权的概念和设定
2. 权利质权的效力
3. 权利质权的实现

法理分析

一、权利质权的概念和设定

权利质权是指以依法可转让的债权或者其他财产权利为标的物而设定的质权。

由于权利质权准用动产质权的规定，因而其取得方式大体上与动产质权的取得方式相同，即包括基于法律行为如质权合同或遗嘱而取得，基于法律行为以外的事实而取得如善意取得等。通过质权合同设定权利质权，是最常见、最重要的方式。

第一，有价证券质权的设定。能够作为权利质权标的物的有价证券包括下述五类：(1) 票据质权。以汇票、本票、支票出质的，出质人和质权人应当以书面形式订立质权合同，出质人应当在合同约定的期限内将权利凭证交付质权人，质权合同自权利凭证交付之日起生效。(2) 债券质权。以债券出质的，出质人和质权人应当以书面形式订立质权合同，出质人应当在合同约定的期限内将权利凭证交付质权人，质权合同自权利凭证交付之日起生效。(3) 存款单质权。以存款单出质的，出质人和质权人应当以书面形式订立质权合同，出质人应当在合同约定的期限内将权利凭证交付质权人，质权合同自权利凭证交付之日起生效。(4) 仓单质权。以仓单为标的物设定质权时，出质人与质权人应当订立书面质权合同，出质人应当在合同约定的期限内，将权利凭证交付质权人，质权合同自权利凭证交付之日起生效。(5) 提单质权。以提单为标的物设定质权时，出质人与质权人应当订立书面质权合同，出质人应当在合同约定的期限内将权利凭证交付质权人，质权合同自权利凭证交付之日起生效。

第二，基金份额、股票、股权质权的设定。基金份额、上市公司股票质权的设立，须经登记结算机构登记后生效。以非上市公司的股权出质的，或者以有限责任公司的股份出质的，自市场监督管理机关办理出质登记时发生效力。

第三，知识产权质权的设定。以注册商标专用权、专利权、著作权等知识产权中的财产权出质的，当事人应当订立书面合同，质权自有关主管部门办理出质登记时设立。知识产权中的财产权出质后，出质人不得转让或者许可他人使用，但经出质人与质权人协商同意的除外。出质人转让或者许可他人使用出质的知识产权所得的价款，应当向质权人提前清偿债权或者提存。

第四，应收账款质权的设定。以应收账款出质的，当事人应当订立书面合同，质权自信贷征信机构办理出质登记时设立。应收账款出质后，不得转让，但经出质人与质权人协商同意的除外。出质人转让应收账款所得的价款，应当向质权人提前清偿债权或者提存。

第五，依法可以质押的其他权利质权的设定。《民法典》第440条关于法律、行政法规规定可以出质的其他财产权利的规定，是对权利质权标的物范围的兜底性规定。其中最重要的就是一般债权可以作为质权的标的物，设立权利质权。

二、权利质权的效力

第一，权利质权对担保的债权和质押标的物的效力。权利质权对债权的担保范围包括主债权、利息、违约金、损害赔偿金以及实现质权的费用。权利质权对质押标的物的效力，原则上准用动产质权的有关法律规定。

第二，权利质权对出质人的效力。出质人的权利是：质权人不能尽善良管理人的注意保管质押的权利凭证而可能致其灭失或毁损的，出质人有权要求质权人将该权利凭证提存，也有权提前清偿债权而消灭权利质权，以取回设质的权利凭证。权利质权设定后，不论质押财产是否有灭失或毁损的危险，出质人均有权提前清偿所担保的债权以消灭权利质权，权利质权因出质人提前清偿债权而消灭的，出质人有权取回质押的权利凭证或者注销权利质权的登记。出质人的义务是：出质人在将其享有的权利出质之后，并未丧失对该权利的处分权。对出质人处分权的限制是：（1）股权出质后，不得转让，但经出质人与质权人协商同意的，可以转让。出质人转让股权所得的价款应当向质权人提前清偿或者提存。（2）以依法可以转让的注册商标专用权或者专利权、著作权中的财产权出质的，出质人不得转让或者许可他人使用，但经出质人与质权人协商同意的，可以转让或者许可他人使用。出质人所得的转让费、许可费，应当向质权人提前清偿或者提存。出质人未经质权人同意而转让或者许可他人使用已出质权利的，应当认定转让或许可无效，因此给质权人或者第三人造成损失的，由出质人承担民事责任。

第三，权利质权对质权人的效力。股权质权人有保全股票价值的权利，经与出质人协商同意后可以转让股权。禁止质权人转让标的物。禁止质权人转质。

三、权利质权的实现

权利质权的实现，是指质权所担保的主债权已届清偿期而债务人不履行债务，或者发生当事人约定的实现质权的情形时，质权人依法以质押的权利变价，并就其价款优先受偿的行为。

权利质权实现的一般方法有三种，即协议将质押的权利折价、拍卖或变卖。实现有价证券质权时，如果这些有价证券可以随时兑现或者提货，或者兑现日期或提货日期与质权所担保的主债权的清偿日期相同，那么质权的实现就不存在问题。

四、对本案的分析

本案的王某请于某帮助吸储，于某委托王某代办存款，取得的存款单是于某的债权凭证，于某享有对该存款单的所有权和存款单上的债权。后王某未经于某同意，擅自将于某的存款单质押给郑某，向郑某借款。这是王某的不诚信行为，是无权处分。根据《民法典》第 427、441 条的规定，存款单质权的设立是要式行为，须出质人和质权人订立书面合同。王某和郑某没有订立书面质权合同，也没有在存款单上进行设置质押的背书，因此，不符合质权设定的规则，不发生设立质权的效力。

在王某逾期未能偿还借款的情况下，郑某持存款单向银行要求提前支取存款，以清偿王某欠自己的债务。由于郑某并没有取得该存款单的质权，其请求没有法律根据。于某得知后，要求银行向自己支付存款，在遭到银行拒付后向法院起诉，以自己是存款单的合法所有权人为由要求银行向自己支付 5 万元存款，理由充分，法院应当予以支持。可见，以存款单设置质权，仅有占有存款单尚不足，应当签订书面合同或者在存款单上进行背书，否则质押无效。

第六节　留置权

37.

“博誉汽车修理厂与杜某修理合同纠纷”案

案情介绍

杜某从事汽车租赁业务，长期将其故障车辆送至博誉汽车修理厂处修理。经双方对账，杜某累计拖欠博誉汽车修理厂修理费 5 万余元。博誉汽车修理厂多次催款，杜某以种种理由拖延，拒绝支付。2025 年 1 月 15 日，杜某将其所有的汽车送至博誉汽车修理厂处修理，博誉汽车修理厂将该车留置，向法院起诉，要求将该车变现以行使留置权。

法院认为，依据《民法典》第 447 条的规定，修理厂对涉案车辆享有留置权，有权对质押物拍卖、变卖，就所得的价款优先受偿。

法律问题

1. 留置权的概念和特征

2. 留置权的成立
3. 留置权的效力
4. 留置权的实现和消灭

法理分析

一、留置权的概念和特征

留置权是指在法律规定可以留置的债权，债权人依债权占有属于债务人的动产，债务人不按照约定的期限履行债务时，债权人有权依法留置该财产，以该财产折价或者以拍卖、变卖该财产的价款优先受偿的担保物权。在留置法律关系中，留置债务人财产的债权人叫作留置权人，被留置财产的债务人叫作被留置人，被留置的财产叫作留置财产，也叫作留置物。

留置权具有以下法律特征：(1) 留置权是以他人之物而发生的限制性物权。(2) 留置权是法定担保物权。(3) 留置权是发生二次效力的物权：第一次效力发生在留置权产生之时，债权人即留置权人于其债权受清偿前可以留置债务人的财产，促使债务人履行其义务；第二次效力是留置权人于债务人超过规定的宽限期仍不履行其义务时，得依法以留置财产折价，或以拍卖、变卖的变价款优先受偿。(4) 留置权的效力就债权的全部及于留置财产的全部。(5) 留置权依主权利的存在而存在。

二、留置权的成立

留置权是法定担保物权，当具备一定条件时，即依照法律规定当然成立，发生留置权的效力，而不是依当事人的约定而产生。

留置权成立的积极要件是留置权成立所应具备的事实，为以下三项：(1) 须债权人合法占有债务人的动产；(2) 须债权的发生与该动产有牵连关系；(3) 须债权清偿期已届至且债务人未履行债务。

留置权成立的消极要件是留置权成立的否定条件，即虽然具备留置权成立的上述积极要件，但因消极要件的存在，留置权仍不能成立。留置权成立的消极要件通常有以下五项：(1) 须当事人事先无不得留置的约定；(2) 须留置债务人的财产不违反公序良俗；(3) 须留置财产与债权人所承担的义务不相抵触；(4) 须留置财产与对方交付财产前或交付财产时所为的指示不相抵触；(5) 须对动产的占有非基于侵权行为。

三、留置权的效力

留置权的一般效力范围包括留置权所担保的债权的范围和留置权标的物的范围

两个方面，是留置权对于所担保的债权及留置财产所发生的效力。留置权所担保的债权范围，是与留置财产有牵连的一切债权，包括原债权、债权的利息、迟延的利息、实现留置权的费用、留置财产保管费以及因留置财产瑕疵而产生的损害赔偿等。留置权对留置财产所及的效力范围，包括主物、从物、孳息和代位物。

第一，留置权对留置权人的效力。留置权发生以后，首先对留置权人产生效力，使其享有留置权所包括的各项权利以及承担相应的义务。留置权人的权利是：(1) 留置财产的占有权；(2) 留置财产的孳息收取权；(3) 对留置财产必要的使用权；(4) 必要费用偿还请求权；(5) 留置财产变价权；(6) 优先受偿权。留置权人的义务是：(1) 留置财产的保管义务；(2) 不得擅自使用、利用留置财产的义务；(3) 返还留置财产的义务。

第二，留置权对债务人的效力。留置权产生以后，留置权对债务人的效力是：(1) 债务人仍享有留置财产的原有权利；(2) 债务人行使留置财产的权利受到限制；(3) 债务人不得干扰、阻碍留置权人行使留置权；(4) 债务人偿付因留置财产而支出的必要费用。

第三，留置权对其他担保物权的效力。同一动产上已设立抵押权或者质权，该动产又被留置的，留置权人优先受偿。

四、留置权的实现和消灭

留置权的实现，也叫留置权的实行，是指留置权的第二次效力的实现：在债务人于债权人留置标的物后一定的期限内仍不履行其债务的，留置权人得以留置财产的变价优先受偿。留置权的这一效力是其根本的、最终的效力，其作用是使债权人的债权得到实现。

实现留置权均须经过必要的程序和具备相当的条件，主要是宽限期、通知义务和变价取偿：(1) 宽限期。确定留置财产后的履行债务宽限期的办法，一是由双方当事人事先在合同中约定，约定的期限不得少于 60 日；二是如果双方当事人在合同中没有事先约定宽限期，债权人在留置财产后，应自行确定一个宽限期，但不得少于 60 日。(2) 通知义务。债权人留置合同标的物以后，应当立即通知债务人。通知的内容，一是已将合同标的物留置，二是告知债务人宽限期，三是催告债务人在宽限期内履行债务。(3) 变价取偿。债务人在宽限期届满后仍不履行债务，也不另行提供担保的，即具备了留置权实现的条件，留置权人可以对留置财产变价取偿。

依照《民法典》第 454 条的规定，留置权的实现方式有两种，即拍卖、变卖。

留置权的消灭，是指留置权成立以后至留置权实现之前，留置权因一定原因的出现而不复存在。留置权的消灭分两种：一是永久消灭，一经消灭，永不再产生；二是相对消灭，留置权消灭后还会依法再生。留置权消灭的效力，是消灭留置法律关系，留置权人和债务人丧失这种法律身份，但仍为债权人和债务人。留置权消灭不发生返还留置财产的后果，而是产生承担原债的给付标的物的后果。留置权消灭以后，还产生其他具体的法律后果。

留置权的消灭原因是：(1) 标的物灭失；(2) 标的物被征用；(3) 留置权与所有权混同；(4) 留置权所担保的主债权消灭；(5) 留置权实现；(6) 留置权被放弃；(7) 债务人另行提供担保；(8) 留置权人对留置财产丧失占有。这些消灭原因都是留置权永久消灭的原因。

债务清偿期延缓以后，留置权消灭。这种已消灭的留置权可以再生。债务清偿期延缓以后，当延缓后的清偿期又届满时，具备留置权成立条件的，留置权再生。这种再生的留置权，是一个新成立的留置权，其宽限期等均应重新计算，与已消灭的那一个留置权无关。

五、对本案的分析

《民法典》规定留置权制度，是基于公平原则。既然债权人占有了债务人的财产，且对债务人的债权与该财产存在牵连关系，则在债权受偿前，如果先返还占有财产，将使债权难于甚至无从获得清偿，此殊非公平之道。因此，法律赋予债权人在债权受清偿前，可以留置该物的权利，以迫使债务人清偿债务。实际上，留置权的行使是法律例外地允许私力救济的情形，对债权人而言，留置权的存在抑制了债务人的道德风险，行使留置权可以避免烦琐的司法程序和不必要的诉讼支出，可以更快捷地实现自身的权利。在本案中，杜某与修理厂间有长期的汽车修理关系，在杜某拖欠修理费且经催款后仍不清偿时，修理厂留置杜某送交自己修理的汽车以实现债权，是实现债权而行使留置权的合法行为，符合《民法典》的规定。因此，法院判决支持修理厂的诉讼请求，是完全有道理的。

第九章

占　有

38.

“对他人占有的绵羊主张为自己所有却没有证据，应当保护占有人的占有”案

案情介绍

牧民甲在草场发现一只走散的绵羊，便领回家中饲养。牧民乙听说此事，找到甲，声称该只绵羊是自己家的，要领回去。甲查问乙家绵羊的特点，发现与其领回的绵羊没有相似之处，便拒绝将绵羊交给乙。乙向法院起诉，请求判决甲返还其侵占的绵羊。在法庭上，乙没有充足证据证明自己是绵羊的所有权人。乙主张甲应提供其对争议绵羊有所有权的证据，甲没有证据。

法院判决甲的占有为合法占有，不构成侵权，驳回乙的诉讼请求。

法律问题

1. 占有的概念、特点和功能
2. 占有的成立和分类
3. 占有的取得、效力和变更
4. 占有的消灭和保护

法理分析

一、占有的概念、特点和功能

占有是指民事主体对物具有事实上的管领力的一种状态。占有的性质是一种事实状态，而不是一种权利。它有三个特点：（1）占有是一种法律保护的事实状态；（2）占有的对象仅限于物；（3）占有是对物具有的事实上的管领力。《民法典》物权编第二十章规定的是占有规则。

占有在法律上具有以下三个功能：(1) 保护功能，是指占有具有保护现实存在的状态不受第三人的侵犯，从而维护法律秩序稳定的功能。(2) 公示功能，是指对动产的占有具有表彰本权的作用。(3) 持续功能，是指占有人对占有物享有继续使用的权利。

二、占有的成立和分类

具备以下四个要件才能够成立占有：(1) 占有的主体。法律占有人的主体资格不受任何限制，任何民事主体都可以成为占有的主体。(2) 占有的客体。占有的客体为物，以有体物为限。(3) 占有的客观方面，即对物具有事实上的管领。(4) 占有的主观方面，是指占有人对占有物具有占有的意思。

占有分为以下类型。

1. 有权占有与无权占有

占有人是基于本权而对物进行占有的，为有权占有；占有人无本权而对物占有的，为无权占有。具体的规则是：不动产或者动产的占有，除有相反证据证明外，推定为有权占有。无权占有还可以分为：(1) 善意占有与恶意占有。善意占有是指占有人不知道也不可能知道自己的占有为不法，误以为自己的占有是合法占有。如果占有他人财产的人明知或应当知道其占有无法律根据，则为恶意占有。(2) 暴力占有与和平占有。暴力占有是指通过暴力手段而取得对某物的占有；和平占有则是并非通过暴力手段取得对某物的占有。(3) 公然占有与隐秘占有。公然占有是指以公开的方式进行的无权占有；隐秘占有是指以隐匿的方式，避免他人发现而为的无权占有。

2. 自主占有与他主占有

自主占有是指占有人以所有的意思（以所有人的名义）对物进行占有；他主占有是以非所有的意思（非以所有人的名义）对物进行占有。

3. 单独占有和共同占有

单独占有是指一个人对物而为占有；共同占有是指数人对一个物所进行的占有。

4. 继续占有与非继续占有

继续占有是指对占有物为不间断的占有；非继续占有是指占有曾经中断，即占有人的占有曾因某种原因而丧失，其后又恢复对同一物的占有。

三、占有的取得、效力和变更

占有人取得占有有两种方式，即原始取得和继受取得。占有的原始取得，是指不基于他人转移占有而直接取得对某物的占有，即占有人基于事实上的管领力而原始取得占有。主要方式是：（1）先占；（2）侵占；（3）遗失物拾得；（4）其他原始取得。占有的继受取得，是指当事人基于他人既存的占有转移而取得的占有。其主要方式是通过法律行为或者继承而取得占有，分为两种形式：（1）占有让与；（2）占有概括承受。

占有的效力是指占有发生之后，在占有人与财产所有权人以及其他任何人之间依据法律所产生的权利和义务。占有人的权利是：（1）使用该物的权利。（2）就该物取得收益的权利。占有人的义务是：（1）占有的相对义务。财产所有权人将财产交占有人占有，如果没有法律的特别规定，在占有期内，占有权高于所有权。（2）占有的绝对义务，是指除财产所有权人以外的其他任何人，都对占有人占有的财产负有不得侵犯的义务，都必须维护这种占有的状态。

占有的变更是指在不丧失占有的前提下，占有从一种类型转向另一种类型。占有变更的主要形式是：（1）有权占有变为无权占有。物的所有权人有权行使返还请求权，要求无权占有人返还原物。（2）善意占有变为恶意占有。当无权占有人知道或者应当知道其占有没有合法根据时，善意占有变为恶意占有。（3）无瑕疵占有变为瑕疵占有。以和平的手段取得占有后，占有物所有人向占有人主张物的返还请求权时，占有人明知自己为无权占有，但仍以强力手段拒绝返还的，其占有即变更为瑕疵占有。

四、占有的消灭和保护

占有的消灭是指占有人丧失对占有物的事实上的管领力。能够引起占有消灭的原因有占有物灭失、占有物被没收、占有物被征收等。当占有人丧失了对某物的事实上的管领力时，占有就消灭了。这种占有消灭，一是基于占有人的意思而消灭，可因交付行为或者单方行为而发生；二是非基于占有人的意思而消灭。

占有的保护是指在他人以法律所禁止的私力侵害占有时，法律给予占有人的救济。按照《民法典》第 462 条的规定，占有的不动产或者动产被侵占的，占有人有权请求返还原物；对妨害占有的行为，占有人有权请求排除妨害或者消除危险；因侵夺或者妨害造成损害的，占有人有权请求损害赔偿；占有人返还原物的请求权，自侵占发生之日起 1 年内未行使的，该请求权消灭。

五、对本案的分析

在本案中，牧民甲把在草场发现的走散绵羊领回家中饲养，就已经占有了这只羊。按照占有成立的条件看，甲符合占有的主体的要求，是具有完全民事行为能力的自然人。占有的客体是绵羊，是有体物，符合占有客体的要求。在占有的客观方面，甲对绵羊具有事实上的管领力，实际上控制了这只绵羊。在占有的主观方面，甲作为占有人，对占有的绵羊具有占有的意思，既不是对占有物的所有意思，也不是单纯的不以任何意思为要件，只是单纯的事实上的支配。这种占有是无权占有、善意占有、和平占有、公然占有和单独占有。甲在占有该绵羊之后，就享有了占有的权利，可以使用该物，并就该物取得收益。

牧民乙获悉甲占有该绵羊后，声称该只绵羊是自己家的并主张领回，但并没有举出其对该只绵羊享有所有权的充分证据，因此，甲拒绝将绵羊交给乙，是正当行为。当发生诉讼的时候，按照举证责任规则，乙作为原告，应当举证证明自己对争议绵羊享有所有权。其举证不足，无法证明自己主张的事实。反之，乙让甲提供甲对绵羊享有所有权的证据，并不符合举证责任的要求。因此，法院判决甲的占有为合法占有，不构成侵权，驳回乙的诉讼请求。

PART THREE

3

| 第三编 |

债与合同

第十章

债与债权概述

39.

"约定 18 000 年之后清偿的债务属于笔误，不影响债权债务关系"案

案情介绍

2023 年 8 月，家住东安县某镇的黄某因急需筹集学费，找到邻村的蒋某借到 6 000 元钱，约定借款期限为 1 年。到了 2024 年 8 月，蒋某要求黄某归还借款时黄某发现还款日期当时写成了 20024 年 8 月，形成了要等 18 000 年之后才到债务清偿期的债务，遂以没到还款期限和没钱还款为由拒绝还款。蒋某无奈，只好将黄某告到法院。

法院依照法律规定，对合同进行解释，确认合同文本签署的"20024 年"清偿期是当事人的笔误，还款期限要等上 18 000 年显然不合情理，不是客观事实，遂判决黄某在法院限定的期限内全部归还蒋某的借款。

法律问题

1. 债与债权
2. 债法的地位、内容与调整功能
3. 债法的基本原则

法理分析

一、债与债权

债的概念来源于罗马法，债既可以指债权，也可以指债务，还可以指债权债务关系。《民法典》第 118 条第 2 款中规定，"债权是因合同、侵权行为、无因管理、不当得利以及法律的其他规定，权利人请求特定义务人为或者不为一定行为的权

利”。民法使用的债的概念，是指债的法律关系，即指因合同、侵权行为、无因管理、不当得利以及法律的其他规定，在当事人之间产生的特定的权利和义务关系。

在债的关系中，享有权利的人为债权人，负有义务的人为债务人；债权人享有的权利为债权，债务人承担的义务为债务。

债包括以下几种类型：(1) 合同之债与非合同之债；(2) 特定物之债与种类物之债；(3) 单一之债与多数人之债；(4) 简单之债与选择之债。

债权是指在债的关系中债权人请求债务人为一定行为或者不为一定行为的权利。其特征是：(1) 债权是相对权；(2) 债权是请求权；(3) 债权具有期限性；(4) 债权具有相容性和平等性；(5) 债权的设定具有任意性。

二、债法的地位、内容与调整功能

债法也称为债权法，是调整特定当事人之间的民事法律关系即债权债务关系的法律规范的总称。《民法典》合同编既规定了债法的一般规则，又规定了无因管理之债和不当得利之债，实际上就是我国的债法。

债法是民法的重要组成部分，是民法中调整交易关系、保护交易安全的法律。债法通过维护债的这种动态的财产运动，来促进交易、发展生产，维系民事主体的生活和生产经营的正常秩序，因而，债法是民事主体在社会交易和家庭生活中的重要法律武器。

债法主要包括债法的原则、债的发生根据、债的种类、债的履行和不履行的责任、债的转移、债的保全和担保、债的消灭等制度。通过规定这些内容，债法督促债务人履行债务，保障债权人的债权实现，推动民事流转，促进经济发展。

债法的调整功能是：(1) 维护交易的安全和秩序，维护市场交易关系的稳定性。(2) 维护意思自治和公平、正义，实现当事人缔结债的关系的意愿。(3) 保护债的当事人的合法权益，制裁当事人的违约行为。(4) 通过调整微观的债权债务关系，最终实现对社会经济生活的宏观调控。

三、债法的基本原则

1. 鼓励交易

债法（特别是合同法）的目的，是鼓励当事人依照自己的意愿从事交易行为。民事主体通过交易行为，促进商品流通，繁荣市场经济，为自己创造财富，为社会经济发展积累财富。鼓励交易的目的和原则体现在鼓励当事人订立合同，努力促成合同的成立与生效，充分保障合同的履行和当事人追求的合同利益的实现。

2. 意思自治

意思自治原则是指民事主体依法享有在法定范围内广泛的行为自由，并且可以根据自己的意志产生、变更和消灭民事法律关系。该原则在债法中表现为契约自由原则，即民事主体被赋予在市场中广泛的行为自由，并能依据自身的意志从事各种交易和创造财富的行为。债法特别尊重当事人的自由意志，不过多地干预合同的订立和履行，真正使合同成为当事人的“法锁”，约束当事人的行为，以实现当事人订立合同所追求的预期利益。

3. 诚实守信

诚实守信是诚实信用原则在债法中的具体表现。民事主体在从事债权行为，尤其是合同行为时应当诚实守信，以善意的方式履行义务，不得滥用权利，规避法律规定或合同约定的义务。《民法典》将诚实信用原则具体解释为诚信义务，这种义务具有强制性，当事人不得通过约定而排除诚信义务的承担，违反者要承担违约责任。

四、对本案的分析

本案是典型的借贷之债，是私人之间的借贷之债。

黄某为筹集学费，与蒋某商量借款，随后双方达成了借款协议。黄某为蒋某出具了借据，蒋某将所借款项交付给黄某。这时，双方当事人之间就已经建立起借贷合同关系，出具的借据就是债权文书，证明了双方当事人之间的合同关系。这种合同关系符合意思自治原则，是当事人之间的真实意思表示，因此是有效的，发生了债的关系：蒋某为债权人，黄某为债务人。

债的关系是债权人和债务人之间的“法锁”，对当事人具有拘束力，当事人须严格信守债的承诺，遵守诚实守信原则，自觉履行债务，保障债权人实现债权。在本案中，黄某为解急需，向蒋某举债，就应当信守合同、按期履行债务。然而他却借口借据中清偿日期的笔误，主张在 20024 年清偿债务。这是不诚信的表现，也是违反债的履行义务的表现，违反了诚实信用原则。债权人蒋某向法院起诉，主张黄某按期履行债务，是有法律依据的，是符合债法的规定的。因此，受诉法院正确解释合同内容，确定为笔误，判决黄某依法履行债务，是正确的。

第十一章
债的发生与种类

第一节　债的发生

40.
“以自残手指的方法逃避债务不能逃脱债务法锁”案

案情介绍

杨某向农商银行借款 5 万元，期限为 1 年。到期后，她用自残食指的方法赖账。原因是，当时借款手续不规范，杨某在向农商银行借款时，由他人代签借款合同，自己在合同上按指印确认。杨某认为有机可乘，可以赖账逃脱债务，故在诉讼期间故意烫伤手指，毁坏食指指纹，借以否认签订过借款合同。

法院认为：杨某在诉讼期间故意烫伤手指毁坏指纹，致使无法对其指纹做鉴定，责任在杨某自身，举证责任应转移由杨某承担。杨某无法提供证据证实其是因不可抗力原因致指纹受损，应承担举证不能的法律后果。故判决杨某承担债务清偿责任。

法律问题

1. 债的发生的概念和特征
2. 债的发生原因
3. 债的发生的后果

法理分析

一、债的发生的概念和特征

任何法律关系都有其发生和消灭的过程，债的关系同样如此。债的发生，即债的关系的原始发生，是指客观的新生债之关系。《民法典》第 118 条规定：“民事主体依法享有债权。”“债权是因合同、侵权行为、无因管理、不当得利以及法律的其他规定，权利人请求特定义务人为或者不为一定行为的权利。”

债的发生有两个最显著的特征是：（1）债的发生是法律关系变动的一种法律现象，是债的法律关系发生的法律现象。（2）债的发生是债的原始发生，而不是债的让与或者承受。

二、债的发生原因

债的发生原因分为合同、侵权行为、无因管理、不当得利和单方法律行为。侵权行为也是债的发生原因，被规定在《民法典》的侵权责任编中。

应当说明的是以下几个问题。

1. 侵权行为是债的发生原因

在我国，民事立法给予侵权责任法在民法典中相对独立的地位，使其脱离债法的体系，作为独立的民事责任法。《民法典》第 118、120 条规定侵权行为产生的后果是债权。因此，尽管侵权行为仍然是债的发生原因，但是，基于侵权行为所发生的债同时具有民事责任的性质。在具体处理上，关于侵权行为的规则主要规定在《民法典》侵权责任编，在侵权责任编没有规定的，应当适用《民法典》合同编中规定的债法的一般规则。

2. 单方法律行为是债的发生原因

对于单方民事法律行为作为债的发生原因，是应当予以肯定的。在单方民事法律行为中，最为重要的是悬赏广告，但悬赏广告并不是单方民事法律行为的全部内容。作为债的发生原因，单方民事法律行为应当具有更为广阔的适用空间，不能仅仅认为悬赏广告是债的发生原因，而应当认为单方法律行为是债的发生原因。《民法典》第 118 条第 2 款中基于“法律的其他规定”产生的债权，就包括单方允诺之债。

三、债的发生的后果

债的发生所产生的法律后果，是在当事人之间发生债的法律关系，即债权债务关系。债的法律关系与其他民事法律关系一样，包括债的主体、债的内容和债的客体三个要素。

1. 债的主体

债的主体，是债的法律关系的债权人和债务人。在债的法律关系中，享有债权的一方当事人是债权人，负有债务的一方当事人为债务人。如果是单务之债，一方是债权人，另一方为债务人，当事人的地位不会发生变化；在双务之债的关系中，双方当事人互为债权人和债务人。

2. 债的内容

债的内容，是指基于债的发生而产生的债的权利和债的义务，叫作债权和债务。债权的性质是请求权，而不是支配权，因为债权人一般不直接支配一定的物，而是请求债务人依照债的内容为一定行为或者不为一定行为。例如买卖合同之债中，约定交付货物的时间届至，债权人就有权请求债务人交付该买卖标的物并移转其所有权，但并不能直接支配该买卖标的物。只有接受了交付，债权人才能够直接支配该买卖标的物。债权主要包括以下内容：（1）给付请求权；（2）给付受领权；（3）保全债权请求权；（4）保护请求权；（5）处分权。债务是指债务人所承担的义务，即债务人向债权人为特定行为的义务。债务根据不同的标准有不同的分类。无论何种类型的债务，债务人都必须按照当事人的约定或者法律规定履行，否则，债务人就应当承担民事责任。债务包括：（1）约定债务和法定债务；（2）主要债务和次要债务；（3）给付义务和受领义务；（4）主给付债务、从给付债务和附随债务；（5）明示债务和默示债务。

3. 债的客体

债的客体，是指债权与债务所共同指向的对象。债权的客体是行为。债权人在债权实现之前，并不能实际占有和支配该债的标的物，而只能请求对方当事人履行交付该物的义务，因而债的客体就是债务人履行债务的特定行为。

四、对本案的分析

本案的杨某向农商银行借款，签订了合同，拿到了借款，并且在借款合同上按了指印，在双方当事人之间产生了债的关系，为合同之债。债就是“法锁”，用法律之力“锁”住当事人，保障债权人实现债权、债务人履行债务。任何债务人都无法逃避债的法锁。

本案的疑问是：杨某自残食指毁坏指纹难道就能逃避债务吗？难道杨某就没有想过，法官用最笨的办法，那就是延期审理，等待其食指伤势痊愈，还不是照样可以鉴定指纹的真假吗？除非她将自己的手指切掉！不过，为了区区数万元债务割去自己的食指，是不划算的，因此，杨某没有这样做。

审理本案的法官在处理这个问题时适用的证据规则是：有证据证明被告在合同书上按了指印，原告又主张被告故意烫伤手指以逃避债务，因此，将举证责任转移给被告，由其举证推翻上述证明。这样适用证据规则是对的。总之，债法的根本规则就是，债一旦产生，就对债权人和债务人具有法律上的拘束力，任何人都不得逃避债务。债务人应当诚实守信，不应自作聪明恶意逃债，做出既逃不掉债务又使自己丢人的事情。

第二节　合同之债的概念和种类

41. “按合同意向书约定向对方当事人送货遭拒但对方又使用部分货物应承担责任”案

案情介绍

毛纺厂与制衣厂签订了“购销洗净改良羊毛合同意向书”，约定：“制衣厂向毛纺厂购买洗净改良羊毛 95 吨，由制衣厂到毛纺厂验货并带款提货，提货时有关价格问题面议。”该意向书签订以后，毛纺厂多次去电催告制衣厂提货，制衣厂一直以资金短缺为由未提货。该年 12 月底，毛纺厂将 95 吨羊毛派车送往制衣厂，制衣厂提出原先签订的协议只是一份意向性的合同，且该货物质量存在问题，因此拒绝收货。后制衣厂同意将该货暂时存放在本厂的仓库。10 天后毛纺厂来检查货物时发现该货已短缺 10 吨，制衣厂承认因急需原料用了 10 吨，对另外 85 吨拒绝接收。毛纺厂认为制衣厂已经构成违约，起诉要求制衣厂支付 95 吨羊毛的货款并承担违约责任。

法律问题

1. 合同的概念和特征
2. 合同的种类

法理分析

一、合同的概念和特征

《民法典》第 464 条第 1 款对合同的概念作出了规定：“合同是民事主体之间设立、变更、终止民事法律关系的协议。”

合同具有以下法律特征：（1）合同由双方当事人的法律行为而引起；（2）合同因双方当事人的意思表示一致而成立；（3）合同的债权和债务必须相互对应；（4）合同的缔结由当事人的自由意志支配。

二、合同的种类

按照不同的标准，合同可以分为以下十种不同的种类。

1. 有名合同与无名合同

以法律是否设有规范并赋予一个特定名称为标准，合同可以分为有名合同与无名合同。《民法典》对此规定为典型合同与非典型合同。有名合同，是指法律设有规范，并赋予其一定名称的合同。无名合同，是指法律尚未规定，也未赋予其一定名称的合同。有名合同应当适用《民法典》合同编典型合同分编规定的关于该种有名合同的具体规范，遵守合同法的基本原则；无名合同的法律适用，首先要尊重当事人的约定，其次要适用《民法典》的原则规定，类推适用相关合同的法律规定，或者根据诚信原则并斟酌交易惯例，确定权利和义务关系，解决存在的纠纷。

2. 双务合同与单务合同

以双方当事人是否存在对待给付义务为标准，合同可以分为双务合同与单务合同两种类型。双务合同，是指双方当事人互负对待给付义务的合同，即双方当事人愿意负担履行义务，旨在使他方当事人因此负有对待履行的义务。单务合同，是指仅有一方负担给付义务的合同。区分双务合同和单务合同的意义是：双务合同的当事人之间权利、义务是相互对应的，一方当事人所享有的权利与其负担的义务是不可分离的，享受权利就必须负担义务；而要使对方当事人的权利实现，则自己必须履行义务。而单务合同完全没有这样的特点。

3. 有偿合同与无偿合同

以合同当事人是否可以从合同中获取某种利益为标准，合同可以分为有偿合同与无偿合同。有偿合同，是指一方当事人能够通过履行合同规定的义务而给予对方某种利益，对方要得到该利益就必须为此支付相应代价的合同。无偿合同，是指一方给付对方某种利益，而对方取得该利益时并不支付任何报酬的合同。无偿合同尽管也是因双方当事人的合意而产生的合同，但不是反映交易关系的典型合同形式。

4. 诺成合同与实践合同

以合同的成立是否以交付标的物为成立条件为标准，合同可以分为诺成合同和实践合同两种类型。诺成合同是指当事人一方的意思表示一旦为对方同意，即能产生法律效果的合同。实践合同是指除双方当事人意思表示一致之外，尚需交付标的物才能够成立的合同。区分诺成合同与实践合同的意义在于，两种不同种类的合同成立与生效的时间是不同的：于诺成合同从双方当事人意思表示一致时起，合同即告成立；而于实践合同，在双方当事人达成合意之后，还必须由当事人交付标的物或完成其他各种给付，合同才成立。

5. 要式合同与不要式合同

以合同是否应以一定的形式为要件为标准，合同可以分为要式合同与不要式合同。要式合同是指必须采用法律规定的形式方成立的合同。不要式合同是指依法不需要采取特定的形式，当事人可以采取口头形式，也可以采取书面形式订立的合同。

区分要式合同与不要式合同的意义在于，确定合同的成立或生效：法律规定形式为生效要件的，没有采取法定形式，则已成立的合同不能生效；法律规定形式为成立要件的，没有采取法定形式，则合同不能成立，不涉及效力问题。

6. 一时性合同与继续性合同

以时间因素在合同履行中所处的地位为标准，合同可以分为一时性合同与继续性合同。一时性合同，是指一次给付便使合同内容实现的合同。继续性合同，是指合同内容非一次性给付即可完结，而是继续地实现的合同。区分一时性合同与继续性合同的意义在于：解除权的产生原因不尽相同；合同消灭是否溯及既往不同。

7. 主合同与从合同

以合同相互间的主从关系为标准，合同可以分为主合同与从合同。主合同是指不以他种合同的存在为前提，即不受他合同制约而能独立存在的合同。从合同是指必须以他种合同的存在为前提，自身不能独立存在的合同。

区分主、从合同的法律意义在于，明确它们之间的制约关系：从合同以主合同的存在为前提，主合同变更或者消灭，从合同原则上也随之变更或者消灭。这就是“从随主”原则的体现。

8. 束己合同与涉他合同

以订约人订立合同是否为自己谋取利益为标准，合同可以分为束己合同与涉他合同。束己合同，是指严格遵循合同相对性原则，订约人为自己约定并承受权利、义务，第三人不能向合同当事人主张权利和追究责任，合同当事人也不能向第三人主张合同权利和违约责任的合同。涉他合同，是指突破了合同相对性原则，合同当事人在合同中为第三人设定权利或约定了义务的合同。区分束己合同与涉他合同的法律意义在于：一是明确缔约的目的不同，二是明确合同的效力范围不同。

9. 确定合同与射幸合同

以合同的效果在缔约时是否确定为标准，合同可以分为确定合同与射幸合同。确定合同，是指合同的法律效果在缔约时已经确定的合同。射幸合同，是指合同的法律效果在缔约时不能确定的合同。区分确定合同与射幸合同的法律意义在于：确定合同一般要求等价有偿，如果不等价或者显失公平，则合同可能被撤销或者被宣告无效，而对于射幸合同一般不能从等价与否的角度来衡量合同是否公平。

10. 本约与预约

本约与预约并不是合同的种类，而是合同与预定合同的两种不同形式。预约，也叫作预备合同或者合同预约，是指当事人之间约定在将来订立一定的合同。而将来应当订立的合同，就叫作本约，也叫作本合同。预约成立之后，产生预约的法律效力，即当事人负有将来订立本约的债务。双方均负有债务的，为双务预约；单方负有债务的，为单务预约。关于预约适用的场合法律没有特别规定，对于任何类型的合同都可以订立预约。预约的成立，应当遵循合同成立的一般规则。对于预约的规则，《民法典》第 495 条作出了规定。

三、对本案的分析

本案的毛纺厂与制衣厂之间签订的协议究竟是本约还是预约，是确定本案法律适用的关键问题。如果是本约，在双方当事人之间就产生了合同之债。如果仅仅是预约，则不发生合同之债的法律关系。

一个协议是预约还是本约，据以判断的标准是：该协议是订立合同的意向还是合同本身，只有本约才是订立的合同本身。例如，预订飞机票，尽管是预订，但由于是订立合同本身，因此是本约；而要购买飞机票的预先表示，并不是预订飞机票，因而是预约。本案的毛纺厂和制衣厂之间订立的协议，明确约定的是要购买羊毛，并且约定了购买的数量，只是没有约定价款，因此，按照《合同编通则司法解释》的规定，已经具备了合同的当事人、标的和数量的主要条款，成立本约。虽然双方签订的协议名称是合同意向书，如果约定另行订立合同，该协议为预约，否则可以认定为本约。

预约不发生本约合同的效力，但也有其效力。预约成立之后，产生预约的法律效力，即当事人负有将来订立本约的债务。一方没有按照预约约定与对方订立合同的，应当承担缔约过失责任。

即使将本案当事人签订的意向书认定为预约，毛纺厂急于履行“合同”，将 95 吨羊毛派车送往制衣厂被拒收，但 10 天后，毛纺厂发现该货被制衣厂部分使用，这表明制衣厂接受了对方的履行行为，应该视为合同的受领行为，预约已经转化为本约。制衣厂拒绝接受另外的 85 吨羊毛，构成违约，应当承担违约责任。

第三节　无因管理之债

42.

“姐姐将植物人弟弟送往医院住院治疗构成无因管理”案

案情介绍

王某卫与王某民系姐弟。王某民因发生交通事故致一级伤残，其妻潘某对王某民放弃治疗，从医院接回家中。王某卫不忍心弟弟在家等死，将王某民送至医院住院治疗，垫付费用若干元，后起诉请求潘某支付相应费用。潘某拒绝。

法院认为，王某卫为王某民治疗构成无因管理，治疗及护理期间支出的合理费用，潘某应予以偿还。在王某民处在植物人状态下，王某卫未经王某民的法定监护人的同意，将王某民送往医院治疗 342 天，超过合理限度，对不必要的额外支出，王某卫应自行承担。

法律问题

1. 无因管理的概念和构成
2. 无因管理的效力

法理分析

一、无因管理的概念和构成

无因管理是指没有法定的或者约定的义务，为避免他人利益受损失而进行管理的法律事实。《民法典》第 121 条规定："没有法定的或者约定的义务，为避免他人利益受损失而进行管理的人，有权请求受益人偿还由此支出的必要费用。"《民法典》将无因管理之债作为准合同的一种，规定在合同编中。

在无因管理法律关系中，为他人进行管理的人为管理人；其事务受到管理的人为本人，也叫作受益人。管理人和本人之间发生的法律关系，就是无因管理的债权债务关系。

构成无因管理须具备以下三个条件：（1）管理人对他人事务进行管理。管理既包括狭义的管理，也包括服务。狭义的管理是指对财产的保存、利用、改良或者处分等。服务主要是指提供劳务帮助。无因管理的管理人所管理的事务须为他人的事务，即管理人是管理他人的事务。（2）管理人没有法定的或者约定的义务。无因管理的无因，是指管理人对他人事务的管理没有法律上的原因。无因表现为既无法定义务又无约定义务，因此才能构成无因管理。（3）管理人为避免他人利益受损失而管理。确定管理人的管理是为他人谋利益，要求在客观上管理人管理他人的事务，在主观上管理人管理事务的动机是避免他人的利益受损失，这种管理意思应当在客观上表征出来。

二、无因管理的效力

无因管理的效力是指无因管理构成后在本人和管理人之间发生债权债务关系。《民法典》第 979～984 条规定了无因管理之债的权利义务关系和法律后果。无因管理的管理人本无管理本人事务的义务，但管理人一旦进行管理，就应当管好。这是法律保护民事主体的合法利益和维护社会经济秩序的必然要求，也是无因管理成为适法行为的必然结果。

管理人有以下几点义务。

第一，适当管理的义务。表现在三个方面：（1）管理人应不违背本人的意思进行管理；（2）管理人应以有利于本人的方法进行管理；（3）应根据本人利益的需要进行继续管理。

第二，管理人将管理事实通知本人的义务。管理人于管理开始后，应将管理开始的事实通知本人。如果管理人不知本人是谁，或不知本人的住址或因其他原因无法通知，则不负通知义务；如果本人已知管理开始的事实，则没有必要进行通知。管理人通知本人之后，应当听候本人的处置。如果等候本人的指示会使本人的利益受到损失，则不应坐等指示，应直接管理。

第三，管理人有向本人报告管理情况并结算的义务。无因管理所得的利益最终须归属于本人，因而管理人应及时将管理的情况报告给本人，并将管理所取得的利益转归本人。管理人若为自己需要，使用了应交付给本人的金钱，应支付自使用之日起的利息。

第四，管理人不当管理造成损失的赔偿义务。确定赔偿义务应当适用过错责任原则，即管理人只对自己管理的过错行为所致损害负责赔偿。确定管理人的过错，应以其是否已尽管理事务应尽的义务为准，其注意义务的认定应以与处理自己的事务为同一的注意为准，因而其应对故意或者过失造成的损失负责。

管理人为本人管理事务，系出于利人之心，不仅毫无报酬，而且因管理所生利益亦得归本人所有，然而，管理人在管理中因过失对管理事务造成损失的还应赔偿，因此，法律对管理人赋予诸种权利，以资弥补。这种权利分为以下两种。

第一，管理事务有利于本人并不违反其意思时管理人的权利。管理人的权利是：（1）支出费用及利息的偿还请求权。管理人为本人管理支出的必要的或有益的费用，以及自支出时起的利息，自应请求本人偿还。（2）债务代偿请求权。管理人为本人管理事务而负担债务者，可以请求本人代位清偿。该种债务，应于本人为必要或有益，其标准是管理人担负此项债务对于事务的管理是必要的或有益的。（3）损害赔偿请求权。管理人为本人管理事务而受到损害时，可以请求本人赔偿。这种损害限于直接损害。请求赔偿间接损失，与管理人自始自愿牺牲自己而仗义协助本人的意图不合，等于变相请求报酬，故法律不予支持。

第二，管理事务不利于本人并违反其意思时管理人的权利。管理人虽因管理而支出费用、负担债务或受有损害，但其管理方法不利于本人并违反其意思，其事务的性质又不是为本人尽公益上的义务，或履行本人的法定扶养义务时，本人对于因管理所生的利益，仍然可以享有。管理人对本人享有的费用及利息的偿还请求权、债务代偿请求权和损害赔偿请求权，以本人所得利益为限。对其超过部分，本人不负责任。

三、对本案的分析

本案是否构成无因管理，并非没有争议。王某民是植物人，不具有民事行为能力，其监护人是其妻潘某。在潘某放弃对王某民的治疗后，王某卫作为姐姐将王某民送医院治疗，究竟是有因管理还是无因管理，见解不同。本书认为是有因管理，因为他们之间有血缘关系，虽然不是监护人，但出于姐弟亲情，不能认为是无因管理。

即使认为不是监护人就没有直接的管理义务，因而构成无因管理，送医院治疗也是正当的，只有在医疗机构认定为无治疗价值，或者确认患者脑死亡后，才能认为治疗超出合理限度。《民法典》第 981 条规定，管理人管理他人事务，应当采取有利于受益人的方法。在没有确认上述条件时，不能认为将王某民送至医院治疗 342 天是明显超过合理限度，造成经济上的不利益，超出适当管理义务的范围。

本案另外的启示是，对于病患而言，其妻、其姐等近亲属都是亲人，都有为其治疗的义务，但直接的义务人是配偶。在没有确认王某民脑死亡或者丧失治疗价值时，潘某就放弃治疗，做法欠妥，对于治疗费用，应当用夫妻共同财产支付。

第四节　不当得利之债

43. “拾得他人丢弃的病牛予以饲养，不构成不当得利”案

案情介绍

牟某自己开办了一奶牛场，饲养了数十头奶牛，其中一头奶牛患病，病因不明，医治无效，非常瘦小，既无法产奶，又有传染其他奶牛造成更大损失的可能，故牟某用车将该奶牛拉到野外丢弃。次日，农民唐某在耕作归家途中发现该奶牛，见其气息奄奄，不忍其饿死于野外，遂将该奶牛牵回家中精心调治，不到 3 个月，该奶牛病状全消、健壮如初。1 年后牟某知情，认为自己是牛主，有权将该奶牛领回，便要求唐某将奶牛返还。唐某不同意。牟某又提出可以结算治疗费用，唐某仍予以拒绝。牟某诉至法院，要求唐某返还不当得利。

法律问题

1. 不当得利的概念

2. 不当得利的构成要件

3. 不当得利的效果

法理分析

一、不当得利的概念

不当得利是指没有合法根据，通过他人受到损失来使自己获得利益。

正因为不当得利没有合法根据，所以虽然属于既成事实，但也不能受到法律保护，受益人应当将不当利益返还给受到损失的人。当事人之间因不当得利所发生的债权债务关系，称为不当得利之债。获得利益的一方为受益人，受到损失的一方为受损人。《民法典》第 122 条规定："因他人没有法律根据，取得不当利益，受损失的人有权请求其返还不当利益。"

二、不当得利的构成要件

构成不当得利，须具备以下四个要件。

1. 一方获得利益

一方获得利益是指因一定的事实结果，当事人在财产上受到利益。至于当事人取得利益的原因和方法，无关紧要。利益的取得包括积极取得和消极取得。利益的积极取得，是指当事人的财产总额增加，即财产权利的增强和财产义务的消灭。利益的消极取得，是指当事人的财产本应减少而没有减少。

2. 他方受有损失

不当得利请求权的成立，以一方受有利益、他方受有损失为必要，所以，即使一方受有利益，但他方毫无所损，也不发生不当得利。这里所说的受有损失，是指因一定的事实而减少其财产总额。它包括直接损失和间接损失。前者是指现有财产的减少，后者是指可得利益的丧失。

3. 取得利益与受有损失之间有因果关系

这种因果关系是指他人的损失是因对方取得利益造成的，与侵权民事责任中的因果关系并不相同。不当得利的因果关系，只是基于某种共同性原因同时发生一方取得利益和他方受有损失这两个结果，这两个结果之间客观上具有因果联系，一方取得利益造成了他方受有损失。

4. 无合法根据

无合法根据是指给付财产的行为，不是由于给付人自己的意思或者法律上的原因。如果受益人享有利益有法律上的正当原因，则法律应予保护，当然没有要求受益人返还利益于受损人之理。只有享有利益与受有损失均无法律上的原因，而后才能产生不当得利。就实际情况分析，不当得利分为两大类：一是基于法律行为又无法律上的根据而得利，二是非基于法律行为但也无法律直接根据而取得利益。审判实践认为，合法的原因包括法律上的原因和合同上的原因，如果一方受益、他方受损有法律的根据或者合同的根据，则不为不当得利。受益与受损当时没有这种根据，当然成立不当得利；受益与受损在当时是有法律根据的，但后来这种根据不存在了，受益人继续受益也就没有合法根据了，也成立不当得利。

三、不当得利的效果

根据《民法典》第985～988条的规定，不当得利的受益人应当将取得的不当利益返还受损失的人。不当得利人返还的利益可以是原物、原物的价款或者其他利益。

返还不当利益的具体规则是：

1. 受益人为善意时的规则

受益人为善意，即受益人在取得利益时不知道没有合法根据，其返还利益的范围以利益存在的部分为限；如果利益已经不存在，则不负返还义务。

2. 受益人为恶意时的规则

受益人为恶意，即受益人在取得利益时明知没有合法根据，其返还利益的范围是受益人取得利益时的数额，即使该利益在返还之时已经减少，甚至不复存在，其返还义务也不能被免除。

3. 受益人在取得利益时为善意嗣后为恶意的规则

受益人在取得利益时为善意，但在嗣后为恶意的，其返还范围应以恶意开始时存在的利益为准，即使该利益在返还时已经减少或者不复存在，其返还义务也不能免除。

四、对本案的分析

本案唐某的行为不构成不当得利，不承担返还财产的责任，应当判决驳回原告牟某的诉讼请求。

确认本案被告唐某的行为不构成不当得利的依据是，其行为不具备不当得利构成的全部要件：

第一，具备一方受有利益的要件。唐某拾得病牛，加以医治，使奶牛能够重新产奶，既获得了财物，又获得了该财物的孳息。这种利益属于积极取得的利益，即本不属于自己的财物而归于自己，在自己财产的总额上有新的增加。这符合不当得利的第一个要件。

第二，具备他方受有损失的要件。牟某抛弃病牛，使其现有的奶牛总数减少了一头，并且减少了产奶的自然孳息。这种损失是客观的，也是不可否认的。

第三，得到利益与受到损失之间不具有因果关系。不当得利的因果关系，是指同一个法律事实引起了得利与受损两个结果，一方得利造成另一方受损。不具有这种情况，就不具备因果关系的要件。本案受损人受损的直接原因是其丢弃病牛的行为，这是一种所有权处分行为，其直接后果是他丧失了对该牛的所有权，即他是因自己的行为而遭受损失。唐某受益的直接原因，是拾得无主财产的行为。牟某放弃对病牛的所有权，该病牛就成为无主财产。唐某拾得该奶牛并加以医治，这是他受益的原因。正由于该奶牛是无主财产，该案才不是不当得利。这样，牟某受损、唐某得益分别由两个法律行为所引起，二者之间没有直接因果关系，不具备不当得利的因果关系要件。

第四，唐某受益无法律原因，但牟某放弃病牛所有权是有法律根据的。我国法律没有规定占有时效，故拾得无主财产者不因占有而取得所有权，因而唐某受有利益无法律原因。至于他拾得无主物是否应当上交国库，我国法律亦无规定，因而他善意占有亦未必违法。牟某放弃自己财产的所有权，符合法律的规定，他可以对自己所有的财产进行处分，具有法律上的根据。因此，本案不具备无合法根据这一要件。

因此，本案不构成不当得利，牟某请求唐某返还不当得利系无理由。

第五节　单方法律行为之债

44.

“悬赏广告成立后发生债的法律后果”案

案情介绍

王某下班时不慎将自己的皮包遗失，内有手机一部、现金 7 100 元，还有信用卡、单据、身份证和 240 吨化工原料的原始化验单。为了找回遗失物，王某打印了 20 份寻物启事，张贴于街头和遗失地点周围的建筑物上，并在广播电台播出该寻物启事，表示：如有拾到包者，酬谢人民币 1 万元；有提供线索者，酬谢人民币 3 000 元。

董某拾得该皮包，称另有人拾得皮包，自己是提供线索者，要王某支付 1.3 万元，但王某只同意给付 1 万元。双方多次协商未成，董某扣押皮包不还，并向法院起诉，请求王某履行付酬义务即给付 1.3 万元。

法律问题

1. 单方法律行为的概念和构成要件
2. 单方法律行为的发生和类型

法理分析

一、单方法律行为的概念和构成要件

1. 单方法律行为的概念

单方法律行为是指表意人向相对人作出的为自己设定某种义务，从而使相对人取得某种权利的意思表示。所以，单方法律行为也叫作单独行为或单方允诺。单方法律行为是债的发生原因之一，对于民事主体自愿通过单方法律行为设定债的后果，法律予以认可。《民法典》第 499 条规定："悬赏人以公开方式声明对完成特定行为的人支付报酬的，完成该行为的人可以请求其支付。"

2. 单方法律行为的构成要件

（1）表意人须作出单方意思表示。单方法律行为不需要相对人对表意人的意思表示作出承诺即可成立，因而区别于合同行为。单方法律行为的意思表示可以由表意人自己作出，也可以由其代理人作出，其后果都由表意人自己承担。

（2）表意人须承诺对方不支付对价。单方法律行为的基本内容是为自己设定债务，而使相对人取得权利。表意人在作出允诺时，必须明确承诺相对人在取得承诺的权利时并不负担支付对价的义务，也不负担实施某种特定行为的义务。

（3）表意人的允诺须向社会上不特定的人发出。单方法律行为应当向社会上的不特定人发出，凡是符合表意人在单方法律行为中所列条件的人，即可成为表意人的相对人，取得表意人所允诺的权利。

（4）表意人的相对人应当特定或者能够特定。表意人在意思表示中允诺只对符合特定条件的人负担义务的，唯有符合该特定条件的人才能取得该项权利。

二、单方法律行为的发生和类型

1. 单方法律行为的发生

单方法律行为要发生债的效果，须单方法律行为的相对人已经特定。相对人特定，往往通过完成一定的条件或者程序。这是因为，单方法律行为的表意人往往在其意思表示中附有一定的条件或者程序，在这种情况下，只有当表意人提出的条件或者程序完成时，相对人才能特定。只有在相对人特定之后，单方法律行为之债才在表意人和特定的相对人之间发生。

2. 单方法律行为的类型

单方法律行为的类型包括以下几种：

（1）悬赏广告。悬赏广告是典型的单方法律行为。广告人允诺对完成一定行为的人单方面负有支付报酬的义务，完成一定行为的相对人享有获得报酬的权利，并不需要完成行为的相对人作出有效的承诺。

（2）设定幸运奖。设定幸运奖也是单方法律行为的一种类型。幸运奖是指民事主体出于某种目的，设定幸运奖项，向随机选取的人给付一定物质利益的允诺。幸运奖的获得者被选定之后，即在设奖者与获奖者之间发生以给付奖品或者奖金为内容的债权债务关系，获奖者取得幸运奖债权的请求权，有权请求设奖者给付设定的奖品或奖金。

（3）其他单方允诺。除了悬赏广告和设定幸运奖，其他符合单方法律行为要件的行为，都产生债的法律关系。最典型的单方法律行为是遗赠。其他的单方法律行为如运送人允诺盲人免费乘车，则产生盲人免费搭乘运送人的车辆的权利；公园允诺老年人持老年证免费游园，也构成单方法律行为，发生免费游园的债的关系。

三、对本案的分析

我国的立法和司法实践确认悬赏广告存在的合法性和必要性，确认悬赏广告的性质为单方法律行为，悬赏广告产生债的后果，是债的发生根据之一。《民法典》除了在第 499 条规定了悬赏广告，还在第 317 条第 2 款规定：“权利人悬赏寻找遗失物的，领取遗失物时应当按照承诺履行义务。”这就是对悬赏广告的效力的法律规定。

本案的悬赏广告人王某发布的传单和广播，其内容符合悬赏广告的法律特征。其悬赏广告一经发出，即发生单方法律行为的法律效力，在当事人之间产生相应的债权债务关系，王某负有支付报酬的义务，行为人董某完成悬赏行为即取得请求支付报酬的权利，该权利受到债法的保护。董某有权获得悬赏报酬，但其恶意多要报酬，并以王某不履行悬赏报酬的义务为由扣押悬赏标的物，是不正确的，不符合债法的规定。王某在董某完成了悬赏行为后，拒绝履行支付悬赏报酬的义务，是违反债法的行为，应当承担相应的民事责任，继续履行给付报酬的义务，但应是 1 万元，而不是 1.3 万元。

第十二章
债的流转

第一节 债的履行及变动

45.

“买卖合同签订后债权人被注销又重新注册新公司分立为三个单位，无法履行债务”案

案情介绍

无线电厂与家用电器商城签订了一份买卖合同，约定无线电厂提供音响设备若干台，总货款金额计人民币 295 万元；包装费由无线电厂负担，并由其代为托运；运输费由家用电器商城承担；质量实行三包，货到付款。合同签订后，因城市建设规划，家用电器商城拆迁，后经上级主管部门批准撤销了家用电器商城，重新申请登记营业执照，改名为家用电器服务公司，分立为三个部，均为独立核算单位，致使无线电厂无法履行其债务，故遂中止履行。家用电器服务公司起诉追究无线电厂的违约责任。

法律问题

1. 债的履行的概念和原则
2. 债的履行中的变动

法理分析

一、债的履行的概念和原则

债的履行指债务人全面地、适当地履行其债务，债权人的债权得到完全实现。在一般情况下，债的履行是实施某项行为，如交付货物、完成工作、提供劳务及支付价款等。在特殊情形下，当事人不实施某项行为，亦可作为债的履行。债的履行，

既是债本身法律效力的主要内容，又是债的关系消灭的主要原因。债法的作用正是在于，以法律所具有的特殊强制力，保障债务人正确履行债务，使债的关系归于消灭，通过债的关系的不断产生、不断履行和不断消灭，实现社会经济流转。

债的履行的原则是指债务人在履行债务时所应遵循的准则。只有债务人在履行债务中，遵守这些基本准则，才能够实现债权人的债权，当事人所期待的债的利益才能够实现。

债的履行有以下两个原则。

1. 遵守约定原则

遵守约定原则包括两个方面，即适当履行和全面履行。适当履行，又称为正确履行，是指当事人按照债所约定的或者法定的履行主体、标的、时间、地点以及方式等履行，且均须适当，完全符合债的约定的要求的原则。全面履行，要求债的当事人按照债所约定的或者法定的各项条款，全部而完整地履行债务。适当履行侧重于债务履行的质，全面履行侧重于债的履行的量。适当履行和全面履行是一个统一的整体，都是遵守约定原则的具体内容，是对债的当事人履行债务的基本要求。

2. 诚实信用原则

诚实信用原则的内容是：（1）协作履行原则，不仅要求债务人在债的履行中适当、全面履行债务，而且要求债权人基于诚实信用原则的要求，对债务人的履行债务行为给予协助，使债务人能够更好地、更方便地履行债务。这包括及时通知、相互协助和予以保密的义务。（2）经济合理原则，要求债务人在履行债务时应当讲求经济效益，付出最小的成本，取得最佳的债的利益：可以选择最经济合理的运输方式，选择最经济合理的履行期，选择最经济合理的履行方式，还可以遵循经济合理的原则对债进行适当的变更，以及在违约的处理上采取更经济合理的方法。

债的履行的具体规则是：（1）债的履行主体，是指履行债务和接受履行的人。在一般情况下，债务是由债务人向债权人履行，由债权人接受债务人的履行。所以，债权人和债务人是最主要的债的履行主体。（2）履行标的，是指债务人应为履行的内容。履行必须依债务的本旨进行。仅为一部分履行，或不以原定给付为履行，或因履行而负新债务，均非为债务本旨而履行，不发生债之消灭的效力。（3）代物清偿，是指债权人受领他种给付以代原定给付而使债的关系消灭的现象，具有消灭债的关系的效力。（4）履行地点，是指债务人履行债务和债权人接受履行的地方。（5）履行期限，是指债务人履行债务和债权人接受履行的时间。（6）履行方式，是债务人履行义务的方法。（7）履行费用，是指债务人履行债务所支出的费用。履行费用的负担由当事人在合同中约定。

二、债的履行中的变动

1. 主体变动

债的主体变动是债的履行中的一种变动，是指在原债的主体不变的情况下，当事人约定由债务人向第三人履行债务，或者由第三人向债权人履行债务。这种变动，只是当事人通过约定，将债务履行的主体由债务人改变为第三人，由向债权人履行改变为向第三人履行或者由债务人履行改变为第三人履行。具体规则是：（1）向第三人履行。在债的履行中，债务人不向债权人履行，而是向第三人履行，就构成向第三人履行。第三人接受履行时，第三人只是接受履行的主体，而不是债的当事人。因此，债的当事人应对第三人接受履行的后果负责。第三人替债权人接受履行不适当或因此给债务人造成损失的，也应由债权人承担民事责任。（2）由第三人履行。在债的履行中，由第三人代替债务人履行债务，就是债的履行中的由第三人履行。第三人代替债务人履行债务的特点是，第三人与债权人、债务人并未达成转让债务的协议，第三人并未成为债的当事人，只是按照债的当事人之间的约定，代替债务人向债权人履行债务。(3）债务人不履行债务，第三人对履行该债务具有合法利益的，第三人有权向债权人代为履行；但是，根据债务性质、按照当事人约定或者依照法律规定只能由债务人履行的除外。债权人接受第三人履行后，其对债务人的债权转让给第三人，但是债务人和第三人另有约定的除外。

2. 履行中止

在债的履行中，某种原因出现，致使债务暂时不能履行的，债务人可以中止履行。债权人分立、合并或者变更住所没有通知债务人，致使履行债务发生困难的，债务人可以中止履行或者将标的物提存。也即债务人有两种选择：（1）债务人可以中止履行，待阻碍履行的事由消失以后，再继续履行。（2）债务人可以将标的物提存，使债务消灭。另外，当事人也可以约定履行中止。

3. 提前履行

提前履行，是指在履行期限到来前的履行。这是债的履行中的履行行为的变动。提前履行可以因两个原因而发生：（1）债务人自己要求提前履行自己的债务；（2）债权人请求债务人提前履行。在后一种情况下，债务人同意的，自然可以提前履行；债务人不同意的，可以拒绝债权人的请求。提前履行的后果是，债务人提前履行给债权人增加的费用，应当由债务人负担。

4. 部分履行

部分履行不是根本没有履行，而只是履行部分债务。对于债务人的部分履行，债权人有拒绝受领权，拒绝受领债务人履行的部分债务。这种拒绝受领权，只是因部分履行对债权人的利益有损害而产生。如果部分履行不损害债权人的利益，则债权人不享有拒绝受领权，不能拒绝债务人的部分履行。债务人部分履行债务有可能给债权人增加接受履行的费用的，增加的费用应当由债务人负担。

三、对本案的分析

本案的无线电厂与家用电器商城签订的买卖合同，合法有效。债务人应当依照遵守约定原则和诚实信用原则，按照债务履行的规则，对债务适当履行、全面履行。

在履行债务过程中，家用电器商城拆迁后被撤销，重新登记设立了家用电器服务公司。尽管这个服务公司沿用家用电器商城的原班人马，但在法律上已经不是同一个法人了，且家用电器服务公司登记后又分立为三个部，均为独立核算单位，致使无线电厂不知道应当向谁履行。

按照法律规定，债的履行中某种原因出现，致使债务暂时不能履行的，债务人可以中止履行。中止履行的条件是，债权人分立、合并或者变更住所没有通知债务人，致使履行债务发生困难。本案的债权人被撤销并重新注册，分立为三个独立核算单位，符合履行中止的要求，无线电厂作为债务人，可以中止履行或者将标的物提存。对此，债务人可以选择：中止履行，待阻碍履行的事由消失以后，再继续履行；将标的物提存，使债务消灭。无线电厂选择中止履行，待具备履行条件时再向债权人履行债务，是有法律根据的，不构成违约责任。

第二节 债的转移和情势变更

46.

“疫情期间租赁门面房开洗衣店收入锐减，可否减少租金”案

案情介绍

吕某在大学城租赁了一家门面房经营洗衣店，给附近大学师生提供洗衣服务。合同租期为5年，每月租金5万元。开业后，由于师生的生活密集，生意红火，每月利润达到几万元。疫情暴发后，师生只能滞留在家线上上课，吕某的洗衣店几乎没有营业收入。吕某无力承担高额房租，要求降低租金。房东不同意，双方发生争议，诉至法院。

法律问题

1. 债权转让

2. 债务转移

3. 债务加入

4. 债权、债务概括转移

5. 情势变更

法理分析

一、债权转让

债权转让是指债权人通过协议将其享有的债权全部或者部分地转让给第三人的行为。

债权转让是债的主体变更的一种形式，它是在不改变合同内容的情况下，通过协议对债权人进行变更。

债权转让的构成要件包括以下内容：（1）须有有效的债权存在。转让的债权应当是为法律所认可的具有法律上的约束力的债权。（2）债权的转让人与受让人应达成转让协议，转让协议应当在形式上符合法律规定的要求。原合同依法应当以书面形式订立的，转让协议也应以书面形式订立。（3）转让的合同债权必须是依法可以转让的债权。法律规定不得转让的合同债权，当事人不得进行转让。（4）合同债权的转让协议须通知债务人。债权转让的通知一旦到达债务人，即发生债权转让的后果。

债权转让的效力分为对内效力和对外效力。

债权转让的对内效力，是指债权转让在转让双方即让与人（原债权人）和受让人（新债权人）之间发生的法律效力。这些效力表现在：（1）债权由让与人转让给受让人，让与人的债权人身份消灭，不再作为债权的主体；而受让人取得债权人的身份，成为该合同关系的债权主体。（2）从属于主权利的从权利一并转移，违约金债权、损害赔偿请求权、留置权、合同的解除权、债权人撤销权、债权人代位权等从权利随之一并转移。（3）债权人应当保证其转让的权利有效，并不存在权利瑕疵。（4）让与人应当承担合同债权转让的必要义务：将债权证明文件交付受让人；将占有的质押物交付受让人；告知受让人行使债权的一切必要情况；应受让人的请求作成让与证书，其费用由受让人承担；承担因债权让与增加的债务人履行费用；提供其他为受让人行使债权所必要的合作。

债权转让的对外效力，是指债权转让对债务人所具有的法律效力。债权转让生效后，对债务人发生如下效力：（1）债务人不得再向让与人即原债权人履行债务。（2）债务人负有向受让人即新债权人作出履行的义务。（3）债务人基于原合同所享有的抗辩权仍然存在并可以之对抗新债权人。（4）债务人的抵销权仍然有效。如果债务人与原债权人互负债务，各以其债权充当债务的清偿的，债务人可以向债权的受让人主张抵销，从而使其债务与原债权人的债务在相同数额内互相消灭，不再履行。

二、债务转移

债务转移是指债务人将其债务转移给第三人，由第三人取代债务人的地位，对债权人负责履行债务。按照《民法典》第551条的规定，债务人可以将其债务转让给第三人，可以全部转让，也可以部分转让。但债务人转让其债务，除应与受让人达成相关的转让协议外，还应当征求债权人的意见，如果债权人不同意债务转让，则债务人转让其债务的行为无效，不对债权人产生拘束力。

债务转移分为全部转移和部分转移：（1）债务的全部转移，是指债务人与第三人达成协议，将其债的全部义务一并转移给第三人。债务的全部转移，是由新的债务人取代原债务人的地位而成为债的当事人，承担原债务人的义务。（2）债务的部分转移，是指债务人将债的义务的一部分转移给第三人，由第三人对债权人承担一部分债务。这样，原债务人并没有退出债的关系，而是加入一个新的债务人，原债务人与新债务人共同对债权人履行债务。如无特别约定，这种共同债务是按份债务。

债务转移的构成要件是：（1）须有有效的债务存在。对未来发生的债务，当事人也可以进行转让，而且这种转让与将已有的债务转让的效力相同，只是这种转让协议只有在债务实际成立时才能生效。（2）转让的债务应具有可转让性。在性质上不能进行转移的债务，或者法律、行政法规禁止转让的债务，不得进行转移。（3）须有债务转移的内容。债务转移后，受让人的履行行为是他对自己的债务的履行，而不是代替他人履行。（4）须经债权人的同意，只有在取得债权人的同意后，债务转移才对债权人产生法律效力。债权人同意，可以采用明示的方式，也可以采取默示方式。

债务转移的效力是：（1）债务受让人代替原债务人地位成为新债务人。全部转移债务的，原债务人退出债的关系，由受让人取得其地位并承担原债务人的一切债务。部分转移债务的，同时并存两个以上的债务人，各债务人之间的关系根据债务的转移协议而定，可以是按份之债，也可以是连带之债。（2）债务人抗辩权的转移。有关对债权人的一切抗辩事由，新债务人有权对债权人主张。（3）主债务的从债务一并转移，新债务人一并对从债务予以承担。即使在转让债务的协议中没有对从债务的转移作出明确约定，同样如此。

三、债务加入

《民法典》第552条规定："第三人与债务人约定加入债务并通知债权人，或者第三人向债权人表示愿意加入债务，债权人未在合理期限内明确拒绝的，债权人可以请求第三人在其愿意承担的债务范围内和债务人承担连带债务。”这是《民法典》对第三人加入债务作出的新规定。

1. 债务加入的概念和要件

第三人加入债务，简称为加入债务，也称并存的债务承担，指原债务人并没有脱离原债务关系，第三人加入原存的债务关系中，与债务人共同承担债务。

构成债务加入的要件是：（1）第三人与债务人约定，第三人加入债务，与债务人共同承担债务；（2）第三人或者债务人通知债权人，或者第三人向债权人表示愿意加入债务，与债务人共同承担债务；（3）债权人同意，或者未在合理期限内明确拒绝。符合这三个要件要求的，构成债务加入。

2. 债务加入的效果

（1）对债权人的效力。债务加入使债权人的债权进一步得到保障，债权人可以向原债务人主张权利，也可以向第三人主张清偿；但是，债权人仍然仅享有一个债权，而不是享有两个债权。

（2）对原债务人的效力。第三人承诺履行，仅为第三人加入原债务，原债务人并不脱离原债务关系，仍对债权人负履行义务，依然享有对债权人的合理抗辩权。

（3）对第三人的效力。第三人成为债务人，与原债务人一起向债权人承担义务，可以行使原债务人对债权人的抗辩权。

（4）对第三人与原债务人之关系的影响。第三人与原债务人一起向债权人并列承担清偿责任，责任性质是连带责任，即第三人在其愿意承担的债务范围内和债务人承担连带债务。

四、债权、债务概括转移

债权、债务概括转移，是指债的当事人一方将其债权与债务一并转移给第三人，由第三人概括地继受这些权利和义务的债的转让形态。债权、债务概括转移与前面规定的债权转让及债务转移的不同之处在于，债权转让和债务转移仅是债权或者债务的单一转让，而债权、债务概括转移是债权与债务的一并转让。

债权、债务概括转移，一般由债的一方当事人与债之外的第三人通过签订转让协议的方式，约定由第三人取代债的转让人的地位，享有债的转让人的一切权利并承担转让人在债中的一切义务。因此，可以进行债权、债务概括转移的，只能是双务合同之债。单务合同之债不适用债权、债务的概括转移规定。

由于债权、债务的概括转移在转让债权的同时也有转移债务，为保护当事人的合法权利，不因债权、债务的转移而使另一方受有损失，法律规定，概括转移必须经另一方当事人同意，否则，转让协议不产生法律效力。

债权、债务概括转移的法律适用的内容是：（1）债权、债务概括转移，应适用

《民法典》第545条有关债权转让的规定，对于该条所规定的不得进行转让的债权，不得进行债权、债务概括转移。(2) 对于《民法典》第547条和第554条规定的债权转让和债务转移的“从随主”原则，概括转移亦受约束。(3) 债权、债务概括转移，适用《民法典》第548条有关债务人对债权受让人的抗辩权的规定，即债务人对债权的受让人可以对原债权人的一切免责事由对抗之。(4)《民法典》第549条有关债务人对债权的让与人的抵销权的规定，对于债权、债务概括转移的，应当同样有效，债权转让的通知到达债务人时，债务人得以当时享有的到期债权主张对原债权人的债权进行抵销。(5)《民法典》第553条规定的债务受让人抗辩权的规定，对于债权、债务概括转移同样适用。债务的受让人取得原债的当事人的一切债权、债务，所以债权、债务让与人的一切权利也一并转移于受让人，让与人的抗辩权自然也转移于受让人。

五、情势变更

情势变更原则，是指在合同成立后，合同的基础条件发生了当事人在订立合同时无法预见的、不属于商业风险的重大变化，仍然维持合同效力、履行合同对于当事人一方明显不公平的，受不利影响的当事人可以与对方重新协商，变更或解除合同并免除责任的合同效力规则。在《合同法》制定时，很多人对情势变更原则忧心忡忡，导致最终《合同法》没有规定这一原则。《民法典》第533条规定：“合同成立后，合同的基础条件发生了当事人在订立合同时无法预见的、不属于商业风险的重大变化，继续履行合同对于当事人一方明显不公平的，受不利影响的当事人可以与对方重新协商；在合理期限内协商不成的，当事人可以请求人民法院或者仲裁机构变更或者解除合同。”“人民法院或者仲裁机构应当结合案件的实际情况，根据公平原则变更或者解除合同。”

情势变更原则的适用条件相当严格，其适用应当具备的条件是：(1) 须有应变更或解除合同的情势，即合同的基础条件发生了变动，在履行时成为一种新的情势，与当事人的主观意思无关。(2) 变更的情势须发生在合同成立后至消灭前。(3) 情势变更的发生不可归责于双方当事人，当事人对于情势变更的发生没有主观过错。(4) 情势变更须未为当事人所预料且不能预料，而且不属于商业风险。(5) 继续维持合同效力，将会产生显失公平的结果。

情势变更原则适用的法律效力是：(1) 当事人重新协商，即再协商，再协商达成协议的，按照再协商达成的协议确定双方当事人的权利义务关系。(2) 再协商达不成协议的，可以变更或解除合同并免除当事人责任。人民法院或者仲裁机构应当结合案件的实际情况，根据公平原则确定变更或者解除合同。

可见，情势变更原则发生两次效力：第一次效力，是维持原法律关系，只变更某些内容。第一次效力多发生于履行困难的情况，变更方式包括增减给付、延期或分期给付、变更给付标的或者拒绝先为给付。第一次效力不足以消除显失公平的结果时，发生第二次效力，是采取消灭原法律关系的方法来恢复公平，表现为终止合同、解除合同、免除责任或者拒绝履行。

六、对本案的分析

吕某在与房东订立合同时，双方难以预料将来会暴发疫情。租赁门市房经营洗衣店，需要有充足人流量。在疫情暴发后，大学城师生无法返校，洗衣店附近几乎没有人流，洗衣店的经营受到严重影响，继续租赁门面房经营洗衣店就面临着严重亏损甚至倒闭的风险。如果要求吕某仍然按原合同约定的租金支付，将会出现严重的不公平后果。这已经超出了商业风险的范围，合同的基础条件发生了当事人在订立合同时无法预见的重大变化，继续履行合同对吕某一方明显不公平，因此，具备了情势变更原则适用的要件要求，吕某有权要求房东降低租金，以共同分摊疫情带来的损失。

按照情势变更原则的要求，一是再磋商，二是解除合同。吕某应当与房东再协商，请求房东根据疫情的影响适当降低房租，双方共同分担疫情造成的损失。在协商失败后，吕某可以向法院提起诉讼，请求法院判决变更合同，降低租金数额，或者请求法院判决解除合同。

第三节　双务合同履行的抗辩权

47. “履行买卖合同货到未能付清尾款，出卖人拒付买卖标的物不构成违约责任”案

案情介绍

2024 年 8 月 5 日，甲公司与乙公司签订购销合同，约定乙公司向甲公司订购价款为 50 万元的挖掘机 1 台，甲公司送货上门，交货日期为 2024 年 9 月 15 日。当日乙公司向甲公司支付了 10 万元预付款，约定 8 月 20 日前付 20 万元，货到乙公司验收后付余款，运费由甲公司承担，如一方违约须支付违约金 2 万元。签约后，乙公司于 8 月 20 日按时支付甲公司 20 万元。甲公司用汽车将挖掘机于 2024 年 9 月14 日运至乙公司指定地点，并向乙公司提供了质量证明。但因乙公司未能筹集到 20 万元

尾款，货物始终未能卸车交付。甲公司等待数日后，于 2024 年 9 月 24 日带货离开乙公司。乙公司职员追至途中与其协商，但由于不能付足余款，甲公司将货物拉回。乙公司为此提起诉讼，要求甲公司返还已支付的货款 30 万元，支付违约金。甲公司反诉要求乙公司承担违约责任。

法律问题

1. 同时履行抗辩权
2. 后履行抗辩权
3. 不安抗辩权

法理分析

债的履行中有一特殊情形，是双务合同履行的抗辩权。这类抗辩权分为三种，即同时履行抗辩权、后履行抗辩权和不安抗辩权。

一、同时履行抗辩权

同时履行抗辩权是指当事人互负债务、没有先后履行顺序的双务合同，其当事人一方在他方为对待给付以前，可以拒绝自己为履行的权利。《民法典》第 525 条规定的是同时履行抗辩权。

依同时履行抗辩权，双务合同的当事人一方在对方当事人为对待给付以前，可以拒绝自己的给付。同时履行抗辩权在法律上的根据在于，双务合同在成立上的关联性，即一方当事人的权利与另一方当事人的义务之间具有相互依存、互为因果的关系。

同时履行抗辩权的行使，并不使对方当事人的履行请求权归于消灭，而仅阻碍其效力的发生，因此其在性质上属于延期的抗辩权，不是消灭的抗辩权。实践中，同时履行抗辩权具有如下作用：（1）平衡当事人之间的权益，维护当事人的权利；（2）维护交易秩序；（3）增进双方当事人之间的协作。

行使同时履行抗辩权必须按照法律规定，在符合下列条件时才可以行使：（1）须依据同一双务合同双方当事人互负债务、互享债权。其要求是：第一，由同一双务合同产生债务，也就是说，双方当事人之间的债务是根据一个合同产生的；第二，须双方当事人互负债务。（2）须双方当事人互负的债务均已届清偿期。（3）须对方当事人未履行债务。一方向另一方请求履行债务时，该方自己已负有的与对方的债务有牵连关系的债务未履行的，对方可以据此主张同时履行抗辩权，拒绝履行债务。（4）须对方的对待给付是可能履行的，如发生不可抗力致使履行不能，则对方当事人将被免责。

二、后履行抗辩权

后履行抗辩权是指在双务合同中，约定债务有先后履行顺序的，负有先履行义务的一方当事人未依照合同约定履行债务的，后履行债务的一方当事人可以依据对方的不履行行为，拒绝对方当事人请求履行的抗辩权。《民法典》第526条规定了后履行抗辩权。在学说上也有把这个抗辩权称为先履行抗辩权的，其实，不安抗辩权才是先履行一方的抗辩权，这里规定的是后履行一方享有的抗辩权，因此称为后履行抗辩权更合适。

后履行抗辩权的特点是：（1）后履行抗辩权在本质上是对违约的抗辩，因此，创立后履行抗辩权的概念，有助于区分双方违约和一方违约的问题。（2）后履行抗辩权是负有后履行义务的一方当事人履行利益的反映，是为了保护后履行一方当事人的合同利益。（3）后履行抗辩权是不同于合同解除权的救济方式，不是基于对方的不履行而解除合同，而仅仅是以自己的不履行来对对方的违约行为进行抗辩。

后履行抗辩权的行使分为：（1）对合同债务的全部抗辩。负先履行义务的当事人对合同债务全部不履行的，负后履行义务的当事人对全部的履行债务都可以拒绝履行，以此进行抗辩。（2）对合同债务的部分抗辩。负先履行义务的当事人履行债务不符合合同约定的，负后履行义务的当事人只能就对方当事人的相应履行请求进行抗辩，不得对其他的履行请求进行抗辩。

后履行抗辩权不能永久存续。后履行抗辩权依存于合同的履行效力，不可能永久存续，当先违约人纠正违约，使合同的履行趋于正常，满足或基本满足另一方的履行利益时，后履行抗辩权消灭。行使后履行抗辩权的一方应当及时恢复履行，否则构成违约责任。当事人行使后履行抗辩权无效果的，可根据法定条件通知对方解除合同。

行使后履行抗辩权的当事人有无通知对方当事人的义务，应区别不同的情况，采用不同的规则：（1）当因对方不履行合同债务而行使后履行抗辩权时，可以不通知对方。（2）当负有先履行义务的一方当事人的履行有重大瑕疵时，或只履行一部分时，依诚实信用原则，另一方当事人行使后履行抗辩权，应当通知对方，给对方举证、解释、改正的机会，以防止损失的扩大。

后履行抗辩权的成立和行使，产生负后履行义务的一方当事人可一时中止履行自己的债务的效力，对抗负先履行义务的一方当事人的履行请求，以此保护自己的期限利益。在负先履行义务的一方当事人采取了补救措施，变违约为适当履行的情况下，后履行抗辩权消灭，负后履行义务的一方当事人须履行自己的债务。此外，后履行抗辩权的行使并不影响负后履行义务的一方当事人向违约方主张违约责任。

三、不安抗辩权

不安抗辩权是指在双务合同中有先履行义务的一方当事人，在有确切证据证明对方当事人丧失或者可能丧失履行能力不能履行合同义务时，享有的暂时中止履行的抗辩权。《民法典》第 527 条规定的是不安抗辩权。

双务合同的一方当事人依约定应先履行其债务，当负后履行义务的一方当事人的财产明显减少，可能危及负先履行义务的一方当事人的债权实现时，如仍强迫负先履行义务的一方当事人先为给付，则可能出现负先履行义务的一方当事人履行了债务，自己的债权却无法实现的后果。这有悖于公平原则。法律为贯彻公平原则，避免一方当事人蒙受损害，特设不安抗辩权制度。

行使不安抗辩权应当具备以下条件：(1) 合同所确立的债务合法有效。无效的合同债务，不发生合同的法律效果，对当事人没有产生法律上的约束力，因此不产生不安抗辩权。(2) 双方当事人因同一双务合同互负债务且有先后履行顺序。这种同时存在的双方债务不仅具有对价性，并且有先后履行顺序。(3) 在合同成立后对方财产状况恶化且有难为给付之虞。《民法典》第 527 条采用列举法规定了不安抗辩权的产生情形：一是经营状况严重恶化；二是转移财产、抽逃资金，以逃避债务；三是丧失商业信誉；四是有丧失或者可能丧失履行债务能力的其他情形。

不安抗辩权行使后，产生以下三种法律后果：(1) 负先履行义务的一方发出通知后，在负后履行义务的一方提供适当担保之前，其有权行使不安抗辩权，中止自己的履行。(2) 负后履行义务的一方接到通知后，向对方提供了适当担保的，不安抗辩权消灭，合同恢复履行，主张不安抗辩权的当事人应当先履行其债务。(3) 负先履行义务的当事人中止履行并通知对方当事人后，对方当事人在合理期限内没有恢复履行能力，也没有提供适当担保的，负先履行义务的当事人享有法定解除权，可以单方解除合同。

四、对本案的分析

在本案中，双方当事人都享有债权、负有债务，构成双务合同关系，因而存在双务合同履行抗辩权的适用问题。

确定甲公司拒绝交付买卖合同标的物是否为正当行使抗辩权，须首先确定双方当事人在双务合同中是同时履行还是有先后履行顺序。按照双方的买卖合同的约定，履行义务是交叉进行的。负担先履行义务的是乙公司一方：先支付 10 万元的预付款，之后支付 20 万元的货款。故 30 万元的付款义务是先履行义务，由乙公司承担。至于交付买卖标的物和付清尾款，则约定为 9 月 15 日送货上门，货到乙公司验货后付款。据此，可以确认交货和付清尾款同时履行。在乙公司的先履行义务履行完毕之后，交货和付清尾款的义务应同时履行，没有先后顺序。所以，甲公司行使的权利是同时履行抗辩权。

在此认识的基础上，应当看到，甲公司将货物于9月14日就运至乙公司指定的地点，并向乙公司提供了质量证明，没有违反合同的约定。由于乙公司未能筹集到20万元尾款，甲公司不放货，货物始终未能卸车交付。甲公司又等待数日，于9月24日带货离开乙公司。即使乙公司的人员追至途中与其协商，终因不能付足余款，甲公司将货物拉回。根据这样的事实，甲公司的行为具备了同时履行抗辩权的行使要件：第一，双方当事人依据同一双务合同互负债务、互享债权。第二，双方当事人互负的债务均已届清偿期。第三，对方当事人即乙公司未履行付清尾款的债务。第四，对方当事人付清尾款的义务是可能履行的，并不是因发生了不可抗力而履行不能。因此，甲公司未交付买卖标的物的行为不是违约行为，而是正当行使抗辩权的行为。对此，乙公司提起诉讼，要求甲公司返还已付款30万元并偿付违约金，理由不充分。法院应当支持甲公司的诉讼请求，判决甲公司在扣除乙公司的违约金后，返还已经支付的货款。

第四节　债的消灭

48.

“提存通知后未及时受领提存款，不得主张逾期付款损失赔偿”案

案情介绍

案外人立达公司为药业销售中心供应药品。药业销售中心未按约履行付款义务，立达公司诉至法院，得到判决支持。立达公司申请强制执行，要求给付货款和迟延履行金，药业销售中心将货款提存至法院。立达公司的委托诉讼代理人陈某在4年后表示放弃申请执行迟延履行金。又过1年后，立达公司将该货款的逾期付款损失赔偿债权转让给陈某，陈某起诉要求药业销售中心偿还货款和赔偿逾期付款损失。

法院认为，原告主张的逾期付款损失实际系基于被告药业销售中心逾期付款产生的违约责任。但药业销售中心已将货款提存至法院。立达公司接到法院受领通知后，应及时受领提存的款项，防止损失扩大，但其长期未受领提存款项，逾期损失是立达公司未及时受领提存款造成的，而非药业销售中心未履行支付货款义务所致，故立达公司无权诉请赔偿逾期付款损失。

法律问题

1. 债的消灭概述

2. 债的消灭的具体原因

法理分析

一、债的消灭概述

债的消灭也叫作债的终止，或者债的权利、义务终止，是指债的当事人间的债的关系在客观上已经不复存在，债权与债务归于消灭。

关于债的消灭的原因，《民法典》第557条规定了6+1种，即：(1) 履行；(2) 抵销；(3) 提存；(4) 免除；(5) 混同；(6) 其他原因，再加上合同解除。将这些原因综合起来，可以将债的消灭分为以下三种：(1) 基于债的目的达到而消灭。债的目的达到，就是债权人的预期利益得到了满足。债权实现了，债的利益也就实现了，债也就消灭了。清偿和混同，都是因为债的目的的实现而使债消灭。(2) 基于当事人的意思而消灭。如果当事人意思一致要消灭债的关系，那当然可以消灭，例如合同因当事人协商一致而解除。如果当事人一方要消灭债的关系，且享有消灭债的关系的权利，那么也可以消灭债的关系，例如解除、免除债务和抵销。(3) 基于法律的直接规定而消灭。例如合同当事人死亡或丧失民事行为能力、法人的终止等，都使债基于法律的直接规定而消灭。

债消灭之后所产生的效力表现在以下方面：(1) 债的当事人之间的权利、义务消灭，债权人不再享有债权，债务人不再负担债务。(2) 债权的担保及其他从属的权利、义务消灭。(3) 负债字据的返还。债权人主张不能返还或者不能记入的，债务人可以请求债权人出具债的消灭的证书。(4) 债消灭后的附随义务的履行，如根据交易习惯履行通知、协助、保密等义务。这些附随义务产生履行的效力，当事人必须履行。(5) 合同之债消灭不影响合同中结算和清理条款的效力。

二、债的消灭的具体原因

1. 清偿

清偿又称为履行，是指债务人按照债的内容向债权人履行义务，实现债权目的的行为。

清偿包括以下内容：(1) 清偿主体，就是清偿的当事人，包括清偿人与清偿受领人。清偿人是指清偿债务的人。债务人负有清偿义务，是必须为清偿之人；债务不是必须由债务人亲自履行的，且在给付行为为法律行为时，债务可由债务人的代理人清偿。清偿受领人是指受领债务给付的人，即受领清偿利益的人。债务的清偿应当由清偿人向有清偿受领权的人为之，并经受领后，才能发生清偿的效力。（2）清偿标的，就是债务的履行标的，或者债务给付的内容。清偿标的应当全面清偿，即按照法定的或者约定的债务全面履行。只有在特殊情况下，才可以部分清偿和代物清偿。（3）清偿期、清偿地、清偿费用。债务人清偿债务，应当在当事人约定的履行地点、履行期限之内为之。当事人没有约定的，按照法律的补缺性规定予以确定。清偿费用，按照法律规定或者当事人约定处理；法律没有规定，当事人也没有约定的，按照债的有关条款或者交易习惯确定；据此仍不能确定的，清偿费用由债务人负担。

2. 抵销

抵销是指当事人互负给付债务，各以其债权充当债务的清偿，从而使其债务与对方的债务在对等额内相互消灭的债的消灭制度。为抵销的债权，即债务人的债权，称为自动债权、抵销债权或反对债权；被抵销的债权，即债权人的债权，叫作被动债权、受动债权或主债权。

抵销依其产生的依据不同，可分为法定抵销与合意抵销两种。

法定抵销是指由法律规定两债权得以抵销的条件，当条件具备时，依当事人一方的意思表示即可发生抵销效力的抵销。这种通过单方意思表示即可产生抵销效力的权利，是形成权。只要具备了法定的抵销条件，一旦当事人提出抵销的请求，抵销即发生法律效力。

合意抵销也叫作约定抵销、意定抵销，是指当事人双方基于协议而实行的抵销。合意抵销重视的是当事人之间的意思自由，因而可以不受法律所规定的构成要件的限制，当事人只要达成抵销合意，即可发生抵销的效力。之所以这样规定，是因为债权属于债权人私权的范畴，债权人有处分的权利，只要其处分行为不违背法律、法规与公序良俗，法律就无权干涉。

3. 提存

提存是指债务人于债务已届履行期时，将无法给付的标的物提交给提存机关，以消灭债务的债的消灭方式。

提存的原因是：（1）债权人无正当理由拒绝受领；（2）债权人下落不明；（3）债权人死亡未确定继承人或者丧失民事行为能力未确定监护人；（4）法律规定的其他情形，如债权人分立、合并或者变更住所没有通知债务人。

提存的条件是：（1）提存人具有民事行为能力且意思表示真实；（2）提存之债必须真实、合法且已届清偿期；（3）存在提存的原因；（4）提存的标的与债务标的相符且适于提存。

提存的程序包括以下内容：（1）填写申请表，提交有关材料；（2）受理或不予受理；（3）审查；（4）决定提存或不予提存；（5）通知债权人受领提存物。

提存的效力是：（1）债的关系自提存时消灭。提存标的物的所有权自提存之时起，转移到债权人。（2）债务人与提存机关的关系是基于意思自治而产生的保管债的关系。有关提存物的保管费用，债务人不负责支付，而由债权人承担。（3）自提存之日起，债权人即独立地享有提存所设定的权利并承担相应的义务。

4. 免除

免除是指债权人抛弃债权，从而全部或者部分消灭债的关系的单方法律行为。

免除是民事法律行为，应当具备民事法律行为成立的一般条件，此外，还应当具备以下条件：（1）免除的意思表示向债务人为之；（2）债权人具处分能力；（3）不得损害第三人的利益。

免除的效力是使债的关系消灭。债务全部免除的，债务全部消灭；债务部分免除的，债的关系于免除的范围内部分消灭。主债务因免除而消灭的，从债务随之消灭，但从债务被免除的，不影响主债务的存在。

5. 混同

混同是指债权和债务同归于一人，而使债的关系消灭的事实。

混同以债权与债务归属于一人而成立，与人的意志无关，因而属于事件。发生混同的原因分为两种：（1）概括承受，是指债的关系的一方当事人概括承受他人权利与义务。例如，债务人继承被继承人对其享有的债权，债权人甲与债务人乙合并成立新厂丙，都发生混同的后果。（2）特定承受，是指因债权让与或者债务承担而承受权利和义务。例如，债务人自债权人处受让债权，或者债权人承担债务人的债务，也发生混同，债归于消灭。

混同的效力是导致债的关系的绝对消灭，并且主债务消灭，从债务也随之消灭，如保证债务因主债务人的债务与债权人的债权混同而消灭。

关于合同的解除，《民法典》第 557 条第 2 款规定的规则是：合同解除使该合同的权利义务关系终止，但是，这种合同终止与其他合同权利义务关系终止的性质不同。履行、抵销、提存、混同等都是因合同的权利实现、义务履行而消灭，而合同解除是合同的债权债务关系被解除，从根本上将合同债权债务关系消灭掉，而不是权利实现和义务履行。因此，将合同解除单独规定一款，区别于清偿、抵销等合同债权债务关系终止事由。这样的规定，使逻辑关系更清晰，使性质更加明确。

三、对本案的分析

《民法典》第 573 条关于“标的物提存后，毁损、灭失的风险由债权人承担。提存期间，标的物的孳息归债权人所有。提存费用由债权人负担”的规定，是标的物提存意外灭失风险承担的规则。依照《民法典》第 571 条第 2 款的规定，提存成立的，视为债务人在提存范围内已经交付标的物。

本案中的债务人在法院判决后，即将货款提存至法院，自此，债务人的债务已经履行完毕。即使在标的物提存后发生风险，其毁损、灭失以及孳息的所有权等，均转移至债权人，与债务人无关。

标的物提存能否发生债务履行的法律后果，取决于债务人是否履行适当的提存手续，也就是通知债权人。在本案中，药业销售中心将货款提存至法院后，虽然自己未对立达公司进行通知，但是法院已经向其发出领取提存物的通知，因此，提存已经发生效力。立达公司未及时受领提存款项，造成的逾期付款损失应当自己负担。

第十三章
债的保全与担保

第一节　债权人代位权

49.
“债务到期后债务人怠于行使其到期债权，债权人行使债权人代位权”案

案情介绍

孙某为与他人合伙经营服装生意，向许某借款 15 万元，约定借期 6 个月，月息为银行同期贷款利息的 2.5 倍，到期本息一起付清，孙某为许某出具了欠条。孙某用此款与他人合伙倒卖服装旧货，被市场监督管理机关查获，服装旧货全被没收，并被罚款。孙某为翻本，竭尽所有财产再次经营服装又遭亏损，还款期届满，无支付能力。许某多次催要，孙某无法清偿欠款。许某发现姜某对孙某有 17 万元欠款未还，孙某未行使债权。许某起诉请求姜某代孙某清偿债务。

法律问题

1. 债权人代位权的概念和特征
2. 债权人代位权的行使
3. 债权人代位权的效力

法理分析

一、债权人代位权的概念和特征

债权人代位权是指债权人依法享有的为保全其债权，以自己的名义行使属于债务人的债权的实体权利。当债务人怠于行使属于自己的到期债权，而危及债权人的权利实现时，债权人可依债权人代位权，请求法院以自己的名义行使债务人已经处

分的权利。《民法典》第535～537条规定了债权人代位权的具体规则。

债权人代位权的特征是：（1）债权人代位权是附属于债权的权利；（2）债权人代位权的行使须以债权人自己的名义；（3）债权人代位权的法律目的是保全债权；（4）权利的性质是管理权。

二、债权人代位权的行使

债权人代位权的行使须具备以下要件：（1）债权人与债务人间有债权、债务关系存在。如果在当事人之间不存在债权、债务关系，就不可能产生债权人代行债务人权利的权利。如果代行者与被代行者没有债权、债务关系，则代行者无代行的基础。（2）债务人有到期债权存在。如果债务人对于他人无权利存在，或其权利已经行使完毕，则债权人就不能代位行使权利。这种权利被明确规定为债权，且须到期。对其他的权利则一律不得行使代位权。（3）债权人有保全其债权的必要。所谓必要，传统民法认为是指债权人的债权有不能依债的内容接受给付的危险，因而有债权人代位行使债务人的权利以图债权满足的现实必要。保全的必要范围，应以以给付为标的的债权为准，对于如不作为的债权和以劳务为标的的债权不能保全。（4）债务人履行债务迟延。债务人应履行债务而未按期履行即为履行迟延，使债权未能及时实现。如果债务人未迟延履行，则不发生债权人代位权。（5）债务人怠于行使其权利。怠于行使权利，是指债务人应行使并能行使而不行使，其有无故意、过失或其他原因在所不问。债权人曾经催告债务人行使其权利与否，亦不过问。在债务人行使其权利之前，债权人就可以行使代位权。

具备以上条件，债权人行使代位权的，应以自己的名义，不能以债务人的名义。同时，债权人应以善良管理人的注意行使代位权，否则，其应负担损害赔偿责任。债权人行使代位权须向法院请求，只能通过诉讼程序行使。

行使代位权应以债权保全为必要限度。在必要范围内，可以同时或按顺序代位行使债务人的数个债权。如果代位行使债务人债权的价值超过债权保全的范围，则应在必要限度内，分割债务人的债权，以满足代位权的需要；如果该债权为不可分割的，则可以行使全部债权，将行使的结果归于债务人。

三、债权人代位权的效力

债权人代位权的效力及于债务人、第三人及债权人本人：（1）对于债务人，在债权人已着手代位权之行使而且通知债务人后，债务人不得再为妨害债权人代位权行使的权利处分；代位权行使所产生的民法上的效力，直接归属于债务人。（2）对于第三人，债权人代位权的行使相当于债务人向第三人行使权利。同时，债权人行使代位权及通知债务人后，第三人取得的对于债务人的抗辩权，可以用于对抗债权人，如不可抗力、已过诉讼时效等。(3) 债权人对于因其行使代位权支出的必要及有益的费用，可以请求债务人返还。在该债权归于债务人以后，债权人可以该债权实现的财产，满足自己的债权。在债权人行使代位权使债务人的债务人向债务人履行债务以后，如果债务人还有其他债权人，则行使代位权的债权人的债权仍然是平等债权，与其他债权人的债权处于平等的地位，不能优先受偿。

四、对本案的分析

本案的许某行使债权人代位权理由充分，具备了债权人代位权的行使要件。

第一，孙某与许某之间的借贷合同关系合法有效。孙某系债务人，负有按期清偿借贷本金、利息的义务；许某为债权人，享有按期收回本息的权利。孙某因违法经营、经营亏损，不能如期履行清偿义务，是违反合同的行为。

第二，孙某为逃避债务，怠于行使对姜某享有的债权，损害了许某的债权，许某作为债权人可以行使债权人代位权。债权人对于自己享有的债权，完全可以根据自己的意志，决定行使或者不行使这个债权。但是，当该债权又关系到其他债权的债权人时，如果他怠于行使债权的行为使他的债权人的权利无法实现，他的行为就是违法的。

第三，依据债权人代位权规定，在债务人怠于行使自己的债权，危及债权人的债权时，债权人可以用自己的名义，代债务人之位，向债务人的债务人请求实现自己的债权。债权人对于债务人的上述怠于行使债权、危及自己债权的行为，应当向法院提出代位行使债务人债权的请求，法院应予支持。

第二节　债权人撤销权

50.

"为逃避债务进行假离婚，将共同财产全部处分给女方，债权人行使债权人撤销权"案

案情介绍

侯某与王某因债务清偿发生纠纷诉至法院，经调解达成协议，王某偿还本金和利息 28 万元，以其所有的房产一处作为抵押。履行期限届至，王某没有还款。侯某申请执行，法院拟以抵押的房产清偿债务。案外人尚某提出异议，认为王某抵押的

房产是尚某的私产，王某也已将自己所有的部分财产处分给尚某。尚某为证明自己的主张，出示了尚某与王某的离婚协议书，原来王某与尚某离婚时，已将全部夫妻共同财产处分给尚某所有。经查，王某与尚某结婚多年，有一栋面积为236.88平方米的小楼，双方分别持有119.95平方米和116.93平方米的所有权。在王某与侯某达成债务清偿协议后，王某、尚某为逃避债务假离婚，将全部夫妻共同财产，包括王某自己所有的部分，都处分给尚某所有，王某净身出户。离婚后，二人仍然同居。侯某向法院起诉，请求撤销王某与尚某关于离婚分割财产的协议。

法律问题

1. 债权人撤销权的概念和特征
2. 债权人撤销权的行使要件
3. 债权人撤销权的行使方法
4. 债权人撤销权的效力

法理分析

一、债权人撤销权的概念和特征

债权人撤销权是指债权人依法享有的、为保全其债权，对于债务人处分作为债务履行资力的现有财产以及放弃到期债权的行为，请求法院予以撤销的权利。当债务人实施减少其财产或者放弃其到期债权而损害债权人债权的民事法律行为时，债权人可以依法行使这一权利，请求法院将该民事法律行为予以撤销，使已经被处分了的财产回复原状，以保护债权人债权实现的物质基础。《民法典》第538～542条规定了债权人撤销权的具体规则。

虽然债权人撤销权是债权的从权利，但它是兼有形成权和请求权双重性质的实体权利，其目的也是保全债权。它与债权人代位权的着眼点不同：债权人撤销权主要着眼于积极的财产处分行为，债权人代位权则着眼于消极的怠于行使债权的行为；债权人撤销权的主张是将债务人处分财产的行为予以撤销，债权人代位权的主张是对债务人的债权代债务人主张权利。

债权人撤销权的特征是：（1）债权人撤销权是附属于债权的实体权利；（2）债权人撤销权产生于债权发生之时；（3）债权人撤销权要在债权受到损害时行使；（4）债权人撤销权的适用范围包括全部债权。

二、债权人撤销权的行使要件

债权人撤销权按照债务人处分财产是否有偿，可以分为两种情况，其行使要件有共同的，也有非共同的。在下面的四个要件中，前三个是共同要件，后一个是非共同要件。

1. 债权人与债务人之间有债权、债务关系

债权人与债务人之间必须有债权、债务关系，因此，债权人撤销权的权利主体，是因债务人处分财产的行为而受其害的债权人。

2. 债务人实施了处分财产的积极行为或者放弃债权的消极行为

债权人撤销权的客体是债务人或其代理人的有害于债权的财产处分行为。当债务人实施的上述行为是虚伪的登记行为时，这种虚伪的登记行为也是撤销权的客体。当债务人实施的上述行为处分的是与他人共有之物时，撤销权要求撤销的只能是被处分共有财产中债务人应有的部分。构成这一要件须具备：（1）应有债务人处分其财产的行为。这种行为既可以是无偿行为，也可以是有偿行为；既可以是单方行为，也可以是双方行为。对于不能作为撤销权行使对象的行为，如毁弃财产的事实行为、财产上得利的拒绝行为以及其他非减少财产的行为，不能撤销。（2）债务人的行为于债权发生后有效成立而且继续存在。其行为的有效成立，是指形式上有效成立，而不论其实体上有效成立与否。这种形式上有效成立呈继续状态，尚未失去效力。（3）处分财产的行为可以是处分财产的积极行为，也可以是放弃债权的消极行为。

3. 债务人的行为须影响债权人到期债权实现

债务人处分行为的特点是使债务人的一般财产减少，以致不能满足债权人债权的要求。其标准，应为债务人的财产不足以满足债权人的债权要求，即债务支付不能。《民法典》第535条等关于“影响债权人的到期债权实现”的表述，就是指债务人的财产处分行为害及债权人的债权。如果债务人处分财产的行为没有害及债权人的债权，则债权人不得行使债权人撤销权。

4. 系非共同要件的主观恶意

债权人撤销权的非共同要件是指债务人以及财产处分受益人的过错，主要的表现形式是恶意。无偿行为的撤销，有无恶意均可。有偿行为的撤销，以有恶意为必要。债务人的恶意，是指债务人已知其行为可能引起或增强债务清偿的无资力而有害于债权人的债权，即严重损害债权人的利益。如无此认识，则该行为不可撤销。但债务人认识到其行为有害及债权的可能，却相信其行为结果可以维护债权人的债权的，该行为亦可撤销。因此，债务人的恶意含故意、过失两种情况。

由无偿行为产生的债权人撤销权的行使以具有以上三个共同要件为已足。但由有偿行为产生的债权人撤销权的行使，除应有以上共同要件之外，尚应具备主观要件。

三、债权人撤销权的行使方法

债权人撤销权的行使，必须由享有债权人撤销权主体资格的债权人，以自己的名义向法院提起诉讼，由法院依法立案、审理、裁判。当债权人为一人时，该债权人为原告；当债权人为连带债权人时，可以是连带债权人中的一人提起诉讼，也可以是所有连带债权人共同行使撤销权，作为共同原告起诉；当数个债权受同一债务人的行为危害时，各债权人均有权以撤销权起诉，其请求范围仅及于各自债权的保全范围，而法院出于便于审判、公正处理的考虑，可以并案审理。

债权人撤销权之诉的被告分为两种情况，依撤销权之诉的性质不同而不同：(1) 当撤销权属形成权，即处分行为只达成协议而未实际转移财产的占有时，该诉为形成之诉，被告系作出处分行为的债务人。(2) 当撤销权以返还原物的请求权为主，即处分行为已实际转移财产的占有时，该诉为给付之诉，以债务人及受益人为共同被告。当然，有偿行为的相对人应有恶意方具有被告资格。

债权人撤销权应当自知道或者应当知道撤销事由之日起 1 年内行使。自债务人的行为发生之日起 5 年内没有行使撤销权的，该撤销权消灭。

四、债权人撤销权的效力

债权人撤销权的效力，应依法院的撤销判决的确定始发生。撤销判决确定之后，债务人处分的财产应当返还给债务人；债务人因此而取得受益人的财产的，亦应予以返还。对于撤销权的效力范围，学说上有两种主张：一是相对无效说，认为撤销虽然使处分行为自始无效，但其效力范围以债权人的权利范围为标准，超出该范围的部分仍然继续有效。二是绝对无效说，即债务人的处分行为被撤销后，该处分行为的全部视为自始无效。《民法典》第 540 条规定，撤销权的行使范围以债权人的债权为限。债权人行使撤销权的必要费用，由债务人负担。

债权人行使撤销权以后，将债务人的财产回复为债务人所有，债权人就其债权不享有优先受偿权，其债权仍为平等债权。

五、对本案的分析

处理本案当事人的争议，有两种办法。

第一种办法是，王某因处分财产行为而使其无支付能力，并非真实的意思表示，而是虚假行为，目的在于逃避债务。王某将已为侯某设抵押担保的房屋产权予以处分，是侵害担保物权的行为。即使将设置了抵押权的房产转移给尚某，该抵押权也未消灭，抵押权人可以对该房产行使抵押权，变卖该房产，以该房产的变价款受偿。这是解决本案纠纷的一个办法。

第二种办法是，依照本案的具体案情，本案具备行使债权人撤销权的要求，依照债权人撤销权的规定处理，更有利于保护债权人的合法权益。首先，本案符合债权人撤销权的法律特征。王某在对侯某负有债务并且经过法院调解书确认的情况下，实施了减少其现有财产的积极处分行为，使侯某的债权产生了应当保全的必要。且侯某的债权是借贷之债，属于债权保全的范围。其次，本案具备债权人撤销权的全部构成要件，主体、客体和客观要件完全具备。王某对财产的积极处分行为是无偿的，故债权人撤销权的行使不必具备主观恶意要件。债权人侯某可以行使债权人撤销权，请求法院宣告王某的财产处分行为无效，以保全自己的债权。因此，债权人侯某向法院起诉，行使撤销权，要求直接将被王某无偿处分的房产进行变卖，以清偿债务，实现自己的债权，是完全有道理的，法院应当支持。

第三节 保 证

51.

“约定保证期限至‘还清所有贷款止’后主张超过保证期限仍应当承担保证责任”案

案情介绍

君和公司向招商公司借款500万元，双方签订了借款协议书，约定借款利率为年利率20%。应君和公司要求，洪安公司为其提供连带责任担保，出具了“不可撤销贷款保证书”，约定：“贷款到期，如借款人未还清上列款项，保证人无条件还清借款人所欠款项。保证期限至借款人还清所欠贵公司上列款项本息止。”还款期届至，君和公司无力还款，招商公司多次催讨未果，向法院起诉，请求保证人洪安公司承担还款付息责任。洪安公司抗辩称，洪安公司的担保书没有规定保证期限，招商公司在还款期限届至后超过6个月才向洪安公司提出请求，洪安公司不负保证责任。

法律问题

1. 保证的概念和特征
2. 保证合同的成立和保证方式
3. 保证的效力
4. 共同保证与保证责任的免除和消灭

法理分析

一、保证的概念和特征

保证是指债务人以外的第三人作为保证人与债权人约定，当债务人不履行债务时，保证人按照约定担保债务人履行债务的制度。保证的基本含义表明，保证是一种双方民事法律行为，是约定于债务人不履行债务时由保证人承担担保责任的行为。《民法典》将保证合同规定为典型合同，规定在合同编第二分编“典型合同”第十三章。

保证的法律特征是：(1) 保证具有从属性，从属于其所担保的主债权；(2) 保证具有独立性，不是主债务的一部分，而是独立于主债务的单独债务；(3) 保证具有无偿性，债务人并不支付对价，债权人也不支付代价；(4) 保证具有补充性，是对主债务的补充；(5) 保证具有单务性，其他当事人，包括主债务人和保证的债权人，都没有对待给付义务。

二、保证合同的成立和保证方式

保证合同的成立须满足合同成立的一般要求，在保证人与债权人之间可以就单个主合同订立保证合同，也可以协议在最高债权额限度内就一定期间连续发生的借款合同或者就某项商品交易合同订立一个保证合同。保证合同一定要以书面形式订立。《民法典》第 681 条规定：“保证合同是为保障债权的实现，保证人和债权人约定，当债务人不履行到期债务或者发生当事人约定的情形时，保证人履行债务或者承担责任的合同。”

保证人应当具有完全民事行为能力，自然人、法人或者非法人组织都可以作为保证人，但是，董事、经理不得以公司资产为本公司的股东或者其他个人的债务提供担保。保证是保证人以自己的信用为债务人作担保的，因此，保证人必须有明确的承担保证责任的意思表示。不仅保证合同的双方当事人关于保证的意思表示应当一致，而且双方当事人关于保证责任的意思表示必须真实。

在保证法律关系中，保证人是以自身信用和不特定财产为他人的债务提供担保的人。保证涉及三方当事人，即债权人、主债务人（被保证人）和保证人。在三方当事人之间存在着三种法律关系：债权人和债务人之间的主债权、债务关系；保证人和被保证人（主债务人）之间的委托关系；保证人和债权人之间的保证关系。

保证有两种形式，即一般保证和连带责任保证：一般保证是指保证人仅对债务人不履行债务负补充责任的保证。也就是说，债权人只有在对主债务人采取一切求偿手段而未能得到清偿之后，才能够对保证人提出清偿请求的保证形式。这就是一般保证的保证人所享有的检索抗辩权，也叫作先诉抗辩权。因此，一般保证是保证人享有检索抗辩权的保证。连带责任保证是指保证人在债务人不履行债务时，与债务人负连带责任的保证。换言之，连带责任保证是指在债务到期而未清偿的情况下，债权人可以同时或者先后向主债务人和保证人提出履行全部或者部分债务的清偿请求的保证形式。在连带责任保证中，保证人不享有先诉抗辩权。因此，连带责任保证人的保证责任重于一般保证人的保证责任。

对于保证责任的两种形式，有约定的，按照约定承担保证责任。在当事人对保证形式未作约定或者约定不明的情况下，应当依照《最高人民法院关于适用〈中华人民共和国民法典〉有关担保制度的解释》第 25 条规定的方法识别：首先，当事人在保证合同中约定了保证人在债务人不能履行债务或者无力偿还债务时才承担保证责任等类似内容，具有债务人应当先承担责任的意思表示的，应当将其认定为一般保证。其次，当事人在保证合同中约定了保证人在债务人不履行债务或者未偿还债务时即承担保证责任、无条件承担保证责任等类似内容，不具有债务人应当先承担责任的意思表示的，应当将其认定为连带责任保证。最后，应用上述方法仍然无法识别的，应当适用《民法典》第 686 条第 2 款的规定：当事人在保证合同中对保证方式没有约定或者约定不明确的，按照一般保证承担保证责任。

三、保证的效力

保证人承担的责任仅仅是财产责任，其责任范围等于或者小于主债务人的债务。保证人究竟是对债务的全部还是部分进行担保，由其进行约定。对部分债务进行保证的，也称为有限保证。保证合同中对于保证范围没有明确约定或者约定不明的，保证人对全部债务承担责任。对债务的全部进行保证的保证责任，称为无限保证。

保证产生两方面的法律效力：（1）债权人与保证人之间的效力。这种效力表现为债权人因保证合同之债而对保证人获得请求权，在债务人不履行债务时，债权人有权请求保证人承担保证责任。（2）保证人和债务人即被保证人之间的效力。保证人履行债务后，有权向债务人追偿。保证人对债务人即被保证人行使追偿权的条件是：第一，保证人向债权人履行了保证债务；第二，因保证人的履行债务人免责；第三，保证人履行保证债务无过错。追偿的范围，一是保证人为主债务人向债权人清偿的债务额，二是履行保证债务所支出的必要费用。

四、共同保证与保证责任的免除和消灭

两个以上的保证人共同为同一债务人的同一债务提供保证的，是共同保证。共同保证分为按份保证和连带保证。按份保证是数个共同保证人与债权人约定了保证份额的共同保证。对此，各个共同保证人按照其约定份额承担保证责任。连带保证

是数个共同保证人与债权人没有约定保证份额，或者约定不明确的共同保证。对此，各个共同保证人承担连带责任。

保证责任的免除或者消灭有以下几种情形：(1) 保证期限届满而债权人未为请求时，保证责任免除。(2) 债权人放弃物的担保，在放弃权利的范围内保证责任免除。(3) 在保证责任期限内，未经保证人同意而转让债务、变更主合同（保证合同另有约定的除外）的，从债务转让或者主合同变更之日起，保证人不承担保证责任。(4) 保证合同解除或者终止的，保证责任消灭。(5) 主债务消灭的，保证债务消灭。

五、对本案的分析

本案的君和公司与招商公司签订借款协议书，洪安公司为其提供连带责任保证，约定“贷款到期，如借款人未还清上列款项，保证人无条件还清借款人所欠款项。保证期限至借款人还清所欠贵公司上列款项本息止”，成立保证合同。提供保证是洪安公司的真实意思表示，应当按照约定的保证责任履行义务。

还款期届至，君和公司无力还款，洪安公司应当按照约定承担保证责任。洪安公司认为自己在担保书中没有承诺保证期限，而招商公司在还款期限届至后超过 6 个月才向其提出请求，故不负保证责任。对保证人的这一抗辩主张，应当适用《民法典》第 692 条关于“债权人与保证人可以以约定保证期间，但是约定的保证期间早于主债务履行期限或者与主债务履行期限同时届满的，视为没有约定；没有约定或者约定不明确的，保证期间为主债务履行期限届满之日起六个月”的规定。既然君和公司的债务履行期已经超过 6 个月，那么洪安公司关于保证期间已经届满，不再承担保证责任的抗辩就依法成立。此外，《最高人民法院关于适用〈中华人民共和国民法典〉有关担保制度的解释》第 32 条规定：“保证合同约定保证人承担保证责任直至主债务本息还清时为止等类似内容的，视为约定不明，保证期间为主债务履行期限届满之日起六个月。”洪安公司的抗辩符合这一司法解释的规定，因此不必承担保证责任。

第四节　定　金

52.

“以报废的汽车进行买卖无法转移所有权，所收定金双倍返还”案

案情介绍

徐某与钟某协议，将徐某的东风牌旧汽车作价 1.5 万元卖给钟某，徐某提出先

交付 3 000 元定金，钟某同意，交给徐某 3 000 元。双方约定，徐某再跑一次长途运输后，将车交付钟某，钟某再付 1.2 万元车款，办理汽车过户手续。徐某回来后，与钟某一起去车辆管理所办理过户手续，车辆管理所告知该车已经报废，不得再转卖。钟某向徐某追索定金，徐某拒绝，双方发生争执。钟某以徐某违约为由起诉，请求徐某双倍返还定金。

法律问题

1. 定金的概念、特征和种类
2. 定金的性质和成立
3. 定金的效力

法理分析

一、定金的概念、特征和种类

定金是指以担保债权实现为目的，依据法律规定或双方当事人约定，由一方在合同订立时或订立后至合同履行之前，按照合同标的额的一定比例，预先付给对方的一定数额的货币。《民法典》把定金放在违约责任部分即第 586～588 条规定，《合同编通则司法解释》也对定金作了规定。

我国的定金具有以下法律特征：(1) 定金的权利和义务关系产生于定金合同。(2) 定金是由法律规定的债权担保形式。(3) 定金担保是一种双方当事人担保。(4) 定金的支付须在合同履行前进行。定金的支付须在合同订立之时，或者在合同订立之后至合同履行之前。即使是立约定金，也是在订立合同之前支付，否则，定金担保将失去意义。

定金是担保债权实现的方式，但定金的性质和效力是不同的。定金主要有以下种类：(1) 证约定金，是指为证明合同的成立而交付的定金。定金是合同已经成立的证据。(2) 成约定金，是指交付定金是合同成立的要件，因定金交付的事实，合同才告成立。(3) 违约定金，是指交付定金的一方如不履行债务，收受定金的一方得没收该定金。(4) 解约定金，是指以其为保留解除权的代价的定金。交付定金的一方可以丧失定金为代价而解除合同，收受定金的一方可以双倍返还定金的代价而解除合同。(5) 立约定金，是指为保证正式订立合同而交付的定金，即在订立合同前交付的定金，其目的在于保证正式订立合同。

二、定金的性质和成立

我国定金的基本性质是违约定金，在确定这一基本性质的前提下，并不排除定金具有其他性质，亦不反对当事人对定金的性质另有约定。《合同编通则司法解释》规定，当事人可以约定违约定金、立约定金、证约定金、解约定金。

定金基于定金合同而产生，因而定金的成立就是指定金合同的成立。定金合同成立的要件是：(1) 须当事人有意思表示能力，一方当事人提出定金要约，对方当事人对定金要约作出承诺。(2) 定金合同以主合同的有效成立为其成立的前提。(3) 定金合同以定金的交付为成立要件，因此其是实践性合同。(4) 定金合同以货币为标的。(5) 定金的数额不能超过法定限额。

三、定金的效力

定金有以下效力：

(1) 证约效力。定金具有证明主合同成立的作用。定金一经交付，即发生证明主合同成立的效力。

(2) 抵作价款或收回。在主合同履行后，定金的作用即消失，不再具有意义，因此，定金应当抵作价款或者由给付定金的一方当事人收回。

(3) 违约定金罚则。违约定金罚则的效力在于，给付定金的一方不履行约定的债务的，无权要求返还定金；收受定金的一方不履行约定的债务的，应当双倍返还定金。

四、对本案的分析

对本案应如何适用法律有不同的意见。一种意见认为：本案汽车买卖合同因标的物汽车自始交付不能而自始没有成立。主合同没有成立，作为从合同的定金合同当然也没有成立。故对本案应依缔约过失责任原理，双方应各自返还从对方取得的财产，徐某只需返还定金。另一种意见认为，本案的汽车买卖合同因买卖标的物汽车报废而无法履行，导致合同无效，但作为该合同担保条款的定金合同并非无效，徐某因自己的原因不能履行合同，属于违约，应适用定金罚则即徐某双倍返还定金。

本书认为，本案的定金合同已经具备了定金合同成立的要件，因为交付定金，就有证明主合同已经成立的效果。既然合同已经成立并生效，那么合同约定的转让标的物出现履行不能，因而出让方无法履行合同的交付义务，构成违约。故出让方应当承担违约责任，向受让方双倍返还定金。

第十四章

合同流转

第一节 合同订立和成立

53. “买方发函查问如有水泥供货即派人前去购买而卖方即送货上门发生纠纷”案

案情介绍

食品公司因建造公司大楼急需水泥，基建处向青锋水泥厂、新华水泥厂和建设水泥厂发出函电，称：“我公司急需型号为500的水泥100吨，如贵厂有货，请速来函电，我公司愿派人前往购买。”三家水泥厂在收到函电以后，都先后向食品公司回复了函电，告知其备有现货，且告知了水泥的价格。其中，建设水泥厂在发出函电的同时，派车给食品公司送去50吨水泥。在送到之前，食品公司认为新华水泥厂报价适当，已经向新华水泥厂发电：“我公司愿购买贵厂100吨500型号水泥，盼速送货，运费由我公司负担。”次日上午，新华水泥厂函复已准备发货。下午，建设水泥厂将50吨水泥送到。食品公司告知建设水泥厂，已定购新华水泥厂的水泥，不接收建设水泥厂送来的水泥。建设水泥厂认为食品公司拒收货物构成违约，遂向法院起诉，要求追究食品公司的违约责任。

法律问题

1. 合同订立与合同成立
2. 要约
3. 承诺
4. 合同条款与合同形式

法理分析

一、合同订立与合同成立

合同的订立是指缔约人为意思表示并达成合意的状态。

合同的订立是一个动态的过程，是当事人为实现预期目的，为意思表示并达成合意的过程，是动态行为和静态协议的统一体。合同订立是合同的初始阶段，是双方当事人接触、洽商，使意思表示趋于一致，并最后达成合意的过程。正因为如此，合同订立的意义是：（1）没有合同的订立就没有合同的存在；（2）合同的订立是合同权利和义务得以实现的前提；（3）没有合同的订立就没有合同责任的发生。

合同的成立是指当事人对合同的标的、数量等内容协商一致。合同成立是当事人对合同的主要条款达成一致，是从当事人意思表示一致的角度来讲的。

合同的成立，按照《民法典》第471条的规定，采取要约、承诺方式或者其他方式。在订立合同中，一方当事人提出要约，另一方当事人予以承诺，合同就告成立。因此，要约和承诺既是合同成立的主要方式，也是合同订立的两个阶段。

合同成立的条件是：（1）在主体上须有双方或多方当事人；（2）当事人对合同的主要条款达成合意。《合同编通则司法解释》第3条第1款第一句规定："当事人对合同是否成立存在争议，人民法院能够确定当事人姓名或者名称、标的和数量的，一般应当认定合同成立。"当事人的姓名或者名称、标的、数量就是合同的主要条款。

二、要约

要约是指一方当事人以缔结合同为目的，向对方当事人提出合同条件，希望对方当事人接受的意思表示。在商业活动中，要约也叫作发价、发盘、出盘、报价。

要约发生法律效力，应当符合下列构成要件：（1）要约必须是特定人所为的意思表示；（2）要约的内容须具体、确定；（3）要约必须具有缔结合同的目的；（4）要约必须发给要约人希望与其订立合同的受要约人；（5）经受要约人承诺后要约人即受该意思表示约束。

要约被承诺后，就产生合同的法律效力。当事人只要发出要约，就意味着自己愿意接受要约意思表示的约束。只要依据要约的条文能够合理分析出要约人在要约中含有一经承诺即受拘束的意旨，或者通过要约人明确的订立合同的意图，可以合理推断该要约包含了要约人愿意接受承诺后果的意思表示，即可认为符合该要件。

要约邀请即要约引诱，也称为邀请要约，是一方希望他人向自己发出要约的意思表示。要约与要约邀请具有以下区别：（1）要约是一方向另一方发出的意欲订立合同的意思表示；而要约邀请表明仍处在订立合同的磋商阶段，是订约的准备行为。(2) 要约生效后，受要约人获得承诺资格；而要约邀请仅仅是使相对方当事人获得了信息，从而可以向要约邀请人发出要约。(3) 要约人受要约拘束，在要约有效期限内，要约人不得任意撤销要约，否则应当承担缔约过失责任；而要约邀请不具有这样的效力。(4) 对于有些要约法律有特别规定。如果法律规定某种行为为要约或者要约邀请，则应当依照法律的规定处理。

要约生效是指要约从什么时间开始发生法律效力。以对话形式发出的要约，一般不存在何时生效的争议，因要约的意思表示一经作出，受要约人就立即知悉，要约就立刻生效。在非对话要约即书面形式的要约中，要约究竟何时生效，有发信主义、收信主义和了解主义的区别。《民法典》采用到达主义即收信主义，规定要约到达受要约人时生效。

要约一经生效，即对要约人发生拘束力，其不得随意撤销或者对要约加以限制、变更或者扩张。受要约人在要约生效时，即取得承诺的权利，或者说取得了依其承诺而成立合同的法律地位。要约发生法律效力的期间，简称为承诺期间。在此期间作出的承诺，为有效承诺。

要约撤回是指在要约人发出要约之后、要约生效之前，宣告收回发出的要约，取消其效力的行为。要约的撤回符合法律要求的，发生要约撤回的效力，即视为没有发出要约，受要约人没有取得承诺资格。要约撤回的通知迟于要约到达受要约人的，不发生要约撤回的效力，要约仍然有效，受要约人取得承诺的资格。

要约撤销是指要约人在要约生效之后、受要约人作出承诺之前，宣布取消该项要约，使该要约的效力归于消灭的行为。在实践中行使要约撤销权，应当注意以下几个问题：(1) 注意把握要约撤销的时间界限，应当在要约生效之后撤销。(2) 撤销要约的通知于要约生效之前到达受要约人的，发生撤回的法律效力。要约在下列两种情况下，不得撤销：(1) 要约中确定了承诺期限或者以其他形式表明要约不可撤销的。(2) 受要约人有理由认为要约是不可撤销的，并且已经为履行合同做了准备工作。

要约在一定的条件下会丧失其法律拘束力，对要约人和受要约人不再产生拘束力：要约人不再受要约的约束，受要约人也不再有承诺的资格，即其“承诺”不再具有承诺的效力，合同不能因该“承诺”而成立，而是成立新的要约。要约失效的事由是：(1) 拒绝要约的通知到达要约人；(2) 要约人依法撤销要约；(3) 承诺期限届满，受要约人未作出承诺；(4) 受要约人对要约的内容作出实质性变更。

三、承诺

承诺是指受要约人同意要约的意思表示。换言之，按照这一规定，承诺是指受要约人同意接受要约的条件以缔结合同的意思表示。因此，承诺以接受要约的全部条件为内容，其目的在于同意与要约人订立合同。

承诺应当符合下列条件：（1）承诺须由受要约人或者其代理人向要约人作出；（2）承诺是受要约人同意要约的意思表示；（3）承诺必须在规定的期限内到达要约人；（4）承诺的方式必须符合要约的要求。

承诺的方式是指受要约人通过何种形式将承诺的意思送达要约人。《民法典》第484条规定："以通知方式作出的承诺，生效的时间适用本法第一百三十七条的规定。""承诺不需要通知的，根据交易习惯或者要约的要求作出承诺的行为时生效。"受要约人依据自己的意愿选择承诺的方式。

承诺资格是要约人依法赋予受要约人的，是一种有期限的权利。承诺原则上应当在确定的期限内发出才具有法律效力。

承诺期限是受要约人资格的存续期限，在该期限内受要约人具有承诺资格，可以向要约人发出具有拘束力的承诺。要约人在要约中明确规定承诺期限的，受要约人应当按照要约确定的承诺期限承诺，否则为无效承诺。要约人在要约中没有规定承诺期限，但规定了要约的效力期间的，该效力期间对受要约人有约束力。例如，要约规定"本要约有效期间为2020年9月1日到15日"，则受要约人应当在这个期限之内承诺。应当说明的是，承诺是以要约的有效存在为前提的，要约的有效期届满，承诺资格自然丧失，所以承诺的有效期限应当受到要约有效期限的限制。

承诺变更是指受要约人在向要约人发出的承诺中，对要约的内容进行了适当的改变，在承诺的条款中，与要约的内容有所不同。承诺变更分为实质性变更和非实质性变更：凡是对要约的内容进行了实质性变更的，按照传统民法的主张，一律作为新的要约处理；如果对要约不是作实质性的变更，只是作了非实质性的变更，那么，就不应当认为是新的要约，而是认其为有效的承诺。

承诺的撤回是指在发出承诺之后、承诺生效之前，宣告收回发出的承诺，取消其效力的行为。承诺撤回权的行使有严格的时间限制，这就是撤回承诺的通知应当在承诺到达要约人之前或者同时到达要约人。这是因为，只有承诺撤回通知的到达不迟于要约人收到承诺的时间，才不至于使要约人的利益受损。承诺的撤回符合撤回权行使期限规定的，发生承诺撤回的效力，视为没有发出承诺，因而合同没有成立。承诺撤回的通知迟于承诺到达要约人的，不发生承诺撤回的效力，承诺仍然有效。

承诺生效时间是指承诺何时发生法律拘束力。《民法典》采纳收信主义确定承诺生效的时间。其时间的具体确定，应当遵守以下规则：（1）承诺需要通知的，以承诺的通知到达要约人的时间为承诺生效时间。（2）采用数据电文形式订立合同，要约人指定特定计算机系统接收数据电文的，该数据电文进入该特定系统的时间，视为到达时间；未指定特定系统的，该数据电文进入要约人的任何系统的首次时间，视为到达时间。(3) 承诺不需要通知的，根据交易习惯或者要约的要求作出承诺的行为时生效。

逾期承诺是指受要约人在要约人限定的承诺期限之后，向要约人发出的承诺。《民法典》第 486 条规定："受要约人超过承诺期限发出承诺，或者在承诺期间内发出承诺，按照通常情形不能及时到达要约人的，为新要约；但是，邀约人及时通知受要约人该承诺有效的除外。"

承诺迟到是指承诺人在承诺期限内发出承诺，但是承诺到达要约人时，已经超出了承诺期限。承诺迟到和逾期承诺不同：在逾期承诺中，受要约人发出承诺的时间已经超出了承诺期限。承诺迟到和承诺逾期到达也是不同的，承诺逾期到达包括逾期承诺和承诺迟到两种情况。

承诺生效，合同即告成立。合同成立是承诺生效的直接结果。合同成立的时间，是双方当事人的磋商过程结束，达成共同意思表示的时间界限。《民法典》第 490 条第 1 款第一句规定："当事人采用合同书形式订立合同的，自当事人均签字、盖章或者按指印时合同成立。"第 491 条第 1 款规定："当事人采用信件、数据电文等形式订立合同要求签订确认书的，签订确认书时合同成立。"这是关于签订合同书或者确认书的合同成立时间的规定。

四、合同条款与合同形式

合同条款是指合同内容的表现形式，是合同内容的载体。依照《民法典》第 470 条第 1 款的规定，合同一般包括以下条款：(1) 当事人的名称或者姓名和住所；(2) 标的；(3) 数量；(4) 质量；(5) 价款或者报酬；(6) 履行期限、地点和方式；(7) 违约责任；(8) 解决争议的办法。合同的主要条款，是指合同必须具备的最一般条款。欠缺主要条款，合同就不成立。主要条款决定着合同的类型，确定了当事人各方的权利、义务的质和量。合同的当事人、标的和数量，是合同的主要条款，而价款一般不是主要条款。

合同形式又称为合同的方式，是当事人合意的表现形式，是合同内容的外在表现，是合同内容的载体。《民法典》规定了三种合同形式：一是书面形式，二是口头形式，三是其他形式。合同的书面形式，是指以文字等有形的表现方式订立合同的形式。合同书和合同确认书是典型的书面形式的合同。口头形式就是以口头语言的方式订立合同。其他形式，包括公证、鉴证等形式。

五、对本案的分析

食品公司需要水泥，给三个水泥厂发函言明"如贵厂有货，请速来函电，我公司愿派人前往购买”。第一，这一意思表示，不是一方向另一方发出的意欲订立合同的意思表示，而是表明进行磋商后订立合同，是订约的准备行为，相当于邀请要约；第二，函件使相对方当事人获得了订约信息，可以向要约邀请人发出要约，而不是表明要约生效后受要约人即获得承诺资格；第三，函件表达的意思并不是自己受要约的拘束，仅仅是表明自己想购买水泥，有合适的，即可商量订立合同。因此，食品公司发函的意思表示属于邀请要约，不是要约。

建设水泥厂收到邀请要约后，没有进一步协商，没有经过订立合同的要约和承诺，直接将50吨水泥送到食品公司，不构成合同的履行，因为双方还不存在要约和承诺，没有订立合同。因此，食品公司拒收建设水泥厂的水泥，并不构成违约行为，建设水泥厂形成的损失是因自己急于销售水泥的过失所致，与食品公司没有关系。

因此，建设水泥厂认为食品公司拒收货物构成违约，向法院提起诉讼，没有法律根据和事实根据，应当承担败诉的后果。

第二节　合同生效

54.

“公司法定代表人擅自以公司名义为个人借款担保是否有效”案

案情介绍

公路运输公司系国有的有限责任公司，重大决策由董事会决定。公司的法定代表人秦某以个人名义向本公司的车辆承包人陈某借款，陈某分三次交付秦某100万元，秦某向陈某出具借条，载明“今借陈某人民币一百万元整，借期六个月归还”。陈某要求提供担保，秦某即在担保人处加盖公司公章。后秦某未能按期归还借款，陈某以公路运输公司为被告起诉，请求判令该公司承担保证责任。

法院驳回了陈某的诉讼请求。

法律问题

1. 合同效力的概念和范围
2. 合同生效的时间和条件
3. 合同效力的基本形态
4. 合同无效的具体形式

法理分析

一、合同效力的概念和范围

合同的效力就是合同的法律约束力，是指合同所产生的、由法律赋予的并受法律保护的法律效力。《民法典》第 465 条规定：“依法成立的合同，受法律保护。”“依法成立的合同，仅对当事人具有法律约束力，但是法律另有规定的除外。”

合同的法律约束力表现在，当事人应当按照合同的约定履行自己的义务，非依法律规定或者取得对方同意，不得擅自变更或者解除合同。其效力范围的具体表现是：(1) 对合同当事人的约束。一经当事人订立合同，这种关系就被特定了，不得再作出变更。(2) 对债务履行的约束。法律以其强制力，保障合同债务的履行。这种约束，是对债务人的行为的约束，即保证债务人全面履行合同债务。(3) 对行使债权的约束。合同的债权人在行使债权的时候，应当依照法律的规定，不能滥用权利。(4) 对合同变更和解除的约束。对合同进行变更或者解除，必须按照法律的规定进行。

二、合同生效的时间和条件

合同生效是指已经成立的合同在当事人之间产生了法律拘束力即通常所说的法律效力。合同的法律效力就是合同对当事人的拘束力。合同生效的时间，就是合同在什么时间产生法律约束力。《民法典》第 502 条第 1 款规定：“依法成立的合同，自成立时生效，但是法律另有规定或者当事人另有约定的除外。”合同生效的时间包含以下两个内容：(1) 合同生效的一般时间界限，是合同依法成立。在这种情况下，合同成立和合同生效在时间上是一致的。(2) 按照法律、行政法规规定应当办理批准、登记等手续生效的，在办理了相关的手续时合同生效。在这种情况下，合同的成立和合同生效在时间上是不一致的。

合同生效的条件和合同成立的条件是不同的。合同生效的条件，是指合同具备什么条件才能生效。法律规定的合同生效的条件是消极条件，不是积极条件，是指在合同不具有什么样的情形下就使合同在成立时生效的条件。合同欠缺生效要件有三种情况：(1) 完全不发生合同的效力，是确定的无效合同。(2) 不直接发生合同原来的效力，需要补充有效要件才能发生效力，是效力待定的合同，如无权代理行为，本人追认则为有效，本人不追认则无效。(3) 姑且发生合同效力，可以因撤销而无效，如因重大误解或显失公平而缔结的合同，为可撤销的合同，被撤销的合同从被撤销时起无效，但在其被撤销前还是有效的。

合同生效的条件是：(1) 合同的内容确定。合同内容不完全或前后矛盾，无确定意义的意思表示，除依据法律，或依当事人所定的确定方法，或依习惯，或依其他情事，可以将其内容确定的以外，均为无效。（2）合同的内容为可能。以实现不可能的事项为标的的合同，为无效合同。（3）合同内容的合法性。违反法律禁止性规定的合同，均为无效。（4）合同社会内容的妥当性。合同有悖于社会公共利益的即为无效。

三、合同效力的基本形态

合同效力的基本形态是合同效力所表现的具体情形。

《民法典》对民事法律行为（包括合同）的效力形态进行重新规定，将合同的效力形态划分为以下三种。

1. 合同效力待定

这样的合同包括两种：（1）限制民事行为能力人订立的合同。其民事主体资格有缺陷，因而其所订立的合同的效力取决于其法定代理人是否追认，或者相对人是否要求撤销。（2）无权代理人订立的合同。其订立合同并没有得到权利人的授权，因而这种行为人订立的合同生效亦有待于真实的权利人的合法授权。

2. 合同相对无效

相对无效的合同包括：（1）因重大误解订立的合同；（2）在订立合同时显失公平的合同；（3）一方或者第三人以欺诈、胁迫的手段使对方在违背真实意思的情况下订立的合同。

3. 合同绝对无效

绝对无效的合同包括：（1）无民事行为能力人订立的合同；（2）虚假的合同；（3）恶意串通，损害第三人利益的合同；（4）违反法律、行政法规的强制性规定的合同；（5）违反公序良俗的合同。

此外，《民法典》第 146 条第 2 款还规定了隐藏行为，依据被隐藏的行为涉及的法律规定确定合同的效力。

四、合同无效的具体形式

1. 合同无效溯及既往

合同被确认无效或者被撤销以后，其结果是该合同自始无效。这就是“合同无效溯及既往”的效力。无论是绝对无效的合同还是相对无效的合同，都是如此。

2. 合同部分内容无效不影响其他部分内容的效力

在实践中，合同并不是全部无效，而是合同的部分内容因违反法律或公序良俗而无效的，其他部分的效力并不受影响。这就是合同“部分无效、部分有效”。但是，如果合同无效部分的内容影响到其他部分内容的效力，则合同全部无效。

3. 合同无效不影响解决争议方法条款的效力

按照《民法典》第 507 条的规定，合同不生效、无效、被撤销或者终止的，不影响合同中有关解决争议方法的条款的效力。

五、对本案的分析

本案的争议焦点是涉案保证合同是否有效。法人的法定代表人或者非法人组织的负责人超越权限订立的合同，相对人知道或者应当知道其超越权限的，该合同对法人或者非法人组织不发生效力。由此可知，在认定超越代理权限的合同效力时，相对人是否具有善意是关键，相对人为善意的，合同有效，否则无效。

本案的公路运输公司系国有企业，其法定代表人秦某未经公司董事会同意，在涉案的个人借款的借条落款的担保人处，加盖公司公章，是为自己的私人借款提供担保，且陈某是该公司的车辆承包人，有密切的关联，应当知道秦某的代表行为超越权限，不具有善意，故应当认定涉案保证合同无效。对此，《合同编通则司法解释》第 20 条第 2 款规定：“合同所涉及事项未超越法律、行政法规规定的法定代表人或者负责人的代表权限，但是超越法人、非法人组织的章程或者权力机构对代表权的限制，相对人主张该合同对法人、非法人组织发生效力并由其承担违约责任的，人民法院依法予以支持。但是，法人、非法人组织举证证明相对人知道或者应当知道该限制的除外。”这里规定的但书，主要是驳回原告诉讼请求的依据。

第三节　合同的变更和解除

55.

“合同订立后法定代表人在改变了合同内容的文件上签字构成合同变更”案

案情介绍

汽车站与房地产公司签订“合作开发房地产协议”，约定双方共同合作开发，汽车站以其临街、空坝面积为 1 860 平方米的土地作为投资，房地产公司负责出资并办理建设手续，修建“南方商住楼”。汽车站在合同签订后 10 日内，将土地过户给房地产公司。协议还约定，房地产公司在委托设计方案时，须按汽车站的要求设计车辆进出大门，即进站大门宽为 9 米、出站大门宽为 7 米。如一方违约，应向守约方支付总造价 20%的违约金。

协议签订后，建筑公司委托建筑勘察设计室设计了“南方商住楼方案图”，载明车辆进站大门宽为 7.8 米、出站大门宽为 6 米，进站通道上端可修建房屋。建筑公司将方案图交给汽车站审查，汽车站的法定代表人在方案图封面签注“同意此方案”，并加盖单位印章。汽车站的法定代表人在房地产公司修建手续申报表上也签注“同意修建”，加盖单位印章。经批准后，房地产公司和建筑公司按图施工。

汽车站的法定代表人更换后，认为房地产公司和建筑公司擅自变更车辆进、出站大门宽度违约，起诉要求房地产公司和建筑公司拆除已建房屋，按原协议施工，并承担违约责任。房地产公司和建筑公司以汽车站同意变更合同为由抗辩。

法律问题

1. 合同的变更
2. 合同的解除

法理分析

一、合同的变更

合同变更分为广义的合同变更和狭义的合同变更两种。广义的合同变更是指合同的内容和主体的变化，而合同的主体变更实际上是合同的权利、义务转让，与合同的内容变更有所不同。狭义的合同变更仅指合同内容的变化，不包括合同主体的变化。合同法上所说的合同变更是指狭义的合同变更。因此，合同变更是指在合同成立后、履行或者完全履行之前，当事人就合同的内容达成修改和补充的协议所带来的变化。

合同变更的特征是：（1）合同的变更须经当事人协商一致；（2）合同的变更是指合同关系的局部变化；（3）合同变更后产生新的债权、债务内容。

合同变更的要件包括以下几个方面：（1）原合同关系存在。在合同有效成立以后至合同履行完毕之前，当事人均可对合同的内容进行变更。（2）合同变更须有当事人的变更协议。当事人达成的变更合同的协议也是一种民事合同，因此应当符合《民法典》有关合同成立和生效的一般规定。（3）必须有合同内容的变化。（4）合同变更必须遵循法定的形式。

合同变更的法律效力包括以下方面：（1）仅对变更部分发生效力，即原有的这一部分内容失去效力，当事人应按照变更后的合同内容履行。（2）仅对未履行的部分合同内容发生效力，即合同的变更没有溯及力。合同的当事人不得以合同发生了变更而主张已履行的部分归于无效。(3) 合同的变更不影响当事人请求损害赔偿的权利，一方因可归责于自己的原因给对方造成损害的，对方有权要求该方承担赔偿责任，并不因合同发生了变更而受有影响，但是合同的变更协议已经对受害人的损害予以处理的除外。合同的变更本身给一方当事人造成损害的，另一方当事人应对此承担赔偿责任，不得以合同的变更乃是当事人自愿而不负赔偿责任。

二、合同的解除

合同解除有两种含义。狭义的合同解除，是指合同有效成立以后，在具备解除条件时，当事人一方基于法律规定或双方的意思表示而使合同关系归于消灭的一种法律行为。广义的合同解除，除了包括狭义的合同解除，还包括合同的协议解除。大陆法系一般采狭义的合同解除。在我国《民法典》采广义的合同解除，因此，在我国合同解除是指在合同成立之后而全部履行前，当事人基于协商、法律规定或者当事人约定而使合同关系归于消灭的法律行为。

合同解除的特征是：(1) 合同解除以当事人之间存在有效合同为前提。(2) 合同解除须具备一定的条件。合同解除条件分为法律规定的条件、当事人约定的条件，通过协商确定解除合同的依协商而解除，协商一致即为条件。(3) 合同解除是一种消灭合同关系的民事法律行为。当事人解除合同必须实施一定的行为即解除行为。这种行为是一种民事法律行为，既可以是单方民事法律行为，也可以是双方民事法律行为。

合同解除有三种形式：(1) 协议解除，也叫作合意解除、解除契约或反对契约，是指在合同有效成立后、履行完毕之前，当事人双方通过协商而使合同效力消灭的双方民事法律行为。(2) 约定解除，是指在原合同中约定解除权条款，或另外签订一个合同，赋予一方或双方当事人在一定条件下的解除权，当事人行使解除权来解除合同。约定解除的基本特点是通过原有合同或者新订立的合同约定解除合同的条件，当约定的条件出现时，当事人即可行使解除权而解除合同。因此，约定解除是单方解除合同。(3) 法定解除，是指在合同有效成立后、履行完毕前，当事人由于法律规定的事由出现而行使解除权，使合同关系归于消灭的行为。法定解除有针对一般合同而规定的，也有针对个别合同而规定的。《民法典》规定的法定解除是解除权发生的一般原因。

合同解除的条件又叫合同解除的原因，是指允许当事人解除合同的确定原因。协议解除和约定解除的条件就是，双方协商一致，以将原合同加以解除的合意而订立一个新的合同，合同的内容就是把原来的合同废弃，使基于原合同发生的债权、债务归于消灭。法定解除的条件是：(1) 因不可抗力不能实现合同目的。须具备不可抗力并导致不能实现合同目的两个条件。(2) 在履行期限届满之前，当事人一方明确表示或者以自己的行为表明不履行主要债务，即明示预期违约和默示预期违约。（3）当事人一方迟延履行主要债务，经催告后在合理期限内仍未履行。这表明债务人根本就没有履行合同的诚意，或者根本就不可能履行合同。（4）当事人一方迟延履行债务或者有其他违约行为致使不能实现合同目的，即根本违约。（5）法律规定的其他情形，如当事人在行使不安抗辩权而中止履行的情况下，如果对方在合理期限内未恢复履行能力并且未提供适当的担保，则中止履行的一方可以解除合同。又如《消费者权益保护法》第 25 条规定的七天无理由退货，就是法律规定的其他情形的法定解除事由。

合同解除的效力，是指合同解除后所产生的法律后果。合同解除的直接法律后果就是，合同关系消灭，合同不再履行。关于合同解除之前的债权、债务关系应当如何处理，规则是：（1）当事人是否请求。合同解除后，当事人可以请求恢复原状，也可以不请求。这完全取决于当事人的意志。请求恢复原状的，这种合同解除就具有溯及力，反之，就不具有溯及力。（2）合同的履行情况和合同性质。根据履行情况和合同性质能够恢复原状，当事人又予以请求的，可以恢复原状。根据履行情况和合同性质不可能恢复原状的，即使当事人请求，也不可能恢复原状。例如，租赁、借贷、委托、中介、运输等合同，都是不能恢复原状的。合同的解除不影响当事人要求损害赔偿的权利，解除合同后，当事人可以要求赔偿损失。

三、对本案的分析

汽车站与房地产公司签订“合作开发房地产协议”，其履行确实与原协议约定不同，进站大门与出站大门的宽度均有缩减。但这不是房地产公司和建筑公司擅自所为，是经过汽车站同意的，在方案图和修建手续申报表上，其法定代表人分别签注“同意此方案”和“同意修建”，均加盖单位印章。房地产公司和建筑公司都是按照该签字盖章的方案施工。这说明，在“合作开发房地产协议”签订后，双方当事人对大门的宽度进行了变更。尽管没有专门的变更合同协议，但汽车站的法定代表人在改变大门宽度的方案图以及修建手续申报表上，签注“同意此方案”和“同意修建”并加盖公章，就说明汽车站已经同意对建设方案进行变更。上述事实符合合同变更的要求，也符合变更协议的书面形式要求，发生合同变更的效力。

汽车站在法定代表人更换后，以房地产公司和建筑公司擅自变更车站进出站大门宽度构成违约为由诉至法院，要求房地产公司和建筑公司拆除已建房屋、按原协议施工并承担违约责任，是没有法律根据的，法院驳回其诉讼请求是正确的。

第十五章
合同责任

第一节　合同责任的归责原则

56.
“客运站提前发车致使乘客无法搭乘班车回家构成违约责任”案

案情介绍

周五下午，仇某等四名矿工欲回城里家中与亲人团聚，持前一天预购的客运站发售的回城班车客票，赶往客运站。车票标明发车时间为该日下午 4：00，他们提前 15 分钟赶到车站，但班车已于下午 3：35 发走。仇某等找到客运站工作人员质问，工作人员回复称司机今晚有急事，车已发出，没有别的办法。仇某等人提出客运站应另行派车，不然就搭出租汽车回城。工作人员称没车可派，不同意搭出租车，只帮助安排住宿、吃饭，费用自理，签字后可改乘次日班车。仇某等因乘次日班车回城无法在周一赶回上班，又耽误假日，不同意客运站的意见，乘出租车返回城里。仇某等持出租车车票到客运站要求赔偿损失，客运站以未经客运站同意包出租车为由，拒绝赔偿。仇某等四人向法院起诉，要求客运站赔偿损失。

法律问题

1. 合同责任的概念和特征
2. 合同责任的归责原则体系
3. 不同归责原则的调整范围
4. 归责原则对举证责任的影响

法理分析

一、合同责任的概念和特征

合同责任是指在合同法领域中，合同当事人或者缔约人违反合同主义务以及先契约义务、后契约义务所应当承担的法律后果。

合同责任的法律特征是：(1) 合同责任是违反合同主义务或者先契约义务、后契约义务的法律后果；(2) 合同责任违反的义务包括先契约义务、后契约义务和合同主义务；(3) 合同责任的责任人既有合同当事人也有缔约人；(4) 合同责任既可以是约定的责任，也可以是法定的责任。

合同责任的概念有广义和狭义之分。狭义的合同责任概念，仅指合同的违约责任。而广义的合同责任概念包括以下六种具体形式：(1) 缔约过失责任；(2) 合同无效责任；(3) 预期违约责任；(4) 实际违约责任；(5) 加害给付责任；(6) 后契约责任。

二、合同责任的归责原则体系

合同责任归责原则是指确定违反约定义务和法定义务的行为人承担合同责任的一般准则。它是在违反约定义务或者法定义务的事实已经发生的情况下，为确定责任人对自己的行为所造成的后果是否需要承担合同责任的原则。

在理论上和实务中，对合同责任归责原则的认识是不一致的，对同一种合同责任究竟适用何种归责原则也有不同的看法，主要的意见是：(1) 以过错推定原则归责的一元论；(2) 以无过错责任原则即严格责任归责的一元论；(3) 过错推定原则和无过错责任原则并存的二元论。

笔者认为，我国合同责任的归责原则体系是由三个归责原则构成的，即过错责任原则、过错推定原则和无过错责任原则。

(1) 我国的合同责任归责原则是三元体系，过错责任原则、过错推定原则和无过错责任原则并存，各自调整不同的合同责任。任何强调合同责任单一归责原则的主张，理由都不充分。

(2) 无过错责任原则的存在是客观的，是不可否认的，但是，这个归责原则的调整范围并不如有些学者主张的适用范围那样广泛，尤其是在违约责任的归责方面，它不是调整违约责任的唯一归责原则，还有过错推定原则调整违约损害赔偿责任的方面，完全否认过错责任原则对违约责任的调整也是不客观的。在某些合同责任例如缔约过失责任、预期违约责任等中，根本就没有严格责任即无过错责任原则的适用余地。

(3) 过错责任原则也是合同责任的归责原则。在通常的理论中，总是认为合同法的过错责任原则是过错推定原则，其实也不尽然。在违约损害赔偿责任的过错责任中，应当适用过错推定原则；但是，在缔约过失责任、预期违约责任中，尤其是商品欺诈、服务欺诈的惩罚性赔偿责任中，应当适用的是过错责任原则：对于违约一方的过错，应当由主张权利的人承担举证责任；对于合同无效的损害赔偿责任，对造成合同无效的一方的过错也应当由主张权利的一方举证，更为合理、科学。如果实行过错推定原则，让被告一方承担举证责任，则对被告一方所加的责任过重，因而应当实行过错责任原则。

三、不同归责原则的调整范围

在我国的合同责任中，三种归责原则所调整的内容各不相同。

1. 过错责任原则

过错责任原则调整的范围是：(1) 缔约过失责任；(2) 合同无效责任中的损害赔偿责任和收归国家所有或者返还集体、个人责任；(3) 预期违约责任；(4) 实际违约责任中的惩罚性赔偿责任。

2. 过错推定原则

过错推定原则调整的范围是：(1) 违约损害赔偿责任；(2) 加害给付责任；(3) 后契约责任。实行过错推定原则的合同责任，应当注意其范围限制，同时要注意举证责任的特殊情况。

3. 无过错责任原则

无过错责任原则调整的范围是：(1) 违约责任中的继续履行责任、采取补救措施责任以及支付违约金责任；(2) 合同无效责任中的返还财产和适当补偿责任。至于其他种类的合同责任，不适用无过错责任原则。

四、归责原则对举证责任的影响

不同的合同责任实行不同的归责原则，对当事人之间的举证责任不无影响。换言之，关于合同责任在诉讼中举证责任的规则随着归责原则的不同而变化。

1. 过错责任原则的举证责任

实行过错责任原则的合同责任纠纷案件中实行一般的举证责任，即“谁主张谁举证”，原告主张权利，原告就要负担举证责任。其举证证明的内容，是合同责任成立的全部要件。对此，被告不承担举证责任。

2. 过错推定原则的举证责任

实行过错推定原则的合同责任纠纷案件中实行举证责任倒置。应当注意的是，举证责任倒置证明的不是合同责任成立的全部要件，而仅仅是实行推定的过错要件。对这个要件的证明实行举证责任倒置，即从违反义务的行为及合同债权不能实现的事实等要件的存在推定被告具有过错，然后举证责任倒置，由被告承担证明自己没有过错的责任：举证证明成立的，免除责任；不能证明的，过错推定成立，合同责任成立。其他要件的成立，仍由原告举证证明。

3. 无过错责任原则的举证责任

实行无过错责任原则的合同责任纠纷案件中责任成立要件的证明责任由原告负担，属于一般的举证责任。如果被告主张自己具有免责事由，则举证责任倒置，由被告负责举证：证明成立的，免除责任；不能证明的，承担合同责任。

五、对本案的分析

本案中客运站的固定班车下午 4 点发车，在仇某等四名矿工购买的车票上明确标注。仇某等提前 15 分钟赶到车站，该班车却提前 25 分钟发走。对此，客运站存在明显的违约行为。仇某等四人提出另派班车，客运站不同意；仇某等四人提出自己搭乘出租车，客运站也不同意，只同意安排住宿、吃饭，费用自理，签字后可改乘次日班车。

仇某等为与家人团聚度假，及时赶回上班，搭乘出租车回城是唯一挽回违约损失的办法，是合情合理的。客运站对自己的违约行为毫无诚信之心。在这种情况下，他们选择搭乘出租车返回城里，是正当的选择。搭乘出租车的费用，就是客运站违约行为造成的损失，当然应由客运站承担。仇某等向法院起诉，追究客运站的违约责任，要求其承担赔偿责任，确有法律根据。

对于违约损害赔偿责任究竟适用何种归责原则，有不同的意见。如果按照统一严格责任说，即无论有无过错，债务人违反债务履行义务，造成债权人损失的，债务人都要承担违约损害赔偿责任。这当然对债权人的保护更为有利。但是，在违约造成债权人财产损害的场合，如果不考虑债务人的过错，就直接认定债务人承担损害赔偿责任，却有不妥，不能准确确定债务人应当承担的赔偿责任范围。因此，对于违约损害赔偿责任应当适用过错推定原则。在本案中，客运站提前发车造成乘客漏乘，对于乘客的损失，客运站有过错，应承担损害赔偿责任。既然仇某等人搭乘出租车回家是合理选择，这种损失就是客运站的过错直接导致的结果，就是客运站应当承担责任的范围。不仅如此，除赔偿出租车费外，对于仇某等人维护权利造成的损失，客运站也应当一并承担赔偿责任。

第二节　合同责任竞合

57.

“承揽装裱他人的祖宗画像被当作‘破烂’卖掉构成合同责任竞合”案

案情介绍

叶某家里有一张祖宗画像，历时一百多年。画像上的祖宗是周围三十多户人家的共同祖先，每年过年时，周围三十多户叶姓人家的人都要来祭奠祖先。画像因年久而破损，叶某与装裱店老板钱某协议重新装裱。钱某收了该画像后，与妻子外出旅游，其岳母在打扫卫生时，将该祖宗画像当作“破烂”卖给收废品的人。钱某无法向叶某交付画像，与叶某商量赔偿问题。因协议不成，叶某向法院起诉，除了请求赔偿画像损失，还请求钱某承担精神损害赔偿10万元人民币。

法院判决支持了叶某的诉讼请求。

法律问题

1. 合同责任竞合及其发生原因
2. 合同责任竞合的法律后果

法理分析

一、合同责任竞合及其发生原因

民事责任竞合是指某种法律事实的出现导致两种或两种以上的民事责任产生，各种民事责任相互发生冲突的现象。责任竞合作为一种客观存在的现象，既可以发生在同一法律部门内部，如民法中的违约责任与侵权责任的竞合，也可以发生在不同的法律部门之间，如民事责任与刑事责任的竞合、民事责任与行政责任的竞合等。

从民事权利的角度来看，民事责任竞合是不法行为人实施了一个行为，这个行为在民法上符合数个法律规范的要求，从而使受害人产生多项请求权，这些请求权相互冲突。因此，民事责任竞合又被称为请求权竞合。《民法典》第186条规定了合同责任与侵权责任的竞合：“因当事人一方的违约行为，损害对方人身权益、财产权益的，受损害方有权选择请求其承担违约责任或者侵权责任。”

民事责任竞合来源于法律规范竞合理论。现代法律多作抽象规定，并且从各种不同的角度对社会生活加以规范，所以，经常发生同一个行为符合几个法律规范的要件的现象，致使这几个法律规范竞合。① 如果法律规范竞合发生在民法领域，就发生民事责任竞合问题。当同一违反合同义务的行为同时符合数种民事权利保护的规定时，就构成合同责任竞合。民法上的民事责任竞合，就是民事请求权竞合。同一行为符合数个法律规范的情况，必然表现在请求权上，因此，合同责任竞合也叫作请求权竞合，就是合同责任请求权与依其他民事规范产生的请求权是由同一法律事实产生的，形成合同责任请求权与其他民事请求权的竞合。

二、合同责任竞合的法律后果

1. 处理合同责任竞合的一般规则

处理侵权责任与合同责任竞合的原则是采取择一方式，在两个请求权中只能选择一个行使；一个请求权被行使后，另一个请求权即行消灭。例如对于故意领受收银员多给钱款的，无论是主张返还不当得利请求权还是主张侵权损害赔偿请求权，内容和标的都是同一具体的标的物，并且无事前约定责任，因此，权利人或者选择前者，或者选择后者，只能择其一而行使；并且择其一行使后，另一请求权即行消灭。

在国外，处理侵权责任与违约责任的竞合，主要有三种方法：（1）以法国为代表的国家禁止当事人自行选择。合同当事人不得因对方在履行合同过程中有侵权行为而提起侵权诉讼，但合同无效的除外。（2）以英美为代表的国家采取有限选择原则。受害人可以选择提出一个请求，如败诉后不得以另一个请求再诉。在一些特殊情况下，如人身侵权等，法律规定只能以侵权提起诉讼。（3）以德国为代表的国家规定受害人可以任意选择。如提起侵权之诉后因时效届满等原因被驳回后，还可以违约再提起诉讼，而且在诉讼中可以变更诉讼请求。

尽管各国对侵权责任与违约责任竞合的规定不同，但关于权利人只能行使一个请求权、不能重复受偿，各国的立法和司法实践的立场是一致的。

在我国《民法典》第 186 条规定了合同责任和侵权责任竞合的一般规则。这是立法第一次对民事责任竞合作出的规定。这一规定确立了民事责任竞合的选择规则，它虽然规定的只是侵权责任与违约责任的竞合规则，但是为研究合同责任竞合的其他形式也提供了法律依据。

2. 合同责任竞合的法律后果

尽管请求权救济的内容基本相同，但是，由于各种请求权的着眼点各有不同，行使不同的请求权，其结果并不完全相同。权利人究竟选择行使何种请求权，与权

---

① 参见王泽鉴：《民法学说与判例研究》，第 1 册，371 页，北京，中国政法大学出版社，1998。

利人的利益有相当的关系，因而，合同责任竞合的法律后果，说到底就是规范请求权的选择。具体有四种方法：

（1）对于法律已经明确规定了责任的性质的，一般应当依据法律的规定确定责任的性质。其中，因不法行为造成受害人的人身伤亡和精神损害的，虽然当事人之间存在着合同关系，也应按侵权责任而不能按合同责任处理。如因产品的缺陷而致债权人伤害的，构成加害给付责任和侵权责任的竞合。对此，《民法典》第1202条已经明确规定其为侵权责任，因此，这种责任的性质已经确定，一般来说，按照侵权责任处理对受害人较为有利。但当事人坚决选择违约损害赔偿请求权的，也应当准许。

（2）双方当事人事先存在合同关系，但一方当事人与第三人恶意通谋，损害合同另一方当事人的利益的，由于恶意串通的一方当事人与第三人的行为构成共同侵权，第三人与受害人之间又无合同关系存在，所以应按侵权责任处理，使恶意串通的行为人向受害人负侵权责任。选择共同侵权行为起诉的，只能行使侵权损害赔偿请求权，不能再同时行使违约责任请求权。

（3）对于当事人在合同中已经有明确约定的，应当按照约定的内容行使请求权。当事人之间事先有合同关系，且已经明确约定如何承担民事责任的，说明当事人之间对民事责任的承担是有一致的意思表示的，因此，应当按照当事人的事先约定来承担民事责任。在这种情况下，一般应按照违约责任处理。

（4）对于法律没有规定，当事人事先也没有明确约定的，应当准许请求权人按照自己的意愿选择。受害人就是请求权人，受害人因权利受到侵害，享有损害赔偿的请求权。但是，在合同责任竞合的情况下，究竟是行使侵权损害赔偿请求权还是行使违约损害赔偿请求权或者其他请求权，应当依照请求权人有利于自己的利益的选择为之。

三、对本案的分析

本案是典型的合同责任竞合案例。叶某将自己的祖宗画像交给钱某装裱，双方达成协议，已经成立合同。该合同没有违反法律的强制性规定，是有效合同。在履行合同过程中，钱某由于过失，没有向家里人说清楚该画像的重要性，致使其岳母将该画像作为“破烂”卖了废品，从而致使叶某的具有人身意义的特定物灭失，给叶某造成了财产上和精神上的损害。无疑，钱某的行为已经构成了违约责任，其应当向叶某承担合同责任。

钱某的违约行为所侵害的，不仅是合同的预期利益，也侵害了叶某及其家人的固有利益，即人格利益。因为该画像是祖宗画像，是具有人身意义的特定物，所以，钱某承担的这种合同责任是加害给付责任，造成固有利益损害的后果也构成了侵权责任，形成合同责任与侵权责任的竞合。按照《民法典》第 186 条的规定，债权人可以根据自己的利益进行选择，选择一个对自己最有利的请求权行使，保护自己的合法权益。

同样是损害赔偿，如果选择行使违约损害赔偿请求权，则叶某可以得到财产损失的全部赔偿，当然可以请求精神损害赔偿；如果选择行使侵权损害赔偿请求权，叶某可以得到财产损失的全部赔偿，也可以得到精神损害抚慰金赔偿。《民法典》第 996 规定："因当事人一方的违约行为，损害对方人格权并造成严重精神损害，受损害方选择请求其承担违约责任的，不影响受损害方请求精神损害赔偿。"第 1183 条第 2 款规定："因故意或者重大过失侵害自然人具有人身意义的特定物造成严重精神损害的，被侵权人有权请求精神损害赔偿。"侵害具有人身意义的特定物的，被侵权人可以请求精神损害赔偿。对此，叶某可以选择最有利于自己的请求权行使。叶某选择行使侵权损害赔偿请求权，法院应当予以支持。

第三节　缔约过失责任

58.

"将砖瓦厂承包给他人后又承诺承包给第三人，造成第三人财产损失，承担缔约过失责任"案

案情介绍

民营砖瓦厂的法定代表人甲，将该厂以每年 8 万元承包给丙经营一年后，见砖瓦价格上涨，隐瞒与丙的承包合同，与外地商人乙提出每年 40 万元承包费的承包意向，并要求乙做好生产准备。乙遂组织工人 40 人到甲处报到，准备上工。甲告知乙准备与丙解除合同，向乙保证在 2 个月内将砖瓦厂交给乙经营。由于丙不同意解除合同，甲也不愿对丙承担违约赔偿责任，无法将砖瓦厂交给乙经营。乙要求甲赔偿损失，甲辩称双方未签合同而拒不赔偿，乙遂起诉请求甲承担缔约过失责任。

法律问题

1. 缔约过失责任的概念和特征
2. 缔约过失责任的构成要件
3. 缔约过失责任的类型及损害赔偿责任

法理分析

一、缔约过失责任的概念和特征

缔约过失责任按其原本意义，叫作“契约缔结之际的过失”①，也称为先契约责任或者缔约过失中的损害赔偿责任，是指在合同缔结过程中，当事人因自己的过失，致使合同不能成立，对相信该合同已成立的相对人基于此项信赖而遭受的损害应负的赔偿责任。

《民法典》第500条规定的缔约过失责任，具有以下法律特征：（1）是合同缔结中发生的民事责任。（2）是以诚实信用原则为基础的民事责任，即承担责任的基础是诚实信用原则。（3）是以补偿缔约相对人损害后果为特征的民事责任。

缔约过失责任的作用在于保护交易安全。随着经济交往的不断扩大，交易活动出现了更深、更广、更高频的发展趋势。缔约过失责任适应这种趋势，突出强调当事人在缔约之际的过失，对因此种过失而遭受损害的人采取救济手段，从而给交易活动增加了一道安全阀，给当事人增加了一条义务链。

二、缔约过失责任的构成要件

1. 须一方当事人违反先契约义务

按照诚信原则，缔约当事人在缔约过程中应负必要的注意义务，这就是先契约义务。先契约义务是法定义务，是对对方当事人的相互协助、相互通知和相互保护的义务。缔约当事人违反这一先契约义务，没有履行这种缔约之际的注意义务，是构成缔约过失责任的一个要件。

2. 须当事人意思表示瑕疵而使对方当事人误信合同已经成立

这种意思表示瑕疵可能是缔约一方当事人的意思表示瑕疵，也可能是双方当事人的意思表示瑕疵。当缔约的一方当事人或双方当事人意思表示具有瑕疵，而相对人将这种有瑕疵的意思表示作为真实的意思表示而与之缔结合同时，相信该合同已经成立就构成缔约过失责任的一个要件。

3. 须缔约当事人具有过错且过错发生在合同订立过程中

缔约当事人对于自己的违反先契约义务的行为以及自己的意思表示瑕疵须具有过错，才能构成缔约过失责任。

4. 缔约当事人须受有信赖利益的损失

信赖利益，就是缔结合同当事人因信赖对方当事人的允诺而产生的利益。而信

① 刘得宽：《民法诸问题与新展望》，426页，台北，三民书局，1980。

赖利益的损失，是指信赖人因信赖合同已经成立为履行准备所支付的代价和各种费用的损失。

三、缔约过失责任的类型及损害赔偿责任

缔约过失责任的主要类型有以下几种：（1）恶意磋商，即假借订立合同恶意进行磋商的行为。（2）缔约欺诈，即故意隐瞒与订立合同有关的重要事实或者提供虚假情况。（3）其他违背诚信原则的行为，诸如违反初步的协议或者允诺、违反有效的要约邀请、要约人违反有效要约、违反强制缔约义务、无权代理未经被代理人追认等。

缔约过失责任的基本责任方式是损害赔偿。构成缔约过失责任后，在双方当事人之间形成了损害赔偿的权利义务关系。

在先契约阶段，因双方过失造成一方损害的，也构成缔约过失的损害赔偿关系，受损害的一方享有损害赔偿的权利，相对的一方当事人负有损害赔偿的义务。受损害一方不能请求相对一方当事人赔偿其全部损失，按照过失相抵原则，其只能就因为对方过失所造成的那一部分损失请求损害赔偿，由自己的过失造成的损害应由自己承担。

缔约过失的救济办法是赔偿损失。这种损失赔偿，应当以信赖利益的损失为赔偿的基本范围。信赖利益的损失主要是直接损失（有时也包括间接损失），包括：（1）因信赖对方要约邀请和有效要约而与对方联系、赴实地考察以及检查标的物而支出的各种合理费用；（2）因信赖对方将要缔结合同，为缔约做各种准备工作所支出的各种费用；（3）为谈判支出的劳务；（4）为支出上述各种费用所失去的利息。

四、对本案的分析

甲在与丙订立了砖瓦厂承包合同之后，又隐瞒真相，作出将砖瓦厂承包给乙的意思表示，致使乙相信已经能与甲签订承包合同。而事实上丙不同意解除他与甲之间的承包关系，结果造成乙为了准备实施合同而招聘和培训员工等的损失。这符合缔约过失责任的构成要件：第一，甲与乙协商签订承包经营合同，没有告知乙其与丙之间的合同关系没有解除，且能否解除并未经过协商，违反了先契约义务。第二，甲一再表示合同一定能够签订，使乙在甲的虚假表示下，误信合同已经成立。第三，甲确实有过错，且该过错发生在合同订立过程中。第四，缔约当事人乙受有信赖利益的损失。因此，甲的行为属于缔约过失行为，构成缔约过失责任，应当对乙的损失承担赔偿责任。

第四节　合同无效责任

59.

“前任村委会主任与村民擅自签订并经公证的林场地承包合同无效”案

案情介绍

村委会前任主任朱某等擅自以村委会名义，与第三人曹某在村民不知情的情况下，签订了该村 21 亩林场地的承包合同，就承包地、承包期限、承包费数额、承包款交付期限及违约责任作了明确约定，并进行了公证。嗣后，朱某为曹某出具了收到林场地承包款的收据，把林场地交曹某承包。该村村民发现后，集体向法院起诉，请求确认该合同无效。

法院认为，村委会与第三人曹某签订的合同虽然形式完备、双方意思表示真实，且经过公证，但签订该合同未经本村村民 2/3 以上的成员或 2/3 以上的村民代表同意，未报镇政府批准，违反了法律的强制性规定。遂判决宣告该合同无效，朱某等承担合同无效责任。

法律问题

1. 合同无效责任及引起合同无效责任的原因
2. 合同无效责任的构成
3. 合同无效责任的方式

法理分析

一、合同无效责任及引起合同无效责任的原因

合同无效责任是合同成立之后由于欠缺某种生效要件，合同无效或者被撤销，使合同自其成立时起即为无效，对合同无效或者被撤销负有责任的一方或者双方当事人应当承担的责任。《民法典》没有在合同编规定合同无效责任，而是在总则编（第 157 条）规定了民事法律行为无效的责任：“民事法律行为无效、被撤销或者确定不发生效力后，行为人因该行为取得的财产，应当予以返还；不能返还或者没有必要返还的，应当折价补偿。有过错的一方应当赔偿对方由此所受到的损失；各方都有过错的，应当各自承担相应的责任。法律另有规定的，依照其规定。”

合同无效应当具有法定原因。引起合同无效的原因是：（1）绝对无效的合同被宣告无效。合同被宣告无效后，产生合同无效责任。（2）相对无效的合同被撤销。合同被撤销，就发生合同自始无效的后果，因而与合同绝对无效的后果是一样的，当事人应当承担合同无效责任。（3）合同效力待定，未被追认或者被撤销。在善意相对人主张撤销和法定代理人或者被代理人拒绝追认的情况下，效力待定的合同归于无效，发生合同无效的法律后果，当事人应当承担合同无效责任。（4）合同因欠缺生效条件而不生效。合同成立之后不生效，其在法律上的效果与前三种情况基本相同，也产生合同无效责任。

二、合同无效责任的构成

1. 造成合同无效的行为

对于合同绝对无效、相对无效和效力待定三种情况，法律都规定了具体事由。已经成立的合同由于具有这些事由，造成了合同无效的后果。此外，合同未具备生效条件，也是构成合同无效责任的要件。

2. 合同无效的后果以及当事人遭受财产损失的事实

合同无效的后果，是构成合同无效责任的客观要件，无论承担的是返还财产的责任还是折价补偿的责任抑或损害赔偿的责任，都必须具备这一客观要件。构成合同无效的损害赔偿责任，还要具备财产或者财产利益损失的要件。合同无效的财产损失，是指信赖利益的损失，应当参照缔约过失责任的信赖利益损失的确定方法予以确定。

3. 造成合同无效的行为与合同无效以及财产损失之间具有因果关系

构成合同无效责任的因果关系，是指造成合同无效的行为与合同无效以及财产损失的事实之间，具有引起与被引起的关系。因果关系对于一般的合同无效责任没有特别的意义，但是对于合同无效责任中的损害赔偿责任，则是必备条件。如果合同无效行为与损害事实之间没有因果关系，则不产生合同无效的损害赔偿责任。

4. 行为人存在过错

当事人一方在造成合同无效的行为中，如果具有过错，就构成损害赔偿责任；如果双方都具有过错，则按照过失相抵的原则，双方按照过错以及原因力的比例分担损失。如果没有造成损失，只是依据合同占有对方财产，则占有方应当承担返还财产以及折价补偿的责任，则不必具有过错要件。

三、合同无效责任的方式

合同无效的法律后果有以下几点。

1. 返还财产或者折价补偿

合同成立之后，由于无效、被撤销、不被追认或者根本未生效，该合同自始归于消灭，不复存在。当事人一方或者双方基于曾经存在的合同所为的财产给付就失去了存在的依据，应当请求返还。如果是原物返还，则返还范围为受领给付时的价值额，对此应当如数返还。如果根据该合同的实际情况，已经占有的财产不能返还或者没有必要返还，则应当折价补偿。

2. 赔偿损失

合同无效责任中的损害赔偿责任是缔约过失责任，因此，确定合同无效责任中的损害赔偿责任应当遵循缔约过失责任的损害赔偿规则进行。

3. 收归国家所有或者返还集体、第三人

当事人恶意串通，损害国家、集体或者第三人利益的，因此而获得的财产应当收归国家所有或者返还集体、第三人。

四、对本案的分析

本案的村委会前任主任朱某已经卸任，却擅自以村委会名义，背着全体村民，与曹某签订土地承包经营合同，把该村 21 亩林场地承包给曹某经营，违反了《土地管理法》《农村土地承包法》的规定。尽管这个合同对承包地、承包期限、承包费数额、承包款交付期限及违约责任都作了明确规定，还进行了公证，但因违反法律强制性规定，不能发生合同效力。按照合同无效的原因，该合同属于违反法律、行政法规强制性规定的合同，是绝对无效的合同，自始无效。

从合同无效的要件来看：首先，合同的主体不合格。朱某已经不是村委会主任，不能代表村委会与他人签订承包经营合同，是在冒用村委会的名义签订合同，在主观上具有明知的故意。其次，合同无效的后果和村民集体的损失的后果都客观存在，朱某等冒用村委会名义签订合同的行为与损害事实之间具有因果关系，因此，构成合同无效责任。

按照《民法典》的规定，朱某等与曹某签订合同承包的是村集体的土地，等于侵害了村集体的土地所有权，因此，村民集体向法院起诉，是有根据的。朱某等应当承担的责任包括：第一，返还原物，将承包的土地返还给村集体所有；第二，赔偿由此给村集体造成的损失。

至于曹某因合同无效遭受的损失，曹某应当向朱某主张承担合同无效的赔偿责任。

第五节　违约责任

60. “‘三无’地板在使用中生出天牛造成损害，制造商应当承担违约责任”案

案情介绍

王某为装修新房，向地板销售门市部购买了若干水曲柳实木地板，花费若干元。装修竣工后不久，王某发现所铺地板上有虫蛀痕迹，并有飞虫在室内飞舞。王某找到销售者要求赔偿，销售者称其产品经过高温高压消毒，不会出现虫蛀，拒绝赔偿，引起争执。经过鉴定，王某家中的飞虫正是该水曲柳实木地板所生“家茸天牛”。

王某向法院起诉后，法院查明该地板无厂家名称、无生产日期、无检验合格证明，为不合格产品，认为消费者有权要求退换，销售者应对造成的损失予以赔偿，遂判决销售者自判决生效之日起 10 日内赔偿给王某造成的全部损失。

法律问题

1. 违约责任概述
2. 违约责任的类型
3. 违约责任的方式
4. 非金钱债务不能继续履行陷入合同僵局的破解方法

法理分析

一、违约责任概述

违约责任是指合同债务人违反约定，不履行或者不适当履行合同债务，应当向债权人承担的民事责任。

违约责任包括四种，分别是预期违约责任、加害给付责任、实际违约责任和后契约责任。

二、违约责任的类型

1. 预期违约责任

预期违约责任也叫作先期违约责任或者故意毁约责任，是指在合同履行期届满之前，一方当事人无正当理由而明确表示其在履行期届满之前将不履行合同，或者以其行为表明其在履行期届满以后也不可能履行合同所应当承担的合同责任。

预期违约责任具有以下特点：（1）预期违约行为发生在合同履行期届满之前；（2）预期违约行为的具体表现是未来将不履行合同义务；（3）预期违约侵害的客体是合同的期待债权；（4）对于预期违约不止一种救济手段，债权人可以在合同履行期限届满之前请求债务人承担违约责任，也可以在合同履行期限届满之后，要求债务人继续履行，待其不再履行时，再起诉债务人承担实际违约责任。

《民法典》第 578 条确认预期违约责任有两种基本形式，即明示毁约和默示毁约。

明示毁约是指一方当事人无正当理由，明确、肯定地向另一方当事人表示他将在履行期限到来之际不履行合同约定的债务的违约行为。明示毁约的构成要件是：（1）毁约方必须肯定地向对方提出毁约的表示；（2）毁约方必须明确表示在履行期限到来以后不履行合同义务；（3）毁约方必须表示不履行合同的主要义务；（4）明示毁约没有正当理由，该当事人明显具有过错。

默示毁约是指当事人一方在合同履行期限届满之前，以自己的行为表明将在履行期限届至之时不履行合同约定的债务的违约行为。与明示毁约相比，默示毁约的行为在发生在合同履行期限届满之前、行为的目的是不再履行合同债务、没有正当理由等方面，都是一样的，只是在毁约表现的形式上有所区别：明示毁约是当事人公开表示毁约，即有明确的意思表示；默示毁约当事人没有明确的表示，只是在行为上表现出不再履行合同债务的意思。

构成默示毁约应当具备的条件是：（1）一方预见对方在履行期限到来时将不履行或者不能履行合同约定的债务；（2）该方当事人的预见须有确切的证据；（3）对方当事人具有毁约的过错。

2. 加害给付责任

加害给付责任亦称为积极侵害债权，是指债务人履行给付不符合债务的本质，在发生债务不履行的损害之外，还发生了履行利益之外的固有利益损害，债务人应当承担履行利益之外的固有利益损害赔偿的违约责任。

加害给付责任的构成要件是：（1）债务人的履行行为不符合债务的本质，且发生在有效合同中；（2）加害给付的瑕疵履行造成了对债权人固有利益的损害，即对债权人人身利益和财产利益的损害；（3）加害给付侵害的既是债权人的相对权又是债权人的绝对权；（4）加害给付的受害人是债权人而不包括第三人；（5）实施加害给付行为的债务人在主观上具有过失。

加害给付责任通常与侵权责任竞合，原则上受害人对竞合的赔偿请求权享有选择权，但在有些时候不得选择。其规则是：（1）受害人不得选择的缺陷产品致害，缺陷产品造成对第三人的损害。缺陷产品造成对第三人的损害时只有一种救济方法，即侵权的救济方法，由加害人直接对第三人负侵权责任，因此受害人不可以选择合同责任救济损害。（2）受害人可以选择的产品致害。除上述情况以外，其他的缺陷产品致害情形下，受害人可以选择侵权的诉因或者违约的诉因向法院起诉。

3. 实际违约责任

实际违约责任是指合同履行期限届满，当事人不履行或者不完全履行合同约定的义务时所应当承担的合同责任。实际违约责任是广义违约责任形态的核心部分，是最重要、最常见的合同违约责任形式。

实际违约责任的特征是：（1）实际违约责任是当事人不履行合同债务所生的合同责任；（2）实际违约责任是合同之债发生的第二次给付效力；（3）实际违约责任基本上是财产责任；（4）实际违约责任基本上是补偿性的，但少数具有惩罚性；（5）实际违约责任是可以由当事人在法律允许的范围内约定的责任。

实际违约责任的构成要件是：（1）须有债务人违反合同约定义务的行为；（2）须有合同不履行的后果，包括给债权人造成损害；（3）须违约行为与合同不履行以及损害事实之间有因果关系；（4）在违约损害赔偿责任的构成中，债务人须有主观过错。

实际违约的行为形态包括：（1）履行不能，是指债务人在客观上已经没有履行能力，或者法律禁止该种债务的履行。（2）迟延履行，也称为债务人迟延或者逾期履行，是指债务人能够履行，但在履行期限届满时未履行债务的违约行为。（3）瑕疵履行，也叫作不完全给付或者不完全履行，是指虽然债务人履行了债务，但其履行不符合债务本质的违约行为。确定瑕疵履行的标准，就是履行期届满，债务人仍未消除履行的瑕疵或者另行给付。（4）拒绝履行，是指债务人对债权人表示不履行合同的违约行为。（5）受领迟延，也叫作债权人迟延，是指债权人对于债务人已经提供的履行，未为受领或者未为其他给付完成所必要的协力的违约行为。（6）产品欺诈与服务欺诈，即在经营领域中，经营者提供假冒伪劣等质量不合格的产品欺诈消费者，或者在经营领域中，经营者在服务中进行欺诈，损害消费者的利益。

4. 后契约责任

后契约责任是合同当事人在合同关系消灭后，对于法定的或者约定的后契约义务不履行或者不适当履行，给对方当事人造成损害而应当承担的合同责任。

后契约责任的法律适用，比照实际违约责任的法律适用处理。

三、违约责任的方式

1. 继续履行

继续履行，是《民法典》第 580 条第 1 款规定的合同责任方式，其适用范围是违约责任。继续履行适用于一切生效合同没有实际履行或者没有完全履行的场合，并且该合同能够履行，合同也有继续履行的必要。在后契约责任中，约定的后契约义务不履行的，也可以采取继续履行的责任方式。

2. 采取补救措施

采取补救措施，是一个概括性的民事责任方式，具体内容包括修理、更换、重作、退货、减少价款或者报酬。在实践中可以根据实际的违约情况选择适用。

3. 返还财产或折价补偿

这种合同责任方式适用的范围是合同无效或者被撤销。实际上，凡是在合同行为中一方占有对方财产，当占有财产的依据已经不复存在的时候，都可以适用这种责任方式。在适用中，应当注意适用的顺序：首先应当适用的是返还财产，在返还财产不能或者返还财产没有必要的时候，再适用折价补偿的责任方式。

4. 给付违约金

违约金是双方当事人约定的救济违约的一种责任方式，实际上，这种合同责任方式具有担保的作用。要适用违约金责任方式，双方当事人在合同中应当事先约定，在一方当事人违约的时候，向对方按照约定给付违约金。至于违约金的适用范围，其在实际违约责任、预期违约责任和加害给付责任中都可以根据约定适用。

5. 赔偿损失

《民法典》规定的损害赔偿责任方式有三种：一是一般的财产损害赔偿，即补偿性损害赔偿。二是惩罚性损害赔偿。一般的合同责任适用补偿性损害赔偿，不适用惩罚性损害赔偿。惩罚性损害赔偿只能在《民法典》《消费者权益保护法》《食品安全法》明文规定的商品欺诈和服务欺诈等中适用。三是精神损害赔偿。依照《民法典》第 996 条，因当事人一方的违约行为，损害对方人格权并造成严重精神损害，受损害方选择请求其承担违约责任的，不影响受损害方请求精神损害赔偿。

四、非金钱债务不能继续履行陷入合同僵局的破解方法

《民法典》第 580 条规定："当事人一方不履行非金钱债务或者履行非金钱债务不符合约定的，对方可以请求履行，但是有下列情形之一的除外：（一）法律上或者事实上不能履行；（二）债务的标的不适于强制履行或者履行费用过高；（三）债权

人在合理期限内未请求履行。”“有前款规定的除外情形之一，致使不能实现合同目的的，人民法院或者仲裁机构可以根据当事人的请求终止合同权利义务关系，但是不影响违约责任的承担。”这是对非金钱债务继续履行僵局破解方法的规定。

债务人对非金钱债务不履行或者履行债务不符合约定的，是违约行为，应当承担继续履行的责任。《民法典》第580条但书规定了如下例外情形：(1) 法律上或者事实上不能履行，即履行不能，是指债务人在客观上已经没有履行能力，或者法律禁止该种债务的履行。法律不能，是指基于法律的规定而构成的履行不能，如出卖禁止流通物合同的履行不能；事实不能，是指基于自然法则而构成的履行不能，如特定物灭失造成的履行不能。(2) 债务的标的不适于强制履行或者履行费用过高。不适于强制履行是无法继续履行，履行费用过高是在成本上不合算。(3) 债权人在合理期限内未请求履行，继续履行成为不必要。在合同履行中出现上述三种情形时，债权人不能请求继续履行，但是并不妨碍债权人请求债务人承担其他违约责任。

出现上述规定的情形之一，陷入合同僵局，致使不能实现合同目的的，法院或者仲裁机构可以根据当事人的请求终止合同权利义务关系，但是不影响违约责任的承担。这一规则的具体含义是：(1) 出现上述情形后，当事人可以行使终止合同的请求权，将不能继续履行的非金钱债务合同予以消灭，不能让该合同陷入僵局。(2) 享有请求权的不仅是守约方，也包括违约方，通常是守约方提出终止合同的请求，但是，如果守约方拒不请求终止合同，违约方也可以行使终止合同的请求权，请求终止合同。(3) 无论是守约方行使终止合同请求权，还是违约方行使终止合同请求权，合同的终止都不影响违约责任的承担，违约方该承担的违约责任，必须承担。(4) 这种终止合同的请求权，不是单纯的形成权，不能一经请求权人行使即发生形成权的后果，而是须向法院或者仲裁机构提出请求，由法院或者仲裁机构裁决是否应当终止合同。

五、对本案的分析

消费者购买的地板长天牛，给消费者造成了很大烦恼。销售者出售的是“三无”产品，却大言不惭地宣称其销售的产品合格，对消费者的损害不负责任。

制造商和销售商出售“三无”产品，是买卖合同的债务人履行债务的不诚信行为，构成商品欺诈。该违约行为发生在合同履行过程中，因此，债务人构成的合同责任，既不是预期违约责任，也不是合同无效责任，更不是后契约责任，而是实际违约责任。

还要分析的是，本案的违约是否构成加害给付责任。本案的事实是，地板长出天牛到处飞，但还没有对债权人的财产和人身造成损害，即对地板的损坏等损失，还是概括在合同的预期利益损失中，没有造成消费者固有利益损害，故不构成加害给付责任，不发生与侵权责任的竞合。

本案的地板销售者应承担的实际违约责任，是一般损害赔偿责任还是产品欺诈的惩罚性损害赔偿责任？从本案事实可以看出，本案的地板销售者隐瞒真相，销售“三无”地板，构成产品欺诈，应当按照《消费者权益保护法》的规定，承担价金3倍的惩罚性赔偿。法院只判决赔偿王某的实际财产损失，显然对销售假冒伪劣产品的欺诈行为的惩罚是不够的。

第十六章

有名合同

61.

“按照惯例在收到货物后签字，但事后以未收到货物为由拒付货款应承担违约责任”案

案情介绍

工贸公司与实业公司长期保持着业务关系，交易时双方均不签订书面合同，先由实业公司根据所需货物通知工贸公司送货，再由工贸公司凭原料进库数额开具发货单交实业公司签字，并确定价格，待实业公司给付货款时，工贸公司凭发货单和增值税发票滚动结算。2025 年 1 月 10 日、13 日，工贸公司依惯例向实业公司运送两批货物，总计货款 260 538 元。实业公司的员工姚某在发货单核价栏内签字。当工贸公司向实业公司提出结算这两批货款时，实业公司以未收到货物为由，拒绝结算。工贸公司向法院起诉，请求判决实业公司据实付款。

庭审中，工贸公司对其主张的事实提供了由姚某签字的发货单、此前与实业公司交易时的原料进库单、结算收据等证据，证明在以前的买卖中，不光有保管员签字，也有姚某的签字作为结算凭据的交易习惯。

法律问题

1. 买卖、供用、赠与合同
2. 借款、保证、租赁、融资租赁、保理合同
3. 承揽、建设工程、运输、技术合同
4. 保管、仓储、委托、物业服务合同
5. 行纪、中介、合伙合同

法理分析

典型合同，也叫有名合同，就是法律明确规定合同名称并作出具体规定的合同。我国的典型合同就是《民法典》合同编第二分编“典型合同”规定的 19 种合同。

法理分析

一、买卖、供用、赠与合同

1. 买卖合同

买卖合同是指出卖人转移标的物的所有权于买受人，买受人支付相应价款的合同。买卖合同是商品交换发展到一定阶段的产物，是商品交换的最基本、最重要、最有代表性的法律形式。合同法针对买卖合同所设置的法律规则，确立了在市场交易中以财产价值的流转为内容的交易形式的基本规则。买卖合同对于促进商品流通，发展市场经济，满足人民群众的生活、生产需要，具有重要的作用。

买卖合同的当事人包括出卖人和买受人。买卖合同的标的物，应当属于出卖人所有或者是出卖人有权处分的财产。法律、行政法规禁止或者限制转让的物，应当依照其规定禁止转让或者限制转让。买卖合同的内容应由当事人约定，其主要内容包括：(1) 标的；(2) 数量；(3) 质量；(4) 履行期限、地点和方式；(5) 价款；(6) 违约责任；(7) 包装方式；(8) 检验方法和标准；(9) 结算方式；(10) 合同使用的文字及其效力。

买卖合同的效力，是指生效的买卖合同所具有的法律效力，可以分为两种：广义的买卖合同效力，既包括买卖合同的对内效力，以合同的内容为基础，表现为出卖人和买受人双方所享有的权利和所负担的义务，也包括买卖合同的对外效力，其核心是合同债权的不可侵犯性，主要由侵权法予以调整。狭义的买卖合同效力仅指买卖合同的对内效力。

买卖合同基于合同消灭的一般规则而消灭，但也有一定的特殊性，表现如下：(1) 因标的物的主物不符合约定而解除合同的，解除合同的效力及于从物。(2) 因标的物的从物不符合约定而解除合同的，解除的效力不及于主物。(3) 标的物为数物，其中一物不符合约定的，买受人可以就该物解除合同，但该物与他物分离会使标的物的价值明显受损害的，当事人可以就数物解除合同。(4) 出卖人分批交付标的物的，出卖人对其中一批标的物不交付或交付不符合约定，致使不能实现合同目的的，买受人可以就该批标的物解除合同；出卖人不交付其中一批标的物或交付不符合约定，致使今后其他各批标的物的交付不能实现合同目的的，买受人可以就该批以及其他各批标的物解除合同；出卖人已经就其中一批标的物解除合同，该批标的物与其他各批标的物相互依存的，买受人可以就已经交付的和未交付的各批标的物解除合同。

2. 供用电、水、气、热力合同

供用电、水、气、热力合同是指一方提供电、水、气、热力供另一方利用，另一方支付报酬的合同。提供电、水、气、热力的一方为供应人，利用电、水、气、热力的一方为利用人。这种合同也是由一方向另一方提供商品，另一方支付价款的合同，属于转移财产所有权的合同，实际上就是特种商品的买卖合同。因此，法律关于买卖合同的有关规定，对此类合同有参照适用的效力。

3. 赠与合同

赠与合同是指赠与人将自己的财产无偿给予受赠人，受赠人表示接受的合同。在赠与合同中，转让财产的一方为赠与人，接受财产的一方为受赠人。赠与行为是赠与人依法处分自己财产的民事法律行为，所以要求自然人作为赠与人的，必须有民事行为能力。无民事行为能力人没有能力管理和处分自己的财产，不能成为赠与合同的赠与主体。限制民事行为能力人具有部分民事行为能力，其赠与行为是否有效，应当从赠与标的的价值、赠与行为的性质和后果是否与其年龄和智力相适应以及与其生活的关联程度来认定。

二、借款、保证、租赁、融资租赁、保理合同

1. 借款合同

借款合同是指借款人向贷款人借款，到期返还借款并支付利息的合同。借款人是借进款项的一方当事人，可以是自然人、法人或非法人组织。法律对借款人的资格并未作任何限制。贷款人是借出款项的一方当事人。根据现行法律规定，作为适格贷款人的法人必须是商业银行、信托投资公司等经中国人民银行批准、有经营金融业务资格的金融机构。非金融机构被禁止经营金融业务。自然人作为贷款人，与其他自然人签订的借款合同也受国家法律保护，一般被称为民间借贷。

2. 保证合同

保证合同是为保障债权的实现，保证人与债权人约定，当债务人不履行到期债务或者发生当事人约定的情形时，保证人履行债务或者承担责任的合同。保证合同的当事人为主债权人和保证人。保证人接受主债务人的委托，为债权人的债权提供担保，与债权人之间构成保证合同关系，与主债务人之间不存在保证合同关系。保证合同是依附于主合同的从合同，以主合同的存在为基础和前提，是从属于主债的从债。保证合同具有人身性，其担保的属性称为“人保”，是以保证人的信誉作为担保的基础，保证合同的建立与保证人的人格、身份密不可分。保证合同具有补充性，其功能表现在通过保证担保来督促债务人履行债务；也表现在保证的补充性，即当债务期限届满债务人不履行主债务或者约定的情形发生时，保证人才履行保证债务，也即保证合同系主要以主债务的不履行为生效条件的合同。保证合同具有相对独立性，尽管依附于主债而存在，却是区别于主债的从债，具有相对独立性。

3. 租赁合同

租赁合同是指出租人将租赁物交付承租人使用、收益，承租人支付租金的合同。

出租人是负有将租赁物交付对方使用、收益的义务的一方当事人。出租人一般应为出租标的物的所有人，但不以为所有权人为限。凡对标的物享有合法使用、收益权的人，原则上均可为出租人，有权将其使用的标的物转由他人使用。承租人是以租赁合同取得租赁物的使用、收益权并向出租人交付租金的人。承租人可以为自然人，也可以为法人或非法人组织。但对于某些租赁关系，法律规定了承租人范围的，在范围外者不能成为该类租赁合同的承租人。

4. 融资租赁合同

融资租赁合同是指出租人根据承租人对出卖人、租赁物的选择，向出卖人购买租赁物，提供给承租人使用，承租人支付租金的合同。

5. 保理合同

保理合同，也称为财物代理、应收账款承购、应收账款融资，均为保付代理之意，是应收账款债权人将现有的或者将有的应收账款转让给保理人，保理人提供资金融通、应收账款管理或者催收、应收账款债务人付款担保等服务的合同。以保理人对应收账款是否享有追索权为标准，保理分为有追索权保理和无追索权保理。有追索权保理是指不承担买方信用风险，只提供其他服务的保理。保理公司承做有追索权保理，若有提供卖方预付款服务，在应收账款到期45天后，任何情况下，保理公司均有权向卖方进行追索。无追索权保理是指承担买方信用风险的保理。保理公司在承做无追索权保理时，从应收账款到期90天起，若发生非商业纠纷的买方信用风险，由保理公司向卖方履行担保付款的责任。

三、承揽、建设工程、运输、技术合同

1. 承揽合同

承揽合同是指承揽人按照定作人的要求完成工作、交付工作成果，定作人给付报酬的合同。根据当事人间订立的承揽合同，承揽人应使用自己的设备、技术和劳力，为定作人加工、定作、修理或完成其他工作；定作人则应给付相应报酬。其中，提出工作要求并给付报酬的一方是定作人，按照要求完成一定工作的人是承揽人。承揽合同的当事人可以是自然人、法人或非法人组织。

2. 建设工程合同

建设工程合同是指承包人进行工程建设，发包人支付价款的合同。建设工程合同包括工程勘察设计合同、施工合同。建设工程合同实际上是承揽合同的一种，《民法典》对建设工程合同没有规定的内容，应当适用承揽合同的法律规定。

3. 运输合同

运输合同又叫作运送合同，是指承运人将旅客或者货物从起运点运输到约定地

点，旅客、托收人或者收货人支付票款或者运输费用的合同。以运输的对象为标准，运输合同可以分为旅客运输合同与货物运输合同。以运输工具为标准，运输合同可以分为铁路运输合同、公路运输合同、航空运输合同、水上运输合同、海上运输合同以及管道运输合同等。以承运人的多少为标准，运输合同可以分为单一运输合同和联合运输合同。

4. 技术合同

技术合同是指当事人就技术开发、转让、咨询或者服务订立的，确立相互之间权利和义务的合同。技术合同分为：（1）技术开发合同；（2）技术转让合同；（3）技术咨询合同；（4）技术服务合同。

四、保管、仓储、委托、物业服务合同

1. 保管合同

保管合同又称寄托合同、寄存合同，是指双方当事人约定一方当事人保管另一方当事人交付的物品并返还该物的合同。交付物品保管的一方为寄托人，保管物品的一方为保管人，其所保管的物品为保管物。我国立法认为，寄托合同即为保管合同，包括一般保管合同和仓储合同，并对其分别加以规定。

2. 仓储合同

仓储合同又称仓储保管合同，是指当事人双方约定由仓库营业人（又称保管人）为存货人保管储存的货物，存货人为此支付报酬的合同。因此，仓储也被称为仓库营业或者仓库内的寄托。以经营目的为标准，仓库分为保管仓库和保税仓库。保管仓库是指仅以物品的堆藏和保管为目的的仓库。保税仓库是指存储进口手续未完成的货物的处所。以营业对象为标准，仓库分为营业仓库和利用仓库。营业仓库是指接受他方报酬，并为他方提供货物的堆藏及保管的仓库；利用仓库是指为储藏或保管自己的物品而经营的仓库。《民法典》所说的仓储合同，指的是与保管仓库、营业仓库相关的货物储藏及保管合同关系。

3. 委托合同

委托合同又称委任合同，是指双方当事人约定，一方为他方处理事务，他方允诺处理事务的合同。委托他方处理事务者，为委托人。允诺为他方处理事务者，为受托人。

4. 物业服务合同

物业服务合同，是物业服务人在物业服务区域内，为业主持续提供建筑物及其附属设施的维修养护、环境卫生和相关秩序的维护等物业服务，业主支付报酬的合同。其法律特征是：（1）物业服务合同的主体是享有建筑物区分所有权的业主和物

业服务人，互为权利义务主体。(2) 合同的内容是物业服务，即在物业服务区域内，为业主持续提供建筑物及其附属设施的维修养护、环境卫生和相关秩序的维护等物业方面的服务。(3) 物业服务合同是双务、有偿合同，业主负有支付物业费等报酬的义务。物业服务人是通过物业服务合同承担区分所有建筑物管理服务的民事主体，既包括具有专业资质和法人资格的物业服务企业，也包括其他物业管理人，例如单个的具有专业物业管理技能的自然人或者非法人组织。

五、行纪、中介、合伙合同

1. 行纪合同

行纪合同又称信托合同，是指一方根据他方的委托，以自己的名义为他方办理购销、寄售和有价证券等业务，并收取报酬的合同。以自己名义为他方办理业务者，为行纪人。由行纪人为之办理业务并支付报酬者，为委托人。

2. 中介合同

中介合同是指双方当事人约定一方为他方报告订约机会或作为订立合同的媒介，他方给付报酬的合同。报告订约机会的居间，称为报告中介；媒介合同的中介，称媒介中介。在中介合同中，报告订约机会或提供交易媒介的一方为中介人，给付报酬的一方为委托人。

3. 合伙合同

合伙合同，是两个以上的合伙人为了共同的事业目的，订立的共享利益、共担风险的协议。合伙合同的特征是：(1) 当事人为两人以上，包括自然人、法人、非法人组织，但通常是自然人，都是合伙人。(2) 合伙合同的设立目的是两个以上的合伙人为实现共同的事业目的，主要是经营性的目的，而不是其他目的。(3) 合同的内容是约定合伙人共同投资、共同经营、共享利益、共担风险。(4) 合伙合同设立的是普通合伙，不包括设立合伙企业的合伙合同。合伙企业属于非法人组织，不按照合伙合同的规定适用法律，应当适用《民法典》第 102～108 条关于非法人组织的规定。通过合伙合同设立的是合伙，即两个以上的合伙人按照合伙合同的约定，为了共同的事业目的，各自提供资金、实物、技术等，合伙经营、共同劳动、共享收益、共担风险的营利性组织。

六、对本案的分析

本案的工贸公司与实业公司之间的法律关系是买卖合同关系。工贸公司作为出卖人，通过双方的约定，将实业公司需要的货物的所有权转移给实业公司；实业公司作为买受人，向工贸公司支付相应价款。它们之间的这种通过约定建立的法律关系，就是转移标的物的所有权、对方支付价款的买卖合同。

买卖合同是商品交换的最基本、最重要、最有代表性的法律形式，是所有合同中最主要、最基本的合同。买卖合同订立之后，就发生法律上的效力。这种效力尽管对外也有一定的拘束力，即合同债权对第三人发生的不得侵害债权的效力，但是，其最主要的效力还是对内效力，即对买卖合同当事人的效力，也就是出卖人和买受人双方所享有的权利和所负担的义务。买卖合同是双务合同，当事人既享有权利也负有义务：出卖人有权收取交易标的物的价款，负有交付标的物的义务；买受人享有取得标的物的所有权的权利，负有支付价款的义务。

在本案中，工贸公司与实业公司之间有长期的交易基础，供货存在不签订书面合同，工贸公司根据实业公司需求即行发货，实业公司收到货物即签字确认，按照实际收货付款的交易惯例。在双方发生争议的这一买卖合同中，工贸公司按照交易惯例将两批货物发给实业公司，实业公司也按照交易惯例在发货单核价栏内签字，随后却否认合同的存在，不承认收到货物的事实，这是违约行为。因此，法院认为：原、被告双方虽然未签订书面合同，但货物买卖关系是否成立并不以有无书面合同为唯一的标志，按照往例，实际交付标的物也能表明合同的成立。虽然原告未能提供完整的进库单，但有被告的工作人员认可的记载全部货物的发货单。从双方交易习惯看，被告的工作人员签字是基于收到货物所为。只要被告的工作人员在发货单上签字，就表明货物已交付，以往的结算过程已得到证实。据此法院应作出被告应履行合同义务的判决。

要进一步说明的是，《合同编通则司法解释》第 2 条第 1 款对交易习惯作出了规定："下列情形，不违反法律、行政法规的强制性规定且不违背公序良俗的，人民法院可以认定为民法典所称的"交易习惯"：（一）当事人之间在交易活动中的惯常做法；（二）在交易行为当地或者某一领域、某一行业通常采用并为交易对方订立合同时所知道或者应当知道的做法。"这一司法解释是在本案发生后实施的，今后处理这类案件就有了更明确的司法解释依据。

PART FOUR

4

| 第四编 |

人格权

第十七章

人格权与一般人格权

第一节　人格权的概念和人格权法律关系

62.

“未经本人同意利用他人肖像作商品装潢侵权”案

案情介绍

可口可乐公司是中国男篮签约赞助商，在饮料瓶上使用姚明占突出位置的三名中国男篮队员的形象。姚明是百事可乐的形象代言人，并未授予可口可乐公司使用其个人肖像的权利。姚明认为可口可乐公司的行为侵害其肖像权，委托律师向法院提起诉讼，要求可口可乐公司停止侵权、承认侵权行为、赔礼道歉、消除影响、赔偿精神损害抚慰金及经济损失人民币 1 元。

允许可口可乐公司使用姚明等人肖像的体育公司称：依照政府有关部门的规定，国家著名体育运动员的姓名权、肖像权属于国家所有。经过授权，该公司有权决定将姚明的肖像权转让给他人使用。姚明主张肖像权的肖像，是他与其他两位国家队球员一起拍的集体照，姚明无权对集体照主张权利。事实是，三个球员的照片不是一起拍的，而是经过剪辑合成的。

法律问题

1. 人格权的概念和法律特征
2. 人格权法律关系
3. 人格权的权能

法理分析

一、人格权的概念和法律特征

1. 人格权的概念

人格权是指民事主体专属享有，以人格利益为客体，为维护其独立人格所必备的固有权利。《民法典》第 109 条规定："自然人的人身自由、人格尊严受法律保护。"第 110 条规定："自然人享有生命权、身体权、健康权、姓名权、肖像权、名誉权、荣誉权、隐私权、婚姻自主权等权利。""法人、非法人组织享有名称权、名誉权和荣誉权。"第 111 条规定："自然人的个人信息受法律保护。任何组织或者个人需要获取他人个人信息的，应当依法取得并确保信息安全，不得非法收集、使用、加工、传输他人个人信息，不得非法买卖、提供或者公开他人个人信息。"此外，《民法典》第四编规定"人格权"，对人格权作了详细规定。

2. 人格权的法律特征

（1）人格权是民事主体的固有权利。人格权的固有性表现在人格权是绝对权，人格权的获得是基于人的出生或成立，自然人一旦出生，法人、非法人组织一旦成立，就依法享有这种固有的人格权；人格权与民事主体的存在共始终，自然人、法人和非法人组织只要具有法律上的人格，只要还在社会上存在，就享有人格权，既不能因某种事实而丧失，也不能基于某种原因而被剥夺。

（2）人格权是民事主体的专属权。人格权专属于民事主体，具有专属性。一方面，人格权由民事主体专属享有，非为其他组织所享有。另一方面，人格权由民事主体专属享有，只能由每个民事主体单独享有，不得转让、抛弃、继承，也不受他人非法限制，不可与民事主体的人身相分离。

（3）人格权是维护民事主体独立人格的必备权利。民事主体享有人格权的目的，就是要维护其作为法律上的人，包括自然人、法人和非法人组织所必须具有的资格，保障民事主体在人格上的依法独立。

（4）人格权是以人格利益为客体的民事权利。人格利益体现的是人身利益和精神利益，但并不排除包含于这种人格利益中的物质利益因素。例如，当身体权、健康权、生命权受到损害时，自然人为医治创伤、处理丧葬所造成的财产损失；肖像权、名称权等人格权在客观上可能转化成的物质利益，以及所有人格权造成损害而为恢复权利所支出的必要费用。

二、人格权法律关系

1. 人格权的主体

人格权的主体，即人格权法律关系的主体，是指在人格权民事法律关系中享有权利和承担义务的自然人、法人和非法人组织。

在人格权法律关系中，一方为权利主体，即人格权的权利人；另一方为义务主体，即人格权的义务人。

人格权的权利主体为全部具有民事权利能力的自然人、法人和非法人组织，任何自然人、法人和非法人组织只要具有民事权利能力，就是人格权的权利主体。

2. 人格权的内容

人格权的内容就是人格权法律关系的内容，是指人格权法律关系主体享有的权利和负有的义务。

人格权的权利主体所享有的权利，是指人格权的权利主体，根据法律规定，依据自己的意愿，为实现自己的人格利益，为某种行为或不为某种行为的可能性。通过某种行为而实现自己的人格利益，就是行使人格权利。人格权利的行使，受权利人意志的支配。但是，为维护社会公共利益，维护个人利益，协调个人权利与社会利益的冲突、个人权利之间的冲突，增强人与人之间的和睦友善关系，权利人享有的人格权会受到一定程度的克减。

人格权的义务是指人格权法律关系中的义务主体为了满足权利主体实现其人格利益，而不为一定行为的必要性。人格权法律关系中的义务是不作为的义务，包含三层意思：一是义务人必须根据法律的规定不为一定行为，以便实现权利主体的人格利益；二是义务人负有义务在一定范围内不为一定行为，这个范围一般是由法律直接规定的；三是人格权关系中的义务是一种法定义务，受国家强制力的约束，义务人不履行自己的义务就要承担相应的民事责任。

3. 人格权的客体

民事法律关系的客体，是指民事法律关系中的权利、义务所共同指向的事物。因而，人格权的客体，也就是人格权民事法律关系中的权利、义务所共同指向的对象。

人格权的客体就是人格利益。首先，人格利益不像财产利益那样表现为财富的形态，人格利益中的身体、健康、生命的安全，精神活动的自由与完整，及其作为人的尊严、独立、自由，都是如此。其次，人格利益只属于民事主体享有的利益，团体、组织中的领导与被领导关系，团体、组织间的隶属与被隶属关系，有的也具有某种人格上的意义，但它不属于民法上的人格利益，因而不能成为人格权的客体。最后，作为人格权客体的人格利益有适当的范围，自然人享有人身自由权，但其吸毒，就要受到法律限制，人身自由权的客体中不包括吸毒的自由；性自主权的主体享有承诺权，通过承诺，自己与异性发生性行为而使自己获得肉体上的快感和精神上的愉悦，但依此进行淫乱活动，法律不予保护，且予以制裁。

三、人格权的权能

1. 控制权

控制权，是指人格权所含有的民事主体以自己的意思对自身的人格利益进行控制的权能。这种权能的行使，以将自己的人格权由自己的意志支配为内容。控制权既是人格权的权利主体积极行使其权利的表现，又是权利主体行使人格权其他权能的基础。权利主体行使控制权，以维护其人格利益，使自己的意志支配于这些利益，同时，也只有行使控制权，才能行使其他权能。

2. 利用权

利用权，是指人格权所含有的权利主体以自己的意志去利用人格权的客体即人格利益，从事各种活动，以满足自身需要的权能。

利用权首先表现为利用自己人格权的客体，体现个体活动的特征、特点以区别于他人，体现个人存在的价值。利用权还表现为利用人格权的客体，以满足自身的需要。自然人享有隐私权，任何人不得侵害。

3. 有限转让权

人格权的转让权是利用权部分的、有限制的延伸，是权利主体对其部分权利客体的利用适当转让于他人。人格权的转让权并非普遍的权能，而受权利客体性质的限制。人身自由权、名誉权、荣誉权等专属于个人的权利，不能转让，而姓名权、肖像权虽不得转让，但姓名、肖像使用权可以转让。只有名称权可以全部转让。《民法典》第993条规定："民事主体可以将自己的姓名、名称、肖像等许可他人使用，但是依照法律规定或者根据其性质不得许可的除外。"这规定的就是人格权的权利人对其人格利益的适当转让权。

4. 适当处分权

适当处分权，是人格权所包含的权利人对于自己享有的人格利益进行适当的、自主支配的权能。很多学者反对人格权具有处分的权能，而认为其有活动自由权的权能。这两种提法的内容有相同之处，但亦有不同之处。活动自由权是讲人格权人在权利范围内的自由活动，适当处分权实际上是支配权，是指权利人在权利范围内不仅有自由活动的权利，而且具有对某些人格利益的支配权利，有权进行适当的处分。

对人格利益的处分权能并不是绝对的，表现在：一是处分的人格利益范围的有限性。并不是所有的人格利益都可以自由处分，如自由、名誉等不得抛弃、转让。二是处分内容的有限性。例如，对生命利益的支配，为了正义、事业而献身，贡献生命，处分自己的生命利益，是合法行使处分权的行为；自杀，则是法律所禁止，为违法行为，并非合法处分生命利益的正当行为。

四、对本案的分析

本案当事人争执的焦点，并不在于可口可乐公司是否侵害了姚明的肖像权，而在于政府机关是否有权支配个人的人格权。原因在于，姚明作为百事可乐公司的形象代言人，是有合同依据的。可口可乐公司使用姚明的肖像作商品宣传，确实是经过有关机关授权的，因为该机关曾经发过文件称，国家级著名运动员的姓名权和肖像权等人格权属于国家所有，由该机关支配，故有权决定将姚明的肖像交给可口可乐公司使用。

人格权是自然人的固有权利，本人享有控制权、利用权、有限转让权和适当处分权。除此之外，任何人都没有理由支配自然人的人格权和人格利益。任何人强制支配自然人的人格权和人格利益，都是对人格权的侵犯。

本案的政府机关无权支配、处分自然人的人格权，除非有公共利益的需要，或者出于公共利益的考虑，可对自然人的人格权有所限制，例如，由于公共利益的需要而对公众人物的隐私权等作适当限制。有人提出，国家级运动员都是国家出钱训练的，因此，他们身上产生的商业价值应当归属于国家，国家有关机关有权作这样的规定。须知，任何人、任何机关未经法律授权，都不得剥夺自然人的人格权，也不得支配自然人的人格权。通过文件宣称某些人的人格权属于国家所有，由国家机关支配，是公然的违法行为，侵害了自然人的人格权。

国家级运动员确实是国家出钱训练的，对于他们的人格利益中包含的商业价值，国家应当享有相应的利益。但是，享有和支配这种利益，不能采取剥夺运动员人格权的方式，应当采取协议的方式，由双方当事人约定，将某些人格利益适当转让给有关国家机关使用。这就是合法的，符合权利与义务相一致的原则要求，保护了民事主体的人格权。

以集体照为由抗辩侵权责任也不成立。本案的姚明与其他两位运动员的肖像是剪辑在一起的合成形象，不是集体照，不能适用个人不得对集体照主张肖像权的规则。

第二节　有关人格权保护的其他问题

63.

“邻居因口角在楼道安装摄像头监视对方构成侵害隐私权”案

案情介绍

卢某、曹某系左右邻居关系。双方因琐事发生口角及冲突，曹某在楼道内安装摄像头，可以收录卢某一家的活动，并在阳台外面的雨棚边挂上一块深色布。双方经交涉未果，物业公司出面调解不成。卢某起诉，认为曹某在楼道安装摄像头监视卢家的生活，对其人身安全和个人信息构成重大威胁。

法院认为：曹某在公共楼道安装摄像设备，将公共走廊置于摄像监控范围内，与卢某的日常生活有密切联系，已侵害了卢某的隐私权，对卢某的生活造成了一定的妨碍，卢某以隐私权受到侵害为由，要求曹某拆除摄像设备，符合事实及法律规定，予以支持；卢某未举证证明因曹某的侵害行为造成其严重精神损害，故其主张精神损害赔偿的请求不予支持。

法律问题

1. 死者人格利益保护
2. 人格权请求权
3. 侵害人格权的禁令
4. 新闻报道和舆论监督合理使用他人的人格要素

法理分析

一、死者人格利益保护

《民法典》第994条规定，对死者的人格利益应当予以法律保护。死者的姓名、肖像、名誉、荣誉、隐私、遗体等受到侵害的，其近亲属有权进行保护。首先是其配偶、子女、父母进行保护，死者没有配偶、子女并且父母已经死亡的，其他近亲属有权依法请求行为人承担民事责任。本书后文的“荷花女”案，就是我国保护死者人格利益的第一案。

二、人格权请求权

人格权请求权，是人格权受到侵害后，受害人依法享有的请求侵害人承担民事责任，救济自己损害的固有请求权。《民法典》第995条第一句规定：“人格权受到侵害的，受害人有权依照本法和其他法律的规定请求行为人承担民事责任。”为了保护权利人的人格权，停止侵害、排除妨碍、消除危险、消除影响、恢复名誉、赔礼道歉请求权不适用诉讼时效的规定。

在合同领域，当事人一方的违约行为损害对方人格权并造成严重精神损害，受损害方选择请求其承担违约责任的，不影响受损害方请求精神损害赔偿，从而使权利人的人格权得到更好的保护。

三、侵害人格权的禁令

为了更好地保护人格权，《民法典》第997条规定了保护人格权的禁令制度，即："民事主体有证据证明行为人正在实施或者即将实施侵害其人格权的行为，不及时制止将会使其合法权益受到难以弥补的损害的，有权依法向人民法院申请采取责令行为人停止有关行为的措施。"禁令就是禁止实施某种行为的命令。侵害人格权的禁令，是法院发出的禁止行为人实施有可能侵害他人人格权的行为的命令。这种命令有强制性，受禁令禁止的行为人，必须遵从禁令的要求，不得实施被禁令禁止的行为。违反者，应当承担民事责任。

四、新闻报道和舆论监督合理使用他人的人格要素

新闻报道和舆论监督是新闻自由的组成部分，是推动社会进步的重要力量。新闻报道和舆论监督不可避免地要涉及被报道和监督的人物的人格利益。为保障媒体的公正性和媒体职能的实现，新闻性就是抗辩承担侵害人格权民事责任的正当事由。具有新闻性的合理抗辩事由，能够阻却新闻报道、舆论监督侵害人格权的违法性，成为正当的合法行为。《民法典》第 999 条确定了为公共利益进行新闻报道、舆论监督合理使用他人人格要素的界限。

因正当事由合理使用他人人格要素的行为，不构成侵害人格权的民事责任。其要件包括：(1) 为公共利益实施新闻报道、舆论监督等行为；(2) 使用的是民事主体的姓名、名称、肖像、个人信息等人格要素；(3) 符合正当使用的范围，即为时事新闻报道、舆论监督的目的，不得超出该范围。符合上述要件要求的，对他人人格要素的使用为正当使用，不承担民事责任。例如，拍摄新闻事件中人物的肖像进行报道，不构成侵害肖像权。

行为人对他人的人格要素进行不合理使用，应当依法承担民事责任。不合理使用的行为包括：(1) 没有正当事由而使用，例如为个人创作而使用；(2) 使用的人格要素超出了法律规定的范围，例如揭露个人隐私；(3) 超出了正当使用的范围，即在正当使用的范围之外进行使用。这些对他人人格要素的使用都是非法使用，构成侵害人格权的民事责任。

五、对本案的分析

《民法典》第 995 条规定了人格权请求权，突破了对人格权的保护只能依靠侵权请求权进行单一保护的局面，开启了人格权请求权和侵权请求权双重保护人格权的模式。人格权请求权的行使不受诉讼时效影响。根据绝对权的固有请求权的属性，无论行为人对于人格权益侵害的行为是否具有过错，只要行为人的行为造成了损害后果或有造成损害后果的可能，且行为和后果之间存在法律上的因果关系，权利人就有权利请求行为人承担由人格权请求权触发的"停止侵害、排除妨碍、消除危险、

消除影响、恢复名誉、赔礼道歉”的民事责任。

卢某可以隐私权受到侵害为由，根据人格权请求权请求曹某停止侵害、排除妨碍，无须间接通过其他请求权维护自身权益。卢某请求曹某承担精神损害赔偿责任，行使的是侵权请求权。对此，法院以不能证明其受到严重精神损害的事实而予以驳回，并不妥当，因为用摄像头监控邻居生活，就已经造成了精神损害，不能说这一精神损害不严重。

第三节　一般人格权

64.

“试用合格却以不招聘女性为由拒绝录用性别歧视”案

案情介绍

劳务公司在同城网站上发布招聘信息，表明“招聘速递员，工资三千加计件，任职资格：男。”邓某某通过试用后准备入职，但签约时速递公司、劳务公司因邓某某是女性，拒绝签约。邓某某认为受到了就业性别歧视，向法院起诉。

法院认为：速递公司不能证明快递员属于国家规定的不适合妇女的工种或者岗位，在邓某某询问丧失应聘机会是否因其为女性时，公司招聘人员作了肯定答复，证明速递公司拒绝聘用邓某某的原因在于其为女性，侵犯了邓某某平等就业的权利。遂根据速递公司的过错程度及造成的损害后果，判决速递公司赔偿邓某某精神损害抚慰金 2 000 元。

法律问题

1. 一般人格权的性质
2. 一般人格权的概念和特征
3. 一般人格权的内容
4. 一般人格权的基本功能
5. 侵害一般人格利益的精神损害赔偿责任

法理分析

一、一般人格权的性质

一般人格权是以民事主体全部人格利益为标的的基本权利。* 一般人格权相对于具体人格权而言，是基本权利。虽然一般人格权对具体人格权有概括的作用，但它也是一种独立的民事权利，是人格权中的基本权利。一方面，它决定和派生着各种具体人格权；另一方面，它更为抽象，更具有概括性，成为人身权中最具有抽象意义和典型性的基本人格权。《民法典》第 990 条第 2 款关于“自然人享有基于人身自由、人格尊严产生的其他人格权益”的规定，就是规定了一般人格权。

二、一般人格权的概念和特征

1. 一般人格权的概念

一般人格权是自然人享有的，与具体人格权相对而言，概括人格独立、人格自由、人格尊严全部内容的一般人格利益，并由此产生和规定具体人格权的基本权利。

2. 一般人格权的特征

一般人格权与具体人格权相比较，具有以下法律特征：

（1）一般人格权的主体具有普遍性的特征。一般人格权的主体是自然人，自然人和自然人之间一律平等。任何人，不论其在社会中有何政治地位、身份和能力，其在经济能力上有何不同，都平等地、普遍地享有一般人格权，并与个人的属性终生相随，直至其死亡。

（2）一般人格权的客体具有高度概括性的特征。一般人格权的客体是一般人格利益，具有高度的概括性。这种概括性，包括两个方面的含义：第一，一般人格利益本身具有概括性。人格独立、人格自由、人格尊严都不能转化成具体的人格利益，也不能成为具体人格权的客体。第二，一般人格利益是对所有具体人格权的客体的概括，任何一种具体人格权的客体都可以被概括在一般人格利益之中。因此，一般人格权才成为具体人格权的渊源，由此产生并规定具体人格权。

（3）一般人格权的内容具有广泛性的特征。一般人格权的内容不但包括具体人格权的内容，而且包括具体人格权所不能包含的人格利益，因而一般人格权的内容极为广泛，是不可能列举穷尽的。

（4）一般人格权具有明确的目的性特征。一般人格权集中体现了法律保护人格权的目的，即尊重人的独立、平等地位，尊重人的自由和尊严，从而使人获得全面发展，使人真正成其为人。

三、一般人格权的内容

1. 人格独立

人格独立的实质内容，是民事主体对人格独立地享有，表现为：民事主体在人格上一律平等；在法律面前，任何民事主体都享有平等的主体资格，享有独立人格，不受他人的支配、干涉和控制。

《民法典》第 4 条规定，民事主体在民事活动中的法律地位一律平等。这赋予了民事主体在人格上的独立和平等。人格独立表明，人人都有平等的权利，人人都有保护个人人格的权利，人人都有捍卫个人独立性的权利。

人格独立所包括的内容有：(1) 民事主体的人格不受他人支配。(2) 民事主体的人格不受他人的干涉。(3) 民事主体的人格不受他人控制。

2. 人格自由

作为一般人格权的内容，人格自由是私法上抽象的自由，既不是人身自由，也不是政治自由。它是对所有的民事自由权利的抽象和概括，既是指人格的自由地位，也是指人格的自由权利，是权利主体自主参加社会活动、享有权利、行使权利的基础和前提。

人格自由包括以下两个方面的内容：(1) 保持人格的自由，就是保持自己做人的自由。(2) 发展人格的自由。人格为与生俱来的资格，但主体在其生存期间可以采取各种方法来发展自己的人格，完善自己的人格，使自己成为更完美、更完善的人。

3. 人格尊严

人格尊严是一般人格权的基本内容，是一般人格权的代名词，是指民事主体作为一个人所应有的最起码的社会地位，以及应受到社会和他人最起码尊重的资格。换言之，人格尊严，即把人真正当成人。

人格尊严主要有以下三个特点：

(1) 人格尊严是一种人的观念，是自然人、法人、非法人组织对自身价值的认识。这种认识基于自己的社会地位和自身价值，来源于自身的本质属性，并表现为自己的观念认识。

(2) 人格尊严具有客观的因素。这种客观的因素是他人、社会对特定主体作为人的尊重。这种客观因素是一种对人的价值的评价，是对人的最起码的做人资格的评价，不是对人的褒贬，而是对人的尊重，是把人真正作为一个人所应具有的尊重。

(3) 人格尊严是人的主观认识和客观评价的结合。它既包括自我认识的主观因素，也包括社会和他人的客观评价与尊重，这两种因素结合在一起，才构成完整的人格尊严。

人格尊严是一般人格权的客体即一般人格利益的基础。人的尊严是宪法体系的核心价值，更是《民法典》的核心价值。

四、一般人格权的基本功能

一般人格权的基本功能，就是指一般人格权在保护人的价值和权利中的主要作用。一般人格权作为一项个人的基本权利，具有下述基本功能。

1. 解释功能

一般人格权的高度概括性和抽象性，使它成为具体人格权的母权，成为对各项具体人格权具有指导意义的基本权利，并决定各项具体人格权的基本性质、具体内容以及与其他具体人格权的区分界限。一般人格权对于具体人格权而言，具有解释的功能。当对具体人格权进行解释的时候，应当以一般人格权的基本原则和基本特征为标准，有悖于一般人格权基本原理的解释应属无效。

2. 创造功能

一般人格权是具体人格权的渊源权。其含义在于，基于一般人格权才创造出了众多的具体人格权，因而一般人格权具有创造功能。

人格权是一个不断发展的概念，是一个从弱到强、从少到多，逐渐壮大的权利组合。近现代民事立法创造了大量的人格权，使具体人格权达到了十几种。具体人格权种类之多，其他权利无法相比。这些权利的产生，无一不是以一般人格权为渊源。正确地运用一般人格权的创造功能，可依靠一般人格权创造具体人格权，并在实务中予以适用。

3. 补充功能

一般人格权也是一种弹性的权利，具有高度的包容性，既可以概括现有的具体人格权，又可以创造新的人格权，还可以对尚未被具体人格权确认、保护的其他人格利益发挥其补充的功能，将这些人格利益概括在一般人格利益之中，以一般人格权进行法律保护。当这些没有被具体人格权概括的人格利益受到侵害时，即可依侵害一般人格权确认存在侵权行为，追究行为人的侵权责任，救济民事主体的人格利益损害。《民法典》第 990 条第 2 款规定人格权，就是从这个角度进行的。

一般人格权的这种补充功能，与其解释功能和创造功能相比较，具有更强的实用性。法院可以据此直接作出侵害一般人格权的行为为侵权行为的判决，保护一般人格权。当民事主体的一般人格利益受到侵害，没有具体的人格权可以援引，又确实需要保护的时候，就可以发挥一般人格权的补充功能，按照最高人民法院的司法解释，认定为侵害其他人格利益，作出判决，就能够使人格利益受到一般人格权的法律保护。

五、侵害一般人格利益的精神损害赔偿责任

一般人格权的补充功能，就是对具体人格权所未包含的其他人权利益进行法律保护的功能。对于侵害人格独立、人格自由、人格尊严的行为，不能以侵害具体人格权进行法律保护的，应当认定其为侵害一般人格权的侵权行为，用精神损害赔偿

的方法进行法律救济。

六、对本案的分析

本案是依据一般人格权的规定作出判决的案例。侵害尚未类型化的人格利益构成对人格尊严侵害的，应当依据《民法典》第 990 条第 2 款的规定确定对一般人格权的保护。本案涉及就业性别歧视的法律适用问题，最高人民法院将其作为弘扬社会主义核心价值观“社会公德”的典型案例予以发布。

反歧视诉讼是关涉公民基本权利的案件，但由于我国宪法不具有可诉性，司法实践中关涉反歧视、劳动权、生育权、受教育权、环境权等基本权利的纠纷，以及涉及其他人格利益保护的，以一般人格权纠纷为案由，通过民法规定的一般人格权对人格自由、人格尊严的保护，对民事主体进行保护。这是民法落实《宪法》关于国家保障公民民事权利的体现。

本案涉及女性就业歧视。女性就业自由这一人格利益，虽然《民法典》没有提供具体人格权进行保护，但实行男女平等是我国的基本国策，《宪法》《妇女权益保障法》《劳动法》《就业促进法》都予以规定。对此，依《民法典》第 990 条第 2 款规定的一般人格权条款对权利人进行保护，是十分必要的。对实施就业性别歧视的单位，通过判决使其承担民事责任，不仅是对全体劳动者的保护，营造平等、和谐的就业环境，更是对实施就业性别歧视的单位予以惩治和警示，让平等就业的法律法规落到实处，起到规范、引导的良好作用。

第十八章

具体人格权

第一节　生命权、身体权和健康权

65.

“对妻子实施家庭暴力强行剪掉其毛发侵害身体权”案

案情介绍

张某芳和程某系夫妻，因家庭琐事，程某对张某芳实施家庭暴力，强制剪掉张某芳的头发和身体隐秘部位的毛发，造成严重精神伤害。张某芳向法院起诉。

法院认为：张某芳因程某的家庭暴力，身体权受到侵害，造成严重精神损害后果，支持其诉讼请求。遂判决程某承担精神损害赔偿责任。

法律问题

1. 生命权
2. 身体权
3. 健康权

法理分析

一、生命权

1. 生命的意义

生命，是人体维持其生存的基本的物质活动能力。人的生命是人的最高的人格利益，具有至高无上的人格价值，是人的第一尊严。

生命之于人的最高价值在于：（1）生命是人具有民事权利能力的基础；（2）生命具有不可替代性；（3）生命不仅对于人的本身具有价值，而且对于整个社会具有价值。

2. 生命权的概念和特征

生命权是以自然人的生命安全和生命尊严的利益为内容的、独立的具体人格权。《民法典》第 1002 条规定的是生命权。生命权的法律特征是：（1）生命权以民事主体的生命安全为客体。（2）生命权以维护人的生命活动延续为其基本内容，防止人为地将其终止。（3）生命权的保护对象是人的生命活动能力。

3. 生命权的内容

（1）维护生命安全。维护生命安全是生命权的最主要内容：一是维护生命延续。法律保护人的生命延续，不是通过提高健康程度延长生命，而是保护人的生命不因受外来非法侵害而丧失，保护的是人的生命安全利益。生命安全维护权的实质，是禁止他人非法剥夺生命，而使人的生命按照自然界的客观规律延续。二是当非法侵害生命的行为和危害生命的危险发生时，为防止生命危害发生，可以采取相应的措施，保护自己，排除危害。其中最基本的措施，就是正当防卫和紧急避险。三是改变生命危险环境。当环境对生命构成危险，但该危险尚未发生时，生命权人有权要求改变环境，消除危险。

（2）维护生命尊严。生命尊严是生命权的重要内容之一，概括的是人的生的尊严和死的尊严。维护生命尊严，是维护人格尊严的组成部分。人格尊严主要维护的是自然人在主体资格存续期间的尊严，包括生的尊严和死的尊严。生的尊严和死的尊严就是生命尊严，其中最重要的是维护死的尊严，包括选择尊严死、生前预嘱和临终关怀等内容。当自然人的生命濒临终结，不可治愈，且采取延命措施会有巨大痛苦时，权利人有权设立生前预嘱，选择尊严死，实行临终关怀，给予减轻痛苦的医疗措施。

二、身体权

1. 身体的概念

身体是指一个人或一个动物的生理组织的整体。法律意义上的身体，专指自然人的身体，是指自然人的生理组织的整体，即躯体。

身体包括主体部分和附属部分。主体部分是人的头颅、躯干、肢体的总体构成，包括肢体、器官和其他组织。附属部分，如毛发、指（趾）甲等附着于身体的其他人体组织。移植的器官和其他组织与受移植人成为一体的，即成功的移植，应为受移植人身体的组成部分，他人不能再主张这些器官、组织的身体权。镶装、配置的人工制作的残缺身体部分的代替物，如假肢、假牙、义眼、人工心脏瓣膜、助听器等，已构成躯体不可分离的一部分的，应属于身体；可以自由装卸的，不属于身体。

2. 身体权的概念和特征

身体权是自然人维护其身体完全并支配其肢体、器官和其他组织的具体人格权。

《民法典》第1003条规定的是身体权。

身体权的法律特征是：（1）身体权以自然人的身体及其利益为客体。（2）身体权还表现为对自己身体组成部分的肢体、器官和其他组织的支配权。（3）身体权是自然人的基本人格权。

3. 身体权的内容

（1）维护身体的完整性。保持身体完整权，是自然人对自己的身体的完整性享有保持的权利，禁止任何人侵害身体，破坏身体的完整性。身体的完整性包含两层含义：一是身体的实质性完整，是指身体的实质组成部分不得残缺。对身体实质性完整的维护，就是禁止他人非经本人同意而取得自己身体的组成部分。二是身体的形式完整性，是指对身体的组成部分不得非法接触。

（2）身体利益支配权，是指自然人对自己的身体组成部分在法律准许的情况下，有适当的支配权，对自己的身体组成部分进行适当的处置。自然人对自己的血液、体液、毛发等附属部分，有处置的权利，依照自己的意志进行支配。自然人对自己的器官，也可以有限度地捐献给他人，救助他人的生命。如生前留下遗嘱，死后将自己的遗体或者角膜等捐献给医疗机构、医疗教学机构和眼库，进行医学研究教学或者为他人救治疾病。

三、健康权

1. 健康

健康作为健康权的客体，是指生理健康，即维持人体生命活动的生理机能的正常运作和功能的完善发挥。健康有两个要素：一是生理机能的正常运作，二是生理功能的完善发挥。通过这两个要素的协调一致发挥作用，达到维持人体生命活动的最终目的。

2. 健康权

健康权是指自然人以其机体的生理机能正常运作和功能完善发挥，因而维持人体生命活动的利益为内容的具体人格权。

《民法典》第1004条规定的是健康权，其法律特征如下：（1）健康权以人体的生理机能正常运作和功能的正常发挥为具体内容，但不是以人体的整体构造为客体。（2）健康权以维持人体的正常生命活动为根本利益。（3）健康权保护的是自然人身体功能的正常发挥，使其运作、运动自主。

3. 健康权的内容

健康权包括两项最基本的内容，即健康维护权和劳动能力。

（1）健康维护权。健康维护权是健康权的基本内容之一。健康维护权是自然人保护自己、造福人类的重要权利，包括两方面内容：一是自然人保持自己健康的权利；二是当健康权受到不法侵害时，享有法律保护的请求权。

（2）劳动能力。劳动能力是自然人从事创造物质财富和精神财富活动的脑力和体力的总和，是自然人健康权的一项基本人格利益。劳动能力是创造物质财富和精神财富的能力。自然人享有劳动能力这种人格利益，主要体现在四方面：一是有权保有这种利益；二是有权利用这种劳动能力以满足自己及社会的需要；三是有权发展这种利益；四是当这种利益受到损害时有权要求加害人损害赔偿。

四、对本案的分析

身体权的内容主要包括保持身体完整权和身体利益支配权。保持身体完整权，是自然人对自己的身体的完整性享有保持的权利，禁止任何人侵害身体，破坏身体的完整性。对身体实质性完整的维护，是指禁止他人非经本人同意而取得自己身体的组成部分。这种身体的实质性完整，包括身体的全部，但是，在身体权的范围内，最主要的是指不涉及损害健康的身体组成部分的完整，如果对身体完整性的损害造成健康受损，则为侵害健康权。例如，未经本人同意，强制他人进行献血，就是侵害身体权的表现。对身体的形式性完整的维护，是指权利人有权保持自己的身体不被非法接触。而身体利益支配权，是指自然人对自己的身体组成部分在法律准许的情况下，有适当的支配权，可以对自己的身体组成部分进行适当的处置，如捐献器官等救助病患。

本案的程某对妻子张某芳实施家庭暴力，剪掉张某芳的头发和体毛，侵害了其身体组成部分的实质性完整，造成了对身体完整性的损害，构成对张某芳身体权的侵害。张某芳主张程某承担精神损害赔偿责任，应当予以支持。

第二节 姓名权、名称权、肖像权和声音权

66.

“使用‘泥人张’传人做宣传不构成侵害姓名权”案

案情介绍

张某系“泥人张”彩塑艺术创始人张明山的第六代孙。陈某十多岁开始师从天津泥人张彩塑工作室高级工艺美术师逯某、杨某学习泥彩塑，系二人亲传弟子。陈某在参加社会活动时使用了“泥人张第六代传人”的称谓。天津市泥人张世家绘塑

老作坊、张某认为陈某的行为系擅自使用他人企业名称、虚假宣传行为，遂提起诉讼。

法院认为：就一门民间艺术而言，传人应被理解为得到技艺和艺术气质真传的人。泥人张彩塑艺术的形成有其特定的历史渊源，艺术传承方式已不单纯依赖于张氏家族成员间的传承，天津泥人张彩塑工作室亦是该彩塑艺术的传承单位。由天津泥人张彩塑工作室培养起来、掌握泥人张彩塑技艺、作品具有其风格，并具有较高艺术成就的人，可以称为泥人张彩塑艺术的传人，弘扬该艺术，逯某、杨某是其中的代表，陈某作为该二人的亲传弟子，使用“泥人张第六代传人”的称谓，不存在侵犯姓名权，也不构成虚假宣传的不正当竞争行为。

法律问题

1. 姓名权
2. 名称权
3. 肖像权
4. 声音权

法理分析

一、姓名权

1. 姓名和姓名权的概念

姓名是用以确定和代表个体自然人并与其他自然人相区别的文字符号和标记。其意义在于：姓名在法律上使某一个自然人与其他自然人区别开来，便于其参加社会活动，行使法律赋予的各种权利和承担相应的义务。

姓名权，就是自然人决定、使用和依照规定改变自己姓名的权利。《民法典》第1012条规定的是姓名权。

2. 姓名权的内容

（1）自我命名权。自然人有权决定自己的姓名，任何人无权干涉。自然人的姓，原则上无选择权，或者随父姓，或者随母姓。自然人的名，一般都是自然人出生前或出生后其父母给起的，但这不是对自我命名权的否定，实际上是父母行使亲权的表现，是父母实施亲权的代理行为。

（2）姓名使用权。自然人在民事活动中，除法律另有规定之外，可以使用本名，也可以使用自己的笔名、艺名或化名等。

（3）改名权。自然人可以按照自己的意愿依照规定改变自己的姓名，不受其他限制。按照现行规定，自然人改名应当经公安机关登记，否则不发生变更姓名的效力。

二、名称权

1. 名称与名称权

名称是指法人及非法人组织在社会活动中，用以确定和代表自身，并区别于他人的文字符号和标记。名称的基本作用在于，使主体在社会活动中确定自身的称呼，以其代表自身，并区别于其他法人和非法人组织。

字号，是指商店、个体工商户、个人合伙所使用的名称。商号，是商业主体依法申请登记，用以表示自己营业的名称，亦即商业主体在营业上所使用的名称。字号和商号均为名称之一种，并不是名称的全部。

名称权是指法人及非法人组织依法享有的决定、使用、改变自己的名称，依照法律规定转让名称，并排除他人非法干涉、盗用或冒用的人格权。《民法典》第1013条规定的是名称权。

2. 名称权的内容

（1）名称设定权。法人及非法人组织享有的名称权的最基本内容是为自己设定名称的权利，他人不得强制干预。法人，尤其是企业法人，须设定名称，非经依法登记，不发生效力。个体工商户、个人合伙等，依其自愿，可以设定名称，也可以不设定名称。

（2）名称使用权。名称权主体对其名称享有独占使用的权利，排除他人非法干涉和非法使用。名称一经登记，即产生名称权主体的独占使用效力，法律予以保护，在登记的地区内，他人不得再予登记经营同一性质营业的该名称。

（3）名称变更权。名称权主体在使用其名称的过程中，可以依法变更自己登记使用的名称。名称变更，可以部分变更，也可以全部变更。变更名称必须依法进行变更登记，其程序与设定名称相同。

（4）名称转让权。《民法典》第1013条规定，法人、非法人组织享有名称权，有权依法决定、使用、变更、转让或者许可他人使用自己的名称。名称可以部分转让，将名称使用权转让于他人使用；也可以是全部转让，将名称权全部转让于他人享有。部分转让的，名称权人仍享有名称权，仍得自行使用其名称，但名称使用人依使用权的转让而有权依约定使用该名称。全部转让的，原名称权人丧失名称权，不得继续使用；受让人成为该名称的权利人，享有专有使用权及名称权的一切权利。

三、肖像权

1. 肖像

肖像，是通过影像、雕塑、绘画等方式在一定载体上所反映的特定自然人可以被识别的外部形象。

肖像的法律特征是：

（1）肖像是自然人的外部形象。法律意义上的肖像，是指自然人所具有的客观的、实在的物质实体的外在形态，因而只有自然人才会有肖像。

（2）肖像是自然人的外部形象所再现的视觉形象。自然人的外部形象只有经过再现，即经过一种转换而得到的视觉形象，才是肖像。

（3）肖像须通过影像、雕塑、绘画等形式将自然人外部映象固定在物质载体上。

（4）肖像固定在物质载体之上，与肖像人在客观上相脱离，能够为人力所支配，具有一定的财产价值。

2. 肖像权的概念和特征

肖像权，是以自然人在自己的肖像上所体现的利益为内容的具体人格权。《民法典》第1018条第1款规定的是肖像权，其法律特征是：

（1）肖像权所体现的基本利益，是精神利益。法律保护自然人的肖像权，最首要的就是保障自然人的人格尊严，保护肖像权所体现的这种精神权利。

（2）肖像权所具有的物质利益，是肖像权所体现的一项重要内容。自然人的肖像作为艺术品，具有美学价值。在市场经济条件下，这种美学价值能够转化为财产上的利益，享有肖像权就可以获得财产上的利益。

（3）肖像权是自然人专有的民事权利，体现为形象再现的专有性，以及肖像使用的处分性。

（4）肖像权的主体只是特定的自然人。肖像权须为特定的自然人所享有。

3. 肖像权的内容

（1）制作专有权。肖像权人有权根据自己的需要和他人、社会的需要，通过任何形式由自己或由他人制作自己的肖像，他人不得干涉；有权禁止他人非法制作自己的肖像。

（2）使用专有权。肖像使用专有权的实质，就是肖像权人对于自己的肖像的利用价值的专有支配权。肖像权人对自己的肖像有权以任何方式进行自我使用。肖像权人有权禁止他人非法使用自己的肖像。任何人未经本人同意而使用肖像权人的肖像，都是对肖像使用专有权的侵害。肖像使用专有权可以部分地转让他人。

（3）利益维护权。受到侵害时，肖像权人有权维护自己的肖像利益；对于恶意毁损、玷污、丑化自然人肖像的行为，肖像权人有权请求行为人停止侵害；任何人以营利为目的使用他人肖像时，肖像权人都有权要求赔偿其财产利益的损失。

四、声音权

1. 声音权的概念

声音权是指自然人自主支配自己的声音利益，决定对自己的声音进行使用和许可他人使用的具体人格权。《民法典》第 1023 条第 2 款规定："对自然人声音的保护，参照适用肖像权保护的有关规定。"自然人的声音是声音权的客体，对其进行保护，参照适用保护肖像权的规则。

2. 声音权的内容

（1）录制专有权。未得允许，不得滥行录制他人声音。

（2）自我使用权，即声音权人对自己的声音可以进行使用，利用声音表达自己的意志，也可以利用自己的声音创造财产利益，全凭权利人本人自主决定。首先是精神利益的使用权，权利人对自己的声音如何使用具有支配权。其次是财产利益的使用权，权利人可以将自己的声音进行商业化的利用，并因此而获得收益。

（3）许可他人使用权。声音权人可以将自己的声音许可他人使用，并从中获得利益或者不获得利益。许可他人使用就是行使公开权。在声音财产利益的许可使用上，许可使用有排他性许可使用和非排他性许可使用之分。

五、对本案的分析

本案是因"泥人张"称谓使用引发的纠纷。这涉及《民法典》第 1017 条规定的对笔名、艺名、网名、译名、字号以及姓名和名称的简称的保护问题。

本案争议的"泥人张"称谓，经历了发展变化的过程。最初，"泥人张"是彩塑创始人张明山的艺名，后"泥人张"经过长期创作积累和宣传成为知名彩塑艺术品的特有名称。"泥人张"既是张明山的艺名，且具有一定社会知名度、被他人使用足以造成公众混淆，因此在《民法典》该条规定的保护范围。如果陈某直接使用"泥人张"的称谓，可能构成侵害姓名权的责任，因为艺名的保护适用姓名权的保护。但是陈某没有这样做，而是称自己为泥人张的传人。

本案判决详细地列举了各主体对"泥人张"称谓使用的权利基础，对"传人"称谓使用的合理性作出了判断。一般而言，当事人在介绍作者身份时，使用民间艺术领域"某某传人"称谓，是对作者所从事的艺术流派、传承及在相关领域获得认可的一种描述。如果该称谓具有相应的事实基础，且不足以引人误解，不构成侵害艺名，也不构成虚假宣传。反之，如果当事人对"传人"称谓的使用，是出于攀附"传承人"身份所承载声誉的目的，则其行为构成不正当竞争。

第三节　名誉权和荣誉权

67.

“写作小说损害死者人格利益，请求精神损害赔偿”案

案情介绍

陈某某系已故艺人吉某某（艺名荷花女）之母。1940 年，吉某某以“荷花女”的艺名参加天津“庆云”戏院成立的“兄弟剧团”演出，从此以“荷花女”的艺名在天津红极一时，1944 年病故，年仅 19 岁。魏某某自 1986 年开始以“荷花女”为主人公创作小说，同年 2 月至 6 月间，先后三次到陈某某家了解“荷花女”的生平以及从艺情况，向“荷花女”之弟了解情况并索要照片。魏某某创作完成 11 万字的小说《荷花女》，使用吉某某的真实姓名和艺名，陈某某在小说中被称为陈氏。小说虚构了吉某某从 17 岁到 19 岁病逝的两年间，先后同许某、小麒麟、于某某三人恋爱、商谈婚姻，并三次接受对方聘礼之事，说于某某已婚，吉某某“百分之百地愿意”为其做妾；虚构了吉某某先后被天津帮会头目、大恶霸袁某某和刘某奸污而忍气吞声，在结尾影射吉某某患性病打错针致死。作者未征求陈某某等人的意见，投稿于《今晚报》报社。《今晚报》自 1987 年 4 月 18 日开始在副刊连载，并加插图。

在小说连载中，陈某某及其亲属以小说插图及虚构的情节有损吉某某的名誉为理由，先后两次到《今晚报》报社要求停载。《今晚报》报社称，若吉某某的亲属写批驳小说的文章，可予刊登；以报纸要对读者负责为由，将小说题、图修改后，继续连载。

陈某某以魏某某和《今晚报》报社为被告，向法院起诉，要求被告承担侵害死者名誉权的民事责任。

法律问题

1. 名誉权

2. 荣誉权

法理分析

一、名誉权

1. 名誉

名誉是指对民事主体的品德、声望、才能、信用等的社会评价。

名誉包括两个内容，即内部名誉和外部名誉。外部名誉是第三人对特定的民事主体存在价值的评价。这种评价是由他人作出的，存在于客观社会之中，具有客观的属性，有判断其损益的尺度，因而能为他人所感知，故称为客观名誉。内部名誉是特定的民事主体对自己内在价值的感受，是自己对自己的评价。内部名誉存在于该民事主体的主观世界，为自己所感知，因而是主观上的名誉。

名誉权的客体，是指外部名誉而不是内部名誉。

2. 名誉权的概念和特征

名誉权是指自然人和法人、非法人组织对于就其自身属性和价值所获得的社会评价，享有的保有和维护的具体人格权。

《民法典》第 1024 条规定了名誉权，其具有以下法律特征：

（1）名誉权的主体包括自然人、法人和非法人组织。名誉权是具体人格权，在人格权中，只有少数权利的主体包括自然人、法人和非法人组织，名誉权是其中之一。

（2）名誉权的客体是名誉及其利益。名誉利益是自然人、法人和非法人组织就其自身属性和价值所获得的社会评价。自身属性包括自然人的品德、才能和其他素质，包括法人、非法人组织的经营能力、履约能力、经济效益等状况。

（3）名誉权的基本内容是保有和维护自己的社会评价，重点在于保有自己的名声，维护其名声不受侵害。

（4）名誉不具有财产性，但与一定的财产利益相关联。名誉权不具有直接的财产价值，也不能产生直接的经济利益。但是其所包含的财产利益因素较为明显。这不仅表现在名誉权受损害以后主体会因补救损害而受到一定的经济损失，同时还表现在可能导致自然人的招聘、晋级、提薪受到影响，导致法人、非法人组织的社会信誉降低、利润减少，从而使其财产受到损害。

3. 名誉权的内容

（1）名誉保有权。名誉保有权包括两方面：一是保持自己的名誉不降低、不丧失；二是在知悉自己的名誉处于不佳状态时，可以自己的实际行动予以改进。

（2）名誉维护权。名誉维护权也包括两方面：一是对于其他任何人有不得侵害的不作为请求权，任何其他人都负有不得侵害名誉权的法定义务。二是对于侵害名誉权的行为人，名誉权人基于维护权，可以寻求司法保护，对自己遭受损害的权利进行救济。

（3）名誉利益支配权。名誉权人对于名誉权所体现的利益能够进行支配。自然人、法人、非法人组织可以利用自己良好的名誉，与他人进行广泛的政治、经济交往，使自己获得更好的社会效益和财产效益。

二、荣誉权

1. 荣誉和荣誉权

荣誉是因特定民事主体在社会生产、社会活动中有突出表现或突出贡献，政府、单位、团体或其他组织所给予的积极的正式评价。

荣誉权是指民事主体对其所获得的荣誉及其利益所享有的保持、支配的人格权。《民法典》第1031条规定了荣誉权及保护方法。

荣誉权的性质，是兼有身份权性质的人格权：既有维护权利人荣誉身份的身份权性质，又有保护权利人的人格利益的人格权性质，在人格权体系中是一种特殊的权利。

2. 荣誉权的内容

（1）荣誉保持权。荣誉保持权的客体，是荣誉本身，而不是荣誉利益。荣誉本身，包括各种荣誉称号，如劳动模范、战斗英雄、先进企业、文明商店等，以及各种奖励、表彰，如通报表扬、通令嘉奖等。

（2）精神利益支配权。对精神利益的自主支配，是荣誉权的具体权利内容，权利人无须经他人同意或允许。

（3）物质利益获得权。当荣誉本身带有物质利益时，权利人对此物质利益享有获得权。物质利益获得权，就是权利人对于荣誉附随的物质利益所享有的法定取得的权利。

（4）物质利益支配权。荣誉权人对于已经获得的物质利益，享有支配权。对于荣誉的一般物质利益的支配权，是完整支配权，它的性质属于财产所有权，即自物权。对于流动奖杯、奖旗等流动性奖品，则只是在一定的时期内享有占有权，不具有所有权。

三、对本案的分析

本案是《民法通则》实施后第一件关于死者人格利益延伸保护的案件，被称为“荷花女”案，在中国的民法理论和司法实践的发展中具有十分重要的地位和影响。

《民法通则》规定了名誉权受法律保护，但没有规定死者的名誉利益是否保护以及怎样保护。这个案件第一次提出这个问题，需要理论和实践予以解决。这个案件引发的讨论和关注相当广泛，不仅在学术上和司法实践中有重大影响，而且在普及法律方面所起的作用是不可低估的。最高人民法院就此案作出司法解释，确认对于死者的名誉利益应当予以保护，其近亲属有权提起保护死者人格利益的诉讼请求。这对我国的立法和司法以及理论研究都产生了重大影响。《民法典》第994条规定的对死者人格利益的保护，就始于这个案例。

本案经过审理，天津市中级人民法院确认魏某某、《今晚报》报社构成侵害名誉权（应为名誉利益），判决刊登道歉声明，赔偿精神损害共800元，该小说不得再以任何形式复印、出版发行。被告不服并上诉后，当事人双方在二审中达成调解协议，妥善处理了本案。

这一案例对正确认定名誉、名誉权（或名誉利益）以及名誉权（或名誉利益）的保护，都有典型意义，例如，荷花女的名誉，就是社会的综合评价；名誉权（或名誉利益）就是保护自己的社会综合评价不被降低；侵害名誉权（或名誉利益），就是诽谤和侮辱，本案的主要行为是诽谤，即将有损于荷花女的言论向第三人公开。在生活中，对健在的人进行诽谤等，就是侵害名誉权，对死亡人进行诽谤等，就是侵害死者的名誉利益。

第四节　人身自由权和性自主权

68.

“以治疗精神病为由对自然人强制进行治疗，侵害人身自由权”案

案情介绍

医生张某经常发表一些与别人见解不同的意见，医院领导认为其精神不正常，依据精神病院个别医生出具的张某为精神分裂症的“门诊印象”和“初步诊断”，不允许张某上班工作。张某坚持要上班，医院发文认定张某不具备自主行为能力，为其指定监护人。张某不服，医院在未经张某本人及其家属同意的情况下，强行将张某送到精神病医院，强制张某住院治疗38天。精神病医院的结论为：“病员自住本院一月余，未发现明显精神病症状，故未给予抗精神病药物治疗。”张某以侵害自由权和侵害名誉权为由，向法院起诉。

法律问题

1. 人身自由权
2. 性自主权

法理分析

一、人身自由权

1. 自由和自由权

自由的原意是从被束缚中解放出来，其本义是不受限制、不受约束的一种状态。

自由作为严格的法律概念，是指在法律规定的范围内，自然人按照自己的意志和利益进行行动和思维，不受约束、不受控制、不受妨碍的状态。自由体现国家的意志，以法律为其保障，在现实生活中总是要受到一定的限制。

自由权是指自然人在法律规定的范围内，按照自己的意志和利益进行行动和思维，不受约束、控制或妨碍的权利。

2. 人身自由权

作为具体人格权的自由权是人身自由权，包括身体自由权和精神自由权。《民法典》第 990 条将人身自由规定在一般人格权中，不够妥当，第 1011 条规定的是人身自由权。

身体自由权也称作行动自由、运动自由权，是指自然人按照自己的意志和利益，在法律规定的范围内作为和不作为的权利。身体自由权所包含的，是自然人自由支配自己外在身体运动的权利。以非法拘禁等方式剥夺、限制他人的行动自由，或者非法搜查他人身体的，是侵害身体自由权的行为，受害人有权依法请求行为人承担民事责任。

精神自由权也称作决定意思的自由权。自然人按照自己的意志和利益从事正当的思维活动，观察社会现象，是进行正确的民事活动的前提，法律应当予以保障。因而，精神自由权是自然人按照自己的意志和利益，在法律规定的范围内自主思维的权利，是自然人自由支配自己内在思维活动的权利。

二、性自主权

1. 性利益和性自主权

性利益是指自然人性纯洁的良好品行。人依照社会高尚道德的要求，保持自己性的纯洁，使其具有高尚的道德品行，是性利益的基本内涵。

性自主权是指自然人保持其性纯洁良好品行，享有所体现的性利益的人格权。《民法典》没有明确规定性自主权，在第 1010 条关于实施性骚扰行为应当承担责任的规定中，认可性自主权及其保护方法。

性自主权的特征是：

（1）性自主权是一种以性为特定内容的具体人格权。性自主权以此与其他所有的人格权相区别，为一种独立的以性为特定内容的人格权。

（2）性自主权以人的性利益为客体。虽然性自主权是以人的性为特定内容的权利，但并非所有有关性的利益均构成性自主权的客体，而只有保持或维持性纯洁操守，才是性自主权的客体。

（3）性自主权以人的性所体现的利益为具体内容，体现为保持自己性器官不被他人非法接触，保持自己不为违背自己意志的性交行为，以自己性纯洁为内容的精神满足感，以及社会和他人对权利人性纯洁的某种评价。

(4) 性自主权是权利人享有适当自由的人格权。既然性自主权是关于性的权利，那么，权利人可以在法律允许的范围内依自己的意愿而行使。但是，性自主权要受法律、道德的约束，不得违反公共利益和善良风俗，尤其已婚男女，还互负忠诚义务。

(5) 性自主权的主体是所有自然人。无论是男子还是女子，都享有独立、完整的人格，在法律上都应当平等地享有性自主权。

2. 性自主权的内容

(1) 保持权。性自主权人以真实意思保持自己性的纯洁，不为他人所侵害，保持自己坚贞不移的性品格，保持自己精神上的满足和充实，获取社会或他人对自己的相应评价，从而享受人身安全及其他社会活动自由。任何性自主权人都享有对自己提出善意的、恶意的进行性器官接触和发生性交要求的拒绝权，可以拒绝任何试图与自己为性方面行为的请求。

(2) 反抗权。权利人的贞操受到侵害时，享有反抗权，有权实施正当防卫和紧急避险，以成功地制止侵害、防止受到侵害为适度。

(3) 承诺权。性自主权人在对自己的性问题上受自己意志支配，因而享有承诺权。经承诺而为性行为者，不为侵害性自主权。承诺权并非人人均可享有，只有达到一定的认识水平者才可享有。承诺权应当受到一定的限制，主要有三：一是法律的约束，二是公共利益和善良风俗的约束，三是已婚男女的忠诚义务的约束。

三、对本案的分析

本案是《民法通则》实施后的典型案件，对我国的人身自由权的立法和司法都起到了重要作用。

本案的原告不是精神病人。所属医院认为其是精神病人，不仅发文件宣布其无自主行为能力，还将其送进精神病医院强制性治疗三十余天，限制了其行动自由，侵害了其人身自由权，构成侵权责任。对自然人进行强制治疗须有正当理由：首先，患恶性传染病，例如麻风病、“SARS”等；其次，患无法控制的精神病等必须强制治疗的。如果没有这样的法定理由，对一个正常的人或者被怀疑患精神病的人进行强制性治疗，就是限制行动自由，构成侵害人身自由权的侵权责任。按照《民法典》第1011条的规定，限制人身自由的行为构成侵害行动自由的侵权行为，其实就是侵害人身自由权的侵权行为，可以判令行为人承担支付精神损害抚慰金的赔偿责任，救济受害人的损害，保护受害人的权利。

第五节　隐私权和个人信息保护

69.

“错将他人电话号码公开为商业性广告号码侵害个人信息”案

案情介绍

张某某系招待所职工，其家用电话号码为8580××07。某日，燃气电器用具总公司销售公司在城市的主要街道悬挂推销热水器的横幅广告，印上的联系电话号码为8580××07，是对销售电话8580××04的误写。自此以后，张某某家的电话铃声不断，异常忙碌，从早上6点至晚上11点，都有电话打进，午休时更甚，严重干扰了张某某一家的正常生活。据查，该广告系销售公司委托广告公司制作的，广告公司疏忽，将销售公司的电话号码写错。张某某以销售公司为被告起诉，要求被告停止侵害、消除影响、登报道歉，并赔偿精神损失4 000元。受诉法院追加广告公司为第二被告，进行审理。

法律问题

1. 隐私权
2. 个人信息保护

法理分析

一、隐私权

1. 隐私的概念

隐私，是自然人的私人生活安宁和不愿为他人知晓的私密空间、私密活动、私密信息。

2. 隐私权的概念和特征

隐私权是自然人享有的对其个人隐私进行支配的具体人格权。《民法典》第1032条规定的是隐私权。其法律特征是：

（1）隐私权的主体只能是自然人。隐私权是自然人个人的私权利，权利主体不包括法人和非法人组织。

（2）隐私权的客体包括私人生活安宁和私密空间、私密活动、私密信息。私人生活安宁，是指自然人可以排除他人对自己生活安定和宁静的不当打扰，包括日常生活安宁、住宅安宁以及通讯安宁。私密空间，也称作私密领域，是指个人的隐秘范围。私密活动，是一切个人的与公共利益无关的活动。私密信息，也称为个人情报资料、个人资讯，包括所有的个人情况、资料。

（3）隐私权的保护范围受公共利益的限制。当隐私权与公共利益发生冲突时，应当依公共利益的要求进行调整。

3. 隐私权的内容

（1）隐私隐瞒权。权利主体对于自己的隐私有权进行隐瞒，使之不为人所知。这种隐瞒，不是不诚实的表现，而是维护自己的人格利益的需要，因为自己的隐私不经隐瞒，一旦泄露出去，将有损自己的人格尊严，难以保护自己的人格利益。

（2）隐私利用权。自然人对于自己的个人资讯可以积极利用，以满足自己精神、物质等方面的需要。这种利用是自我利用，而不是他人利用。

（3）隐私维护权。隐私维护权是指隐私权主体对于自己的隐私所享有的维护其不可侵犯性，在受到非法侵害时可以寻求司法保护的权利。

（4）隐私支配权。自然人对于自己的隐私有权按照自己的意愿进行支配，可以公开部分隐私，准许对个人活动和个人领域进行察知，准许他人利用自己的隐私。

4. 侵害隐私权的行为

任何组织或者个人作为隐私权的义务主体，都不得实施下列有关个人的私人生活安宁、私密空间、私密活动、私密信息等的侵害隐私权的行为：

（1）以电话、短信、即时通讯工具、电子邮件、传单等方式侵扰他人的私人生活安宁。私人生活安宁，是自然人享有的维持安稳宁静的私人生活状态，并排除他人不法侵扰，保持无形的精神需要的满足。以电话、短信、即时通讯工具、电子邮件、传单等方式侵扰个人的生活安宁，通常称为骚扰电话、骚扰短信、骚扰电邮等，侵害个人的生活安宁，构成侵害隐私权。

（2）进入、拍摄、窥视他人的住宅、宾馆房间等私密空间。隐私权保护的私密空间包括具体的私人空间和抽象的私人空间。前者如个人住宅、宾馆房间、旅客行李、学生书包、个人通信等，后者专指日记，即思想空间。凡是对私密空间进行搜查、进入、拍摄、窥视等，都构成对隐私的侵害。

（3）拍摄、窥视、窃听、公开他人的私密活动。私密活动是一切个人的与公共利益无关的活动，如日常生活、社会交往、夫妻生活、婚外恋等。对此进行拍摄、窥视、窃听、公开，都构成侵害私人活动。

（4）拍摄、窥视他人身体的私密部位。身体的私密部位也属于隐私，是身体隐私，例如生殖器和敏感部位。拍摄或者窥视他人身体的私密部位，构成侵害隐私权。

（5）处理他人的私密信息。私密信息是关于自然人个人的隐私信息，获取、删除、公开、买卖他人的私密信息，构成侵害隐私权。

（6）以其他方式侵害他人的隐私权。这是兜底条款，凡是侵害私人生活安宁、私密空间、私密活动、私密信息等的行为，都构成侵害隐私权。

上述行为都是法律所禁止的行为，都是侵害隐私权的行为，行为人都应当承担民事责任，以救济权利人隐私权受损害的后果。

二、个人信息保护

1. 个人信息权

个人信息权，是指自然人依法对其本人的个人资料信息所享有的支配并排除他人侵害的人格权。《民法典》第111条规定："自然人的个人信息受法律保护。任何组织或者个人需要获取他人个人信息的，应当依法取得并确保信息安全，不得非法收集、使用、加工、传输他人个人信息，不得非法买卖、提供或者公开他人个人信息。"第1034～1039条对个人信息权作了详细规定。

2. 个人信息的特征

个人信息权的特征是：（1）个人信息权是具体人格权，是以个人的信息资料作为人格要素；（2）个人信息权的客体是个人的资料信息等人格要素；（3）个人信息权的主体是自然人个人，不包括法人和非法人组织；（4）个人信息权的权利要求是，以自我决定权作为其权利基础，自然人对于自己的个人信息，自我掌握、自我支配，他人不得非法干涉，他人不得非法侵害。

3. 个人信息权的内容

个人信息权的内容包括：

（1）占有权，即个人信息完全由权利人自己占有，他人不得非法占有。

（2）决定权，权利人对于个人信息是否使用，是否可以由他人搜集、利用，都属于权利人自己的权利，他人无权决定。

（3）保护权，不仅权利人自己可以保护自己的个人信息，而且自己的个人信息被他人依法收集、掌握后，权利人仍然享有依法保护的权利，对非法侵害自己的个人信息仍然有权提出保护的请求。

（4）知情权，对于任何组织和个人掌握的自己的个人信息，权利人有权查询个人信息以及有关的处理情况，并有要求答复的权利，主要是有哪些个人信息被收集、处理与利用。

（5）更正权，权利人有权请求信息处理主体对所掌握的有关自己不正确、不全面、不时新的个人信息进行更正。

（6）锁定权，在必要时，权利人有权请求信息处理主体以一定的方式，暂停信息处理。

（7）被遗忘权。权利人对于已被发布在网络上的，有关自身的不恰当的、过时的、继续保留会导致其社会评价降低的信息，有要求信息控制者予以删除的权利。

4. 个人信息权的义务

一般义务人的义务是，个人信息权所有的义务主体都不得侵犯权利人的个人信息。

特殊义务人的义务是，任何组织和个人需要获取他人个人信息的，应当依法取得并确保信息安全，不得非法收集、使用、加工、传输他人个人信息，不得非法买卖、提供或者公开他人个人信息。

三、对本案的分析

有学者研究生活安宁权，认为自然人生活在当今社会，保持和享有自己的生活安宁是一项重要权利，可以上升为自然人的具体人格权，从而得到切实的保护。也有学者认为，生活安宁权不足以成为独立的具体人格权，理由是这种利益还不具有独立权利的地位，可以概括在隐私权的范围内。

《民法典》把私人生活安宁概括在隐私的范围中，作为隐私权最重要的内容予以保护。广告公司将销售公司的销售电话号码打错，使用了私人电话号码，造成对私人生活安宁的破坏，构成侵害隐私权无疑。

从另一方面看，私人电话号码为个人信息，受到个人信息权的保护。广告公司和销售公司打错了销售公司的销售电话，实际上也侵害了私人的个人信息权。

对本案适用法律，存在是适用隐私权保护还是适用个人信息权保护的选择问题。从泄露他人私人电话号码的行为而言，这是侵害了权利人的个人信息权；从造成私人生活安宁的角度观察，行为所侵害的是隐私权，造成了对私人生活安宁的损害。这构成侵权责任竞合问题，即这一行为既侵害了隐私权，也侵害了个人信息权。受害人可以选择其中一个请求权行使，既可以选择通过侵害隐私权的人格权请求权或者侵权请求权来寻求保护，也可以选择通过侵害个人信息权的人格权请求权或者侵权请求权来寻求保护。选择哪一个请求权来行使，都在受害人自己决定的权利范围内，受害人可以自由选择。

不过，从更准确的角度观察，这个案件的基本特征更符合侵害隐私权，以侵害隐私权提起诉讼更准确。

5 PART FIVE

| 第五编 |

婚姻家庭

第十九章
一般规定

第一节　婚姻家庭法的调整范围和基本原则

70.
“结束恋爱关系后以失去了与他人恋爱机会为由请求恋爱对象承担赔偿责任”案

案情介绍

张某某、闫某某经他人介绍相识、恋爱。结束恋爱关系后，张某某多次给闫某某发短信，就闫某某曾同意与其结婚后又反悔，致使其失去了与他人恋爱的机会，一直单身，要求闫某某赔偿其损失。闫某某未予理睬，张某某向法院诉请闫某某赔偿其损失。

法院认为，我国实行婚姻自由、一夫一妻、男女平等的婚姻制度，结婚必须男女双方完全自愿，不许任何一方对他方加以强迫或任何第三者加以干涉，故闫某某与张某某恋爱后拒绝登记结婚，系法律赋予闫某某对自己婚姻的自由权利，张某某无权向闫某某主张精神损害赔偿。

法律问题

1. 婚姻家庭法的调整范围和亲属法实质
2. 婚姻家庭法的基本原则
3. 禁止性规定
4. 家庭建设

法理分析

一、婚姻家庭法的调整范围

《民法典》婚姻家庭编调整的范围是婚姻家庭产生的民事法律关系，规定的是亲属身份关系的发生、变更和消灭，以及配偶、父母子女和其他一定范围的亲属之间的身份地位和权利义务关系。

婚姻家庭法调整的民事法律关系的属性包括：

（1）是民事法律关系。亲属法律关系是作为亲属的民事主体之间的权利义务关系，具有民事法律关系的一切特征。

（2）是人身法律关系。民法分为人法和财产法，亲属身份关系属于人身关系，因而亲属身份关系是人法的范畴。

（3）是身份法律关系，而不是人格法律关系，是不同的亲属之间形成的权利义务关系，属于人法中的亲属身份法律关系。

二、婚姻家庭法是亲属法

婚姻家庭法的实质是亲属法，是一切规定亲属身份关系的发生、变更和消灭，规定配偶、父母子女以及其他一定范围内的亲属之间的身份地位、权利义务的法律规范的总和。

婚姻家庭法作为亲属法的特征包括：（1）是规范亲属之间身份关系的法律；（2）是具有习俗性和伦理性的法律；（3）是具有亲属团体性的法律；（4）是强行法、普通法。

三、婚姻家庭法的基本原则

（1）婚姻自由原则，是指自然人依照法律规定结婚或者离婚不受拘束、不受控制、不受非法干预的权利。婚姻自由是近现代婚姻家庭立法努力推进的一项基本原则，以人格的独立、平等、自由、尊严为基础，是自然人的一项基本权利，是亲属法的基本原则，包括结婚自由和离婚自由。

（2）一夫一妻原则，是一男一女结为夫妻的婚姻制度，也是我国亲属法规定婚姻关系的基本原则。任何人，无论居于何种社会地位，具有多少钱财，都不得同时有两个以上的配偶；任何人在结婚后、配偶死亡或者离婚之前，不得再行结婚；一切公开的、隐蔽的一夫多妻或者一妻多夫的两性关系，都是非法的。

（3）男女平等原则，是现代社会的一项基本人权，表现为在亲属身份关系中，无论男女，都享有一样的权利、负担一样的义务；要求在婚姻关系中男女平等，家庭成员之间地位平等，所有的近亲属之间地位平等。

（4）保护妇女、未成年人和老人、残疾人的合法权益原则。这是社会公德的要求。婚姻家庭法特别强调对妇女、未成年人和老人、残疾人合法权益的保护，将其作为基本原则，以更好地保护亲属中的弱势群体，防止他们的合法权益受到侵害。

(5) 最有利于被收养人的原则，以保障被收养人和收养人的合法权益。禁止借收养名义买卖未成年人。

四、禁止性规定

(1) 法律禁止包办、买卖婚姻和其他干涉婚姻自由的行为。这些违反婚姻自由的行为是侵害婚姻自主权的侵权行为，受害人可以请求行为人承担民事责任，保护自己的权利。借婚姻索取财物，也是侵害婚姻自由的行为，也在禁止之列。

(2) 法律禁止重婚，禁止有配偶者与他人同居。这些都是为了维护一夫一妻的原则。法律保障一夫一妻制的实现，对于重婚、有配偶者而姘居、卖淫等行为予以法律制裁。

(3) 法律禁止家庭暴力，禁止家庭成员间的虐待和遗弃。家庭暴力是发生在家庭成员之间的造成身体、精神、性或者财产上损害的行为。

五、家庭建设

《民法典》重视家庭建设，要求家庭树立优良家风，弘扬家庭美德，重视家庭文明建设，把家庭建设好，使之成为社会和谐稳定的基础。

忠实义务，是指配偶的专一性生活义务，也称为不为婚外性生活的义务；广义上还包括不得恶意遗弃配偶以及不得为第三人的利益而牺牲、损害配偶的利益。忠实义务要求配偶之间互负不为婚外性交的不作为义务，是为保持爱情专一、感情忠诚而负担的义务，不仅约束配偶双方当事人，而且约束配偶权的义务人。配偶权的权利主体以外的其他任何人，负有对配偶权的不可侵义务。与配偶一方通奸，破坏配偶一方的忠实义务，构成对配偶权的侵害。确立配偶互负忠实义务的重要意义有四：一是体现婚姻的本质要求，保持一夫一妻制的实质。二是体现婚姻道德的要求，以性爱为基础的婚姻具有排他性和专一性。三是夫妻相互忠实，可以保证子女血缘纯正，避免乱伦，防止造成血缘混乱。四是为对夫妻行为提供评断是非的标准。

同时，夫妻之间还要互相尊重、互相关爱，建立家庭和睦的基础。

家庭成员之间应当相互尊重，敬老爱幼，互相帮助，维护平等、和睦、文明的家庭婚姻关系，把家庭建设好，成为精神文明的基础。

六、对本案的分析

《民法典》规定，婚姻自由是我国婚姻家庭法的首项原则，婚姻当事人可以自主自愿地决定自己的婚姻问题，不容许任何人进行强制、欺骗、乘人之危、包办及非法干涉。本案的争议焦点是张某某是否侵害了闫某某的婚姻自由。张某某、闫某某自由恋爱后，结束恋爱关系。闫某某尽管曾经同意与张某某结婚，但享有法律规定的婚姻自由权利，有权拒绝与张某某结婚，张某某不能非法干涉闫某某的婚姻自由，故张某某的行为侵害了闫某某的婚姻自由，无权向闫某某主张精神损害赔偿。这是婚姻家庭法的大是大非问题，立场必须鲜明。

第二节　亲　属

71. “农村居民结婚后村社拒绝给其丈夫和子女入户、分配集体经济收益”案

案情介绍

赵某某是迎恩村六社赵某军之女，户口在该村社。赵某某与陈某登记结婚并生子陈某某。婚后，陈某将户口迁入该村社，但该村社拒绝给陈某某入户，也拒绝给赵某某、陈某和陈某某分配集体经济收益。赵某某、陈某和陈某某向法院诉请迎恩村六社向三人分配集体经济收益。

法律问题

1. 亲属的概念、法律特征和种类
2. 近亲属的概念
3. 家庭成员的概念

法理分析

一、亲属的概念、法律特征和种类

1. 亲属的概念、法律特征

亲属，是指因婚姻、血缘和法律拟制而产生的人与人之间的特定身份关系，以及具有这种特定身份关系的人相互之间的称谓。亲属的法律特征是：（1）亲属是以婚姻和血缘、法律拟制为基础产生的社会关系；（2）亲属是有固定身份和称谓的社会关系；（3）一定范围内的亲属有法律上的权利义务关系。

2. 亲属的种类

配偶，是亲属，是关系最为密切的亲属，是因男女双方结婚而产生的亲属，是

血亲的源泉、姻亲的基础。配偶的亲属身份始于结婚，终于配偶一方死亡或离婚。

血亲，是指有血缘联系的亲属，是亲属中的主要部分。血亲分为自然血亲和拟制血亲。自然血亲是指出于同一祖先、有血缘联系的亲属，如父母与子女、祖父母与孙子女、外祖父母与外孙子女、兄弟姐妹等。拟制血亲是指本无血缘联系或者没有直接的血缘联系，但法律确认与自然血亲有同等权利义务的亲属。拟制血亲一般因收养而产生，在养父母养子女之间产生父母子女的权利义务关系。血亲还分为直系血亲和旁系血亲：直系血亲是指有直接血缘关系的亲属，包括生育自己和自己所生育的上下各代的亲属。旁系血亲是指有间接血缘关系的亲属，即与自己同出一源的亲属。

姻亲，是指以婚姻为中介而产生的亲属，配偶一方与另一方的血亲之间为姻亲关系。如公婆与儿媳、岳父母与女婿等为姻亲。我国的姻亲分为三类：一是血亲的配偶，是指己身的血亲（包括直系血亲和旁系血亲）的配偶。二是配偶的血亲，是指配偶的直系血亲和旁系血亲。三是配偶的血亲的配偶，是指自己配偶的血亲的夫或者妻。

二、近亲属的概念

亲属之间存在亲疏远近的区别，国外通常用亲等表示。我国不使用这样的概念，而是使用近亲属的概念，确认配偶、父母、子女、兄弟姐妹、祖父母、外祖父母、孙子女、外孙子女为近亲属，在他们之间发生权利义务关系。超出这个范围的亲属，不发生权利义务关系，不受婚姻家庭法的调整。

三、家庭成员的概念

《民法典》没有规定家制，有家庭的概念，但没有作出界定，仅规定了家庭成员的概念。配偶、父母、子女和其他共同生活的近亲属，是家庭成员，是家庭的组成部分。

四、对本案的分析

赵某某与陈某是配偶，赵某某、陈某与陈某某是亲子，都是法定的近亲属。

本案的争议焦点是，赵某某、陈某和陈某某是否为家庭成员，是否能够合法取得该村社集体经济组织成员的资格。根据《民法典》的规定，家庭成员包括配偶、父母、子女和其他共同生活的近亲属。赵某某出生在该村社，户口亦在该村社；陈某是赵某某的配偶，婚后将户口迁入该村社；陈某某是赵某某与陈某的婚生子女，是夫妻二人的直系晚辈血亲。依照《民法典》第 1045 条关于家庭成员的规定，赵某某、陈某和陈某某是合法的家庭成员，赵某某与陈某某因出生取得了该村社集体经济组织成员资格，陈某因结婚取得了该成员资格，故赵某某、陈某和陈某某有权请求迎恩村六社向三人分配集体经济收益。迎恩村六社拒绝陈某某入社，不给这一家三名家庭成员分配集体经济收益的行为，不仅违背《民法典》的规定，而且违背善良风俗，损害亲属身份利益，必须予以纠正。

第二十章
结　婚

第一节　结婚的条件与程序

72.

“表兄弟姐妹结婚登记，婚姻关系无效”案

案情介绍

李某某与向某系表兄妹关系，李某某生母杨甲与向某生母杨乙系同父同母的姐妹。李某某与向某办理了结婚登记后，以其婚姻属于法律禁止结婚的情形为由向法院起诉，要求判决确认双方婚姻关系无效。

法院认为，李某某与向某系姨表兄妹关系，属于三代以内的旁系血亲，是《民法典》规定的禁止结婚对象，故判决双方的婚姻关系无效。

法律问题

1. 婚姻
2. 结婚的条件
3. 结婚的程序
4. 结婚的后果

法理分析

一、婚姻

婚姻，是指男女双方以共同生活为目的，以产生配偶之间的权利义务为内容的两性结合。婚姻是最重要的身份关系，创设婚姻的行为是结婚的身份行为。结婚是男女双方依照法律规定的条件和程序缔结配偶关系，并由此产生相应的民事权利、义务和责任的身份法律行为。按照我国法律规定，结婚须得到法律的确认，即结婚

行为再加上婚姻登记，就构成婚姻关系，双方享有配偶权。

二、结婚的条件

1. 结婚的必备条件

结婚的必备条件也称结婚的积极条件，是当事人结婚时必须具备的法定条件。结婚须具备结婚合意、符合法定婚龄和不违反一夫一妻制这三个必备条件。

结婚的双方当事人必须具有结婚合意，是结婚的必备条件之一。这是因为，结婚是婚姻当事人双方的民事法律行为，双方自愿是婚姻结合的基础。结婚合意是结婚的首要条件，是保障结婚自由的前提，是结婚自主权在亲属法中的体现，要求当事人双方确立夫妻关系的意思表示真实、一致。法律要求男女双方完全自愿，具体表现在：一是双方自愿而不是单方自愿；二是双方本人自愿而不是父母或者第三人自愿；三是完全自愿而不是勉强同意。法律禁止当事人的父母或者第三人对婚姻进行包办、强迫或者执意干预，排斥当事人非自愿的被迫同意。

结婚年龄，男不得早于 22 周岁，女不得早于 20 周岁。

2. 结婚的禁止条件

禁婚亲是禁止结婚的血亲，是指法律规定的禁止结婚的亲属范围。

我国禁婚亲是直系血亲和三代以内的旁系血亲。具体的禁婚亲是：（1）依照世代计算法规定，凡是出自同一祖父母、外祖父母的血亲，都是禁婚亲。（2）三代以内的旁系血亲。一是兄弟姐妹；二是伯、叔、姑与侄、侄女，舅、姨与外甥、外甥女；三是堂兄弟姐妹和表兄弟姐妹。

三、结婚的程序

结婚的男女双方应当亲自到婚姻登记机关申请结婚登记。符合《民法典》规定的，予以登记，发给结婚证。完成结婚登记，即确立婚姻关系。未办理结婚登记的，应当补办登记。

未办理结婚登记的男女如果要得到法律的保护，即使在一起同居，甚至形成事实婚姻关系，也应当补办登记。

四、结婚的后果

男女双方进行了登记结婚后，就成为配偶，成为一个家庭的实体成员。但是，究竟成为哪一方家庭的成员，应当按照男女双方的约定确定。在现实生活中，通常情况下是女方成为男方家庭的成员，但是也不妨碍约定男方成为女方家庭的成员。

在后者，通常叫作“入赘”，是男方“嫁入”女方家庭。根据男女平等原则，男方成为女方家庭成员不应当受到歧视，是双方的共同选择，符合法律规定。

五、对本案的分析

我国禁止结婚的亲属范围是直系血亲或者三代以内的旁系血亲，具体的禁婚亲是：（1）依照世代计算法的规定，凡是出自同一祖父母、外祖父母的血亲，都是禁婚亲。（2）三代以内的旁系血亲：一是兄弟姐妹；二是伯、叔、姑与侄、侄女，舅、姨与外甥、外甥女；三是堂兄弟姐妹和表兄弟姐妹。本案的李某某生母杨甲与向某生母杨乙系同父同母的姐妹，李某某与向某系姨表兄妹，是三代以内的旁系血亲，属于我国禁止结婚的亲属关系。因此，即使李某某与向某已经办理了结婚登记，双方的婚姻关系也是无效的，法院应当依法宣告婚姻无效。

第二节　无效婚姻和可撤销婚姻

73.

“撤销婚姻关系的请求权超过除斥期间，可以请求离婚”案

案情介绍

李某方与薛某兰结婚后，发现薛某兰没有女性特征，无法进行性生活。在李某方再三追问下，薛某兰才说明自己因先天性染色体缺少半条，无法治愈，而缺少女性特征。李某方很痛苦，薛某兰也苦劝其谅解自己。为照顾薛某兰的面子，双方勉强在一起生活。两年后，李某方实在无法忍受无性婚姻生活，向法院起诉离婚，薛某兰以夫妻感情没有破裂为由不同意离婚。

法律问题

1. 无效婚姻
2. 可撤销婚姻
3. 无效婚姻和可撤销婚姻的法律后果

法理分析

一、无效婚姻

无效婚姻，是指男女因违反法律规定的结婚要件而不具有法律效力的两性违法

结合。无效婚姻是违反婚姻成立要件的违法婚姻，不具有婚姻的法律效力。结婚是确立夫妻关系的法律行为，必须符合法律规定的各项条件。只有具备法定实质要件和通过法定程序确立的男女结合，方为合法婚姻，发生婚姻的法律效力。无效婚姻不符合这样的要件，属于无效的婚姻关系。

婚姻无效的法定事由有三：一是重婚，二是当事人为禁婚亲，三是当事人一方或双方未到法定婚龄。当事人未到法定婚龄而登记，一方申请宣告婚姻无效的，应当依法获准。

二、可撤销婚姻

1. 可撤销婚姻的概念

可撤销婚姻亦称可撤销婚，是指因已经成立的婚姻关系欠缺婚姻合意，一方当事人可向法院申请撤销的违法两性结合。可撤销婚姻是婚姻的基础合意没有达成，在结婚的法律强制性规定方面没有违反而构成的违法两性结合。可撤销婚姻的法理基础在于，尊重当事人的意思基础，确定相对性的无效状况，赋予当事人撤销婚姻关系的权利或者维持婚姻关系的权利，让其根据自己的意愿自由选择。此举有利于保护婚姻当事人的利益，有利于维护婚姻家庭的稳定，而不至于将更多的违法两性结合推入绝对无效的范围，造成社会的不稳定，损害妇女、未成年人的利益。

2. 可撤销婚姻的事由

（1）胁迫，是可撤销婚姻的法定事由。婚姻胁迫是指行为人以给另一方当事人或者其近亲属在生命、健康、身体、名誉、财产等方面造成损害为要挟，迫使另一方当事人违背自己的真实意愿而结婚的行为。撤销婚姻的请求权受除斥期间的约束，除斥期间为 1 年，申请人应当自胁迫行为终止之日起 1 年内提出撤销婚姻的请求。被非法限制人身自由的当事人请求撤销婚姻的，应当自恢复人身自由之日起 1 年内提出。超过除斥期间的，撤销权消灭，当事人不得再提出撤销婚姻的请求。

（2）一方婚前隐瞒重大疾病。在缔结婚姻关系时，如果一方患有重大疾病，虽然不属于禁止结婚的疾病，但是对对方当事人负有告知义务，应当在结婚登记前如实告知另一方。患病一方当事人不尽告知义务，或者不如实告知的，另一方当事人享有撤销权，可以向法院行使该撤销权，请求撤销该婚姻关系。因重大疾病未告知而提出撤销婚姻请求的撤销权，除斥期间为 1 年，权利人自知道或者应当知道撤销事由之日起 1 年内提出。超过除斥期间，撤销权消灭，当事人不得再提出撤销婚姻的请求。

三、无效婚姻和可撤销婚姻的法律后果

无效的或者被撤销的婚姻自始没有法律约束力，当事人不具有夫妻的权利和义

务。同居期间所得的财产，由当事人协议处理；协议不成的，由法院根据照顾无过错方的原则判决。对重婚导致的无效婚姻的财产处理，不得侵害合法婚姻当事人的财产权益。当事人所生的子女，适用《民法典》有关父母子女的规定。

婚姻无效或者被撤销的，无过错方有权向法院起诉请求损害赔偿。

四、对本案的分析

依照《民法典》第1053条关于患有重大疾病的人结婚的效力规定，不强行禁止患有重大疾病的人结婚，而是将结婚与否的权利给了患病的当事人和要与其结婚的当事人。但是，为了防止患有重大疾病的一方故意隐瞒自己的病情，不告知另一方，给另一方造成身体和精神上的损害，《民法典》赋予被隐瞒一方以撤销婚姻的权利。

李某方在婚后发现薛某兰没有女性特征，原因是其染色体异常，双方无法进行正常性生活，也就是薛某兰无法履行同居义务。这应当属于隐瞒重大疾病，本来是可以主张撤销婚姻的，但是李某方碍于情面，错过了除斥期间，因而不能主张撤销婚姻。若想解除婚姻关系，只能提起离婚诉讼。

《民法典》第1079条第3款规定了法定离婚理由，但对不能履行同居义务没有明确规定，应当概括在第5项规定的“其他导致夫妻感情破裂的情形”中。在国外，通常将“无法履行同居义务”称为“不能尽人道”，是明确的离婚法定事由。在这种情况下，李某方提出离婚，理由是充分的，符合《民法典》第1079条规定的要求，法院应当判决准予离婚。

第二十一章
家庭关系

第一节　夫妻关系

74.
“夫妻一方患精神病，主张对方给付扶养费”案

案情介绍

吴某与周某登记结婚后，吴某患情感性精神病，经鉴定确认为限制民事行为能力人，监护人为其父亲吴某某。吴某患病近十年，周某常年在外务工，对吴某的生活、就医照顾严重缺失，故吴某向法院诉请周某每月给付扶养费 3 000 元。

法院认为，周某常年在外务工，对吴某未尽到扶助义务。考虑到吴某的实际状况及当地的实际生活水平，结合周某需独自抚养婚生子的情况，酌定周某每月支付吴某扶养费 2 500 元。

法律问题

1. 夫妻人身关系
2. 夫妻财产关系

法理分析

一、夫妻人身关系

1. 夫妻地位平等

夫妻在婚姻家庭关系中地位平等，是婚姻家庭领域男女平等原则的主要内容，是一切自然人在法律面前人人平等基本原则在婚姻关系中的体现，体现的是两性平等的基本人权。这对保护妇女合法权益，实现妇女在婚姻家庭方面的平等地位有重要意义：一是男女在缔结婚姻关系中权利平等，条件平等；二是在结婚后处理家庭

事务方面，夫妻双方的地位平等，权利义务平等；三是在对待各自的亲属方面有平等的权利和义务，平等地尊重对方的尊亲属；四是在对待自己的子女、孙子女方面，地位平等，权利平等。

2. 夫妻姓氏权

夫妻姓氏权也叫夫妻称姓，是指在婚姻关系缔结后，妻是否有独立姓氏的权利，也包括赘夫是否有独立姓氏的权利。

配偶各自有无独立的姓氏权，是配偶有无独立人格的标志之一。夫妻之间的形式平等应与实质平等相统一，没有形式平等，实质平等亦难保障。为保障配偶各自的人格独立，尤其是保障妻的独立人格，夫妻应有独立的姓氏权，不能采妻从夫姓（同姓说）或妻冠夫姓（冠姓说）而使夫妻一体主义，避免妻对夫的人身依附关系。

3. 职业、学习和社会活动自由权

职业、学习和社会活动自由权，亦称从业自由权或平等从业权，是指已婚者以独立身份，按本人意愿决定社会职业、参加学习和社会活动，不受对方约束的权利。这既是配偶法律地位平等的标志，又是配偶平等行使权利和承担义务的法律保障。

4. 共同亲权

亲权，是指父母对未成年子女在人身和财产方面进行管教、保护的权利和义务。亲属法的亲权是父母共同亲权。

共同亲权，是指亲权的共同行使，即亲权的内容应由父母以共同的意思决定，父母对外共同代理子女。共同亲权的内容是：（1）亲权为父母共同的权利，是一个整体的权利，父和母是共同亲权人，而不是将亲权分割，由父和母分别享有。（2）亲权的行使由父母共同为之，行使亲权时，应以父母共同的意思来决定，单独行使符合配偶权的相互代理权的，认其有效。

父母共同行使亲权，当意思表示不一致时相应的规则是：（1）一般事务，父母的意思表示一致，或者一方违反他方的意思，虽有争议，但不致引起法律上的问题。（2）重要事务，当父母意思表示不一致，无法共同行使亲权时，必须采取妥善的对策解决。在实务中，首先应当坚持父母协商原则，在重大问题上父母存在争议无法统一意见时，应当准许一方向法院起诉，法院依最有利于子女利益原则作出判决。

5. 相互扶养权

夫妻之间的扶养，是指夫妻在物质上和生活上互相扶助、互相供养。这种权利和义务方面夫妻双方完全平等，有扶养能力的一方必须自觉承担这一义务，在另一方丧失劳动能力时，更应当履行这一义务。一方违反这一义务的，另一方有权要求其履行，可以请求有关组织调解，也可以向法院提起请求给付之诉，要求对方给付扶养费。

6. 家事代理权

家事代理权，亦称日常事务代理权，是指配偶一方在与第三人就家庭日常事务为一定民事法律行为时，享有代理对方行使权利的权利。家事代理权行使的法律后果是，配偶一方代表家庭所为的行为，对方配偶须承担后果责任，配偶双方对其行为应当承担连带责任。家事代理与表见代理相似，适用表见代理的原理。其目的在于保护无过失第三人的利益，有利于保障交易的动态安全。家事代理权的行使规则是：（1）代理的事务限于家庭日常事务。（2）紧迫情形下，代理权的范围可以适当扩张。（3）超出上述范围的婚姻家庭事务，应当由夫妻双方共同决定，一方不得擅自决定。（4）配偶中一方对自己实施的行为承担个人责任，第三人无法辨别是否已经超越日常事务代理权的，另一方配偶应当承担连带责任。

7. 继承权

依照《民法典》继承编的规定，夫妻互为配偶，相互享有继承权。

二、夫妻财产关系

1. 夫妻共同财产

夫妻共同财产，是指在婚姻关系存续期间，夫妻一方或双方取得，依法由夫妻双方共同享有所有权的共有关系。它是一种夫妻财产制度，以及在该种财产制度下财产所有人的权利义务关系。

夫妻共同财产包括五个部分，只要是夫妻双方在婚姻关系存续期间所得，即成为夫妻共同财产：（1）工资、奖金和其他劳务报酬。（2）生产、经营、投资的收益。（3）知识产权的收益。（4）继承或受赠的财产，但是，依照《民法典》第1063条第3项，遗嘱或赠与合同中确定只归夫或妻一方的财产除外。（5）其他应当归夫妻共同所有的财产。例如一方或双方取得的债权，一方或者双方获得的资助、捐助等，都为夫妻共同财产。

2. 夫妻个人财产

法律保护的夫妻个人财产，是配偶一方自己的财产。属于个人财产的，不被认为是夫妻共同财产。下列财产为夫妻一方的个人财产：（1）一方的婚前财产；（2）一方因受到人身损害所获得的赔偿和补偿；（3）遗嘱或者赠与合同中确定只归一方的财产；（4）一方专用的生活用品；（5）其他应当归一方的财产。

3. 夫妻共同债务

夫妻共同债务，是以夫妻共同财产作为一般财产担保，在夫妻共同财产的基础上设定的债务。夫妻共同债务包括夫妻在婚姻关系存续期间为解决共同生活所需的衣、食、住、行、医，履行法定扶养义务，进行必要的交往应酬，以及因共同生产经营活动等所负之债，以及为抚育子女、赡养老人，夫妻双方同意而资助亲朋所负的债务。夫妻共同债务与夫妻个人债务相对应。

夫妻共同债务的认定方法是，基于夫妻双方共同签字或者夫妻一方事后追认等共同意思表示所负的债务，以及夫妻一方在婚姻关系存续期间以个人名义为家庭日常生活需要所负的债务，属于夫妻共同债务。

夫妻一方在婚姻关系存续期间以个人名义超出家庭日常生活需要所负的债务，不属于夫妻共同债务；但是，债权人能够证明该债务用于夫妻共同生活、共同生产经营或者基于夫妻双方共同意思表示的除外。例如，一方未经对方同意擅自资助与其没有扶养关系的亲朋所负的债务；一方未经对方同意独自筹资从事经营活动，其收入确未用于共同生活所负的债务；因个人实施违法行为所欠的债务；婚前一方所欠的债务；婚后一方为满足个人欲望，确系与共同生活无关而负的债务等，都不是夫妻共同债务。

4. 夫妻约定财产制

夫妻约定财产制，是指夫妻以协议形式确定婚姻关系存续期间所得财产所有关系的夫妻财产制度，是夫妻法定财产制的对称。夫妻财产约定的要件有二：一是婚姻关系当事人须有订约能力；二是订立夫妻财产协议须具备形式要件。

夫妻财产约定的效力是，对双方具有约束力，第三人知道该约定的，可以对抗该第三人。

5. 婚姻关系存续期间分割共同财产请求权

夫妻共同财产是夫妻共同共有的财产。在导致共同共有关系发生的原因消灭前，共同共有财产不能分割，以保持共有关系的稳定性和基础，保护共有人的合法权益。在原则上坚持夫妻共同财产不能分割，婚姻关系存续期间夫妻一方请求分割共同财产，不予支持的基础上，于特别情形作为例外，准许在婚姻关系存续期间分割夫妻共同财产，以保护婚姻当事人的合法权益。《民法典》第 1066 条规定，基于两种理由，配偶一方可以请求人民法院分割夫妻共同财产：(1) 一方有隐藏、转移、变卖、毁损、挥霍夫妻共同财产或者伪造夫妻共同债务等严重损害夫妻共同财产利益的行为。(2) 一方负有法定扶养义务的人患重大疾病需要医治，另一方不同意支付相关医疗费用。依照《最高人民法院关于适用〈中华人民共和国民法典〉婚姻家庭编的解释（一）》第 38 条的规定，婚姻关系存续期间，除《民法典》第 1066 条规定的上述两种情形外，夫妻一方请求分割共同财产的，不予支持。

夫妻共同财产经过婚内分割之后，分割出来的财产成为个人财产，主张分割的一方对分割所得的部分，享有所有权，可以依照自己的意志处分该财产。

三、对本案的分析

在我国，不论婚姻的实际情况如何，也不论婚姻当事人双方的感情状况怎样，夫妻之间的相互扶养，既是双方的权利，也是双方的义务。不履行扶养义务的行为是违法行为。

本案当事人争议的焦点，是周某应否向吴某支付扶养费。吴某与周某结婚登记后产生合法的夫妻关系，双方有互相扶养的义务，不管是周某常年在外地工作，夫妻感情欠佳，还是吴某之父吴某某担任吴某的监护人，负责照顾患病的吴某，周某都应当履行扶养吴某的义务。在周某对限制民事行为能力的配偶不尽扶养义务时，吴某有权向法院起诉，主张周某履行支付扶养费的义务。

第二节　父母子女关系和其他近亲属关系

75.

“因存在亲子血缘关系证明请求确认父子关系”案

案情介绍

嵇乙与沈某方登记结婚，在婚姻关系存续期间生育了沈某。但是，司法鉴定结果显示，嵇乙与沈某之间存在亲生血缘关系，沈某方与沈某之间不存在亲子血缘关系，沈某与嵇甲之间存在亲子关系。沈某向法院诉请确认其与嵇甲之间的亲子关系，并要求嵇甲支付其自出生至年满18周岁止的抚养费。

法律问题

1. 父母子女关系
2. 其他近亲属关系

法理分析

一、父母子女关系

1. 抚养和赡养义务

父母对未成年子女的抚养义务是亲权的内容，是法定义务，是无条件的义务，不能以任何借口予以免除。从子女出生开始，直到子女能够独立生活止，父母都必须承担，即使离婚后也不能免除。未成年子女作为权利人，有权要求父母履行抚养义务。父母拒绝履行抚养义务的，未成年子女依法享有抚养费给付请求权。

成年子女对父母的赡养义务是亲属权的内容，是法定义务，是成年子女必须履行的义务。特别是对缺乏劳动能力或者生活困难的父母，成年子女必须承担赡养义务。成年子女不履行赡养义务的，缺乏劳动能力或者生活困难的父母有要求成年子女给付赡养费的权利，可以向法院起诉，请求判令成年子女强制赡养父母。

2. 父母对子女的保护和教育义务

父母对未成年子女的保护和教育义务，通常被称为管教权，是父母对未成年子女负有的必要保护和教育的义务，也是权利，是基于教养、保护的人身照顾权，特别是基于教育权而产生的权利。父母行使管教权的目的，是保护和教育子女。未成年子女不听从管教，犯有劣迹时，父母可在必要范围内采取适当措施，教育子女改恶从善。

父母未尽对未成年子女的保护、教育义务，致使未成年子女侵害他人合法权益造成损害的，应当承担赔偿责任。这种赔偿责任的承担，应当依照《民法典》第1188条的规定确定。

3. 子女尊重父母婚姻权利的义务

子女尊重父母婚姻权利的义务是亲属权的内容，对父母离婚、再婚以及婚后的生活，子女负有尊重义务，不得干涉。子女干涉父母的婚姻权利，也构成侵权行为。父母选择离婚和再婚，不是成年子女拒绝履行对父母赡养义务的理由，即使父母离婚甚至再婚，子女对父母的赡养义务不因父母的婚姻关系变化而改变，更不能终止。

4. 相互享有继承权

父母和子女享有相互继承遗产的权利。不仅如此，《民法典》第1127条还规定，父母和子女都是第一顺序法定继承人，是最有保障的第一顺位法定继承人，在法定继承中能够最先获得继承。

5. 非婚生子女的权利和地位

非婚生子女，是指没有婚姻关系的男女所生的子女。非婚生子女与婚生子女享有同等的法律地位。子女无法选择自己的出身和身份，如果因为出生为非婚生子女而受到歧视，就等于人是生而不平等的，这与现代人权观念完全不相符。要根除对非婚生子女的歧视，保障他们享有正常的法律地位、享有同等的人格，保护其合法权利不受任何侵犯。对于非婚生子女，不对其直接抚养的生父或者生母，应当负担未成年子女或者不能独立生活的成年子女的抚养费，尽到其亲权和亲属权上的法定义务。

6. 继父母子女关系

继父母子女关系是指因父母一方死亡，他方带子女再行结婚，或者因父母离婚，抚养子女的一方或双方再行结婚，在继父母与继子女间形成的亲属身份关系。

在继父母与继子女关系中，首要的义务是相互之间不得虐待或者歧视，特别是继父母不得对继子女虐待和歧视。

继父母子女关系欲形成拟制直系血亲关系，须继父母和继子女之间发生了抚养的事实行为。在这种情况下，继父母与继子女的关系在法律上的后果与养父母子女的关系相同。其相互之间的权利义务关系，适用婚生子女与父母之间权利义务关系的规定。

7. 亲子关系的确认和否认

（1）否认亲子关系，也叫婚生子女否认，是父或者母对被推定为婚生子女的婚生性提供否定性证据，推翻婚生性推定的证明，否定其为婚生子女的制度。否认亲子关系的前提是婚生子女推定，即子女系生母在婚姻关系存续期间受胎或出生，该子女被法律推定为生母和生母之夫的子女。也即凡是在婚姻关系存续期间女方分娩的子女，就直接被认定为婚生子女。婚生子女推定实际上是在用婚姻关系的存续期间来推定子女的父亲，确定婚生子女身份，而不是靠血缘关系，因此有可能出现错误，可以被客观事实推翻。法律允许利害关系人提起婚生子女否认之诉，推翻婚生子女推定。父或者母如果确有证据证明婚生子女的非婚生性，即可提出证据，向法院主张否定亲子关系。

（2）确认亲子关系，也称为非婚生子女认领，是指生父对于非婚生子女承认为其父而领为自己子女的行为。确认亲子关系有两种途径：一是任意认领，也称为自愿认领，是生父的单独行为，无须非婚生子女或母之同意，以父的意思表示为足。认领权可直接行使，亦可由法院判决确认父子关系的存在。二是强制认领，也叫作亲之寻认，是指应被认领人对于应认领而不为认领的生父，向法院请求确定生父关系存在的行为。强制认领适用于生父逃避认领责任，而母及子女要求认领的场合，以国家权力进行干预，体现了法律的强制力。父不为任意认领时，非婚生子女及其法定代理人得据事实，诉请其父认领。非婚生子女一经认领，即被视为婚生子女，产生父亲与子女间的权利义务关系。

二、其他近亲属关系

1. 祖父母、外祖父母与孙子女、外孙子女

有负担能力的祖父母、外祖父母，对于父母已经死亡或者父母无力抚养的未成年孙子女、外孙子女，有抚养的义务。

有负担能力的孙子女、外孙子女，对于子女已经死亡或者子女无力赡养的祖父母、外祖父母，有赡养的义务。

2. 兄弟姐妹之间的扶养

有负担能力的兄、姐，对于父母已经死亡或者父母无力抚养的未成年弟、妹，有扶养的义务。

由兄、姐扶养长大的有负担能力的弟、妹，对于缺乏劳动能力又缺乏生活来源的兄、姐，有扶养的义务。

三、对本案的分析

根据《民法典》第1073条的规定，沈某方不是沈某的生身父亲，而与嵇甲存在亲子血缘关系，因此，沈某有权请求确认其与嵇甲之间的亲子关系。

确认亲子关系存在或不存在，对父母和子女均具有重要意义。对父母而言，存在或不存在亲子关系，直接影响父母履行对子女的抚养、照护的法定义务；对子女而言，他们有知悉自己真实的出身和血缘关系的权利。由于沈某能够出具其与嵇甲之间存在亲生血缘关系，与沈某方之间不存在亲生血缘关系的证据，而嵇甲没有足以反驳的其他任何相反证据，应当确认沈某与嵇甲之间存在亲生血缘关系，故嵇甲作为沈某的父亲，应当支付抚养沈某至其具有独立生活能力时止的费用。

第二十二章

离　婚

第一节　离婚的条件与程序

76.

“草率结婚夫妻长期未共同生活，请求离婚”案

案情介绍

王某与陈某娟经人介绍相识，十几天后办理了结婚登记手续。结婚后不久就不在一起共同生活。婚姻关系存续期间，双方未生育子女，也没有夫妻共同财产。2 年后，王某以夫妻感情确已破裂为由诉至该院，请求判处离婚，分割共同财产。

法院认为，王某与陈某娟结婚时间短，婚后因双方性格不合而没有建立真正的夫妻感情，现夫妻感情确已破裂，故判决准予王某与陈某娟离婚。

法律问题

1. 登记离婚
2. 诉讼离婚

法理分析

一、登记离婚

1. 登记离婚及条件

离婚，也称为婚姻解除，是指夫妻双方生存期间依照法律规定解除婚姻关系的身份法律行为。离婚的意义，在于夫妻双方在其生存期间通过法律行为消灭既存的婚姻关系。

登记离婚，也叫两愿离婚、协议离婚、自愿离婚，是指婚姻关系因双方当事人的合意，并经过登记程序而解除。

登记离婚的实质性要件是：（1）登记离婚的男女双方必须具有合法的夫妻身份。（2）离婚当事人必须是完全民事行为能力人。（3）双方当事人必须达成离婚的合意，有真实的、意思表示一致的离婚合意。（4）对离婚后子女抚养已经作出适当处理。（5）对夫妻共同财产作出适当处理。符合这些条件要求的，双方应当订立书面离婚协议，亲自到婚姻登记机关申请登记离婚。

离婚协议，是婚姻关系当事人表明离婚意愿和具体内容的文书。协议中，应当载明双方自愿离婚的意思表示，以及对子女抚养、财产及债务处理等事项协商一致的意见。

2. 登记离婚的冷静期

离婚冷静期是指登记离婚时，尽管符合离婚的条件要求，但是仍然留出一段时间供当事人冷静考虑是否离婚的制度。规则是：（1）双方自愿离婚，到婚姻登记机关申请离婚，符合离婚条件的，暂时不发给离婚证。（2）离婚冷静期是 30 天，自婚姻登记机关收到离婚登记申请之日起 30 日内，任何一方不愿意离婚的，都可以向婚姻登记机关撤回离婚登记申请。（3）30 天的冷静期届满后，双方应当在 30 天内亲自到婚姻登记机关申请发给离婚证，婚姻登记机关应当发给离婚证，即解除婚姻关系。（4）在后一个 30 天内，当事人未到婚姻登记机关申请离婚证的，视为撤回离婚登记申请，不发生离婚的后果。

3. 登记离婚的具体程序

登记离婚的程序是：（1）申请。当事人申请自愿离婚的，必须双方亲自到一方户口所在地的婚姻登记机关申请离婚登记。（2）审查。婚姻登记机关应当对当事人出具的有关材料进行严格审查，对当事人进行引导、调解和说服教育。（3）登记。婚姻登记机关经过审查后，对当事人确属自愿离婚，并且已经对子女抚养、财产、债务等问题达成一致处理意见的，经过 30 天冷静期后，当事人申请离婚证的，应当予以离婚登记，发给离婚证，正式解除双方当事人之间的婚姻关系，其登记的其他事项也同时发生法律效力。

二、诉讼离婚

1. 诉讼离婚的调解和裁判

（1）有关组织的调解权。夫妻一方坚持离婚，另一方不同意离婚的，《民法典》第 1079 条规定，有关组织可以进行调解。例如，居民委员会、村民委员会都可以对双方进行调解。

（2）诉讼离婚的概念。诉讼离婚也叫裁判离婚，是指夫妻一方当事人基于法定离婚原因，向法院提起离婚诉讼，法院依法通过调解或判决而解除当事人之间的婚姻关系的离婚方式。诉讼离婚的特点是：第一，诉讼离婚是对双方有争议的离婚案件进行裁判，确认双方解除婚姻关系。第二，诉讼离婚是典型的合并之诉。离婚诉讼绝不是仅仅对离婚进行审理，还要对离婚引起的其他法律后果，例如子女抚养、财产分割、经济扶助、子女探望，甚至离婚损害赔偿问题等进行审理。第三，诉讼离婚实行调解先置程序。法官在审理离婚案件时，须依照职权进行调解，在审理中也更多地实行职权主义，这样才能够适应离婚诉讼的特殊性。

（3）诉讼离婚的适用范围：一是夫妻一方要求离婚，另一方不同意离婚的。二是夫妻双方都愿意离婚，但在子女抚养、财产分割等离婚后果问题上不能达成协议的。三是夫妻双方都愿意离婚，并对子女抚养、财产分割等离婚后果达成协议，但未依法办理结婚登记手续而以夫妻名义共同生活且为法律所承认的事实婚姻，请求解除事实婚姻关系的。

（4）离婚的基本事由和具体事由。判决离婚的基本事由是夫妻感情确已破裂，其含义是：夫妻之间感情已不复存在，已经不能期待夫妻双方有和好的可能。

离婚的具体事由：一是重婚或有配偶者与他人同居的。二是实施家庭暴力或虐待、遗弃家庭成员的。三是有赌博、吸毒等恶习，屡教不改的。四是因感情不和分居满 2 年的。五是其他导致夫妻感情破裂的情形。例如一方被宣告失踪，另一方提起离婚诉讼的，应当准予离婚；或者经法院判决不准离婚后，又分居满 1 年，一方再次提起离婚诉讼的，应当准予离婚。

2. 对诉讼离婚的特别规定

现役军人的配偶要求离婚，应当征得军人同意，但是军人一方有重大过错的除外。军人的范围，包括正在中国人民解放军和人民武装警察部队服现役，具有军籍的干部和士兵。军人一方的重大过错包括：重婚或者与他人同居；实施家庭暴力或虐待、遗弃家庭成员；有赌博、吸毒恶习，屡教不改；其他重大过错，如强奸妇女、奸淫幼女、嫖娼等违法犯罪行为。

3. 在女方特殊期间男方不得提出离婚

女方在怀孕期间、分娩后 1 年内或者终止妊娠后 6 个月内，男方不得提出离婚；但是，女方提出离婚或者法院认为确有必要受理男方离婚请求的除外。

三、对本案的分析

我国判决离婚的基本事由是夫妻感情确已破裂，其含义是：夫妻之间感情已不复存在，已经不能期待夫妻双方有和好的可能。

本案的焦点在于当事人双方感情是否破裂。感情破裂是人的内心感受，他人无法知晓，只能通过外在表征予以判断。判断王某与陈某娟感情确已破裂的理由有三：一是双方当事人经人介绍，相识十几天就匆匆结婚，是典型的“闪婚”，在短短的时间内，双方很难完全了解对方并适应有对方的生活，故婚姻的感情基础十分不稳固；

二是双方婚后不久即分居，表明了二者之间缺乏情感沟通；三是经过调解没有缓和紧张的夫妻关系，双方当事人仍然坚持离婚。因此，可以确认双方感情确已破裂，法院应当判决双方离婚。

第二节　离婚的法律后果

77.

“离婚时发现丈夫另有婚姻关系，请求离婚过错损害赔偿”案

案情介绍

周某、耿某原系夫妻关系，生育一女耿小某，双方离婚诉讼的判决书发生法律效力。周某在离婚诉讼中未涉及要求耿某损害赔偿的主张，但离婚后，发现耿某在离婚前与案外第三人登记结婚，并育有一子，故诉请法院判决耿某支付周某精神损害赔偿金。周某提交了盖有开发区社会事业局利用婚姻档案专用章的结婚登记审查处理表和市公安局常住人口详细信息表，作为证据。

法院认为，耿某的行为已符合重婚的构成要件，属于重婚，应当对无过错方予以损害赔偿，遂判决耿某向周某支付精神损害赔偿金若干万元。

法律问题

1. 离婚生效的时间
2. 离婚后的复婚登记
3. 离婚后的父母子女关系
4. 离婚时的财产关系

法理分析

一、离婚生效的时间

离婚的法律后果是解除当事人之间现存的婚姻关系。在离婚过程中，确定婚姻关系解除的时间是：（1）登记离婚，是完成离婚登记，即离婚的请求登记在婚姻登记机关的登记簿上，发生解除婚姻关系的效果。（2）诉讼离婚，是在法院作出判决书或者调解书，且在判决书或者调解书发生法律效力时，婚姻关系正式解除，双方不再存在配偶关系。

二、离婚后的复婚登记

婚姻关系当事人在离婚后，自愿恢复婚姻关系申请复婚的，应当向婚姻登记机关提出申请。婚姻登记机关依照有关结婚登记的程序，重新进行结婚登记后发给结婚证。

三、离婚后的父母子女关系

1. 父母对子女的抚养、教育、保护

父母与子女间的身份关系，不因父母离婚而消除。离婚后，子女无论由父还是母直接抚养，仍是父母双方的子女。

在抚养义务上，离婚后，父母对子女的权利和义务也没有改变，对于子女仍有抚养、教育和保护的权利和义务。

离婚后，对不满 2 周岁的子女，仍在哺乳期内，以由母亲直接抚养为原则。已满 2 周岁的子女，不再受上述原则的限制，父或者母都可以直接抚养。父母双方因抚养问题协议不成的，由法院根据双方的具体情况，按照最有利于未成年子女的原则判决。

2. 不直接抚养未成年子女一方给付抚养费的义务

离婚后，子女由一方直接抚养的，另一方应当负担部分或者全部抚养费，负担费用的多少和期限的长短，由双方协议；协议不成的，由法院判决。

通过协议或者判决确定了抚养费数额，并不妨碍子女在必要时向父母任何一方提出超过协议或者判决原定数额的合理要求。只要是合理的要求，都应当予以支持。

3. 探望权

探望权，是指夫妻离婚后，不直接抚养子女的父或母有对子女进行探望的权利。直接抚养子女的一方有协助非直接抚养的一方行使探望权的义务。

行使探望权，涉及直接抚养一方和子女的利益，探望的时间、方式，由当事人协议；协议不成时，由法院判决。探望权人按照协议或法院判决实施探望时，如果子女对约定或判决的探望时间不同意，探望权人不得强行探望。

探望权中止，是指探望权人具有探望权中止的法定事由时，由法院判决探望权人在一定时间内中止行使探望权的制度。探望权中止的事由是：行使探望权不利于子女的身心健康，包括子女的身体、精神、道德或感情的健康。探望权中止的事由消失后，应当恢复探望。

四、离婚时的财产关系

1. 夫妻共同财产分割

（1）分割方法。离婚时，夫妻双方应当对其享有权利的共同财产进行处理，处理的方法是：第一，由双方协议处理，达成协议的，写在离婚协议中，经过婚姻登记机关确认生效。第二，协议不成的，由法院根据财产的具体情况，依照照顾子女、女方和无过错方权益的原则判决。分割夫妻共同财产，要保护好土地承包经营权中的个人权益。由于农村承包土地是以家庭为单位进行承包的，夫妻离婚后，不会因为离婚而再给其分配承包地，因此，夫或者妻在家庭土地承包经营中享有的权益等，在分割共同财产中应当依法受到保护，不能使在家庭关系中分离出去的一方受到损害。

（2）补偿请求权。夫妻一方因抚育子女、照料老年人、协助另一方工作等负担较多义务的，离婚时有权向另一方请求补偿，另一方应当予以补偿。具体办法由双方协议；协议不成的，由法院判决，应考虑请求权人付出义务的大小、请求权人因此受到损失和另一方从中受益的情况，综合确定。

2. 夫妻共同债务

离婚时夫妻共同债务清偿的方法是：

（1）夫妻共同债务应由夫妻共同清偿，即以共同财产清偿。方法是：第一，先以夫妻共同财产清偿夫妻共同债务，再对剩余的夫妻共同财产进行分割。此即先清偿后分割的办法。第二，先分割、后清偿，即先分割共同财产和共同债务，然后各自以各自分得的财产清偿分得的债务。

（2）共同财产不足以清偿或者财产归各自所有的，由双方协议，按照协议约定的方法进行清偿。

（3）双方协议不成的，向法院起诉，由法院依法判决。

3. 适当帮助义务

离婚时，如一方生活困难，有负担能力的另一方应当给予适当帮助。具体办法由双方协议；协议不成的，由法院判决。

4. 离婚损害赔偿

离婚损害赔偿，是指夫妻一方因为过错实施法律规定的违法行为，妨害婚姻关系和家庭关系，导致夫妻离婚时，过错方应当承担的侵权损害赔偿责任。可以请求离婚损害赔偿的违法行为，一是重婚，二是与他人同居，三是实施家庭暴力，四是虐待、遗弃家庭成员，五是有其他重大过错。实施上述违法行为的主体是有过错的配偶。这些行为侵害了他人的权利，行为人违反了这些权利中的法定义务，构成违法性。离婚损害赔偿责任的过错，包括故意或者过失。“有其他重大过错”的违法行为，扩大了离婚损害赔偿责任的适用范围，增加了适用的弹性，有利于救济受到损害一方的合法权益，故是一个正确的决策。离婚损害赔偿的责任方式包括两种，即人身损害赔偿和精神损害赔偿。

5. 对非法处置夫妻共同财产的制裁

在离婚期间，夫妻一方实施隐藏、转移、变卖、毁损、挥霍夫妻共同财产，或者伪造夫妻共同债务，企图侵占另一方财产行为的，在离婚分割夫妻共同财产时，对该方可以少分或者不分。

在离婚以后，另一方发现有上述行为的，可以向法院提起诉讼，请求再次分割夫妻共同财产。法院应当按照查清的事实，对属于夫妻共同财产的部分进行再次分割。

五、对本案的分析

离婚损害赔偿，是过错方的过错行为侵害了无过错方配偶的权利而引起的损害赔偿。本案中耿某的行为符合离婚损害赔偿责任的构成要件：第一，过错行为发生在离婚之前。耿某在与周某的婚姻关系尚未结束时，就与婚外第三人登记结婚，存在两个法律婚姻，属于典型的重婚行为。第二，存在损害，且违法行为与损害之间有因果关系。根据《民法典》第 1091 条第 1 项的规定，重婚是重大过错情形之一，耿某的重婚行为侵害了周某的配偶权。因此，周某有权请求离婚损害赔偿。

一般来说，应当在离婚时提出损害赔偿请求，除非在离婚时无过错方尚未知晓过错事实的发生或放弃损害赔偿请求。本案中有证据证明周某在离婚时并不知晓耿某过错的存在，因此，法院酌情判决过错方耿某赔偿周某的精神损害，符合《民法典》的规定。

第二十三章
收　养

第一节　收养关系的成立

78.

“送养人不存在有特殊困难无力抚养理由致使收养无效”案

案情介绍

刘某、王某系夫妻关系，生育了苏甲。某日，刘某之父刘某权将苏甲送给苏乙、周乙领养。苏乙、周乙在未依法办理收养登记的情况下为苏甲办理了户口登记。刘某、王某向法院诉请确认苏乙、周乙收养苏甲的行为无效。

法院认为，苏甲的生父母刘某、王某尚在，不存在有特殊困难无力抚养的情况，刘某权无权送养苏甲；苏乙、周乙当时的年龄均未达到法定的收养人的年龄，且送养人与收养人未办理收养登记，因此，双方的收养关系无效。

法律问题

1. 收养行为的概念、特征及收养的原则
2. 收养关系的主体
3. 收养的要求
4. 收养关系的缔结与登记

法理分析

一、收养行为的概念、特征及收养的原则

1. 收养行为的概念

收养，是指自然人领养他人的子女为自己的子女，依法创设拟制血亲亲子关系的身份法律行为。依收养身份法律行为创设的收养关系，就是拟制血亲的亲子关系，

是基于收养行为的法律效力而发生的身份法律关系。这种拟制血亲的亲子关系，具有与自然血亲同样内容的权利义务关系。

2. 收养行为的特征

收养行为的特征是：（1）收养是身份法律行为，是要式行为；（2）收养行为人应是具有特定法律身份的人；（3）收养行为是产生法律拟制血亲关系的行为；（4）收养行为消灭养子女的自然血缘关系，但自然血缘关系仍然存在。

3. 收养的原则

收养的原则是：（1）最有利于被收养的未成年人的抚养、成长原则；（2）保证被收养人和收养人的合法权益原则；（3）收养关系主体平等自愿原则；（4）收养不得违背公序良俗原则。

二、收养关系的主体

在收养的身份法律行为中，当事人分别是收养人、被收养人和送养人。收养人为养父或养母，被收养人为养子或养女，送养人是抚养被收养人的生父母或者其他人。

1. 被收养人

关于被收养人的条件，法律规定，只有下列未成年人具备被收养人的条件：（1）丧失父母的孤儿。孤儿，是指其父母死亡或者法院宣告其父母死亡的未成年人。（2）查找不到生父母的未成年人。（3）生父母有特殊困难无力抚养的未成年子女。具体判断生父母有无特殊困难，应当根据当事人的具体情况认定。

2. 送养人

送养人的适格条件是：（1）孤儿的监护人。孤儿是未成年人，其监护人可以送养，但须符合法律规定的条件。（2）儿童福利机构。我国的儿童福利机构是指各地民政部门主管的收容、养育孤儿和查找不到生父母的弃婴、儿童的社会福利院。对于它们养育的孤儿、查找不到生父母的弃婴、儿童，它们可以送养。（3）有特殊困难无力抚养子女的生父母，也可以将未成年子女送养。

未成年人的父母均不具备完全民事行为能力且可能严重危害该未成年人的，该未成年人的监护人可以将其送养。监护人送养孤儿的，应当征得有抚养义务的人同意。有抚养义务的人不同意送养、监护人不愿意继续履行监护职责的，应当依照《民法典》总则编的规定另行确定监护人。

生父母送养子女，应当双方共同送养。生父母一方不明或者查找不到的，可以单方送养。

3. 收养人

收养人应当同时具备下列条件：（1）无子女或者只有一名子女；（2）有抚养、教育和保护被收养人的能力；（3）未患有在医学上认为不应当收养子女的疾病；（4）无不利于被收养人健康成长的违法犯罪记录；（5）年满 30 周岁。

三、收养的要求

1. 收养三代以内同辈旁系血亲的子女

收养三代以内同辈旁系血亲的子女，称为“过继”，多是本家族内的近亲属照顾无子女近亲属的一种举措，可以不受《民法典》第 1093 条第 3 项关于被收养人是“生父母有特殊困难无力抚养的子女”规定、第 1094 条第 3 项关于送养人为“有特殊困难无力抚养子女的生父母”规定和第 1102 条关于“无配偶者收养异性子女的，收养人与被收养人的年龄应当相差四十周岁以上”规定的限制。华侨收养三代以内同辈旁系血亲的子女，不仅可以不受上述三个规定的限制，而且可以不受《民法典》第 1098 条第 1 项关于收养人“无子女或者只有一名子女”规定的限制。

2. 收养子女的数量限制

无子女的收养人可以收养两名子女，有一名子女的收养人只能收养一名子女。

收养孤儿、残疾未成年人或者儿童福利机构抚养的查找不到生父母的未成年人，可以不受无子女的收养人可以收养两名子女、有一名子女的收养人只能收养一名子女的限制，也不受《民法典》第 1098 条第 1 项关于收养人无子女或者只有一名子女规定的限制。

3. 收养的具体要求

有配偶者收养子女，应当夫妻共同收养。

无配偶者收养异性子女的，收养人与被收养人的年龄应当相差 40 周岁以上。

继父或者继母经继子女的生父母同意，可以收养继子女，收养的条件适当放宽：（1）其生父母无特殊困难、有抚养能力的子女有被收养人的资格，也可以被送养；（2）无特殊困难、有抚养能力的生父母有送养人的资格，可以送养自己的子女；（3）不受无子女、有抚养教育养子女的能力、无相关疾病以及年满 30 周岁的被收养人条件的限制；（4）不受只能收养二名子女的限制。

四、收养关系的缔结和登记

1. 合意收养

收养行为是民事法律行为，必须具备当事人收养合意这一必要条件。要构成收养合意，应当具备以下条件：（1）双方自愿。收养人收养与送养人送养须双方自愿，意思表示一致。收养与送养，是民法上的身份协议，故收养合意应当具备合同成立的条件要求。（2）须经 8 周岁以上的被收养人同意。收养未满 8 周岁的未成年人，不必经过本人的同意。收养 8 周岁以上的未成年人，应当征得被收养人的同意。

2. 收养登记

收养应当向县级以上人民政府民政部门登记，收养关系自登记之日起成立。未办理收养登记的，应当补办登记。收养查找不到生父母的未成年人的，办理登记的民政部门应当在登记前予以公告。

收养关系当事人愿意订立收养协议的，可以订立收养协议。收养关系当事人各方或者一方要求办理收养公证的，应当办理收养公证。

收养关系成立后，公安部门应当依照国家有关规定为被收养人办理户口登记。

五、对本案的分析

在我国，适格的送养人只有孤儿的监护人、儿童福利机构以及有特殊困难无力抚养子女的生父母，除此之外的任何个人或组织均无权送养适格的被收养人。适格的收养人须年满 30 周岁，收养应当向县级以上人民政府民政部门登记，收养关系自登记之日起成立。

本案的刘某之父刘某权将苏甲送给苏乙、周乙领养。苏甲不是孤儿，刘某权也不是苏甲的监护人，且苏甲的生父母尚在，不存在有特殊困难无力抚养苏甲的情况，故刘某权无权送养苏甲。收养人苏乙、周乙收养苏甲时的年龄均未达到法定的收养人的年龄，双方也未依法办理收养登记。因此，刘某、王某有权请求确认苏乙、周乙与苏甲的收养关系无效。

第二节　收养的效力

79.

“收养人不符合收养子女条件致使收养无效”案

案情介绍

李丙、李乙系夫妻，于 2014 年生育一子。李乙与李甲的生母系堂兄妹关系。某年，李丙、李乙收养李甲做女儿，让李甲随其共同生活，于次年 4 月将李甲的户口落在李丙、李乙家中。10 年后，李丙、李乙因故将李甲送回其生父母身边，后李甲一直与其生父母居住生活。李甲起诉到法院，请求法院确认收养关系无效。

法院认定李丙、李乙在已育有二子的情况下收养李甲的事实，虽然公安部门将李甲的户口登记在李丙、李乙处，但因李丙、李乙不符合法律规定的收养人应具备的条件，其收养李甲的行为无法律效力，遂判决原告李甲与被告李乙、李丙之间的收养关系无效。

法律问题

1. 收养成立发生父母子女关系
2. 收养行为无效及其后果

法理分析

一、收养成立发生父母子女关系

收养的法律效力，是指法律赋予收养行为的强制性法律后果。这种法律后果表现为收养的拟制效力和解销效力。拟制效力，是指收养依法创设新的亲属身份关系及其权利义务的效力。自收养关系成立之日起，养父母与养子女间的权利义务关系，适用《民法典》关于父母子女关系的规定；养子女与养父母的近亲属间的权利义务关系，适用《民法典》关于子女与父母的近亲属间的权利义务关系的规定。解销效力，是指收养依法消灭原有的亲属身份关系及其权利义务的效力。养子女与生父母及其他近亲属间的权利义务关系，因收养关系的成立而消除。

养子女被收养后，可以随养父或者养母的姓氏，生父母不得反对。如果经当事人协商一致，也可以保留原姓氏，不随养父或者养母的姓氏。

二、收养行为无效及后果

无效收养行为，是指欠缺收养成立的法定有效要件，不能发生收养法律后果的收养行为。无效收养行为就是无效的民事法律行为。发生无效收养行为的原因是：(1) 欠缺收养关系成立的实质要件；(2) 欠缺收养关系成立的程序要件；(3) 违反法律、行政法规的强制性规定或者违背公序良俗，例如借收养之名拐卖儿童或者出卖亲生子女等。

收养无效的法律后果是，自始无效。与收养关系解除的区别是：收养无效的效力溯及既往，而解除收养关系仅仅是在收养关系解除之时消灭养父母和养子女之间的权利义务关系。

三、对本案的分析

法院对本案的判决是正确的。《民法典》第 1098 条规定，收养人应当同时具备下列条件：（1）无子女或者只有一名子女；（2）有抚养、教育和保护被收养人的能力；（3）未患有在医学上认为不应当收养子女的疾病；（4）无不利于被收养人健康成长的违法犯罪记录；（5）年满 30 周岁。派出所给“被收养人”落户并不能使无效的收养行为变为有效。收养关系的生效，要具备实质要件与程序要件，被收养人、收养人应当符合法律规定的条件。本案的李乙和李丙收养李甲时已育有二子，不符合《民法典》第 1098 条规定的收养关系的实质要件，李甲诉请判决收养关系无效，符合法律规定，法院应当判决收养关系无效。

第三节　收养关系的解除

80.

“收养人因经济困难而协议解除收养关系后反悔”案

案情介绍

张某与丁乙于 2007 年 9 月 10 日非婚生育一子丁丙。2008 年 9 月 10 日，张某与丁乙共同将儿子丁丙送给丁甲收养。张某与丁乙于 2014 年 6 月 16 日登记结婚。后丁甲无经济生活来源，抚养丁丙有困难。2021 年 5 月 15 日，张某与丁甲、丁丙三方签订了“解除收养关系协议”，约定解除丁甲与丁丙的收养关系。协议签订后丁甲反悔，不配合履行。张某诉至法院，请求解除收养关系。被告丁甲未到庭。

法院认为，三方签订“解除收养关系协议”，约定解除丁甲与丁丙的收养关系，丁丙本人也同意解除与丁甲的收养关系，故判决解除丁甲与张某之子丁丙的收养关系。

法律问题

1. 解除收养的程序
2. 解除收养的法律后果

法理分析

一、解除收养的程序

1. 收养未成年子女的收养关系解除

收养关系解除，是指收养的法律效力发生后，因出现一定的法定事由，无法继续维持收养亲子关系，通过法定的解除程序将其人为消灭。禁止收养人在被收养人未成年时解除收养关系，以保护未成年被收养人的权益。

（1）协议解除。收养人在被收养人成年以前，不得解除收养关系，但是收养人、送养人双方协议解除的除外。养子女 8 周岁以上的，解除收养关系应当征得本人同意。

（2）诉讼解除。收养人不履行抚养义务，有虐待、遗弃等侵害未成年养子女合法权益的行为的，送养人有权要求解除养父母与养子女间的收养关系。送养人、收养人不能达成解除收养关系协议的，可以向法院提起诉讼。

2. 成年养子女的收养关系解除

养父母与成年养子女关系恶化、无法共同生活的，可以协议解除收养关系；不能达成协议的，可以向法院提起诉讼。

3. 解除收养登记

当事人协议解除收养关系的，应当到民政部门办理解除收养关系登记。

二、解除收养的法律后果

收养关系解除后，养子女与养父母及其他近亲属间的权利义务关系即行消除，不再有养父母子女关系；与生父母及其他近亲属间的权利义务关系自行恢复。但是，成年养子女与生父母及其他近亲属间的权利义务关系是否恢复，可以协商确定。

收养关系解除后，经养父母抚养的成年养子女，对缺乏劳动能力又缺乏生活来源的养父母，应当给付生活费。因养子女成年后虐待、遗弃养父母而解除收养关系的，养父母可以要求养子女补偿收养期间支出的抚养费。

生父母要求解除收养关系的，养父母可以要求生父母适当补偿收养期间支出的抚养费；如果是因养父母虐待、遗弃养子女而解除收养关系的，生父母不必补偿抚养费。

三、对本案的分析

登记是收养行为、解除收养行为的法定形式要件。本案的双方虽然签订了解除收养协议，但单独的解除收养协议不能发生解除收养关系的后果，须经民政部门登记才能解除收养关系。对此类协议不能按照财产关系协议的规则对待，不能强制当事人履行协议。

本案解除收养关系的原因是，收养人生活不便、经济窘迫，无力抚养被收养人，且被收养人已经年满 14 周岁，表达了希望与生父母一起生活的愿望，继续与收养人一起生活对被收养人的成长不利。从保护儿童利益的立场出发，法院应当判决双方解除收养协议。该判决符合《民法典》第 1114 条的规定，保护了送养人在一定条件下解除收养关系的权利，保护了被收养人的合法权益。

PART SIX

6

| 第六编 |

继　承

第二十四章

继承法与继承权

81. "部分继承人擅自变更遗产的权属，其他继承人主张继承"案

案情介绍

王某升与赖某秀夫妇生前共养育五名子女：儿子王某兴、王某厚、王某金，女儿王某凤、王某香。王某金因矿难死亡后，矿方一次性赔偿死亡补偿金 20 万元。王某金生前未婚且无子女，父亲王某升先于王某金死亡。王某金的母亲赖某秀作为第一顺序唯一继承人，继承了王某金的死亡赔偿金。其后，赖某秀死亡。王某厚与媳妇刘某生育三名子女：长女王某丽，二女王某花，三子王某。王某兴与媳妇龚某生育了四名子女：王某荣、王某峰、王某俭、王某艳。王某厚、王某兴均先于赖某秀死亡。女儿王某凤表示放弃继承权。赖某秀生前一直与王某厚和刘某共同生活，且儿媳刘某对赖某秀尽了主要赡养义务。

王某荣、王某峰、王某俭、王某艳诉至法院，要求刘某给付他们相应的遗产继承款。法院认为：王某厚、王某兴均先于赖某秀死亡，其子女分别代位继承其应得的遗产份额。丧偶儿媳刘某对赖某秀尽了主要赡养义务，依法为第一顺序继承人，有权继承其应得的遗产份额。

法律问题

1. 继承制度
2. 继承法律关系
3. 继承权

法理分析

一、继承制度

继承是财产继承，是指自然人死亡时，其遗留的个人合法财产归其生前在法定

范围内指定的或者法律规定范围内的亲属依法承受的法律制度。《民法典》第124条规定："自然人依法享有继承权。""自然人合法的私有财产，可以依法继承。"

继承制度的基本特征是：（1）继承是处理死者财产的法律制度。在现代法上，继承的标的只能是财产，而不能是其他标的。因此，继承的发生须以死者财产的存在为前提。也正因为如此，继承是以私有财产的存在为前提的，在没有任何私有财产存在的社会，不会有也不可能存在继承制度。（2）继承是继承人概括承受被继承人的财产权利和义务的法律制度。继承是财产所有权转移的一种基本方式，但是，继承中的财产转移与一般的财产转移不同，一般的财产转移是个别财产的转移，而继承是被继承人的财产权利和义务的整体转移。因此，只有依法由继承人概括地承继被继承人在财产关系中的法律地位的法律现象，才属于继承。①

在继承中，其生前所享有的财产因其死亡而移转给他人的死者为被继承人，被继承人死亡时遗留的个人合法财产为遗产，依法承受被继承人遗产的法定范围内的人为继承人。

我国的继承制度包括以下基本原则：（1）保护自然人继承权原则；（2）不违反公序良俗原则；（3）继承权平等原则；（4）权利和义务相一致原则。

二、继承法律关系

继承法律关系是由继承法规范调整的，因自然人死亡而发生的继承人与其他人在财产继承上的民事权利和义务关系。

继承法律关系的特征是：（1）继承法律关系是一种民事法律关系；（2）继承法律关系以被继承人死亡为发生根据；（3）继承法律关系是一种绝对财产法律关系；（4）继承法律关系与亲属关系密切相关；（5）继承法律关系的权利主体只能是自然人。

继承的主体是继承人。继承人是指依照《民法典》的规定，在法定继承或遗嘱继承中有权获得被继承人遗产的自然人。继承人分为法定继承人和遗嘱继承人。法定继承人，是直接依照继承法律有关法定继承人的范围、顺序、继承份额等的规定，对被继承人的遗产享有继承权的人。遗嘱继承人，是指在遗嘱继承中存在的，按照被继承人生前订立的合法有效的遗嘱的指定而有权承受遗产的继承人。在我国，遗嘱继承人只能是法定继承人范围之内的人，亦即遗嘱人只能指定法定继承人中的一人或数人为遗嘱继承人。遗嘱继承人依据被继承人的遗嘱继承遗产，不受原来的法定继承顺序的限制。继承人须具有继承能力即可以作为继承人的资格。胎儿具有适

---

① 我国《民法典》也规定了其他一些因自然人死亡而发生的财产的转移的情形，如因遗赠扶养协议发生的死者财产的转移，由于不属于概括承受，不属于继承。之所以将其规定在《民法典》继承编中，是因为涉及死者遗产的处理问题。

当的继承能力。

遗产是继承法律关系的客体，是继承人享有的继承权的标的。没有遗产，就不能存在继承法律关系。《民法典》第1122条明确规定，“遗产是自然人死亡时遗留的个人合法财产。”“依照法律规定或者根据其性质不得继承的遗产，不得继承。”

三、继承权

（一）继承权的概念

继承权是指自然人按照被继承人所立的合法有效遗嘱或法律的直接规定而享有的继承被继承人财产的权利。

继承权有两种含义：在被继承人死亡前，继承人所享有的继承权，由于被继承人死亡的法律事实尚未发生，只是一种期待权。而在被继承人死亡后，继承人所享有的继承权为一种既得权，成为一种现实的权利。继承期待权，是指继承开始前继承人的法律地位，指的是自然人依照法律的规定或者遗嘱的指定，继承被继承人遗产的资格。继承既得权，是指继承人在继承法律关系中实际享有的继承被继承人遗产的具体权利，是一项现实的权利。只有被继承人死亡并留有遗产，继承人具有参与继承的权利，继承人才能参与继承法律关系而享有继承既得权。

（二）继承人丧失继承权及事由

继承权丧失，是指继承人因发生法律规定的事由失去继承被继承人遗产的资格。故继承权的丧失又叫继承权的剥夺。依照《民法典》第1125条的规定，继承人有下列行为之一的，丧失继承权：一是故意杀害被继承人；二是为争夺遗产而杀害其他继承人；三是遗弃被继承人，或者虐待被继承人情节严重；四是伪造、篡改、隐匿或者销毁遗嘱，情节严重；五是以欺诈、胁迫手段迫使或者妨碍被继承人设立、变更或者撤回遗嘱，情节严重。丧失继承权的后果是，继承人不得继承被继承人的遗产。

以法定继承权的丧失为前提，宽宥特指被继承人在情感上对继承人的故意或过失行为的谅解和宽恕，表达被继承人对继承人之继承身份或资格的再次认可、肯定与承认，恢复其已丧失的继承权。在继承人丧失继承权后，只要被继承人对继承人予以宽宥，就应当恢复继承人已丧失的继承权。继承人有前列第三项至第五项行为，确有悔改表现，被继承人表示宽恕或者事后在遗嘱中将其列为继承人的，该继承人不丧失继承权。

受遗赠人有《民法典》第1125条第1款规定的五种行为之一的，丧失受遗赠权。

继承权可以放弃。继承权的放弃，是指继承人于继承开始后、遗产分割前所作出的放弃其继承被继承人遗产的权利的意思表示。继承权的放弃，是继承人自由表达其意志、行使继承权的一种表现，是一种单方民事法律行为，无须征得任何人的同意。继承人放弃继承权，也就丧失了参加继承法律关系的资格，已经退出了继承法律关系。

四、对本案的分析

本案的被继承人赖某秀死亡后，因无遗嘱，故应依法定继承处理，其所有子女为法定继承人。其子王某厚和王某兴先于赖某秀死亡，依照《民法典》的规定，王某厚和王某兴的晚辈直系血亲可代位继承其遗产份额，即分别于其父所继承的遗产份额内分享遗产。刘某与被继承人赖某秀属于丧偶儿媳与公婆的关系，在多年的共同生活中，刘某对被继承人赖某秀的生活、医疗多有照顾，也是其生活的主要经济来源，在劳务等方面也给予了主要扶助，应当认定其尽了主要赡养义务，属于对公婆尽了主要赡养义务的丧偶儿媳，为第一顺序法定继承人。法院判决刘某因对被继承人赖某秀尽了主要赡养义务而享有继承权，可以分得其应当继承的遗产，是正确的。

第二十五章

法定继承

第一节　法定继承概述

82.

“没有形成抚养关系的继子女不得对其继父母的遗产主张法定继承”案

案情介绍

2021 年 4 月 19 日，李甲的次子、赵某某的丈夫李某某在矿难中不幸死亡，矿方给付死亡赔偿金 60 万元，又支付给赵某某 2 万元现金及一车煤作为丧葬费用。2021 年 4 月 26 日，李甲的长子李某仁与赵某某达成赵某某给付李甲 7 万元，由长子李某仁保管，以后关于李甲的扶养和后事一切由李某仁全部照管的协议。李甲以签订上述协议时未参加、遗产分割不公为由诉至法院，要求合理分割并继承李某某的遗产。

法院查明：李某某于 2007 年 7 月与赵某某再婚，婚后生一女孩李乙，2011 年新建一处房屋共 6 间。赵某某再婚前，与前夫张某某生一子张丙。赵某某与李某某结婚后，张丙没有与其共同生活，一直随其祖父生活。诉讼中，张丙也参加诉讼，主张继承权。法院认为：张丙与李某某没有构成抚养关系，故张丙对李某某的遗产不享有继承权；60 万元死亡赔偿金及 6 间房屋中的一半作为李某某的遗产，由赵某某、李甲、李乙三人按照法定继承处理。

法律问题

1. 法定继承的概念、特征和适用范围
2. 法定继承人的范围和继承顺序

法理分析

一、法定继承的概念、特征和适用范围

法定继承是指继承人的范围、继承的顺序、继承条件、继承份额、遗产分配原则及继承程序均由法律直接规定的继承方式。

法定继承的特征是：(1) 法定继承具有强烈的身份性，严格建立在身份关系的基础之上；(2) 法定继承具有法定性，须依照法律规定进行；(3) 法定继承具有强行性，不得任意排除其适用。

法定继承的适用范围，是指在何种情形下适用法定继承。对此，遵守“遗嘱在先原则”：在继承开始后，应当首先适用遗嘱继承；不能适用遗嘱继承方式时，才按法定继承方式继承。存在下列情形时适用法定继承：(1) 被继承人生前未立遗嘱的；(2) 被继承人所立遗嘱未处分的财产；(3) 被继承人所立遗嘱无效所涉及的遗产；(4) 遗嘱继承人放弃继承或者受遗赠人放弃受遗赠的；(5) 遗嘱继承人丧失继承权或受遗赠人丧失受遗赠权的；(6) 遗嘱继承人、受遗赠人先于遗嘱人死亡的。

法定继承与遗嘱继承的区别是：(1) 继承事项的产生基础不同。遗嘱继承是被继承人用遗嘱的方式确定继承人和继承数量。法定继承则是法律根据血缘关系、婚姻关系以及扶养关系直接确定继承人的范围、继承的顺序、遗产分配原则以及继承份额等。(2) 体现被继承人意愿的程度不同。遗嘱继承是被继承人意愿的直接表示与体现，法定继承则是对被继承人意愿的一种法律推定。(3) 继承人参加继承的顺序不同。遗嘱继承人按照遗嘱的内容参加继承、获得遗产，不受法定继承顺序的限制。法定继承则须遵守继承顺序的规定。

二、法定继承人的范围和继承顺序

法定继承人的范围是指在适用法定继承时，哪些人能够作为被继承人遗产的继承人。《民法典》第1127、1129条规定的法定继承人是：(1) 配偶。事实婚姻和准婚姻关系的当事人不属于配偶。(2) 子女。婚生子女、非婚生子女、养子女、有扶养关系的继子女、以非传统方式生育的子女，都是法定继承人。(3) 父母，包括生父母、养父母和有扶养关系的继父母。(4) 兄弟姐妹。有血缘关系的兄弟姐妹、养兄弟姐妹、形成扶养关系的继兄弟姐妹为法定继承人。(5) 祖父母、外祖父母。(6) 对公、婆尽了主要赡养义务的丧偶儿媳，以及对岳父、岳母尽了主要赡养义务的丧偶女婿。

法定继承人的继承顺序，又称为法定继承人的顺位，是指法律直接规定的法定

继承人参加继承的先后次序。法定继承人的继承顺序关系到各继承人以何种地位参加继承，谁有权继承、谁无权继承，谁是合法继承人、谁是不当继承人。法律规定继承顺序的意义在于，可以避免继承中发生争议与纠纷。《民法典》仅规定了两个继承顺序，即第一顺序的配偶、子女、父母及对公婆或岳父母尽了主要赡养义务的丧偶儿媳或丧偶女婿，第二顺序的兄弟姐妹、祖父母与外祖父母。

法定继承人的继承顺序的特征是：（1）法定性。法定继承人的具体继承顺序是由法律根据继承人与被继承人之间关系的亲疏程度直接规定的，而不是由当事人自行决定的。（2）强行性。在适用法定继承时，对于法律规定的继承顺序，任何个人、任何组织都不得以任何理由改变。（3）排他性。在法定继承中，继承人只能依法定继承顺序依次参加继承，前一顺序的继承人总是排斥后一顺序继承人继承。只要有前一顺序的继承人继承，后一顺序的继承人就不能取得和实现继承既得权，无权主张继承遗产。（4）限定性。法定继承人的继承顺序只限定在法定继承中适用，在遗嘱继承中不适用。

三、对本案的分析

本案的继承法律关系比较复杂，不作详细评论，只对一点进行说明：由于被继承人没有设立遗嘱，应当适用法定继承规则；重点在于，未形成抚养关系的子女可否继承继父母的遗产。

没有形成抚养关系的继子女对其继父母的遗产不享有继承权，未形成抚养关系的继子女不是法定继承人。法定继承的继承人为法定继承人，须由法律规定，只有法律规定的法定继承人才享有法定继承的权利。法定继承人的范围如下：配偶、子女、父母是第一顺序继承人，兄弟姐妹、祖父母、外祖父母为第二顺序继承人；对公、婆尽了主要赡养义务的丧偶儿媳，对岳父、岳母尽了主要赡养义务的丧偶女婿，作为第一顺序的继承人。李某某与赵某某再婚后，赵某某与其前夫生育的张丙与被继承人李某某存在继父母子女关系，但是没有形成抚养关系，因此，张丙不属于法定继承人，其对李某某的遗产不享有继承权。

本案的其他两个问题是：第一，李某某的配偶赵某某、女李乙、父亲李甲都是第一顺序的法定继承人，他们有权继承李某某的遗产。在李某某与赵某某的共同财产中，析出李某某的遗产后，应当由三名法定继承人继承。第二，李某仁是李某某的哥哥，是第二顺序的法定继承人，在第一顺序的法定继承人在世时，他不能继承。李某仁私下与赵某某协商、处置遗产而达成的继承协议不具有法律效力，不能产生分割遗产的效果，不能对抗法定继承的效力，法院的判决当然也不受其拘束。

第二节　代位继承

83.
“法定继承人先于被继承人死亡，由其法定继承人代位继承”案

案情介绍

何某与蔡某系夫妻，二人共育有蔡甲、蔡乙、蔡丙三个子女。夫妻共同购买广州市海珠区房屋一套。蔡丙因死亡被注销户口，留有子女蔡丁。7 年后，蔡某去世，生前未立遗嘱。蔡某的父母均先于其去世。蔡某死亡后，何某、蔡甲、蔡乙要求对遗产进行分配并办理房屋过户手续。蔡丁认为，该房屋一直由自己与母亲居住，如果对该房屋办理继承，需要对该房屋进行分割，自己与母亲便会没有住房，故不同意三人的请求。因协商未果，何某、蔡甲、蔡乙三人便以蔡丁为被告向法院提起诉讼，请求法院依法在继承人之间对房屋进行分割，并要求蔡丁协助原告到房管部门办理房屋产权过户手续。

法院认为：案涉房屋系何某与蔡某的夫妻共同财产，蔡某去世后，该房屋的 1/2 产权属于蔡某的遗产。由于蔡某生前没有立下遗嘱，故上述房屋应由法定继承人何某、蔡甲、蔡乙、蔡丙共同继承，各占 1/4 的继承份额。由于蔡丙先于蔡某去世，故属于蔡丙的继承份额应由蔡丁代位继承。继承后，何某占该房屋 5/8（1/2＋1/8）的产权份额，蔡甲、蔡乙以及蔡丁各占该房屋 1/8（1/2×1/4）的产权份额。法院就此作出判决，并由蔡丁协助原告到房管部门办理房屋产权过户手续。

法律问题

1. 代位继承的概念和性质
2. 代位继承的要件
3. 代位继承的法律效力

法理分析

一、代位继承

（一）代位继承的概念和性质

代位继承，是指被继承人的继承人先于被继承人死亡时，由被继承人的继承人的直系晚辈血亲或者子女代替先亡的被继承人的子女或其兄弟姐妹继承被继承人遗

产的法定继承制度。《民法典》第1128条规定了两种代位继承：一是被继承人的子女的直系晚辈血亲的代位继承，二是被继承人的兄弟姐妹的子女的代位继承。在代位继承中，被继承人的子女或者兄弟姐妹为被代位继承人，承继应继份的继承人直系晚辈血亲或者兄弟姐妹的子女为代位继承人。

代位继承权的性质为固有权，理由是：《民法典》仅规定子女为第一顺序法定继承人，而且未将孙子女、外孙子女列为第二顺序继承人。采取固有权说，赋予被继承人子女的直系晚辈血亲以及兄弟姐妹的子女以固有的代位继承权利，可以弥补《民法典》对孙子女、外孙子女等直系晚辈血亲的继承权益保护不足，以及法定继承人范围过窄的缺陷。

应继份，是指各继承人对遗产上一切权利、义务可以继承的成数或比例。

（二）代位继承的要件

代位继承的要件是：

1. 须被继承人的子女或者兄弟姐妹在继承开始前已经死亡

被继承人的子女或者兄弟姐妹先于被继承人死亡，是代位继承发生的必要条件。只有出现这一条件时才有可能适用代位继承。被继承人的子女或者兄弟姐妹先于被继承人死亡，包括自然死亡和宣告死亡。

2. 被代位继承人是被继承人的子女或者兄弟姐妹

被代位继承人必须是被继承人的血亲继承人，配偶一方先亡，不发生其子女代位继承的问题。《民法典》规定，被继承人的子女或者兄弟姐妹先于被继承人死亡，由其直系晚辈血亲或者其子女代位继承，从而将被代位继承人限于被继承人的子女和其兄弟姐妹。子女，包括婚生子女、非婚生子女、养子女及有扶养关系的继子女。

3. 代位继承人必须是被代位继承人的直系晚辈血亲或者子女

代位继承人必须是被代位继承人的直系晚辈血亲，或者被代位继承人的子女。被继承人亲生子女或兄弟姐妹的养子女可代位继承；被继承人养子女或兄弟姐妹的养子女可代位继承；与被继承人已形成抚养关系的继子女或兄弟姐妹的养子女也可以代位继承。

（三）代位继承的法律效力

代位继承产生的法律效力主要为，代位继承人可以继承被代位继承人的应继份，即被代位继承人有权继承的遗产份额。代位继承人的应继份应根据被代位继承人的应继份确定，按房或支来分割遗产。

代位继承权是代位继承人的固有权利，在一定意义上说，代位继承是继承顺序的提前，因此，代位继承人的应继份应根据被代位继承人的应继份确定，按份由代位继承人继承遗产。若同一个被代位继承人有两个以上的代位继承人，则由他们按人数均分被代位继承人的应继份。例如，被继承人原有甲、乙两子，甲已于继承开始前死亡，甲留有子女丙、丁二人。在被继承人死亡时，乙、丙及丁三人共同继承，但各人的应继份不同，乙应得遗产的 1/2，丙与丁各得遗产的 1/4。

二、对本案的分析

本案的继承关系复杂，但还比较清晰。被继承人蔡某死亡时，由于未留遗嘱，故其遗产应按法定继承办理，其配偶何某，子女蔡甲、蔡乙、蔡丙，共四人作为第一顺序法定继承人，对其遗产均享有继承权。由于被继承人的子女蔡丙早于被继承人蔡某死亡，且留有直系晚辈血亲蔡丁，故依照《民法典》关于代位继承的规定，在蔡丙未被剥夺或丧失继承权的情况下，其子女蔡丁有权代其父蔡丙之位，与何某、蔡甲、蔡乙共同继承被继承人蔡某的遗产。不过，蔡丁继承的遗产份额只能以其父蔡丙有权继承的遗产份额为限。故法院对本案的判决符合《民法典》第 1128 条第 1 款和第 3 款的规定。

第三节 转继承

84.

"法定继承人在被继承人死亡后死亡，其继承人有权转继承"案

案情介绍

闫某及其子桂某平、桂某民与桂某禄（桂某平、桂某民之叔父）居住的宅院位于南门里街 24 号，共 24 间房屋，系桂某禄之父母桂某中、唐某共同建置。1986 年 3 月和 1988 年 9 月，政府分两次将该 24 间房产退给闫某和桂某禄之母唐某所有。桂某中和唐某分别于 2016 年和 2020 年 1 月去世。被继承人桂某中、唐某生有女儿桂某芳、桂某芝，子桂某义、桂某勤、桂某禄。桂某芳及其丈夫赵某学、桂某芝及其丈夫刘某庚均已去世，桂某芳、桂某芝的子女均表示放弃其转继承权。桂某勤早年去世，未有子女。桂某义与闫某生子桂某平、桂某民。桂某义在 2020 年 11 月 23 日去世。闫某等原告主张该房产既有闫某的财产份额，也有桂某平、桂某民转继承的权利。

法院认定：争议的房产系被继承人桂某中、唐某的遗产，应由其第一顺序法定

继承人桂某芳、桂某芝、桂某义、桂某勤、桂某禄共同继承。桂某芳及其丈夫赵某学、桂某芝及其丈夫刘某庚均已去世，桂某芳、桂某芝的子女均表示放弃对被继承人的转继承权，应予认可。桂某勤早年去世，未有子女。故被继承人桂某中、唐某的 24 号宅院，应由桂某义、桂某禄共同继承。桂某义去世后，桂某义应得遗产应由闫某、桂某平、桂某民继承。故判决桂某禄继承 11 间房屋，闫某、桂某平、桂某民继承 13 间房屋。

法律问题

1. 转继承的概念与性质
2. 转继承的要件
3. 转继承的效力

法理分析

一、转继承的概念与性质

转继承是指继承开始后，继承人未放弃继承，但于遗产分割前死亡的，其所应继承的遗产份额由其继承人承受的继承制度。《民法典》第 1152 条规定："继承开始后，继承人于遗产分割前死亡，并没有放弃继承的，该继承人应当继承的遗产转给其继承人，但是遗嘱另有安排的除外。"

转继承只是将被转继承人应继承的遗产份额转由其继承人承受，转继承所转移的不是继承权，而是遗产所有权。因此，应将被转继承人应继承的遗产份额视为其与配偶的共同财产（另外的特别约定除外）。转继承关系的客体是被转继承人应取得的遗产份额。

二、转继承的要件

转继承无论是在法定继承中发生还是在遗嘱继承中发生，都须具备下列要件。

1. 在被继承人死亡后、遗产分割前继承人死亡

只有在被继承人死亡后、遗产分割前继承人死亡的，才会发生转继承。这就限定了一个时间范围，即只有在被继承人死亡后至遗产分割前这一时间范围内，才会发生转继承。

2. 继承人未丧失或放弃继承权

如果继承人因法定事由丧失了继承权或者放弃了继承权，则因其不能继承被继承人的遗产，即使其于被继承人死亡后、遗产分割前死亡，也不发生其应继份额由何人承受的问题，也就不发生转继承。

3. 由死亡继承人的继承人继承其应继承的遗产份额

在转继承中，虽然继承人死亡，但是其应继份额并不归属于被继承人的其他继承人，而是归属于自己的继承人。至于具体的应继份额以及死亡继承人的继承人的应得份额，根据具体的法定继承与遗嘱继承情形进行判定。

三、转继承的效力

转继承的效力是指符合转继承的要件、发生转继承后所产生的继承法律后果。

在适用转继承时，作为转继承客体的被转继承人的应继份额，根据死亡的被转继承人的不同继承方式而有差异。如果死亡的被转继承人根据法定继承方式进行继承，则其应继份额为根据法定继承取得的份额；如果被转继承人为遗嘱继承人，则其应继份额依照被继承人的遗嘱确定。

在转继承中，转继承人取得的份额也根据继承方式的不同而有差异。在被转继承人存在合法有效的遗嘱时，转继承人通过遗嘱继承取得被转继承人的遗产份额；无有效遗嘱存在时，转继承人通过法定继承取得被转继承人的遗产份额。在现实生活中，绝大部分遗嘱都明确了遗嘱人拥有的遗产的具体分配，很少有被转继承人立遗嘱对应继份额进行分割的，因此，转继承人多以法定继承方式取得遗产。

转继承是对被转继承人应继承的遗产份额的转移，因此，转继承的适用不能对继承关系的结果发生影响。也就是说，在不适用转继承时，如继承人有配偶存在，则其应继承的遗产属于夫妻双方共有。而在适用转继承时，除另有约定外，被转继承人的遗产份额也应当作为夫妻共同财产，在被转继承人的继承人进行转继承时，先分出被转继承人的配偶的部分，再将剩余部分作为遗产进行分割。

四、对本案的分析

本案原告和被告的争议焦点，是遗产的范围和转继承的权利。

本案的遗产范围是 24 间房屋，其中究竟是否有闫某的份额，是争议焦点之一。政府分两次将该房产退回，登记在唐某和闫某名下，但实际上是桂某中和唐某所建，为该二人所有，没有闫某的份额，即使该房产登记在其名下，闫某也不享有所有权。因此，本案争议的 24 间房屋都是遗产。

本案的争议焦点之二是转继承。桂某义在桂某中和唐某去世之后去世，但没有进行实际继承。因此，闫某对桂某义的遗产享有继承权。按照转继承要件的要求，本案也具备了在被继承人死后、遗产分割前继承人死亡，继承人未丧失或放弃继承权，由死亡继承人的继承人继承其应继承的遗产份额这三个要件，因此，桂某平、桂某民享有转继承权，对其父亲应当继承的遗产份额可以主张转继承。法院判决桂某义去世后，桂某义应得遗产应由闫某、桂某平、桂某民继承，是完全有道理的。桂某禄是法定继承人，应当继承被继承人遗产的一半份额。法院根据实际情况，判决其继承 11 间房屋，适用法律正确。

第二十六章

遗嘱继承与遗赠

第一节　遗嘱继承与遗嘱

85.

“被继承人生前自书遗嘱当众宣读，不因未给孙子女留下遗产份额而无效”案

案情介绍

某年6月11日，王某文病重，将大儿媳吴某娟、孙女王甲、孙子王乙、二儿子王丙及弟弟王某昌、王某华、王某雄、王某民、王某武召到自家住宅，当面叫王丙从木箱里拿出一式二份的遗嘱，一份给吴某娟，一份给王丙。遗嘱的内容是：“新民街58号房屋是王某文养老用房，1999年我生病，在生病期间都是王丙照顾我，花了十多万元治病，现将该房屋归王丙。新民街57—1号东边那间房屋归吴某娟。”吴某娟当即表示异议，不肯接受遗书。在他人劝说下，吴某娟才接受遗书。过后不久，王某文病逝。后王乙等人之间因房屋继承发生争议。王乙认为该遗嘱剥夺了他的继承权，向法院提起诉讼。

法院认为，王某文在其生前，立下自书遗嘱，并当全家族众人之面宣读遗书，将其个人房产在其死后处分给王丙，是其真实意思表示，且该遗嘱对其孙王乙的学费等亦作了安排，故该遗嘱有效。遂判决按照遗嘱继承。

法律问题

1. 遗嘱继承及其适用条件
2. 遗嘱及其效力
3. 遗嘱的执行

法理分析

一、遗嘱继承及其适用条件

遗嘱继承是指于继承开始后，继承人按照被继承人的合法有效的遗嘱，继承被继承人遗产的继承方式。在遗嘱继承中，关于继承人、继承的顺序、应继份额、遗产的管理、遗嘱的执行等，都可由被继承人在遗嘱中指定。因此，遗嘱继承也被称作指定继承，与法定继承相对应。

在遗嘱继承中，生前立有遗嘱的被继承人称为遗嘱人或立遗嘱人，依照遗嘱的指定享有遗产继承权的人为遗嘱继承人。遗嘱继承开始后，享有遗嘱继承权的人为遗嘱继承人，其他任何人（包括遗嘱继承人之外的法定继承人）作为义务主体，对遗嘱继承人的继承权，负有不得侵害的义务。遗嘱继承所指向的客体为被继承人指定的遗产份额。

遗嘱继承的特征是：(1) 遗嘱继承以事实构成作为发生依据；(2) 遗嘱继承直接体现着被继承人处分遗产的意志；(3) 遗嘱继承具有效力优先性；(4) 遗嘱继承的主体具有限定性。

遗嘱继承的适用必须具备以下条件：(1) 立遗嘱人死亡；(2) 被继承人立有合法有效的遗嘱；(3) 指定继承人未丧失或放弃继承权；(4) 指定继承人在继承开始后尚生存；(5) 没有遗赠扶养协议。具备这些要件时，遗嘱继承发生效力。但基于继承的非强制性，在遗嘱继承开始后，遗嘱指定的继承人以明示的方式表示放弃遗嘱继承的，对其放弃继承的遗产部分，不再适用遗嘱继承，而应按法定继承办理。

二、遗嘱及其效力

1. 遗嘱

遗嘱，是指自然人在生前按照法律的规定对自己的财产处分作出意思表示及安排与此有关的事务并于死亡后发生法律效力的单方民事法律行为。遗嘱有广义与狭义之分，广义的遗嘱包括死者在生前对于其死后一切事务作出处置和安排的行为，继承法上的遗嘱是指狭义的遗嘱。

在遗嘱中，设立遗嘱的自然人称为立遗嘱人或遗嘱人，而遗嘱指定的继承人为遗嘱继承人。在订立遗嘱的过程中，有的遗嘱需要有人予以见证，这就是遗嘱见证人。此外，有的遗嘱还规定了遗嘱执行人。

立遗嘱人应当具有遗嘱能力。遗嘱能力是指被继承人依据法律享有的在生前通过订立遗嘱来自由处分自己财产的资格。只有具有遗嘱能力的人才有设立遗嘱的资格，具有完全民事行为能力即具有遗嘱能力，而无民事行为能力与限制民事行为能力则为无遗嘱能力。遗嘱人立遗嘱时有完全民事行为能力即为有遗嘱能力，后来丧失了民事行为能力或民事行为能力受限制并不影响遗嘱的效力。

遗嘱人所立遗嘱应当符合遗嘱形式。遗嘱的形式是指遗嘱人表达自己处分其财产的意思的方式。《民法典》从我国的实际情况出发，适应我国的民族习惯与文化水平，在第1134～1139条规定了自书遗嘱、代书遗嘱、打印遗嘱、录音录像遗嘱、口头遗嘱、公证遗嘱共六种法定形式，并对有关遗嘱的适用作了规定。遗嘱人订立代书遗嘱、打印遗嘱、录音录像遗嘱、口头遗嘱时都须有两个以上的见证人在场见证。

遗嘱的内容是指遗嘱人通过遗嘱表示出来的对自己财产的处分及安排相关事项的意思。遗嘱的内容应当包括以下几方面：（1）指定遗嘱继承人、受遗赠人；（2）指定遗产的分配办法或份额；（3）对遗嘱继承人、受遗赠人附加的义务；（4）再指定继承人、受遗赠人，即后位继承人、受遗赠人；（5）指定遗嘱执行人；（6）遗嘱人的签名以及遗嘱制作的日期；（7）其他事项。

2. 遗嘱的效力

遗嘱的效力是指遗嘱人设立的遗嘱所产生的法律后果。

遗嘱有效须具备以下条件：（1）遗嘱人有遗嘱能力。（2）遗嘱是遗嘱人的真实意思表示。（3）遗嘱的内容合法。（4）遗嘱的形式符合法律规定的要求。（5）遗嘱人已经死亡。

遗嘱无效是指遗嘱因不符合法律的规定而不能发生法律效力。遗嘱无效主要有以下几种情况：（1）无民事行为能力人或者限制民事行为能力人所设立的遗嘱。（2）受胁迫、受欺骗所设立的遗嘱。（3）伪造的遗嘱及由他人代理订立的遗嘱。（4）遗嘱的内容被篡改。（5）遗嘱中处分了不属于遗嘱人自己的财产的部分内容。（6）遗嘱没有对缺乏劳动能力又没有生活来源的继承人保留必要的份额，对应当保留的必要份额的处分。

遗嘱不生效是指虽然遗嘱合法成立，但由于某种客观原因，在遗嘱人死亡时该遗嘱不发生法律效力。遗嘱不生效的情形包括以下几种：（1）遗嘱所指定的遗嘱继承人或受遗赠人已经先于遗嘱人死亡。（2）遗嘱继承人或受遗赠人已经丧失继承权或受遗赠权。（3）遗嘱人死亡时遗嘱中处分的财产标的已不复存在。（4）附有解除条件的遗嘱的解除条件在遗嘱人死亡之前或之时成就。（5）附停止条件的遗赠的受遗赠人在条件成就以前业已死亡。

遗嘱可以变更，也可以撤回。遗嘱的变更，是指遗嘱人在遗嘱订立后对遗嘱内容的部分修改。遗嘱的撤回，是指遗嘱人在订立遗嘱后通过一定的方式取消原来所立的遗嘱。

三、遗嘱的执行

遗嘱的执行是指于遗嘱生效后为实现遗嘱的内容所必要的行为及程序。遗嘱的执行是必要的行为及程序，具体的事项为遗嘱执行人所从事，因而，遗嘱的执行也就是遗嘱执行人制度。遗嘱执行人是指有权使遗嘱人订立的遗嘱内容得到实现的人。

遗嘱并不是任何人都可执行的。遗嘱执行人应为完全民事行为能力人。遗嘱执行人的确定有以下三种情况：(1) 遗嘱人在遗嘱中指定遗嘱执行人。(2) 遗嘱人的法定继承人为当然遗嘱执行人。(3) 遗嘱人生前所在单位或者继承开始地点的基层组织为遗嘱执行人。遗嘱执行人为两个以上自然人的，须忠实地执行遗嘱人的遗嘱。遗嘱人生前所在单位或者继承开始地点的基层组织作为遗嘱执行人的，也必须由具体的自然人来执行，也须两个以上的自然人在场进行。

遗嘱执行人的职责是遗嘱执行人的法律地位的具体体现，是由遗嘱执行人的任务所决定的。遗嘱执行人的职责根据遗嘱的主旨而定，一般为管理遗产并为执行遗嘱所必需的行为。遗嘱执行人的权利和义务主要有以下内容：(1) 查明遗嘱是否真实有效；(2) 清理遗产并编制遗产清单；(3) 管理遗产；(4) 交付遗赠与分割遗产；(5) 排除执行遗嘱的各种妨碍；(6) 作为执行上必要的独立诉讼主体。

四、对本案的分析

本案的遗嘱人王某文具有遗嘱能力，在生前设立的自书遗嘱，内容没有违反法律的强制性规定，形式符合法律规定，具备遗嘱人有遗嘱能力、遗嘱是遗嘱人的真实意思表示、遗嘱的内容合法、遗嘱的形式符合法律规定的要求、遗嘱人已经死亡等遗嘱生效的要件，不存在遗嘱无效和遗嘱不生效的情形，因而是有效的遗嘱，对王某文的遗产应当按照遗嘱的内容执行。

法院认为，王某文在其生前立下自书遗嘱，并当全家族众人的面宣读该遗书，将其个人房产在其死后处分给王丙，是其真实意思表示，且该遗嘱对其孙子王乙的学费等亦作了安排，故该遗嘱为有效。遂判决按照遗嘱继承执行，符合《民法典》关于遗嘱继承的规定。

第二节　遗赠及其效力

86.

“生前将自己的遗产遗赠给与自己同居的女友被判决遗赠无效”案

案情介绍

遗赠人黄某与蒋某系夫妻关系，因婚后未生育，收养一子黄甲。蒋某继承父母遗产，取得顺城街67号房屋的所有权，该房被拆后，取得77.2平方米的住房一套。黄某与蒋某将继承所得的房产以8万元的价格卖给他人，将其中3万元赠与黄甲。6年后，黄某与蒋某发生争执分居，与张某相识，租房同居生活。黄某因患肝癌住院，一直由张某及其他家属护理，直至黄某死后送葬。黄某立下自书遗嘱，将其所得的住房公积金、住房补贴金、抚恤金以及出售房屋的一半价款4万元及所用的手机一部赠与张某，公证处对该遗嘱出具了公证书。黄某去世后，张某持遗嘱要求蒋某交付遗赠财产，双方发生纠纷。张某向法院起诉，请求法院判令蒋某给付其受遗赠的价值6万元的财产。

两审法院经过审理，均以遗嘱人的遗嘱违反了法律规定和公序良俗为由，认定遗嘱无效，驳回了张某的诉讼请求。

法律问题

1. 遗赠的概念和特征
2. 遗赠的效力和要件
3. 遗赠的执行

法理分析

一、遗赠的概念和特征

遗赠是指自然人在生前订立遗嘱，将其个人财产赠与国家、集体或者法定继承人以外的自然人，而于其死亡后才发生法律效力的单方民事法律行为。立遗嘱的自然人为遗赠人，被指定赠与其财产的人为受遗赠人，遗嘱中指定赠与的财产为遗赠财产或遗赠物。

遗赠的法律特征是：（1）遗赠是一种单方民事法律行为；（2）遗赠是一种无偿的民事法律行为；（3）遗赠是死因行为；（4）遗赠是必须由受遗赠人亲自接受的行为；（5）遗赠是对特定范围内的人赠与财产的行为。

二、遗赠的效力和要件

遗赠的效力是指遗赠所产生的法律效力。这关系到受遗赠人处于什么地位、可以依据何种请求获得遗赠财产。

由于遗赠是遗赠人的单方意思表示，而且是通过遗嘱形式进行的行为，因而遗赠也须具备一定的要件才能发生效力：（1）遗赠人有遗嘱能力；（2）遗赠人为缺乏劳动能力又没有生活来源的继承人保留了必要的遗产份额；（3）遗赠人所立的遗嘱符合法律规定的形式；（4）受遗赠人为法定继承人范围以外且在遗赠人的遗嘱生效时生存之人；（5）受遗赠人未丧失受遗赠权；（6）遗赠人死亡。

在我国民法体系中，受遗赠权不是物权，因为在遗赠执行前，受遗赠人对遗赠的标的物不享有物权权能，受遗赠人不处于物权人地位，其所享有的只是请求有关的遗嘱执行人或继承人交付遗赠标的物的权利。但受遗赠权又不完全等同于一般的债权，因为受遗赠人对于被继承人的一般债务应当进行清偿。对于遗赠，如果被继承人的遗产在清偿债务后没有剩余，则不执行遗赠，受遗赠人不能基于债权人的地位请求受偿。因此，受遗赠权具有自身的特殊性，不能简单等同于物权或债权。不过在遗赠的具体效力上，不论遗赠的标的是否为特定物，受遗赠人都不能直接支配遗赠的标的，而只能向受遗赠的义务人请求执行遗赠，即要求其给予遗赠的标的。

三、遗赠的执行

遗赠的执行是指在受遗赠人接受遗赠后，有关的遗嘱执行人按照遗嘱人的指示将遗赠物移交给受遗赠人的制度。

受遗赠的义务人是遗赠执行的义务人，也就是遗嘱执行人。遗嘱执行人与继承人、遗产管理人可能是一致的，但即使是在继承人为遗嘱执行人或遗嘱执行人为遗产管理人的情况下，对遗赠的执行也是遗嘱执行人的职责。

遗赠执行的权利人为受遗赠人。受遗赠人在知道受遗赠后60日内，向遗嘱执行人作出接受遗赠的意思表示的，即享有请求遗嘱执行人依遗赠人的遗嘱将遗赠物交付的请求权，遗赠执行人应依受遗赠人的请求交付遗赠物。

受遗赠权并不是一种债权，遗赠人的债权人的债权优于受遗赠人的受遗赠权，受遗赠人不能与遗赠人的债权人平等分配遗产。因此，遗赠执行人不能先将遗产用于执行遗赠。《民法典》第1162条明确规定："执行遗赠不得妨碍清偿遗赠人依法应当缴纳的税款和债务。"遗赠执行人只有在清偿完被继承人生前所欠的税款及债务后，才能在遗产剩余的部分中执行遗赠。如果在清偿被继承人生前所欠的税款和债务后没有剩余的遗产，则遗赠不能执行，受遗赠人的权利也就消灭，遗赠执行人也就没有执行遗赠的义务。如果遗赠人以特定物为遗赠物，而该物又已不存在，则因遗赠失去效力，遗赠执行人当然无执行的义务。

四、对本案的分析

本案的争议焦点，在于该遗赠遗嘱是否违反公序良俗、是否有效。

法院认为：遗赠人黄某临终前立下书面遗嘱，将其部分财产赠与原告，并经公证机关公证。该遗嘱虽是遗赠人黄某的真实意思表示，且形式上合法，但在实质赠与财产的内容上存在违法之处：按有关政策规定，该遗嘱处分的抚恤金、住房补贴金、住房公积金等属于死者配偶的财产或夫妻共同财产，其行为侵犯了蒋某的合法权益，其无权处分部分应属无效。同时，公证机关在未查明事实的情况下进行公证，违背了有关法律规定，后又变更了遗赠人的真实意思，应根据有关规定撤销其违法部分的公证。黄某在认识原告之后，长期与其非法同居，违反了婚姻法的有关规定。黄某在此条件下立遗赠遗嘱，是一种违反公序良俗、违反法律的行为。黄某的行为侵犯了蒋某的合法权益。故法院应依法驳回原告获得遗赠财产的诉讼请求。

相反的观点认为：看起来，法院判决认定黄某立遗赠遗嘱的行为是违反公序良俗、违反法律的行为有一定的道理，但是这些道理是经不起推敲的。将自己的一部分遗产遗赠给与自己同居过的人（即使有的财产是夫妻共同财产，也是要析产的），完全是对自己的私权的处理，是对自己所有财产的处分，是依照法律实施的单方民事法律行为，没有违背公序良俗，也不违反法律——这就是黄某遗赠行为的性质。至于在这个行为的起因上，有违道德是真实的。但是，法院维护的应当是法律，而不是道德。法院的判决貌似公正，但是实际上违背了法律，破坏了民法的秩序，损害了财产所有权的威信，置法律的规定于不顾。这一判决维护的是道德，但损害的是国家法治的尊严。

上述两种观点哪种观点正确，请讨论、评断。

第三节 遗赠扶养协议

87.

“利用遗赠扶养协议恶意侵吞孤寡老人财产被认定为附条件赠与”案

案情介绍

毛某、龙某年事已高，无人照管。毛某的侄女梅某知情后，赶来天天为其做饭、打扫卫生，尽心照顾二位老人，使二位老人十分感动。毛某、龙某在张某、陈某等人在场见证下，由况甲、肖某、况乙代笔，立下遗嘱。遗嘱的主要内容为：“毛某、龙某师徒二人因年高缺乏劳力，目前生活无人奉养，一旦死了又有谁来安埋？日夜忧思无方可想，只有我的亲侄女梅某可以寄托我们的晚年。为此，经亲邻朋友证明，移交给梅某继承我原建的住房三间，在解放路××号，但我师徒二人的生前生活要梅某负责到底，我们死后要梅某风光安埋，我自立字据之日起这一屋三间的主权属梅某所有，任何人不得侵犯干涉，空口无凭立遗嘱一纸为据。”毛某、龙某与梅某到公证处公证。公证时，公证员找梅某谈话并做记录，梅某表示：老人在时负责吃、穿，死时负责安葬。如不尽义务，老人有权收回财产。协议签订后，梅某征得毛某、龙某二人同意后，将案涉房屋重建成120平方米的砖混结构、一楼一底的房屋，但梅某未将毛某、龙某二人接回，而是将该房用于经营，楼上开旅馆，楼下开餐馆，完全放弃对毛某、龙某二人的扶养。毛某、龙某二人无处居住，靠借种他人土地、捡拾破烂和群众的接济维持生活。在居委会和群众的支持下，毛某、龙某二人向法院起诉，请求解除遗赠扶养协议，归还房屋和其他财产。

法院再审认定，本案为附条件的赠与关系，判决争议房产归梅某所有，梅某对老人给予适当补偿。检察院抗诉后，法院再次再审认定，双方协议的真实意思表示为遗赠扶养协议，并据此判决争议的房产归属于二位老人。

法律问题

1. 遗赠扶养协议的概念、内容、特征和意义
2. 遗赠扶养协议的效力

法理分析

一、遗赠扶养协议的概念、内容、特征和意义

遗赠扶养协议，是指遗赠人和扶养人为明确相互间遗赠和扶养的权利和义务关系所订立的协议，是我国继承法规定的一项继承法律制度。《民法典》第1158条规定了遗赠扶养协议。

在遗赠扶养协议中，需要他人扶养并愿将自己的合法财产全部或部分遗赠给扶养人的为遗赠人，也称为受扶养人；对遗赠人尽扶养义务并接受遗赠的人为扶养人。接受扶养的遗赠人只能是自然人，而进行扶养的扶养人既可以是自然人，也可以是有关组织。作为扶养人的自然人不能是法定继承人范围内的人，因为法定继承人与被继承人之间本来就有法定的扶养权利、义务。

遗赠扶养协议应包括下列主要内容：（1）当事人的姓名、性别、出生日期、住址；扶养人为组织的，应写明名称、住址、负责人及代理人的姓名。（2）当事人自愿达成协议的意思表示。（3）遗赠人受扶养的权利和遗赠的义务，扶养人受遗赠的权利和扶养的义务，包括照顾遗赠人的衣、食、住、行、病、葬的具体措施及遗赠财产的名称、种类、数量、质量、价值、坐落或存放地点、产权归属等。（4）遗赠财产的保护措施或担保人同意担保的意思表示。（5）协议变更、解除的条件和争议的解决方法。（6）违约责任。

遗赠扶养协议具有不同于其他制度的法律特征：（1）遗赠扶养协议为双方民事

法律行为；（2）遗赠扶养协议为诺成民事法律行为；（3）遗赠扶养协议为要式民事法律行为；（4）遗赠扶养协议为双务有偿民事法律行为；（5）遗赠扶养协议具有效力优先性，继承开始后，有遗赠扶养协议的，优先按照协议办理。

遗赠扶养协议对我国现实生活具有重要意义：一是有利于保护老年人的合法权益，二是有利于发扬我国尊老、敬老的优良传统，三是有利于减轻国家和社会的负担。

二、遗赠扶养协议的效力

遗赠扶养协议的效力是指遗赠扶养协议的法律约束力。遗赠扶养协议自订立之日起就产生法律约束力。

遗赠扶养协议的效力包括以下三个方面的内容。

1. 遗赠扶养协议的法律适用效力

在遗赠人死亡后，要按照遗赠扶养协议向扶养人执行协议约定的遗赠财产。如果遗赠人同时存在遗赠、遗嘱继承以及法定继承等情形，则遗赠扶养协议具有最高效力：在继承开始后，如果存在合法有效的遗赠扶养协议，则遗赠扶养协议排除遗赠、遗嘱继承以及法定继承的适用。

2. 遗赠扶养协议的对人效力

遗赠扶养协议的对人效力，也就是遗赠扶养协议对扶养人、遗赠人、第三人的效力。

遗赠扶养协议对扶养人的效力，表现为遗赠扶养协议的扶养人依协议的约定负有对遗赠人进行生养死葬的义务和于遗赠人死亡后取得协议中约定的财产的权利。至于具体的扶养义务及遗赠财产事项，应当根据具体的遗赠扶养协议确定。

遗赠扶养协议对遗赠人的效力，表现为遗赠人有权要求扶养人履行扶养义务，并负有其死亡后确保协议中约定的财产能够为扶养人取得的义务。

遗赠扶养协议对第三人的效力，表现为遗赠扶养协议对于协议当事人以外的遗赠人的继承人、受遗赠人产生一定的法律效果：遗赠扶养协议排除第三人即遗赠人的继承人或受遗赠人接受遗产的效力。此外，在遗赠扶养协议的履行期间，虽然遗赠人与扶养人对遗赠财产作了约定，但是遗赠人依然占有、使用该财产，因而可能基于该财产与第三人发生关系，从而使遗赠扶养协议对第三人产生一定的法律效果，例如，第三人与遗赠人发生债权、债务关系，并不影响遗赠扶养协议的效力。

3. 遗赠扶养协议作为遗产处理根据的效力

遗赠扶养协议也是遗赠人在生前对其财产所作的一种处分，也是遗产处理的依据之一，而且遗赠扶养协议在处理遗产上有最优先的效力。在遗赠人死亡后，扶养人应当对遗赠扶养协议进行证实，以将遗赠人与扶养人签订的协议作为遗产处理的根据。

遗赠扶养协议公证，是指国家公证机构根据当事人的申请，依法证明遗赠人与扶养人之间签订协议行为的真实性、合法性的活动。尽管遗赠扶养协议公证并不是遗赠扶养协议的生效要件，但可以在当事人对协议的真实性、合法性发生争议时发挥重要作用，可以证明该协议合法有效、可以强制执行。

三、对本案的分析

本案适用法律的争议焦点是，案涉协议是遗赠扶养协议还是附条件赠与。法院生效判决认定该协议是附条件的赠与，确认该房屋的产权属于梅某所有，梅某给付毛某等部分补偿费。检察院抗诉认为，该案法律关系的性质是遗赠扶养协议，是死因行为，不能因在协议中约定将该房屋的产权赠与梅某而认为本案的法律关系性质是赠与。法院再审后，确认本案的法律关系性质是遗赠扶养协议，确认该房屋的产权不应转移给梅某，梅某不履行对两位孤寡老人的扶养义务，故不能取得该房屋的所有权。

根据本案的案情，可以清楚地看出，梅某的行为是恶劣的。在毛某、龙某二位老人无依无靠时，她靠近老人、照顾老人，取得老人的信任。在签订了协议并进行了公证后，梅某将该房屋的所有权过户，并且动员老人到居委会居住。将该房屋拆建后，她放弃对老人的扶养，将房屋用于经营，致使老人无家可归。对这种背信弃义、欺负孤寡老人的行为，法律应当有明确的谴责态度。所幸的是，本案最终有了一个正确的判决，保护了老人的合法权益，体现了社会主义核心价值观的精神。

第二十七章
遗产处理

第一节　继承开始和遗产管理

88.
“继承开始后遗产被不同的继承人占有，应当统一进行遗产管理”案

案情介绍

陈某升前妻史某改因病去世后，陈某升与赵某敏结婚，后因病死亡。陈某升与史某改婚生一子一女，即陈甲、陈乙。赵某敏与陈某升婚后生一女孩陈某怡。陈某升与史某改的共同财产有：在庙街村建房一处，现由陈某升的父亲陈某庆居住，鉴定价格为 34 939 元；在庙街村建房一处，现由赵某敏等居住，鉴定价格为 78 466 元；对妻弟赵某平有 28 000 元债权；共同购置洗衣机 1 台、冰箱 1 台等物。陈某升与赵某敏的共同财产有：空调、摩托车等物，投资 20 000 元，债权 2 000 元，存款 7 笔共 209 000 元。上述财产分别被不同的人占有和管理。其他遗产和遗产债务，各继承人有不同说法。赵某敏、陈某怡与陈甲、陈某庆、陈乙对于各自应当继承的遗产范围发生争议，故诉至法院。

法律问题

1. 继承开始
2. 遗产的管理和遗产管理人
3. 遗产债务清偿

法理分析

一、继承开始

继承开始是指一定民事法律事实的发生导致继承法律关系的发生。能够引起继

承法律关系发生的民事法律事实，就是继承开始的原因。

继承开始不是基于民事法律事实中的行为，而是基于被继承人的死亡这一事件。因此，被继承人的死亡是继承开始的唯一原因。被继承人自然死亡或者被宣告死亡，都导致继承开始。

继承开始在继承法中具有重要意义，主要体现在：（1）确定遗产的范围；（2）确定继承人的范围；（3）确定遗产所有权的转移；（4）确定继承人的应继份额；（5）确定放弃继承权及遗产分割的溯及力；（6）确定遗嘱的效力及执行力；（7）确定 20 年最长诉讼时效的起算点。

继承开始的时间就是被继承人死亡的时间，因此，对继承开始时间的确定就是对被继承人死亡时间的确定。（1）被继承人自然死亡的，继承开始时间可按下列情况确定：医院死亡证明书中记载自然人死亡时间的，以死亡证明书中的记载为准；户籍登记册中记载自然人死亡时间的，应当以户籍登记册的记载为准；死亡证明书与户籍登记册的记载不一致的，应当以死亡证明书的记载为准；继承人对被继承人的死亡时间有争议的，应当以人民法院查证的时间为准。（2）被继承人被宣告死亡的，以判决宣告之日为被宣告死亡人死亡的时间，但在判决中已经确定了被宣告死亡人死亡时间的，应当以判决书确定的死亡时间为被宣告死亡人的死亡时间。（3）两个以上互有继承权的人在同一事故中死亡，不能确定死亡先后时间的，推定没有继承人的人先死亡。死亡人各自都有继承人的，如几个死亡人的辈分不同，推定长辈先死亡；几个死亡人辈分相同的，推定同时死亡，彼此不发生继承，由他们各自的继承人继承。

继承开始的处所为被继承人死亡时的住所地或主要遗产所在地。

继承开始的通知，是指将被继承人死亡的事实通知继承人或遗嘱执行人，以便继承人或遗嘱执行人及时处理有关继承问题。继承开始后，知道被继承人死亡的继承人应当及时通知其他继承人和遗嘱执行人。继承人中无人知道被继承人死亡或者知道被继承人死亡而不能通知的，被继承人生前所在单位或者住所地的居民委员会、村民委员会负责通知。负有通知义务的继承人或单位有意隐瞒继承开始的事实，造成其他继承人损失的，应当承担赔偿责任。

二、遗产的管理和遗产管理人

遗产的管理是指对死者遗产负责保存和管理的制度。在继承开始后，为了保护遗产不被损毁或散失，必须确定遗产的管理人，对遗产进行管理。

遗产管理人是继承开始后，受委托管理遗产的人。通常由遗嘱执行人作为遗产管理人；没有遗嘱执行人的，继承人应当及时推选遗产管理人。遗产管理人在许多情形下都存在，比如在法定继承中由承认继承的继承人作为遗产管理人，在遗嘱继承中由遗嘱执行人作为遗产管理人，以及在无人继承遗产时指定遗产管理人。

对遗产管理人的确定有争议的，利害关系人可以向法院申请指定遗产管理人。

遗产管理人的职责是：（1）清理遗产并制作遗产清单；（2）向继承人报告遗产情况；（3）采取必要措施防止遗产毁损；（4）处理被继承人的债权债务；（5）按照遗嘱或者依照法律规定分割遗产；（6）实施与管理遗产有关的其他必要行为。

遗产管理人应当依法履行职责，因故意或者重大过失造成继承人、受遗赠人、债权人损害的，应当承担民事责任。

遗产管理人可以进行有偿服务，依照法律规定或者按照约定获得报酬。遗产管理人的报酬应当在遗产中支付，遗产管理人对此享有优先权。

三、遗产债务清偿

遗产债务是指应当以遗产负责的债务。在继承开始后，被继承人在遗留遗产的同时，也可能遗留下有关债务，而且在继承开始后会基于遗产产生一些新的债务，如继承费用。对于这些遗产债务应当进行清偿。

遗产债务的范围包括：（1）被继承人生前所欠债务；（2）继承费用；（3）酌给遗产债务；（4）遗赠债务。

继承人表示接受继承，就应当清偿遗产债务。清偿遗产债务的原则是：（1）有限继承原则。继承人对被继承人的遗产债务的清偿只以遗产的实际价值为限，超过遗产实际价值的部分，继承人不负清偿责任；继承人自愿偿还的不在此限。（2）连带责任原则。被继承人的债权人有权向共同继承人全体或者共同继承人中的一人或数人请求在其所继承遗产的实际价值范围内清偿全部遗产债务，任何继承人不得拒绝。

继承开始后，继承人或遗产管理人在清点完遗产之后，应当及时通知债权人声明债权，以便继承人清偿债务。对于已到期债务，继承人应当及时清偿；对于未到期债务，继承人经债权人同意可提前清偿，也可以在分割遗产时保留与债权数额相等的遗产数额，或分配给某一继承人负责清偿。如果债权人超过了法律规定的诉讼时效期间而未申请清偿遗产债务，则继承人可以不负清偿责任。

遗产债务应当按以下顺序清偿：（1）遗产管理费用；（2）被继承人生前所欠债务；（3）酌给遗产债务；（4）遗赠债务。

四、对本案的分析

本案的继承法律关系比较复杂，必须准确确定。按照表述的案情来分析，陈某升与史某改夫妻共同财产中的遗产应当由陈甲和陈乙继承；陈某升与赵某敏夫妻共同财产中的遗产，应当由赵某敏、陈某怡继承；陈某庆是陈某升的父亲，对陈某升的遗产都享有继承权。

本案的主要问题是，遗产由不同的人占有，没有统一的遗产管理人。因此，法院应当首先指定遗产管理人，对遗产进行统一管理，执行遗产管理人的职责：清理遗产并编制遗产清单、采取为保存遗产所必要的处分措施等。在此基础上，进行遗产继承。如果有遗产债务，则应当首先清偿遗产债务，之后进行遗产分割。

第二节 遗产分割

89.

“在离婚案件中发生遗产继承纠纷，应当先析产后继承”案

案情介绍

袁某和王某结婚后，袁某生了患有绝症的女儿，在如何对待小生命的问题上双方发生严重分歧。孩子死后，王某起诉离婚，法院判决离婚。对争议的住房产权，王某主张是其父亲的遗产，由其继承；袁某则主张为夫妻共同财产，应予以分割。

一审法院判决认为争议的房屋是遗产，不是夫妻共同财产。袁某上诉，主张房子的权属。原来，王父还有三个儿子，其退休前也是王某所在厂的职工（母亲先已去世）。袁、王二人结婚后即和王父生活在一起。该厂分福利房时，按条件，王父、王某应共分得三间。王某让袁某在她供职的企业开出未曾分房的证明，因此，王某、王父和袁某分得一套四居室的跃层，房子的权属登记在王父的名下。房子买下不久，袁某和王某的关系恶化，王某甚至殴打袁某，直至将她打出家门。王某和王父搬进新房，袁某未搬进新房。其间，王父病逝。

上诉期间，王父的另外三个儿子请求参加诉讼，主张继承该房产。二审法院撤销原审判决中关于该房权属的主文。王父的另外三个儿子以王某为被告起诉继承遗产，袁某以有独立请求权的第三人身份请求参加诉讼，主张共有的份额。

法律问题

1. 遗产分割及其原则
2. 遗产分割的时间和方式
3. 遗产分割的效力

法理分析

一、遗产分割及其原则

遗产分割是指各共同继承人按其应继份进行分配以消灭遗产的共同共有关系的一种民事法律行为。

在有数个继承人的共同继承中，遗产被分割前，各继承人对遗产是共同共有，然而它与普通共同共有不同：这种共有关系只是暂时的，以遗产的分割为终局目的。只有经过遗产分割，各共同继承人才能个别地享有权利及负担义务，才能更好地发挥遗产的实际效用，促进财产的流通和安全，保护各共同继承人的利益。因此，各继承人享有遗产分割请求权，可以随时请求分割遗产。

遗产分割要遵循以下三项原则。

1. 遗产分割自由原则

遗产分割自由原则是指共同继承人得随时请求分割遗产。继承开始后，各共同继承人对遗产共同共有。继承人享有的这种遗产分割请求权是遗产分割自由原则的基础，继承人得随时行使遗产分割请求权，任何继承人不得拒绝分割。

2. 互谅互让、协商分割原则

互谅互让、协商分割原则是《民法典》有关遗产分割的特有原则。继承人应当本着互谅互让、和睦团结的精神，协商处理继承问题。遗产分割的时间、办法和份额，由继承人协商确定；协商不成的，可以由人民调解委员会调解或者向法院提起诉讼。

3. 不损害遗产效用原则

不损害遗产效用原则是指在具体分割遗产标的物时，应当从有利于生产和生活的需要出发，注意发挥遗产的实际效用。遗产分割应当有利于生产和生活需要，不损害遗产的效用。在遗产分割时，应当考虑遗产的种类、性质、效用等各方面的情况，再结合继承人的职业、性别、文化程度、经营管理能力等具体情况，确定具体遗产标的物的归属。

二、遗产分割的时间和方式

在继承开始后，继承人有权随时请求分割遗产，而遗产分割的时间就是在继承人提出分割请求后实际分割遗产的时间。

遗产分割的方式是指继承人取得遗产应继份的具体方法。遗产的分割是在法定继承中进行的，因此，遗产分割的方法不包括遗嘱指定的分割方法，只有当事人协商分割、人民调解委员会调解分割和法院裁判分割。

遗产分割主要有以下四种方式：(1) 实物分割。遗产分割在不违反分割原则的情况下，可以采取实物分割的方式。采用实物分割的遗产可以是可分物，也可以是不可分物。对可分物，可以作总体的实物分割。对不可分物，只能作个体的实物分割。对不可分物不能作实物分割的，应当采取折价补偿的办法即补偿分割。(2) 变价分割。如果遗产不宜进行实物分割，或者继承人都不愿取得该种遗产，则可以将遗产变卖，换取价金，然后，由继承人按照自己应继份的比例，对价金进行分割。(3) 补偿分割。对于不宜实物分割的遗产，如果继承人中有人愿意取得该遗产，则由该继承人取得遗产的所有权，然后，由该继承人按照其他继承人应继份的比例，分别补偿给其他继承人相应的价金。(4) 保留共有的分割。遗产不宜进行实物分割，继承人又都愿意取得遗产的，或者继承人基于某种生产或生活目的，愿意继续保持遗产共有状况的，可以采取保留共有的分割方式，由继承人对遗产享有共有权，其共有份额按照应继份的比例确定。

三、遗产分割的效力

遗产分割的效力是指遗产的分割在法律上产生什么样的法律后果。它主要包括遗产分割的溯及效力与共同继承人之间的瑕疵担保责任。

由于遗产的分割一般都是在继承开始后的一段时间进行，故遗产分割的效力应溯及继承开始时。理由是：(1) 有利于简化取得遗产所有权的手续；(2) 有利于保护善意的继承人；(3)《民法典》采取的是当然继承主义，在继承开始后，继承人就取得遗产，因此，遗产的分割只是将继承人的应继份加以特定化而已，并不是重新设立继承人的权利。

遗产分割瑕疵担保责任，是指共同继承人之间对分得遗产的瑕疵的相互担保责任。遗产分割瑕疵担保责任包括两个方面，即遗产的物之瑕疵担保责任和权利瑕疵担保责任。

四、对本案的分析

在离婚案件中发生了遗产继承案，看似新鲜，实际上是经常发生的。

对于三方争议的房产，究竟是遗产还是共同财产，抑或既有共同财产又有遗产，须结合案件事实分析。如果仅仅是遗产的问题，就只有继承和分割遗产的争议。如果仅仅是夫妻共同财产问题，则在本案的离婚诉讼中就可以进行分割。如果既有遗产又有共同财产问题，则须先析产，后继承，再分割遗产。

按照本案的事实，争议的房屋中既有遗产又有夫妻共同财产。理由是，袁某在该房产中有共有的份额，因为她放弃了在自己企业分房的机会，王某才多分一间住房。同时，该房产也不是纯粹的夫妻共同财产，其中包含王父的财产份额。因此，在王父去世之前，该房是家庭共有财产，没有份额的区别，为共同共有。王父去世后，他的份额变为遗产，按照等额的原则，遗产的范围是该房的 1/3。其余的 2/3，为夫妻共同财产，分割后，王某和袁某每人占 1/3。

王父的遗产应当由其四个儿子继承，各自应当分得 1/4 份额。遗产分割的时间发生在继承开始之时，王某继承该遗产是在离婚之前，由于没有只能由继承人继承的遗嘱，故王某继承的遗产应当属于夫妻共同财产。分割共同财产，袁某应得份额是 1/3 加上 1/24，共计 9/24。

至于采取何种分割方式，可以根据实际情况选择，以补偿分割方式为佳。

PART SEVEN

7

| 第七编 |

侵权责任

第二十八章
侵权行为与一般条款

第一节 侵权行为与侵权责任法

90.
“劝阻他人电梯吸烟，老人猝死，不应当承担侵权责任”案

案情介绍

杨某是医生，在乘坐小区电梯时，遇见一位正在电梯里吸烟的老人段某，认为在电梯里吸烟不文明，且对别人和老人自己的健康都不利，于是劝说段某不要在电梯里吸烟，但没有使用过激的言论。段某被劝阻后，情绪激动，对着杨某大吵大叫，导致心脏病发作，当场猝死。段某的近亲属向法院起诉，要求杨某赔偿人身损害40万元。

法律问题

1. 侵权行为概念的界定
2. 侵权行为的范围

法理分析

一、侵权行为概念的界定

侵权行为是指行为人由于过错，或者在法律特别规定的场合无过错，违反法律规定的义务，以作为或不作为的方式，侵害他人的人身权利和财产权利，依法应当承担损害赔偿等法律后果的行为。

理解侵权行为的概念时，应当从以下几个方面着重把握。

1. 侵权行为是一种违法行为

违法行为是侵权行为的基本性质，该判断的依据在于：一是各国对侵权行为的

称谓，均含不法的含义。德国法上的侵权行为直译应为不许行为；日本法上直接称为不法行为；瑞士法上的侵权行为的德文标题直译为不许行为，法文标题直译为不法行为。二是用过错、损害赔偿和作为与不作为等均难以涵盖侵权行为的全部内容，只有以违法行为才能如此。如过错不能涵盖无过错责任原则调整的侵权行为，损害赔偿不能涵盖侵权行为的全部民事责任，作为与不作为更不能确定侵权行为的法律性质。

2. 侵权行为是一种有过错的行为

侵权行为应当具有过错的要件，只在法律有特别规定的情况下，才不要求侵权行为的构成须具备过错要件。除法律特别规定的高度危险作业、产品责任、环境污染、动物致害等特殊场合的特殊侵权行为可以不具备过错以外，侵权行为都是含有行为人主观上的故意或过失的违法行为。

3. 侵权行为包括作为和不作为两种方式

首先，侵权行为必须是一种客观的行为，而不能是思想活动。其次，这种客观的行为，可以是作为的方式，也可以是不作为的方式。其具体方式的形成根源在于法律赋予行为人法定义务的形式。除作为和不作为的方式之外，侵权行为没有其他表现方式。

4. 侵权行为人应当承担以损害赔偿为主要形式的法律责任

损害赔偿是侵权行为应当承担的主要责任形式，但侵权行为的法律责任也包括其他形式的民事责任。侵权行为造成损害，必然引起损害赔偿法律关系，行为人承担的主要法律责任就是损害赔偿。此外，侵权行为的法律责任还包括恢复原状。

二、侵权行为的范围

侵权行为的外延，是指侵权行为这一法律概念所确指的对象的范围。

《民法典》第 1164 条规定："本编调整因侵害民事权益产生的民事关系。"凡是侵害他人的权益，应当承担侵权责任的行为，都是侵权行为。

从学理和实务的角度，对侵权行为概念的外延，应作下述界定。

1. 过错责任的侵权责任

过错责任的侵权责任包括以下九种：（1）故意或者过失侵害人身的侵权责任，包括侵害生命权、侵害健康权和侵害身体权的侵权责任；（2）故意或者过失侵害人格的侵权责任，包括侵害姓名权、名称权、肖像权、名誉权、信用权、荣誉权、人身自由权、隐私权或性自主权的侵权责任；（3）侵害家庭关系的侵权责任，包括侵害配偶权、亲权、亲属权的侵权责任；（4）侵害物权的侵权责任；（5）侵害债权的侵权责任；（6）侵害知识产权的侵权责任；（7）商业侵权的侵权责任；（8）媒体侵权的侵权责任；（9）非法利用诉讼程序的侵权责任，包括恶意诉讼、恶意告发和滥用诉权的侵权责任。除此之外，《民法典》侵权责任编规定的网络侵权责任、违反安全保障义务的侵权责任、医疗损害侵权责任，也都是过错责任的侵权责任。

2. 过错推定的侵权责任

过错推定的侵权责任包括以下六种：（1）监护人责任；（2）暂时丧失心智损害责任；（3）用人者责任；（4）学校伤害事故责任；（5）机动车交通事故责任；（6）建筑物和物件损害侵权责任。

3. 无过错责任的侵权责任

无过错责任的侵权责任包括以下四种：（1）产品责任；（2）高度危险责任；（3）环境污染和生态破坏责任；（4）饲养动物损害责任。

三、对本案的分析

该案是近年来在国内影响较大的案件，因为涉及弘扬精神文明、促进社会进步的问题，备受社会关注，最高人民法院对该案的处理予以肯定。

段某是老年人，因电梯吸烟被劝阻而心脏病发作猝死。死者家属认为：老人之所以情绪如此激动，是因为杨某不尊重他，使他受到了侮辱。其实，杨某不仅不知道段某患有心脏病，而且法律、法规明文规定，公民有权制止吸烟者在禁烟场所吸烟。电梯空间狭小，当然是禁烟场所，杨某劝阻段某不要吸烟是合法行为。而且杨某在劝阻吸烟时，没有过激语言和行为，没有超过合理劝阻的限度，对段某的死亡没有过错。至于因果关系，杨某对老人的劝阻行为不足以导致段某死亡，其猝死是因自身情绪激动，进而引发心脏病发作。因此，杨某对段某实施的劝阻电梯吸烟行为不是侵权行为，不属于侵权责任法调整的范围，不应当承担侵权赔偿责任。

第二节 侵权行为一般条款及适用规则

91. “明知批评报道的不是本人却恶意起诉侵权，构成恶意诉讼”案

案情介绍

报社记者贾某调查个体治疗性病诊所骗取钱财的不道德事件，在报纸上载文予以揭露，进行舆论监督。文中提到一个被骗钱财的性病患者甲，在文中对甲使用化

名并注明为化名。恰好另一个镇有一个患同种性病的人乙就叫这个化名，乙向法院起诉，以侵害其名誉权为由，请求报社和记者承担精神损害赔偿责任。诉讼外，乙与贾某协商，要求其承认侵权以配合他的诉讼，胜诉后将获得的赔偿金与贾某分享，被贾某拒绝。

一审法院判决报社和记者贾某因行为构成侵权而承担赔偿责任。报社和贾某上诉。二审法院判决驳回乙的诉讼请求。

贾某向法院起诉，追究乙的恶意诉讼侵权责任。

法律问题

1. 侵权行为一般条款的含义及意义

2. 侵权行为一般条款的适用

法理分析

一、侵权行为一般条款的含义及意义

在成文法国家的民事立法中，对侵权行为采用一般化的立法方法进行规定。在民法典债编关于侵权行为的内容中，首先规定侵权行为一般条款，通过侵权行为一般条款来确定一般侵权行为。

各国立法对侵权行为一般条款的立法有两种：一种是将侵权行为一般条款叫作小的一般条款，就是规定一般侵权行为。这是大陆法系国家通常的做法，例如法国等的立法。另一种是将侵权行为一般条款叫作大的一般条款，就是规定全部侵权行为而不是仅仅规定一般侵权行为，例如，《埃塞俄比亚民法典》以及《欧洲统一侵权行为法（草案）》规定的侵权行为一般条款。在我国，《民法典》第 1165 条第 1 款规定的是一般侵权行为。

从多数大陆法系国家的侵权行为立法观察，侵权行为一般条款并不是概括所有侵权行为的条款，而只是关于一般侵权行为的概括性条款。侵权行为一般条款是指概括一般侵权行为的特点和构成要件的侵权行为法条款，它将一般侵权行为的基本构成要件和基本特征予以概括，作为一般侵权行为请求权的基础。因此，我国的侵权行为一般条款就是关于一般侵权行为的条款，不是概括所有的侵权行为及其请求权的条款。我国《民法典》第 1165 条第 1 款就是我国的侵权行为一般条款。

大陆法系国家民法典的基本立法方式是具体化，针对各种民事权利及其行使制定具体的规则，因而民法典才有了几千个条文的庞大规模。但是，其中只对侵权行为法采用这种一般化的立法方法。民法典规定侵权行为一般条款的基本意义在于：（1）简化立法，即尽量用最简单的条文规定最丰富、最大量的侵权行为法，而不是在几千个条文的民法典中再构建一个复杂的侵权行为法篇章，使民法典更为庞大、复杂。（2）将侵权行为的一般条款高度浓缩，使之成为一个弹性极大的、与时俱进的法律，能够包容任何符合这一条款要求的侵权行为，使这一条文成为一般侵权行为的高度概括，从而对具体的侵权行为不再一一作出具体规定。（3）赋予法官概括的裁判准则，使法官在这一条文面前享有高度的自由裁量权，依据这一侵权行为一般条款，对所有的一般侵权行为作出准确的判决。

二、侵权行为一般条款的适用

在我国，《民法典》规定的侵权行为一般条款是第 1165 条第 1 款，概括的是过错的侵权行为，概括了绝大部分的侵权行为。它与《民法典》第 1165 条第 2 款和第 1166 条规定的过错推定原则和无过错责任原则相衔接，构成了我国的侵权责任归责原则体系。

在司法实践中适用侵权行为一般条款的要点是：

1. 法官必须对侵权行为一般条款有明确的认识和准确的理解

侵权行为一般条款的最基本含义，就是将全部一般侵权行为概括在一起，使这一条款具有高度的概括性、具有极大的容量，凡是一般侵权行为都被概括在其中。因此，法官在办理侵权行为案件时，必须准确掌握侵权行为一般条款的概念，充分发挥它“与时俱进”和创造性的功能：掌握侵权行为一般条款的基本规则，就可以做到准确地适用它。

2. 法官必须掌握适用侵权行为一般条款的基本规则

在司法实践中适用侵权行为一般条款，必须按照其基本规则进行。其基本规则是：（1）侵权行为一般条款所概括的是一般侵权行为，故其不适用于特殊侵权行为。（2）侵权行为一般条款所适用的归责原则是过错责任原则，不适用其他归责原则。（3）适用侵权行为一般条款，其责任构成要件为四个要件，分别是违法行为、损害事实、因果关系和过错。（4）在举证责任上，对一般侵权行为侵权责任四个构成要件的证明责任都由原告承担，被告不承担举证责任。（5）适用侵权行为一般条款的侵权行为，其侵权责任形态都为自己责任，即自己为自己的行为承担侵权责任。

3. 法官应当依照侵权行为一般条款的规定依法裁判

在司法实践中，法官应当按照上述规则适用侵权行为一般条款，不能遇到不熟悉或者以前没有遇到的侵权行为时就要找法律的明文规定，没有明文规定就不敢办、不会办。法官一定要明确，对于具备侵权行为一般条款要求的侵权行为，就用侵权行为一般条款来调整，法律不再对一般侵权行为作出新的规定。如果是要求法律特别规定的，都是特殊侵权行为，都不属于侵权行为一般条款所调整的范围。

三、对本案的分析

本案侵权行为的性质是恶意诉讼，贾某起诉追究乙的恶意诉讼侵权责任是完全有道理的。

根据本案的事实，可以确定行为人的行为构成恶意诉讼的侵权责任。问题是，对恶意诉讼的侵权行为究竟应当怎样适用法律。审理本案的法官认为法律对恶意诉讼没有明文规定，无法认定行为人的行为构成侵权行为。

这样的认识是不正确的。恶意诉讼中的恶意就是故意，就是过错，恶意诉讼的侵权行为就属于过错责任的侵权行为，属于侵权行为一般条款的调整范围。只要符合侵权行为一般条款的要求，就可以直接适用《民法典》第 1165 条第 1 款，确定行为人的侵权责任。

按照本案的案情，行为人的行为具备违法行为、损害事实、因果关系和过错的要件，符合《民法典》第 1165 条第 1 款规定的侵权行为一般条款的要求，应当认定其行为构成恶意诉讼，行为人应当承担侵权责任。按照侵权行为一般条款的要求，其归责原则是过错责任原则，其侵权责任构成要件为四个要件，其举证责任由原告承担，其责任形态是自己责任。按照这样的规则处理本案，就不会发生错误。

第二十九章

侵权责任构成

第一节　归责原则及其适用规则

92.

“汽车风挡玻璃突然爆裂致害索赔错用过错责任原则”案

案情介绍

甲驾驶进口吉普车在从厦门到福州的高速公路上行驶，时速 110 公里。快到福州时，汽车的前右侧风挡玻璃突然爆裂，高压气流从裂口处冲至坐在副驾驶员座位上的乙的胸口，致其昏迷。立即停车后，甲截住其他车辆，将乙送往医院抢救，乙因抢救无效而死亡，死因为内脏爆震伤。交通管理部门勘查事故现场，未发现任何外力致风挡玻璃爆裂的原因，初步鉴定意见为风挡玻璃因自身原因发生爆裂。乙的近亲属与该吉普车生产厂家的代表协商，厂家代表认为没有外力原因汽车风挡玻璃不会爆裂，拒绝承担赔偿责任，遂引发争执。经协商，双方签署协议，物证先由厂家代表保存，待双方共同委托鉴定机构进行玻璃质量鉴定。当晚，厂家代表将该风挡玻璃空运回国，该厂经过技术部门鉴定，认为该风挡玻璃没有质量问题，生产厂家据此拒绝任何赔偿要求。乙的近亲属向法院起诉索赔。

一审法院认为：乙的近亲属在起诉和审理过程中没有举出任何证据证明生产厂家的行为具有过错，因此生产厂家不构成侵权责任。遂判决驳回乙的近亲属的诉讼请求。乙的近亲属上诉后，二审法院对本案适用无过错责任原则，依照法律关于产品责任的规定，判决生产厂家承担侵权责任。

法律问题

1. 侵权责任归责原则的概念
2. 我国侵权责任法的归责原则体系
3. 归责原则的意义和价值

法律问题

一、侵权责任归责原则的概念

归责是指行为人因其行为和物件致他人损害的事实发生以后，应依何种根据承担责任。此种根据体现了法律的价值判断，即法律是应以行为人的过错还是应以已发生的损害结果为价值判断标准，使行为人承担侵权责任。

侵权责任归责原则就是确定侵权行为人承担侵权损害赔偿责任的一般准则。它是在损害事实已经发生的情况下，为确定侵权行为人对于自己的行为或者他人的行为以及行为人管领下的物件所造成的损害是否需要承担赔偿责任而适用的一般准则。

二、我国侵权责任法的归责原则体系

《民法典》第1165条和第1166条确认，我国的侵权责任归责原则体系由过错责任原则、过错推定原则和无过错责任原则这三个归责原则构成。

过错责任原则是以过错作为价值判断标准，判断行为人对其造成的损害应否承担侵权责任的归责原则。一般侵权行为引起的损害赔偿案件中，应当由有过错的一方承担赔偿责任。过错是损害赔偿责任构成的基本要件之一，缺少这一要件，即使加害人的行为造成了损害事实，并且加害人的行为与损害结果之间有因果关系，加害人也不承担民事赔偿责任。

过错推定原则是指在法律有特别规定的场合，从损害事实本身推定加害人有过错，并据此确定加害人承担侵权责任的归责原则。所谓推定，是指法律或法官从已知的事实推论未知事实而得出结果，实际上就是根据已知的事实对未知的事实进行推断和认定。过错推定，也叫过失推定，就是在诉讼中受害人能够举证证明损害事实、违法行为和因果关系这三个要件的情况下，如果加害人不能证明对于损害的发生自己没有过错，那么，就从损害事实本身推定加害人在致人损害的行为中有过错，并据此使之承担侵权责任。

无过错责任原则是指在法律有特别规定的情况下，以已经发生的损害结果为价值判断标准，与该损害结果有因果关系的行为人，不问其有无过错，都要承担侵权责任的归责原则。无过错责任原则的价值判断标准与其他归责原则的价值判断标准有所不同，无过错责任原则依此与其他归责原则相区别。无过错责任原则的价值判断标准，是已发生的损害结果，而非过错。在这样的归责标准之下，确定责任的有无，依据的不是过错而是损害事实：有损害则有责任，无损害则无责任。该标准简单、明了，极易判断和掌握。之所以如此，是因为无过错责任原则的要旨是，加重行为人的责任，使受害人的损失更容易得到补偿。

对归责原则的适用规则表 29－1 作简要概括，不再详述：

表 29－1　归责原则的适用规则

归责原则类型	适用范围	构成要件	举证责任	责任形态
过错责任原则	《民法典》第 1165 条第 1 款，第 1190 条，第 1192 条第 1 款第二、三句，第 1194～1198、1200、1201 条，第 1208 条规定的机动车相互之间发生损害，第 1218、1219、1221 条	违法行为、损害事实、因果关系、过错	全部要件的举证责任均由原告负担	自己责任
过错推定原则	《民法典》第 1188、1189、1191 条，第 1192 条第 1 款第一句，第 1193、1199 条，第 1208 条规定的机动车与非机动车驾驶人或者行人发生交通事故，第 1248、1252～1258 条	违法行为、损害事实、因果关系、过错	违法行为、损害事实和因果关系要件由原告证明；过错要件实行推定，即举证责任倒置，由被告证明自己没有过错	一般是替代责任
无过错责任原则	《民法典》侵权责任编第四章规定的产品责任，第 1223 条，第七章规定的环境污染和生态破坏责任，第八章规定的高度危险责任，第九章规定的饲养动物损害责任（不含第 1258 条），工伤事故责任	违法行为、损害事实、因果关系	这三个要件均由原告举证证明。如果被告主张损害是原告故意所致，则举证责任倒置，由被告证明	一般是替代责任

三、归责原则的意义和价值

侵权责任归责原则是侵权责任法的统帅和灵魂，是侵权责任法理论的核心。

侵权责任归责原则的重要意义是：（1）在理论上，研究侵权责任法，首先必须研究归责原则，在此基础上，才能够进一步展开全面研究。没有搞清楚侵权责任归责原则，就没有掌握侵权责任法理论的钥匙，不能打开侵权责任法理论的大门。（2）司法实务工作者要正确处理侵权损害赔偿纠纷案件，首先也必须准确掌握侵权责任法的归责原则，不然就无法确认各类侵权损害赔偿纠纷案件的性质，无法给侵权损害赔偿纠纷案件定性，也就无法正确适用法律。（3）人民群众掌握侵权责任归责原则，有助于保护自己的合法权益，在受到损害的时候及时寻求赔偿。

归责原则除在理论研究上的重要意义外，在司法实务中更是处理侵权损害赔偿纠纷案件的基本准则。可以说，在司法实践中审理侵权损害赔偿纠纷案件，如果适用归责原则正确，法律适用就不会有太大的错误；但是，如果适用归责原则错误，法律适用就不会正确。

四、对本案的分析

本案原告起诉认为，被告撕毁共同进行鉴定的协议，自行进行鉴定，致使对风挡玻璃的质量问题无法继续鉴定，故请求被告依照法律关于产品责任的规定，承担侵权责任。一审法院判决适用过错责任原则确定被告无责任，驳回原告的诉讼请求。

本案的性质是产品责任，应当适用无过错责任原则，原告不负有证明被告过错的举证责任。一审判决对本案适用过错责任原则，责令原告承担对被告过错的举证责任，是错误的；据此驳回原告的诉讼请求是适用法律不当。一审法院错误适用过错责任原则的规则审理应适用无过错责任原则的案件，是造成错判的根本原因。

认定本案责任还涉及因果关系问题。被告破坏协议，自行进行物证鉴定，致使无法确认侵权责任的归属，故可推定受害人的死亡与被告的风挡玻璃缺陷有因果关系。被告没有举出证据证明自己的玻璃质量没有缺陷、与死者的死亡后果没有因果关系，因而因果关系推定成立。按照无过错责任原则的要求，行为人的行为具备了违法行为、损害事实和因果关系的要件的，已经构成了产品责任，行为人应当承担侵权责任。

第二节 侵权责任构成的违法行为要件

93.

“住宅下水管堵塞，他人未尽适当注意造成财产损害的行为具有违法性”案

案情介绍

于某、王某、孟某系某居民住宅楼的上、下楼层邻居，于某住 2 层，王某住 4 层，孟某住 6 层。某年 4 月 30 日晨，王某发现自己家的下水道堵塞，马桶返水，当即告知 5、6、7 层的邻居停用厕所和下水道，到物业管理单位找维修工修理，但正值“五一”劳动节休假，维修工均未上班，无法进行修理。王某无奈，只好回娘家过节。王某于 5 月 3 日晚回家，见从马桶返出的水已将自己家的地板淹没，2 层的于某和 3 层居民的屋子也被水淹。王某再次上楼制止各邻居用水，发现孟某正在用水，当即予以制止。于某家因水淹，电视机、墙壁、地板遭受不同程度的损坏，遂以孟某、王某为被告，提起财物损害赔偿之诉。

法律问题

1. 违法行为概念的界定

2. 违法性的类型

3. 违法行为的表现形式

法理分析

一、违法行为概念的界定

违法行为是指自然人或者法人、非法人组织违反法定义务、违反保护他人的法律以及故意违背善良风俗致人以损害而实施的作为或不作为。

违法行为作为侵权责任构成的客观要件，包括行为和违法两个要素。这两个要素构成违法行为要件的完整结构。首先，侵权行为必须由行为构成，而不是由事件或思想等行为以外的事实构成。构成侵权责任的前提是有一定的行为。其次，这种行为必须在客观上违反法律，具有违法性。

行为是人类或人类团体受其意志支配，并且以其自身或者控制、管领物件或他人的动作、活动，表现于客观上的作为或不作为。这种行为具备了违法性的要素，就构成了违法行为。

二、违法性的类型

违法是指行为在客观上与法律规定相悖，主要表现为违反法定义务、违反保护他人的法律以及故意违背善良风俗致人损害。

1. 违反法定义务

违反法定义务是自然人、法人或非法人组织作为他人享有的绝对权利的法定义务人时，负有法定的不得侵害之义务，却侵害绝对权利，即违反该法定的不可侵害之义务。对此，《民法典》第 3 条规定："民事主体的人身权利、财产权利以及其他合法权益受法律保护，任何组织或者个人不得侵犯。"违反相关法律规定而侵害了自然人、法人或非法人组织的合法民事权益的，均为违法。

2. 违反保护他人的法律

违反保护他人的法律是指行为人违反法律关于保护他人的明文规定，致人以损害，具有违法性。例如，《消费者权益保护法》第 18 条第 1 款第一句规定："经营者应当保证其提供的商品或者服务符合保障人身、财产安全的要求。"这就是保护他人的法律规定。行为违反保护他人的法律规定，即为违法。

3. 故意违背善良风俗

违背善良风俗之行为本为不当，而当故意以其为方法而加害他人时，构成违法。《民法典》第 8 条规定了公序良俗原则。行为既不违反法定义务，亦不违反保护他人的法律，但故意违背善良风俗而加害于他人的，亦构成违法。例如，周某和李某先后在一条街上相邻开了快餐店。周某经营有方，生意红红火火。李某的快餐店则门庭冷落，不久改开花圈店。李某有气，将样品花圈放在与周某的店相邻的一侧，但并没有逾界。周某为了不影响自己的生意，将一张薄席拦在己方一侧，使来本店吃饭的客人看不到摆放的花圈。李某随即架高花圈，周某只得随之架高薄席。李某最后将样品花圈吊在屋檐上，使周某无法继续遮挡。周某起诉李某恶意摆放花圈，影响其正常经营，要求李某停止侵害、赔偿损失。法官认为李某摆设花圈是在自己经营的领域之内，并没有侵害他人的权利，但是他故意以这种方式侵害周某的经营的，构成违背善良风俗。

三、违法行为的表现形式

违法行为依其方式可分为作为和不作为。区分行为的作为与不作为，以法律规定的法定义务为标准。行为人违反法律规定的不作为义务而为之，为作为的违法行为；反之，行为人违反法律规定的作为义务而不履行之，即为不作为的违法行为。

作为的违法行为是侵权行为的主要方式。例如，人身权均为绝对权，任何人均负有不可侵之义务。行为人违反不可侵义务而侵害之，即为作为的侵害人身权行为。如伤害他人健康，用语言诽谤他人等，皆是。

不作为的违法行为亦可构成侵权行为的方式。确定不作为违法行为的前提是，行为人负有特定的作为义务。这种特定的作为义务，不是一般的道德义务，而是法律所要求的具体义务。

特定法律义务的来源有以下几种：

1. 法律的直接规定

《民法典》规定，父母有教育未成年子女的义务，母亲有抚养哺乳期子女的义务，亲属之间有扶养义务等。违反上述法律规定的作为义务而不为之，即为不作为的违法行为。例如，有应扶养而不扶养的遗弃行为的，为以不作为侵害亲属权；应喂养哺乳期子女而不喂养，致其饿毙的，亦为不作为的侵权行为。

2. 业务上或职务上的要求

修建地下工作物者有预防危险的作为义务，游泳场救护员有抢救落水者的作为义务，消防员有扑救火灾的义务，游泳教练员对学习游泳者有救护义务等，违反职务或业务上的作为义务而不作为者，为不作为的侵权行为。

3. 行为人先前的行为

行为人先前的行为给他人带来某种危险的，行为人承担避免危险发生的作为义务。

四、对本案的分析

本案中王某、孟某的行为都具有违法性。

居于6楼的孟某明知4楼下水道堵塞，仍然用水，放任损害的后果发生，违背了民法关于保护他人合法权益的规定，其行为具有违法性。在相邻关系中，一方为了对方更好地行使权利，必须对自己的权利行使予以必要的限制，甚至对来自对方的轻微的侵害予以容忍。这是相邻关系中的法定义务，必须履行。孟某违反了这种法定义务，其行为具有违法性。

王某的行为也具有违法性。其在下水管道堵塞以后，通知了5、6、7层的几户邻居停止使用厕所和下水道，也找了物业管理单位维修，但由于节日休假，维修工未予维修。王某家厕所下水道堵塞，产生了报告、告知以及疏通的义务。报告和告知的义务，都是为了达到疏通的目的。王某在履行了告知和报告的义务后，未能将下水道及时疏通，不是继续想办法解决，而是回亲属家过节，在长达4天的节日期间，未履行自己应当履行的疏通管道的义务，让上、下层的几户邻居在长达4天的时间里无法使用下水道和厕所，造成于某的财产损失，具有重大过失。因而，王某的行为是不作为的违法行为，其应当承担侵权损害赔偿责任，与孟某共同对于某的财产损失予以赔偿。

第三节　侵权责任构成的损害事实要件

94. “在纪实文学作品中用语言诽谤他人构成侵害名誉权”案

案情介绍

《秦皇岛日报》发表长篇通讯《蔷薇怨》，《中央大报》予以转载，对农机公司统计员王某某与不正之风作斗争的事迹作了报道。嗣后，作家刘某到当地体验生活，根据一些人的反映，认为该文内容失实，自称“为正视听，挽回《蔷薇怨》给当地带来的严重困难”，撰写了“及时纪实小说”《特号产品王某某》。文章称“要展览一下王某某”，并使用“小妖精”“大妖怪”“流氓”“疯狗”“政治骗子”“扒手”“造反派”“江西出产的特号产品”“一贯的恶霸”“小辣椒”“专门的营私者”“南方怪味鸡”和“打斗演员”等语言，侮辱王某某的人格。该文在《女子文学》《法制文学选刊》《江河文学》和《文汇月刊》4个刊物上发表，共发行60余万册。王某某向法院起诉，要求刘某承担侵害名誉权的侵权责任。

法律问题

1. 损害事实的概念和结构
2. 损害事实的种类

法律问题

一、损害事实的概念和结构

损害事实是指一定的行为致使权利主体的人身权或者财产权受到侵害，并造成财产利益和非财产利益的减少或灭失的客观事实。损害事实作为侵权责任的构成要件之一，是由两个要素构成的：一是权利被侵害，二是权利被侵害而造成的利益受到损失的客观结果。一个损害事实必须完整地具备侵害客体和利益损失这两个要素，缺少其中任何一个要素，都不是侵权责任法意义上的损害事实，都不是侵权责任的构成要件。

权利被侵害这一要素的确定，意义在于确定侵权行为的范围，分清侵权行为的不同性质。被侵害的权利是侵权行为的客体。侵权行为的范围，应当以能够成为侵权行为的客体的民事权利的范围为限。利益损失这一要素的确定，意义在于确定是否成立侵权责任以及如何确定赔偿范围。权利被侵害和利益损失结合在一起，构成侵权责任的损害事实要件。这一客观要件的存在，是侵权法律关系赖以产生的根据。侵权责任只有在违法行为侵害了权利并且造成相应利益损失的条件下，才能发生。如果仅有违法行为而无权利被侵害和利益损失的损害事实，就不能发生侵权责任。

二、损害事实的种类

1. 人身损害事实

侵害自然人的身体权、健康权、生命权，对其人格利益的损害为有形损害。这种有形损害的表现是：（1）自然人的身体、健康的损伤和生命的丧失。当违法行为作用于受害人的物质性人格权的时候，受害人所享有的作为物质性人格权的客体的人体利益受到损害，造成伤害或死亡。维持生命，维护人体组织完整和人体器官正常机能，是享有民事权利、承担民事义务的物质基础。对这种利益的损害，破坏了人体组织和器官的完整性与正常机能，甚至造成生命的丧失，因而在外在形态上是有形的。(2) 自然人为医治损伤、丧葬死者所支出的费用。这种损失也表现为有形的损害。(3) 人体受伤、死亡也可能造成财产损失，如伤残误工的工资损失、护理伤残的误工损失、丧失劳动能力或死亡造成受其扶养之人的扶养费损失等。这些损害也是有形的损害。

对人格利益的有形损害可以造成财产上的损失这一特点，给其金钱赔偿提供了准确计算的基础，因而人格利益有形损害是可以计算并用金钱准确赔偿的。

2. 精神损害事实

侵害精神性人格权所造成的人格利益损害，是无形的人格利益损害。精神性人格权的客体，均为无形的人格利益，在客观上没有实在的外在表象。例如名誉权的客体，是他人对自然人、法人、非法人组织的属性所给予的社会评价。本案中王某某的名誉受到损害，就是指她的社会综合评价的降低，不是指除此以外还须具备其他有形的损害。人格利益有形损害的主体只能是自然人，法人、非法人组织不可以产生这种损害；人格利益无形损害的主体，既包括自然人，也包括法人、非法人组织，当法人、非法人组织的名称权、名誉权、信用权等受到侵害时，均可造成对人格利益的无形损害。

人格利益的无形损害表现为三种形态：(1) 财产利益的损失，包括人格权本身包含的财产利益的损失和为恢复受到侵害的人格而支出的必要费用；(2) 人格利益的损害，即人格评价的降低、隐私被泄露、自由被限制、肖像或名称被非法使用等；(3) 受害人的精神创伤和精神痛苦。

3. 财产损害事实

虽然侵害财产权利重要的表现形式是对财物造成损害，但是，也有很多的对财产权的损害并不表现为对具体的物的损害，而是表现为对权利的损害。侵占财产和损坏财产是财产损害事实的主要形式。(1) 侵占财产是指行为人将他人所有或合法占有的财产转为由自己非法占有，使原所有权人或合法占有人丧失所有权或丧失占有。(2) 损坏财产则不转移占有，而是破坏所有权人或占有人所有或占有之物的价值，使之丧失或者减少。(3) 财产损害还包括其他财产损害，主要是所有权以外的其他财产权利的丧失或者破坏。在市场经济条件下，后一种财产损害更为常见。(4) 侵害具有人身意义的特定物的人格利益损失，也是财产损害的具体事实之一，它产生的是赔偿精神损害抚慰金的后果。

三、对本案的分析

关于这个案件，对如何认定损害事实要件，有不同意见：第一种意见认为，本案的受害人并没有遭受实际损害，因为诽谤的文章发表后，看不到受害人有精神痛苦的具体表现，甚至还去看电影、看戏，故没有精神痛苦的损害事实。第二种意见认为，侵害名誉权的损害事实要件，是受害人社会综合评价的降低，有降低就有损害。第二种意见符合侵权责任构成的损害事实要件的要求。

在一个侵权行为的损害事实结构中，行为所侵害的表层是民事权利本身，深层是民事权利所涵括的利益损失。无论侵害何种权利，损害事实均表现为这样的结构。

在侵害名誉权的损害事实中，首先应当确定的是受害人的名誉是否受到损害，即受害人的社会评价是否有所降低，其标准就是诽谤、侮辱的事实是否公开。凡是已经公开的，即可认定受害人的社会评价已经降低。美国侵权行为法将这一要件称为诽谤事实的“公布”，即诽谤言辞为第三人所知悉。本案被告的行为是写小说，在其写作的小说中，使用了具有诽谤性的语言且通过发表而公布，已经具备了公开性的要求。

在确定侵害名誉权的损害事实中，还应当确定无形损害事实是否存在。在三种无形损害事实中，本案已经具备了社会评价降低的事实，对财产利益的损害不明显，精神痛苦和精神创伤的损害无法用具体标准来衡量，不能因受害人的生活、工作没有受到影响，尚正常进行，就认为没有造成精神损害。这种看法，违背人格利益无形损害的三种形态以人格利益损害为主要的、基本的损害形式的原理，是不正确的。

本案被告的行为已经造成了原告的精神损害的后果，具备侵权责任构成的其他要件，被告应当承担侵害名誉权的民事责任。

第四节　侵权责任构成的因果关系要件

95.

“地铁公司施工造成别墅损坏，请求开发商赔偿损失”案

案情介绍

庄某明购买房地产开发公司销售的一套别墅，房屋质量过关，但在付完房款、办理产权过户登记前，地铁公司在地下挖掘施工，导致别墅倾斜，部分地基陷落，成为危房。庄某明起诉，请求房地产开发公司承担赔偿责任。房地产开发公司以房屋损坏不是自己的行为造成的进行抗辩，拒绝承担赔偿责任。

法律问题

1. 因果关系及确定因果关系的不同学说
2. 确定因果关系要件的规则

法理分析

一、因果关系及确定因果关系的不同学说

原因和结果这对范畴以及因果关系概念反映的是事物、现象之间相互联系、相互制约的普遍形式之一。无论是在自然界，还是在人类社会中，处在普遍联系、相互制约中的任何一种现象的出现，都是由某种或某些现象所引起的，而这种或这些现象的出现是另外一种或一些现象引起的。引起某一或某些现象产生的现象叫原因，而为某一或某些现象所引起的现象叫结果。客观现象之间的这种引起和被引起的关系，就是事物的因果关系。

侵权责任构成中的因果关系要件，就是侵权法中的因果关系，它是指违法行为作为原因，损害事实作为结果，在它们之间存在的前者引起后者、后者被前者引起的客观联系。

侵权责任构成要件中的因果关系，是指违法行为和损害事实之间的因果关系。在侵权法律关系中，违法行为与损害事实之间是前者引起后者的，这种引起与被引起的客观联系就是违法行为与损害事实之间的因果关系。因此，侵权责任构成要件中因果关系中的原因应当确定为违法行为。违法行为与损害事实之间构成因果关系，才成立侵权责任构成的因果关系要件。

由于因果关系的复杂性和多样化，在理论上关于如何确定因果关系，产生了多种学说：(1）条件说，认为凡是引起损害结果发生的条件，都是损害结果的原因，因而具备因果关系要件。(2）原因说，也叫作限制条件说，主张对原因和条件加以严格区别，仅承认原因与结果之间存在因果关系，不承认条件与结果之间有因果关系，因而法律上的原因与事实上的原因不同。(3）相当因果关系说，也称为适当条件说，认为某一事实仅于现实情形发生某种结果，尚不能认为有因果关系，必须在一般情形，依社会的一般观察，亦认为能发生同一结果的时候，才能认为有因果关系。(4）客观归属说，认为行为人创造出法律上所不容许之危险，此危险在结果中实现时，即将结果归属于行为人。(5）疫学因果关系说，认为某种因素在某种疾病发生的一段时间存在着，如果发病前不存在该因素，则排除因果关系存在的可能；该因素发挥作用的程度越高，相应地，该病的罹患率就越高。(6）盖然性因果关系说，也叫作推定因果关系说，是在原告和被告之间分配证明因果关系的举证责任的理论。其基本规则是，原告证明因果关系要达到盖然性标准，而盖然性就是可能性。依据盖然性的证明，法官可以直接推定行为与损害事实之间具有因果关系。(7）间接反证说，着眼于对举证责任的分配，不是将构成因果关系的事实作为一个要件事实，而是作为复合的要件事实加以把握，分别予以认定。

二、确定因果关系要件的规则

1. 直接因果关系规则

违法行为与结果之间具有直接因果关系的，无须再适用其他因果关系理论判断，直接确认其具有因果关系。

最常见的直接因果关系，就是一因一果的因果关系类型：一个原因行为出现，引起了一个损害结果的发生。这种因果关系极为简单，容易判断。在这样的情况下再作其他的判断，是舍本求末。

对于虽然有其他条件介入，但是原因行为与损害结果之间自然连续，没有被外来事件打断，可以确定这些条件并不影响原因行为作为直接原因的，应当认定其与损害事实之间具有因果关系。

2. 相当因果关系规则

在行为与结果之间有其他介入的条件，使因果关系判断较为困难，无法确定直接原因的，应当适用相当因果关系理论判断。确认行为是损害结果发生的适当条件的，认定行为与结果之间具有相当因果关系，否则，没有因果关系。

3. 推定因果关系规则

在特定的场合，可以适用推定因果关系规则认定因果关系。盖然性因果关系就是一种推定因果关系，其基本要点是保护弱者，在受害人处于弱势、没有办法完全证明因果关系要件的时候，只要受害人举证证明到一定的程度，就推定行为与损害之间存在因果关系，然后由被告负责举证，证明自己的行为与损害发生之间没有因果关系。

因果关系推定的适用方法如下：

（1）分清违法行为与损害事实的时间顺序。作为原因的违法行为必定在前，作为结果的损害事实必须在后。违背这一时间顺序性特征的，为无因果关系。

（2）区分违法行为与损害事实之间是否存在客观的、合乎规律的联系。确定其间的因果联系的方法是，如果在违法行为与损害结果之间存在盖然性联系，则应解释在法律上存在因果关系，证明责任应由受害人承担。法官根据其经验，如果可以作出与有关科学无矛盾的说明，应当解释为法律上的因果关系得到了证明。其推定形式是：大前提：在一般情况下，这类行为能够造成这类损害。小前提：这一结论与有关科学原理无矛盾。结论：那么，这种损害事实是由这种行为造成的。

（3）由于这种因果关系是推定的，因而，还应当在损害事实与违法行为之间排除其他可能性。当确定这种损害事实没有任何其他原因导致的可能时，即可断定该种违法行为是损害事实的原因，即推定因果关系成立。

实行因果关系推定，就意味着受害人在因果关系的要件上不必承担过重的证明责任，在证明了因果关系的盖然性之后，即由法官实行推定。

推定因果关系规则适用的范围是：第一，环境污染案件。第二，对于其他有必要适用推定因果关系的案件，也可以有条件地适用。例如，对很多高科技领域中侵权责任的认定，也可以适用因果关系推定。

三、对本案的分析

分析本案的房地产开发公司是否要承担责任，应当确定其建造别墅的行为是否违法，建造行为与别墅的损坏是否有因果关系。

可以确定的是，造成庄某明别墅损害的原因，不是房地产开发公司的行为，而是第三人即地铁公司的行为。换言之，别墅的损坏不是房地产开发公司造成的，如果不是地铁公司在地下挖掘建设地铁，破坏了别墅的基础结构，别墅就不会塌陷，庄某明就不会有损失。故地铁公司的挖掘行为是造成别墅损坏的原因，而且是全部原因。可见房地产开发公司建造别墅没有违法，也没有造成别墅损坏的后果。这是典型的第三人原因的侵权案件，庄某明应当直接要求地铁公司承担别墅损坏的赔偿责任。

虽然庄某明的别墅还没有办证，但是不会影响损害赔偿责任，因为别墅已经交付，庄某明已经在事实上占有别墅，成为事实业主，办证只是一个时间的问题。如果案涉别墅没有交付，业主没有入住，则地铁公司损坏的就是房地产开发公司的财产，房地产开发公司有权找地铁公司主张损害赔偿。

第五节　相当因果关系规则的应用

96.

“施工致伤职工患脓毒败血症死亡，具有相当因果关系”案

案情介绍

建筑工程公司第七施工队承包碱厂除钙塔厂房拆除工程后，转包给个体工商户张甲组织领导的工人新村青年合作服务站。双方签订了承包合同，由服务站经营活动全权代理人张甲之夫徐某某组织、指挥施工，亲自带领雇用的临时工张乙等人，拆除混凝土大梁。在拆除第一至四根大梁时，起吊后梁身出现裂缝；起吊第五根时，梁身中间折裂（塌腰）。对此，徐某某并未予以重视。当拆除第六根时，梁身从中折

断，站在大梁上的徐某某和原告张丙之子张乙（均未系安全带）滑落坠地，张乙受伤，送医院检查，为左下踝关节内侧血肿压痛，活动障碍，透视片未见骨折。医院治疗后开具证明：左踝关节扭伤，休息两天。张乙住进港口医院后伤口恶化，治疗无效死亡。经法医鉴定，结论是：张乙系左内踝外伤后，引起局部组织感染、坏死，致脓毒败血症死亡。后又经医疗事故鉴定委员会鉴定认为：张乙系外伤所致脓毒败血症，感染性休克，多脏器衰竭死亡，医院治疗无误。张乙的死亡与其他因素无关。

张乙受伤后，服务站及时送往医院检查、治疗，死后出资给予殡葬。此外，张丙和张丁（与张乙系姐弟关系）为给张乙治病支出医疗费用、减少工资收入等。张丙、张丁向法院提起诉讼，请求人身损害赔偿。

法律问题

1. 相当因果关系的基本原理
2. 相当因果关系说的实际应用

法理分析

一、相当因果关系的基本原理

相当因果关系说也叫适当条件说，是判断因果关系的一种理论学说，为绝大多数国家的司法实践和理论所采用。

相当因果关系的基本原理是：某一事实仅于现实情形发生某结果，尚不能就认为有因果关系，必须在一般情形，依社会的通常见解，亦认为能发生同一结果的时候，才能认为有因果关系。例如，伤害他人之后，送受害人入医院治疗，不幸医院失火，致受害人烧死。该伤害行为与烧死的损害后果之间就现实情形而言，固然不能说没有关系，但医院失火属于意外，在一般情况下不可能发生这种结果，所以不能认为两者间有因果关系，而只能说失火是死亡损害后果发生的条件，并不是原因。如果受到伤害后患破伤风以致死亡，则在通常情况下，依一般社会经验，认为有这种可能性，因此应认为其伤害与死亡之间有因果关系。

相当因果关系说介于条件说和原因说之间，既不强调一般条件，又不要求严格的必然原因，因而又叫适当条件说，即认为违法行为是损害事实发生的适当条件。二者之间成立适当条件关系的，即认为二者之间有相当因果关系。

二、相当因果关系说的实际应用

相当因果关系说的正确性在于：它不要求法官对每一个案件均脱离一般人的知

识经验和认识水平，去追求客观的、本质的必然联系；只要求判明原因事实与损害结果之间在通常情形下存在的联系的可能性，要求法官依社会一般见解，按照当时社会所达到的知识和经验，只要一般人认为在同样情况下有发生同样结果的可能即可；其客观依据则在于，事实上这种原因事实已经引起了这样的结果。适用相当因果关系说，关键在于掌握违法行为是发生损害事实的适当条件。适当条件是发生该种损害结果的不可缺条件，它不仅是在特定情形下偶然地引起损害，而且是一般发生同种结果的有利条件。如何判断相当因果关系？应当按照前述公式，以行为时的一般社会经验和智识水平为判断标准，认为该行为有引起该损害结果的可能，而在实际上该行为又确实引起了该损害结果的，该行为与该结果之间为有因果关系。

判断违法行为与损害结果之间具有相当因果关系，可以适用以下公式：大前提：依据一般的社会智识经验，该种行为能够引起该种损害结果。小前提：在本案中，该种行为确实引起了该种损害结果。结论：那么，该种行为是该种损害事实发生的适当条件，因而，二者之间具有相当因果关系。

三、对本案的分析

本案是适用相当因果关系规则认定因果关系要件的经典案例，具有重要意义。

对本案，法院认为：被告张甲的经营活动全权代理人徐某某在组织、指挥施工中，不仅不按操作规程办事，带领工人违章作业，而且在发现事故隐患后，不采取预防措施，具有知道或者应当知道可能发生事故而忽视或者轻信能够避免发生事故的心理特征，因此，这起事故是过失责任事故。经鉴定，张乙死亡是工伤后引起的死亡，与其他因素无关。被告由于过错侵害了张乙的人身安全，应当承担赔偿责任。经调解，当事人之间达成了协议。

这一处理是正确的，它正确地确认了相当因果关系说在我国侵权行为法中的地位，在实践中肯定了这一理论的正确性。

首先，张乙受伤与徐某某组织违章作业之间，具有直接的因果关系。没有徐某某的组织违章作业，就不会有张乙的身体伤害。这是一种引起和被引起的直接的因果关系。

其次，张乙之死与徐某某的组织违章作业之间，不具有直接因果关系，即张乙的死亡后果不是徐某某组织违章作业的必然结果。按照我国审判实践中的通常说法，它属于“诱因”，也就是存在一般所说的间接因果关系。

最后，确定间接因果关系是否构成相当因果关系，其标准是是否符合前述的相当因果关系的公式，关键是要判断行为对于结果的发生是一般条件还是适当条件。本案徐某某的行为事实造成死亡的结果，依行为当时的智识经验，是可得而知的，即外伤感染可能导致败血症而造成死亡的后果，这是一个常理；这种行为事实对于张乙的死亡这一结果事实的发生，并非一般条件，而是不可缺少的条件，没有组织违章作业，就不会有张乙的伤害，当然也就没有因感染而致死亡的结果。从这两个方面来看，依据客观的观察，由损害看行为，可确信损害系行为所致；由行为看损害，可预料行为能导致损害，因此，组织违章作业致伤是张乙死亡后果的适当条件，它们之间具有相当因果关系。

确定了违法行为与损害结果之间具有相当因果关系，同时又具备其他构成要件的，侵权人就须承担损害赔偿责任。因此，法院确认本案被告承担原告的全部损失，是完全正确的。

第六节　侵权责任构成的过错要件

97.

“学生上体育课致伤，学校无过错，不承担赔偿责任”案

案情介绍

某小学为参加全市体育课质量竞赛，从六年级两个班抽调部分学生参加练习，其中包括封某（11 岁）。封某与其他同学在任课老师的指导下，练习“有人扶持接前滚翻下”的动作。任课老师讲解了动作要领和注意事项后，学生轮流练习。封某在老师的保护下，做完有人扶持手侧倒立动作后，自行做前滚翻时，不慎使左膝撞到左眼部，出现呕吐症状。学校将封某送至医科大学一院等五家医院诊治，均未确诊。次日，封某住进第二医院治疗，被确诊为左眼直肌挫伤，后治疗痊愈出院，共花医疗费若干元。封某家长与某小学为此款应由谁支付发生争议，相持不下。封某家长在支付了医疗费之后，向法院起诉，要求某小学承担赔偿责任。

法律问题

1. 过错的内容
2. 过失的判断标准

法律问题

一、过错的内容

依照侵权责任法原理，在适用过错责任原则的情况下要构成侵权责任，须行为

人具备过错要件。具备这个主观要件才能构成侵权责任，否则，不构成侵权责任。

侵权责任构成中的过错要件分为两种基本形态，即故意和过失。

1. 故意

故意是指行为人预见到自己行为的结果，仍然希望它发生或者听任它发生的主观心理状态。确定故意，在侵权责任法理论上有意思主义和观念主义之争。意思主义强调故意必须有行为人对损害后果的“希望”或“意欲”，观念主义强调行为人认识或预见到行为的后果。这两种主张中，意思主义比观念主义要求为严。我国侵权责任法理论采用折中主义的主张，认为行为人应当认识到或者预见到行为的结果，同时又希望或听任其发生，为有故意。

2. 过失

过失包括疏忽和懈怠。行为人对于自己行为的结果，应当预见或者能够预见，由于疏忽大意而没有预见，为疏忽；行为人对于自己行为的结果虽然预见了却轻信可以避免，为懈怠。疏忽和懈怠，都是过失，都是行为人对应负的注意义务的违反。因此，过失，就是行为人对受害人应负注意义务的疏忽或懈怠。民法认定的标准是，过失是对自己应尽的注意义务的违反。换言之，正如学者指出的那样：“过失者，行为人对于自己的行为，所生一定之结果，如为相当之注意，即可避免，而欠缺此注意之心理状态也。”① 因此，过失就是一种不注意的心理状态。

二、过失的判断标准

确定是否有过失时，首先应当考虑的客观标准是注意义务。关于确立行为人的注意义务，通常根据不同状况下的人的特定地位，有三种不同的标准。

1. 普通人的注意

这种注意标准，是指在正常情况下，只用轻微的注意即可预见的情形。这种注意义务，是将一般人在通常情况下能够注意到作为标准。如果在通常情况下，一般人也难以注意到，行为人也没有注意到，那么，他就尽到了注意义务，不能认为行为人有过失。相反，一般人在一般情况下能够注意到行为人却没有注意到时，为有过失。例如，从屋内向窗外抛砖石，击中行人致伤，就违反了普通人的注意，为有过失。普通人的注意，就是一般人、普通人在一般情况下的注意，其标准就是一般人、普通人，因而是客观标准。

2. 与处理自己的事务的注意同一的注意

所谓自己的事务，包括法律上、经济上、身份上的一切属于自己利益范围内的

---

① 刘清波：《民法概论》，267 页，台北，开明书店，1979。

事务。与处理自己的事务的注意同一的注意，应以行为人平日处理自己的事务所用的注意为标准。判断这种注意义务，应以行为人在主观上是否尽到了注意义务为标准。如果行为人证明自己在主观上已经尽到了注意义务，应认定其无过失；反之，则应认定其有过失。这种注意义务标准是主观标准，是行为人自己的标准，确定一个人是否有违反注意义务的主观心理状态就依据其主观标准。

3. 善良管理人的注意

这种注意义务，与罗马法上的善良家父之注意和德国法上的交易上必要之注意相当，都是将依交易上的一般观念认为具有相当知识经验的人对于一定事件所用的注意作为标准，客观地加以认定。行为人有无尽此注意的知识和经验，以及他向来对于事务所用的注意程度，均不过问。只有依其职业斟酌，善良管理人的注意应比普通人的注意和处理自己事务的注意要求更高。因此，这是一种客观标准，法律设想有一种谨慎人，这种谨慎人就是善良管理人注意的标准。

三、对本案的分析

本案的学校是否有过错，应当从以下几个方面进行分析：

第一，如果学校一方存在过错，应当是过失，而不是故意。从本案事实来分析，学校和体育老师绝无在体育教学中让学生受到人身伤害的故意，既不存在直接故意，也不存在间接故意。如果有过错，也只能是过失。

第二，学校一方对于学生的健康保护负有的注意义务，应当是善良管理人的注意义务。判断行为人过失的基础，是行为人对该行为应尽何种注意义务。本案被告是学校，受到保护的是未成年学生。学校负有保护的职责，其注意义务的要求很高，既不是普通人的注意，也不是与处理自己的事务的注意同一的注意，而是善良管理人的注意。如果学校未尽善良管理人的注意义务，即为有过失。

第三，未尽善良管理人注意的过失，其判断标准只能是客观标准，不能是主观标准。确定负有善良管理人注意义务的行为人的过失，不能以其在主观上是否尽到了注意义务作为判断标准，而应以其在客观上是否尽了必要注意义务作为标准。学校组织体育教学，其在教学中是否已尽注意义务，应当以教学大纲的规定和要求作为判断过失的标准。学校完全按照教学大纲的规定和要求进行，就是尽到了善良管理人的注意义务；违背教学大纲的规定和要求进行，就未尽到善良管理人的注意义务，为有过失。在本案中，学校以及任课老师均以教学大纲的规定和要求组织教学，在教学中讲解了注意事项，提供了必要的保护措施，已经尽了善良管理人的注意义务，应当认为其无过失。

第四，学校对于学生的保护负过错责任，无过错不负赔偿责任。确定学生伤害事故责任时，对无民事行为能力学生遭受损害的，适用过错推定原则；对限制民事行为能力学生遭受损害的，适用过错责任原则，因而无过错就无责任。学校在组织教学中，已尽善良管理人的注意义务，对此确有证据证明，故学校不应对封某的损失承担赔偿责任，可以视情况对受害学生予以适当资助。

第七节　侵权责任中的免责事由

98.

“吃霸王餐不给钱，报警后食客主张侵害其人身自由”案

案情介绍

吴某等三人来到王某开的饭店用餐，点了雪花牛肉、龙虾汤烩翅、燕窝等豪华菜品，吃饱喝足后，不结账就要离开。王某上前阻拦，吴某等称没带钱，无法结账，等下次再来时一起结。王某不同意，让店员报警，将吴某等三人带到一个房间，不让离开，让他们联系家人或朋友来送钱。20 分钟后，警察来到现场，吴某向警察举报王某侵害他们的人身自由，要求饭店赔偿。

法律问题

1. 免责事由的构成和分类
2. 具体的免责事由

法理分析

一、免责事由的构成和分类

免责事由是指被告针对原告的侵权诉讼请求而提出的证明原告的诉讼请求不成立或不完全成立的事实。在侵权责任法中，免责事由是针对承担侵权责任的请求权而规定的免除责任或者减轻责任的法定事由。《民法典》侵权责任编规定了过失相抵①、受害人故意、第三人原因、自甘风险、自助行为共 6 种免责（减责）事由，此外，还有非法定免责事由。

侵权免责事由是由侵权行为的归责原则和侵权责任构成要件派生出来的。侵权责任法的归责原则多样化，与此相适应，侵权责任法的免责事由也有所不同。将所

① 《民法典》把过失相抵规定在第七编第一章中，与其他免责事由规定在一起。从性质上说，过失相抵是赔偿规则，其后果是侵权人减轻责任。

有的免责事由概括起来，免责事由有效成立都必须具备两个要件：(1) 对抗性要件。免责事由必须具有对抗侵权民事责任构成的具体要件的效力，以破坏整个侵权民事责任构成的内在结构，使原告诉请的侵权责任归于不能成立。免责事由虽然是对抗原告的侵权诉讼请求，但它具体对抗的是侵权责任构成，破坏原告的请求权的成立，导致原告的侵权诉讼请求在法律上不成立。这就是侵权行为免责事由对抗性的要求。侵权纠纷的被告提出的主张如果不具有对抗性，而仅仅能证明自己具有可以谅解但不足以对抗原告请求的情况，不能成为免责事由。(2) 客观性要件。免责事由必须是客观事实，具有客观性。它要求免责事由必须是客观存在的、已经发生的事实，不能是主观臆断的或尚未发生的情况。仅仅表明某种损害未发生，或单纯否认原告请求权不存在，也不能成为免责事由。

免责事由分为一般免责事由和特别免责事由这样两大类。这两种免责事由的主要区别在于：在一般免责事由存在的情况下，被告已经实施某种行为，但其行为是正当的、合法的，排除了行为的违法性，因而表明被告是没有过错的。据此，被告应予免责。在特别免责事由存在的情况下，被告根本没有实施某种致人损害的行为，或者是外来原因作用于受害人，使受害人不可避免地遭受了损害，由此被告不应当承担侵权责任。各种一般免责事由和特别免责事由能否运用于具体案件，应当根据具体案件和法律的具体规定来确定。

二、具体的免责事由

1. 受害人过错

受害人过错是指损害的发生或扩大不是由于加害人的过错，而是由于受害人的过错。这是侵权损害的一种特殊类型。在一般情况下，侵权损害是加害人的过错造成的。如果加害人对损害有过错，受害人也有过错，则构成与有过失，应当实行过失相抵。如果仅仅是受害人有过错，则构成特别免责事由。如受害人挑逗被告的恶狗而遭受损害，是受害人对损害的发生具有过错；或受害人受伤以后怠于医治而使伤病加重，则是受害人对于损害的扩大具有过错。对此，《民法典》第 1174 条仅规定对受害人故意予以免责，范围过窄。

2. 第三人过错

第三人过错是指除受害人和加害人之外的第三人，对受害人损害的发生或扩大所具有的主观过错。第三人过错的主要特征是主体上的特殊性，其过错形式也包括故意和过失。

3. 自甘风险

自甘风险，是指受害人自愿参加具有一定风险的文体活动，因其他参加者的行为受到损害的，受害人不得请求其他参加者承担侵权责任，其他参加者对损害的发生有故意或者重大过失的除外。构成自甘风险，受害人不得请求其他参加者承担侵权责任，但是其他参加者对损害的发生有故意或者重大过失的除外。活动组织者的责任，适用违反安全保障义务的侵权责任的规定。

4. 自助行为

自助行为，是指权利人为了保护自己的合法权益，在情事紧迫而又不能获得国家机关及时救助的情况下，对他人的财产或者自由在必要范围内采取扣押、拘束或者其他相应措施，为法律或社会公德所认可的行为。自助行为的性质属于自力救济。《民法典》第 1177 条没有明文规定可以对他人人身自由施加拘束的内容，但是“等”字中包含这个意思。例如去饭店吃饭未带钱而不能付费，店主不让其离开，等待他人送钱来结账的拘束自由的行为，就是自助行为。

受害人采取的措施不当造成他人损害的，应当承担侵权责任。

5. 意外事件

意外事件是指非因当事人的故意或过失，而由于当事人意志以外的原因，偶然发生的事故。

对于意外事件可否作为免责事由，有两种不同的观点：肯定说认为，意外事件和不可抗力一样，都应成为免责事由。否定说认为，只有不可抗力才是免责事由，意外事件并不是法定的免责事由。我国民法没有规定意外事件为免责事由，但是在司法实践中，通常把意外事件作为免责事由对待。

6. 职务授权行为

职务授权行为也称为依法执行职务，是指依照法律的授权或者法律的规定，在必要时因行使职权而损害他人的财产和人身的行为。为了保护社会公共利益和自然人的合法权益，法律允许公职人员在必要时执行自己的职务，“损害”他人的财产和人身。在这些情况下，完成有关行为的人是“有权造成损害”的。因为这种职务授权行为是一种合法行为，行为人对造成的损害不负赔偿责任。

7. 受害人承诺

受害人承诺，是指受害人容许他人侵害其权利，自己自愿承担损害结果，且不违背法律和公序良俗的一方意思表示。

三、对本案的分析

顾客吃霸王餐，店家为了维护自身权益，有权利在必要限度内拘束顾客的人身或者扣留其财产。对此，《民法典》第 1177 条有明确规定。这是因为，店家和顾客通常不认识，任凭顾客走脱，日后可能无法追回餐费。店主王某只是把吃霸王餐的人扣下，报警请警方处理，没有实施其他侵害行为，属于在必要限度内实施自助行为，不应当承担侵权责任。

如果顾客是常客，某次吃饭忘记带钱，提出先写欠条，后续来支付餐费，店家还非得扣留他们，还耽误了顾客处理事务，属于实施自助行为程度过当，要承担侵权责任。因为熟客留下欠条，或者押下财产，足以维护店家的合法权益。

第三十章

侵权责任形态

第一节　侵权责任形态中的替代责任

99.

“村委会收发员未将大学录取通知书交付考生，造成休学一年索赔”案

案情介绍

章某参加高考录取时，由于是扩招名额，大学寄发的录取通知书迟到，邮局将邮件送到章某所在的村，交给收发员并签字。收发员将该标有“大学录取通知书”字样的邮件放在一边，没有交给章某。5 个月后，这封邮件被发现，章某才知道自己被某大学录取。经与该大学联系，学校同意按照休学一年处理，但要交一年的费用。为了补偿损失，章某向法院起诉。

经查，邮局曾与该村委会签订“代收报刊协议”，给付了一年的费用；以后未再签协议。法院将邮局、村委会和收发员列为被告，判决三方共同赔偿章某延误学习的损失、就业一年的工资损失和精神损害赔偿金。

法律问题

1. 替代责任及其构成
2. 替代责任的赔偿法律关系的当事人和赔偿形式
3. 替代责任中的举证责任倒置

法律问题

一、替代责任及其构成

特殊侵权行为所承担的侵权责任是侵权替代责任。替代责任是指责任人为他人

的行为和为他人的行为以外的自己管领下的物件所致损害承担的侵权赔偿责任形态。几乎所有的特殊侵权行为，其侵权责任形态都是替代责任。

侵权行为替代责任的主要法律特征如下：(1) 责任人与致害行为人或致害物相分离。这是赔偿责任转由责任人替代承担的客观基础。(2) 责任人为致害行为人或致害物承担责任须以他们之间的特定关系的存在为前提。(3) 责任人为赔偿义务主体，承担赔偿责任。

特殊侵权责任的法律关系，就是替代责任的赔偿法律关系。构成替代责任的赔偿法律关系，除须具备特殊侵权责任的构成要件之外，还须具备以下要件：

1. 替代责任人与致害行为人或致害物之间有特定关系

构成替代责任的赔偿法律关系，必须在责任人和致害行为人、致害物之间具有特定的关系。这种特定关系，在责任人与致害行为人之间表现为隶属、雇佣、监护、代理等身份关系；在责任人与致害物之间表现为管领或者支配的关系，即致害物在责任人的管领、支配之下。

2. 替代责任人处于特定的地位

这种特定地位表现为责任人在其与致害行为人或致害物的特定关系中所处的带有支配性质的地位，它决定了责任人为致害行为人和致害物所致损害后果负责的义务的产生。考察为致害行为人或致害物所致损害后果负责的责任人地位，主要是看：对于致害行为人而言，双方有无确定特定关系的事实或合同；对于致害物而言，责任人是否处于所有人、占有人、管理人的地位。

3. 致害行为人及致害物处于特定状态

致害行为人处于特定状态，分为三种情况：(1) 当致害行为人属于责任人之事业或组织的成员的时候，致害行为人的特定状态是执行职务。(2) 当致害行为人完成定作人要求的加工时，致害行为人的特定状态是执行定作人的指示。(3) 当致害行为人是被监护人时，其特定状态就是在监护人的监护之下。

致害物的特定状态，应当是致害物在责任人的管领、支配之下。如果虽然致害物是所有权人所有，但是不在所有权人的支配之下，而是在使用人的支配之下，则所有权人不是致害行为的责任人，使用人才是致害行为的责任人。

二、替代责任的赔偿法律关系的当事人和赔偿形式

为他人行为负责的特殊侵权责任是最典型的替代责任。在这种赔偿法律关系中，赔偿权利主体是受害人；赔偿义务主体体现了替代责任的特点，其只能是责任人，而不能是致害行为人。在责任人管领、支配下的物件造成损害的替代责任中，致害的是物件，没有行为人，因此，责任人就直接对损害负责，是赔偿法律关系的当事

人，承担赔偿义务，受害人可直接向责任人请求损害赔偿。

替代责任由于具备一定的条件而使责任人产生追偿权。享有这样的追偿权后，责任人就可以行使自己的追偿权，要求致害行为人承担因为替致害行为人赔偿损失而遭受的损失。追偿权的产生，是基于行为人在实施致害行为的时候在主观上具有过错。只要行为人在实施致害行为时有过错，责任人就可以依法向致害行为人请求赔偿。

三、替代责任中的举证责任倒置

在替代责任中，实行举证责任倒置，被告举证证明的范围并非整个案件的事实，而只是因实行无过错责任原则和过错推定原则而免除原告举证责任的那一部分事实。

1. 实行推定过错的事实

适用推定过错，是由已知的违法事实、损害结果及因果关系直接推定被告有过错，无须原告证明。这一举证责任，由被告承担。被告主张自己无过错的，须举证证明。证明属实的，被告确无过错的，被告不承担责任；证明不足或不能证明的，过错推定成立，被告应承担责任。

2. 实行因果关系推定的事实

在环境污染案件中，只要证明企业等单位已经排放了可能危及人身健康或者造成财产损害的物质，而人身或财产已在排污后受到或正在受到危害，就可以推定这种危害是该排污行为所致，无须受害人举证证明。排污企业如果主张排污行为不是该损害事实产生的原因，则应提供科学的鉴定予以否定的证明。证明成立的，免除责任；不能证明或证明不足的，侵权责任即告构成。

3. 适用无过错责任原则时受害人故意引起损害的事实

在适用无过错责任原则时，受害人的故意是免责条件。如果责任人主张损害是受害人故意引起的，则对于受害人故意的事实，实行举证责任倒置，应当由责任人证明：证明成立的，免除责任人的赔偿责任；证明不能或者证明不足的，责任人应当承担赔偿责任。

四、对本案的分析

本案判决由邮局、村委会和收发员共同赔偿章某的损失，体现了替代责任的规则，但是也有部分欠妥之处。

首先，邮局有责任。不论是什么邮件，邮局都应当送到收件人的手中。这一点，可以从邮局与村委会所签的“代收报刊协议”，以及邮局付过村委会一年费用的事实得到证明。以后再没有签过协议，也没有付过费用，邮局没有权利主张将邮件交给村委会就算履行了合同义务。因此，邮局应当承担责任。这种责任是替代责任，造成损害的行为人肯定是邮局的工作人员，工作人员执行职务的行为是邮局行为的延伸，造成损害后果要由邮局承担责任。

其次，村委会和收发员也有一定责任。因为在习惯上，村委会和村委会指定的收发员应当为本村村民提供这类服务，即使是从道义上说，收发员收到村民的大学录取通知书（信封上已有标明），也应该及时给村民送去。将这样重要的邮件积压5个月，有悖于情理，收发员确实有过错。法院判决村委会承担责任，体现了替代责任的要求，因为收发员是村委会的“工作人员”，他的行为造成的后果应当由村委会承担，在村委会承担责任以后，再由村委会向收发员追偿。

最后，不妥之处是直接判决村委会和收发员一起承担责任，不符合替代责任的原理，也没有法律依据。

第二节　共同侵权行为与连带责任

100.

“汽车追尾造成后车乘客重伤，要求前车驾驶员赔偿”案

案情介绍

张某驾驶自家小型客车载着谢某，在行驶过程中，追尾撞到在前的、由王某驾驶的货车，导致乘客谢某受重伤。交警认定，张某是酒后驾车，承担事故的主要责任。被追尾的王某，因为驾驶的货车超载，不符合安全技术规范，承担事故次要责任。谢某认为，自己受重伤与张某和王某都有关系，要求他们共同承担赔偿责任。王某认为自己是被追尾的，也是受害者，应该由张某负全责，自己没有责任。

法律问题

1. 共同侵权行为及其种类
2. 共同加害人
3. 连带责任的基本规则

法理分析

一、共同侵权行为及其种类

共同侵权行为是指两个或两个以上的行为人，基于共同故意或者过失，侵害他

人合法民事权益，应当承担连带责任的侵权行为。《民法典》第1168条规定：“二人以上共同实施侵权行为，造成他人损害的，应当承担连带责任。”

共同侵权行为分为以下五种类型。

1. 主观的共同侵权行为

主观的共同侵权行为是指数人基于共同故意，共同侵害他人造成损害的侵权行为。其加害人包括实行行为人、教唆人和帮助人。

2. 客观的共同侵权行为

客观的共同侵权行为是指客观关联的共同侵权行为，即数人中的每一个人的行为都针对同一个侵害目标，每一个人的行为都是损害发生的原因，造成同一个损害结果且不可分割。

3. 共同危险行为

共同危险行为是指二人或二人以上共同实施有侵害他人权利危险的行为，并且已造成损害结果，但不能判明其中谁是加害人的侵权行为。①

4. 合伙致人损害

合伙致人损害实际上并不是共同侵权行为，但因其致害原因是合伙人执行合伙事务，且合伙人必须承担连带责任，故作为共同侵权行为处理。

5. 团伙成员致害

这是指团伙组织的成员实施侵权行为造成他人损害，如果没有团伙的集合行为，则可以避免造成损害的危险发生；如果该集合行为可以归责于该团伙，则该团伙的成员应当承担连带责任。这也是一种特殊的共同侵权行为。

二、共同加害人

共同加害人是共同侵权行为的行为主体，是共同实施加害行为并造成他人损害的数个行为人。作为共同侵权行为的行为主体，共同加害人应当是二人或者二人以上，不能由单个人构成。共同加害人既可以是自然人，也可以是法人或非法人组织。

在简单的共同侵权行为中，各个共同加害人都是实行行为人，各个共同加害人都实施了致害他人的行为。在共同故意的形式下，各个共同加害人之间可能有分工的不同，在共同侵权行为中担负不同的角色、完成不同的任务，但他们的行为都是直接的共同侵权行为，因而他们都是实行行为人。在共同过失的形式下，共同加害人只能是实行行为人，不可能有分工的不同或分担任务的不同。

在复杂的共同侵权行为中，共同加害人分为实行行为人、教唆人和帮助人。实

① 对于共同危险行为的具体规则，在下一节中专门说明。

行行为人是具体实施致人损害行为的人。教唆人是共同侵权行为的造意人，在共同侵权行为的共同故意中，起策划、主使、教唆的作用。在他的主观意志支配下，实行行为人具体实施侵权行为，实现教唆人的造意。帮助人是对实行行为人予以帮助，如提供损害工具、帮助创造侵权条件等，使侵权行为得到实施的人。

共同加害人均应承担连带责任。在这一前提下，各个共同加害人对自身的过错和原因力承担相应的责任份额。在确定内部责任份额时，对于教唆人和帮助人不以其身份的不同确定责任份额的大小，同样以过错和行为的原因力确定其责任份额。

三、连带责任的基本规则

侵权连带责任是指受害人有权向共同加害人中的任何一个人或数个人请求赔偿全部损失，而共同加害人中的任何一个人或数个人都有义务向受害人负全部的赔偿责任；共同加害人中的一人或数人已全部赔偿了受害人的损失的，免除其他共同加害人向受害人应负的赔偿责任。

确定侵权连带责任的意义是，加重加害人的责任，使受害人处于优越的地位，保障其获得赔偿的权利的实现。确认这种连带责任，使受害人行使损害赔偿请求权简便易行，举证负担较轻，请求权的实现有充分的保障，受害人不必担心共同加害人中的一人或数人难以确定，或因为共同加害人中的一人或数人没有足够的财产赔偿而难获得全部赔偿。

依照《民法典》第 178 条的规定，连带责任的基本规则是：

1. 确定整体责任

共同侵权行为发生以后，首先必须确定整体责任。无论受害人请求共同加害人中的一人还是数人抑或全体行为人承担侵权责任，都必须确定整体责任。

2. 确定各个共同加害人的责任份额

共同侵权行为连带责任确定之后，应当在共同加害人内部确定各自的责任份额。这种做法，并不是否认连带责任的整体性，而是在于公平地确定各共同加害人自己应承担的责任份额。

3. 各共同加害人连带承担责任

在整体责任确定和各自责任份额确定之后，各加害人应连带承担责任。无论赔偿权利人向共同加害人中的一人还是数人抑或全体提出赔偿请求，每一个连带责任人均须向赔偿权利人承担总的责任。各个加害人均能承担自己的份额的，各自承担自己的份额以满足权利人的赔偿请求；其中一人或数人无力赔偿或不能赔偿的，由其他共同加害人承担这些责任，以满足权利人的赔偿请求。

4. 超过自己的份额承担责任的共同加害人的追偿权

共同加害人中的一人或数人在承担了全部赔偿责任之后，有权向其他应负责任而未负责任的共同加害人追偿。应承担责任而未承担赔偿责任的共同加害人，应当按照自己的责任份额承担责任，补偿已承担赔偿责任的共同加害人因全部赔偿而遭受的损失。

四、对本案的分析

在这起交通事故中，确实是追尾的后车驾驶员应当承担全部赔偿责任，因为被追尾的前车无法预料和防范后车追尾，后车驾驶员的追尾行为不是技术问题，而是酒后驾车。

问题是，引发交通事故的前车驾驶员也有过失，因为他驾驶超载大货车，违反了道路交通法规，对损害的发生也有因果关系。

前后车的驾驶员互不认识，他们实施的行为肯定不是主观共同侵权行为。但是，如果没有前车驾驶员的过失，后车也不会追尾，两个行为具有关联性和因果关系，造成的是同一个损害结果，损害结果不可分，符合客观关联共同的要求，构成客观共同侵权行为，共同加害人应当对谢某的人身损害承担连带赔偿责任。谢某可以主张张某或者王某中的一人承担全部赔偿责任，也可以一起起诉，让他们共同承担赔偿责任。张某应当承担主要责任，70%左右为宜；谢某应当承担次要责任，30%左右为宜。

第三节　共同危险行为及其责任

101.

“四儿童在楼顶向楼下抛掷砖头致他人死亡，构成共同危险行为”案

案情介绍

中医院为扩建住院部，在住院部楼顶堆放建筑材料。周日工地休息，鲁某某（12 岁）和李某（8 岁）上了住院部楼顶平台，邀刘某某（4 岁）和罗某某（4 岁）一起，用医院堆放的红砖搭屋过家家玩，将不合适的砖头顺手往楼下丢弃，其中一块砖头砸在路过的赵某某头部，造成颅骨损伤，住院治疗 10 天后死亡。造成伤害后果的砖头不知是哪个孩子丢弃的。死者丈夫姚某向法院起诉，将 4 名未成年人列为共同被告，请求他们的监护人承担连带责任。

法律问题

1. 共同危险行为和共同危险行为人

2. 共同危险行为与共同侵权行为的区别

法理分析

一、共同危险行为和共同危险行为人

共同危险行为又称为准共同侵权行为，是共同侵权行为的特殊形式，是指二人或二人以上共同实施有侵害他人权利危险的行为，并且已造成损害结果，但不能判明其中谁是加害人的侵权行为。《民法典》第 1170 条规定共同危险行为的法律后果是承担连带责任。例如，数人均有加害行为而致损害，如果这一损害的发生是全体行为人的行为所致，则这是共同侵权行为；如果这一损害的发生是其中一人或一部分人的行为所致，而且已经判明谁是加害人，则这是单独侵权行为或者共同侵权行为，已经判明与损害没有因果关系的行为人不负侵权责任；如果损害事实已经发生，并可判明损害确系数人的危险行为所致，但不能判明确为何人所致，则这就是共同危险行为。

共同危险行为的基本特征是：（1）行为是由数人实施的；（2）行为具有危险性；（3）具有危险性的共同行为是致人损害的原因；（4）损害结果不是共同危险行为人全体所致，但不能判明谁是加害人。

共同危险行为人是共同危险行为的行为主体，是实施共同危险行为并造成他人损害的数个行为人。共同危险行为人一般由自然人构成。数个自然人共同实施共同危险行为，该数个自然人构成共同危险行为的主体。在某些情况下，共同危险行为人也可以由法人构成。例如，数个工厂制造同一种产品，该产品中的一个产品致人损害，不能确认是哪一个工厂制造的产品造成该损害时，该数个工厂为共同危险行为人，应承担共同侵权责任。

二、共同危险行为与共同侵权行为的区别

实施共同危险行为致人损害的，共同危险行为人应当承担连带赔偿责任。这种连带赔偿责任与共同侵权连带赔偿责任有一些不同之处。

1. 共同危险行为的责任基础是共同过错

确定共同危险行为赔偿责任的归责原则，是过错责任原则。这与共同侵权行为是一致的。但是，共同危险行为不能适用过错责任原则，而是适用过错推定原则。这是其与共同侵权行为的显著差别之一。在共同危险行为致人损害的情形下，实行

过错推定原则，即从受害人受损害的事实推定共同危险行为人的共同过失。如果共同危险行为人认为他没有过失，可以举证证明，否则不能免责。

2. 共同危险行为的责任形式更为紧密

共同危险行为的责任与共同侵权行为的责任一样，是一个整体，但它的表现形式更为紧密、不可分割。共同侵权行为的责任对一个损害结果来说，是一个整体的责任。共同危险行为的责任也只有一个责任，但却不是由若干份责任组成，是不可分割的完整责任。

3. 共同危险行为与共同侵权行为一样须承担连带责任

共同危险行为责任份额的确定有所不同。共同侵权行为人的个人责任，可以按照各自过错的程度确定，因而共同加害人所实际分担的责任份额可能并不平均。但是，由于共同危险行为人在实施共同危险行为过程中，致人损害的概率相等、过失相当，而且由于共同危险行为的责任的不可分割性，所以在共同危险行为人的责任划分上，一般是平均处理的，各人以相等的份额对损害结果负责，在等额的基础上承担连带责任。①

三、对本案的分析

本案的 4 名未成年人向楼下扔砖头致赵某某颅骨损伤、10 天后死亡，符合共同危险行为的基本特征：第一，其行为主体是数人；第二，行为具有侵害他人合法权利的可能性，是具有社会危险性的行为；第三，这种具有危险性的共同行为是致人损害的原因，行为与赵某某受伤的后果之间具有因果关系；第四，赵某某的损害结果不是共同危险行为人全体所致，但不能判明其中谁是加害人。故本案具备共同危险行为的全部法律特征，构成共同危险行为的侵权责任。

《民法典》第 1170 条规定，共同危险行为人应当承担连带赔偿责任。本案 4 名被告均系未成年人，为限制民事行为能力人或无民事行为能力人，且无财产，应由他们的监护人共同承担连带赔偿责任。鉴于本案的具体情况，赔偿数额可以平均分配、连带承担。法院除对第三人中医院以对其建筑物及建筑材料管理不善为由，判决其承担部分赔偿责任以外，判决其他 4 名被告及其监护人承担连带赔偿其余损失的责任。这一判决正确地体现了共同危险行为的规则，可以借鉴。

---

① 值得注意的是，在美国加州上诉法院判决的“辛德尔诉阿伯特化工厂案”中，最终的判决并不是承担连带责任，而是承担按份责任。其理由是，如果任何一个药商均需为原告的损害负全部责任，那么原告仅向一个药商请求就可获得全部赔偿，则真正须负责任的药商极有可能逃避其赔偿责任。这种说法也是有道理的。参见潘维大：《英美侵权行为法案例解析》（上），273 页，台北，瑞兴图书股份有限公司，2002。

第四节 分别侵权行为

102.
“二人先后发生道路交通事故，重复碾轧造成受害人死亡”案

案情介绍

某日傍晚，邵某骑自行车回家，在马路上被朱某驾驶的小型轿车撞倒在地，朱某逃逸。当时路上车辆和行人稀少，邵某没有得到救助。5分钟后，刘某驾驶一辆轻型货车行驶至事故路段，行驶到跟前，才发现邵某躺在地上，刹车不及，车辆碾过邵某才停住，致邵某死亡。邵某的家属起诉后车司机刘某，主张其承担全部赔偿责任。

法律问题

1. 分别侵权行为的概念、特征和类型
2. 典型的分别侵权行为
3. 叠加的分别侵权行为

法理分析

一、分别侵权行为的概念、特征和类型

1. 分别侵权行为的概念

分别侵权行为也叫作无共同过错联系的共同加害行为，是指数个行为人分别实施侵权行为，既没有共同故意，也没有共同过失，只是由于各自的行为在客观上的联系，造成同一损害结果的多数人侵权行为。

2. 分别侵权行为的法律特征

（1）两个以上的行为人分别实施侵权行为。分别侵权行为最基本的特征，是行为人为两人以上，因此符合多数人侵权行为的要求，属于多数人侵权行为的范畴。

（2）数个行为人实施的行为在客观上针对同一个侵害目标。分别侵权行为的数个行为人在实施侵权行为时，尽管没有主观上的联系，但在客观上，每一个行为人实施的侵权行为实际上针对同一个侵害目标。

（3）每一个人的行为都是损害发生的共同原因或者各自原因。分别侵权行为的数个行为人的行为都作用于同一侵害目标，是损害发生的共同原因，或者是损害发生的各自原因。

（4）造成了同一个损害结果且该结果可以分割。分别侵权行为的一个本质特点是，虽然造成了一个损害结果，但该结果可以分割。在对物的损害中，这种情形尤为明显。

3. 分别侵权行为的类型

分别侵权行为分为典型的分别侵权行为和叠加的分别侵权行为两种类型。

二、典型的分别侵权行为

1. 典型的分别侵权行为的概念、特点和构成要件

典型的分别侵权行为，是指数个行为人分别实施侵权行为，既没有共同故意，也没有共同过失，只是由于行为人各自的行为在客观上的联系而造成同一个损害结果，行为人应当承担按份责任的分别侵权行为。《民法典》第 1172 条规定的就是典型的分别侵权行为。

典型的分别侵权行为与共同侵权行为相比较，有以下四点显著区别：

第一，在主观上，分别侵权行为人没有共同过错（既没有共同故意也没有共同过失），既不存在主观上的意思联络，也不可能对于自己的行为会与他人的行为发生结合，造成被侵权人的同一损害有事先的预见。而共同侵权行为在主观方面或者具有共同的意思联络，或者具有共同过失。

第二，在客观上，分别侵权行为人的行为是分别实施的，尽管造成了同一个损害结果，但该损害结果是可以分割的，而不是不可分割的。而客观的共同侵权行为中虽然数个行为人也没有共同故意或者共同过失，但是他们的行为紧密关联，构成了一个侵权行为，造成了同一个损害，而且该损害结果是不可以分割的。

第三，在行为的表现形式上，分别侵权行为人实施的行为，都是一个个的单独的行为，是行为人分别实施的数个侵权行为，只是该数个行为在客观上造成了同一个损害结果。而共同侵权行为是一个侵权行为，即使数人实施，但该数个行为在主观上关联共同，或者在客观上关联共同，构成完整的、单独的、独立的侵权行为，在数量上只是一个侵权行为。

第四，在后果上，分别侵权行为人承担的法律后果是按份责任，每一个行为人只对自己的行为引起的损害后果承担按份责任，而不是对整体的行为后果承担连带责任。而共同侵权行为人承担的法律后果是连带责任，每一个共同侵权行为人都对整体的损害后果承担全部的赔偿责任，实行对外连带、对内也连带。

典型的分别侵权行为的构成要件是：（1）行为人为二人以上；（2）数个行为人都分别实施了侵权行为；（3）数个行为人的行为不构成引起损害发生的同一原因，而是各个行为对损害后果的发生分别产生作用、具有原因力；（4）数人的行为造成同一个损害结果，损害结果具有同一性。符合这些要件要求的，构成典型的分别侵权行为。由此可以得出一个结论，即数人侵权，行为人有共同故意，损害后果不存在可分不可分的问题的，都属于共同侵权行为。客观的共同侵权行为与典型的分别侵权行为，无主观上的关联，因此通常认为，同一损害后果不可分的，为客观共同侵权行为；同一损害后果可分的，为典型的分别侵权行为。

2. 按份责任

确定典型的分别侵权行为的按份责任时，应当依照以下规则处理：(1) 各个分别侵权行为人对各自的行为所造成的后果承担责任。典型的分别侵权行为属于单独侵权而非共同侵权，各行为人的行为只是单独行为，各行为人只对其行为所造成的损害后果负责。在损害结果单独确定的前提下，应当责令各行为人就其行为所造成的损害承担赔偿责任。这是按份责任的体现。(2) 依照分别侵权行为人各自行为的原因力确定责任份额。各行为人在共同损害结果中无法确定自己的行为所造成的后果时，按照各行为人所实施行为的原因力，按份额各自承担责任。分别侵权行为的多数情况是有一个共同的损害结果，因此，应当将赔偿责任确定为一个整体责任，依据各行为人的行为对损害后果的原因力划分责任份额，由各行为人按照自己的份额承担责任。(3) 无法区分原因力的，应当平均承担责任，确定各自应当承担的责任份额。(4) 不实行连带责任，各个行为人只对自己的行为后果承担责任，不对他人的行为后果负责赔偿。

三、叠加的分别侵权行为

1. 叠加的分别侵权行为的概念和特点

叠加的分别侵权行为是指数个行为人分别实施侵权行为，既没有共同故意，也没有共同过失，每一个行为都足以引起损害结果，因行为叠加而造成同一个损害结果，行为人应当承担连带责任的分别侵权行为。《民法典》第 1171 条规定的就是叠加的分别侵权行为。

叠加的分别侵权行为与共同侵权行为相比较，最突出的特点是行为人分别实施侵权行为，是数个侵权行为的结合，而不是一个侵权行为。而共同侵权行为，不论是主观的共同侵权行为还是客观的共同侵权行为，都是由于行为人的主观意思联络，或者因共同过失，或者因客观的关联共同，数人实施的行为成为一个侵权行为，因此所产生的是一个完整的连带责任。例如，一个人将他人的内脏刺伤，另一个又刺伤其内脏，两处刺伤均为致命伤，造成死亡结果。这种分别侵权行为与共同侵权行为完全不同。

叠加的分别侵权行为，与典型的分别侵权行为的主要区别在于，典型的分别侵权行为中每一个行为人实施的侵权行为的原因力相加，刚好等于 100%。而叠加的分别侵权行为中每一个行为人实施的侵权行为的原因力相加，等于 200%或者更多。

叠加的分别侵权行为中，每一个行为人实施的行为对于损害的发生都具有100%的原因力，即每一个行为人实施的行为都足以造成全部损害。

2. 叠加的分别侵权行为人承担连带责任

叠加的分别侵权行为人承担连带责任，其基本规则是：

（1）对外的中间责任。连带责任的对外效力，是一个侵权责任。被侵权人可以向数个行为人中的任何一个行为人请求承担全部赔偿责任，每一个分别侵权行为人应当就全部损害承担赔偿责任。

（2）对内的最终责任。连带责任的内部效力，是对数个连带责任人确定最终责任，应当按照份额确定。一是连带责任人根据各自责任大小确定相应的赔偿数额，难以确定责任大小的，平均承担赔偿责任。二是承担中间责任超过自己赔偿数额的连带责任人，有权向其他连带责任人追偿，实现最终责任。

在叠加的分别侵权行为中，两个以上的行为人分别实施的行为对于损害的发生都具有全部的即100%的原因力，每个行为人都应当承担全部赔偿责任。但是受害人的损害只有一个，若每一个加害人都承担全部责任，将会使受害人得到超出损害的不当赔偿，这不符合大陆法系侵权责任法填补损害的功能要求，因此只有按照连带责任确定数个加害人的责任才最为适当。例如两个行为人的行为都足以造成全部损害，每个行为人的行为的原因力均为100%，但责任份额不能都是100%，只能在全部责任数额为100%的份额中平均分配，每个人的责任份额应当为50%，并在此基础上实行连带责任。

四、对本案的分析

朱某驾车将邵某撞倒后，刘某驾驶货车对其重复碾轧，导致邵某死亡，是朱某和刘某分别实施侵权行为，没有共同故意，两个侵权行为共同导致了邵某的死亡。这就是分别侵权行为。分别侵权行为中的先后发生交通事故造成同一人伤害的，日本法叫重复碾轧。不过，重复碾轧是分别侵权行为中的哪一种，还值得研究。

朱某和刘某的行为不是每一个行为都足以导致邵某死亡，也不是两个碾轧行为结合起来造成同一个损害，所以，这不是叠加的分别侵权行为，也不是典型的分别侵权行为，而是半叠加的分别侵权行为。

半叠加的分别侵权行为是行为人行为的原因力部分重合，行为人对原因力重合的部分承担连带责任；不重合的部分，谁实施的行为谁负责。法院判定：对邵某的死亡，刘某的行为是100%的原因力，朱某的行为是70%的原因力，双方原因力重合部分是70%，不重合的是30%。对重合的70%，朱某和刘某承担连带责任；对不重合的30%由刘某承担。

第五节 竞合侵权行为与不真正连带责任

103.

“过量喷洒警示说明不充分的喷雾杀虫剂造成人身损害索赔”案

案情介绍

蛋糕店店主购买了10瓶化工厂生产的歼敌牌杀虫气雾剂。数日后下班前，三名员工按照店主要求在蛋糕店制作间、营业厅和二楼打扫卫生，用该杀虫气雾剂喷洒灭虫，用了两瓶半。下班时，一名员工关闭电灯，电火花引爆充满石油气的空气，一人被炸成重伤，两人受轻伤。现场勘验确认为空气爆炸，是空气中的杀虫气雾剂浓度过高被电火花引燃所致。该杀虫气雾剂有产品质量检验合格证、检验报告、农药临时登记证、注册商标，产品包装注明“可按10平方米房内喷射15秒的剂量做空间喷射，喷后若关闭门窗约20分钟效果更佳”，产品上有易燃品标志，没有易爆品及切勿接触电源等字样，没有适当的禁止性、警示性说明。蛋糕店店主先向受害员工赔偿，后向法院起诉，请求化工厂承担赔偿责任。

法院认为：化工厂对产品警示说明不充分、产品具有缺陷，其应当承担产品责任；受害人在造成自己损害过程中有重大过失，故20%的损失由受害人自己负担，化工厂承担80%的赔偿责任。

法律问题

1.竞合侵权行为

2.不真正连带责任的概念和特征

3.不真正连带责任的效力和实行

法理分析

一、竞合侵权行为

竞合侵权行为是指两个以上的民事主体作为侵权人，有的实施直接侵权行为，与损害结果具有直接因果关系；有的实施间接侵权行为，与损害结果的发生具有间接因果关系，行为人承担不真正连带责任的侵权行为形态。

竞合侵权行为的主要法律特征是：

1. 行为的主体为二人以上

竞合侵权行为的行为主体必须是二人以上，既可以是两个以上的自然人，也可以是两个以上的法人或非法人组织，还可能是两个以上的自然人和法人或非法人组织。在通常情况下，竞合侵权行为的主体是两人。在这一点上，竞合侵权行为与分别侵权行为和共同侵权行为是一样的，其行为主体均为复数，即它们均为多数人侵权，而非单独一人侵权，以此与单独侵权行为相区别。

2. 行为人实施的侵权行为的性质不同

竞合侵权行为与共同侵权行为、分别侵权行为均不同，两个以上的行为主体对受害人实施的侵权行为的性质并不相同。换言之，竞合侵权行为的两个以上的行为人，有的对受害人实施直接侵权行为（主行为），有的为直接侵权行为的实施提供条件或者方便，但并不构成教唆、帮助的间接侵权行为（从行为）。而共同侵权行为的每一个行为人都是共同加害人，都是直接侵权人，即使为教唆、帮助行为，也对损害的发生起到了直接作用，具有直接的原因力。至于分别侵权行为，每一个行为人的行为均为损害发生的直接原因，不存在提供条件和创造机会的问题，不存在间接侵权行为。

3. 发生竞合的两个以上的行为通常被视为一个行为

在竞合侵权行为中，尽管是两个以上的行为人实施的行为竞合在一起，但通常的观念认可其为一个行为，而不是像共同侵权行为那样就是一个行为，也不像分别侵权行为那样就是分别的行为。因此，竞合侵权行为介于共同侵权行为和分别侵权行为之间，是一种两个以上的侵权行为竞合在一起的侵权行为形态。竞合侵权行为不是单指间接侵权行为，而是指直接侵权行为和间接侵权行为的竞合，因而才属于多数人侵权行为，才发生共同责任。这是竞合侵权行为与知识产权法间接侵权行为概念的根本区别。

4. 不同的行为人对受害人承担不真正连带责任

竞合侵权行为的行为人对受害人承担共同责任而不是单独责任。与共同侵权行为和分别侵权行为不同的是，竞合侵权行为的行为人承担的是不真正连带责任，而不是连带责任或者按份责任。在竞合的侵权人之间，承担的侵权责任根据行为人对受害人实施的侵权行为的性质不同而有差异，对受害人实施直接侵权行为的行为人承担的责任是最终责任，而对受害人实施间接侵权行为的行为人承担的责任是中间责任，双方责任的联系是形式上连带而实质上不连带，即：在形式上，受害人可以直接起诉其中的任何一个行为人承担侵权责任，是具有连带性质的责任；在实质上，最终责任是落在直接侵权人的身上，由直接侵权人承担全部的最终责任，间接侵权人不承担或者只承担较少的最终责任。

二、不真正连带责任的概念和特征

侵权法上的不真正连带责任，是指多数行为人违反法定义务，对一个受害人实施加害行为，或者不同的行为人基于不同的行为而致使受害人的权利受到损害，各个行为产生同一内容的侵权责任，各个行为人各负全部赔偿责任，且行为人之一的履行使全体责任人的责任归于消灭的侵权责任形态。

不真正连带责任作为侵权责任形态之一，具有以下法律特征：（1）不真正连带责任的责任主体是违反对同一个民事主体负有的法定义务的数人；（2）不真正连带责任是基于同一损害事实承担的侵权责任；（3）不同的侵权行为人对同一损害事实承担的侵权责任相互重合；（4）在相互重合的侵权责任中只需履行一个侵权责任即可保护受害人的权利。

三、不真正连带责任的效力和实行

不真正连带责任的效力分为对外效力和对内效力两个方面。不真正连带责任的对外效力是指对责任人之一发生的事项其效力是否及于其他行为人；对内效力是指承担了全部责任的人可否以及怎样向最终责任人追偿。

不真正连带责任的具体规则是：

1. 数个行为人基于不同的行为造成同一个损害

例如，雇佣关系以外的第三人造成雇员人身损害的，第三人的行为确实是造成受害人损害的原因，但是，在雇主与雇员之间的雇佣关系中，雇主没有尽到应有的注意义务，对雇员受到的损害也存在责任。因此，雇员可以基于劳动关系请求工伤事故的损害赔偿，也可以基于侵权行为请求第三人承担侵权损害赔偿责任。

2. 不同责任救济损害具有同一的目的

数个行为人的行为产生各自独立的侵权责任，就救济受害人的损害而言，各个责任具有同一的目的。雇主的工伤事故赔偿和第三人的侵权赔偿，分别产生不同的侵权责任，责任的目的都是救济受害人的同一损害，而不是救济各个不同的损害。

3. 受害人只能选择行使其中一个请求权

受害人享有不同的损害赔偿请求权，只能“择一”行使。雇员即受害人或者向雇主请求承担赔偿责任，或者向第三人请求承担赔偿责任，而不是分别行使各个请求权。受害人选择的一个请求权全部实现之后，其他请求权消灭。这就是不真正连带责任的“就近”规则，就是受害人可以选择距离自己最近的法律关系责任人作为被告起诉。

4. 损害赔偿责任最终归属于造成损害发生的最终责任人

如果受害人选择的侵权责任人就是最终责任人，则该责任人就应当最终地承担侵权责任。如果受害人选择的责任人并不是最终责任人，则承担了“就近”责任的责任人可以向最终责任人请求赔偿，最终责任人应当向“就近”责任人承担最终责任。

四、对本案的分析

本案的杀虫气雾剂生产者对其生产的杀虫气雾剂存在危险性有认识，对其产品也作了警示和说明，但仅对产品的使用剂量作了一般性说明，作了易燃品警示，对其他均未作说明，没有明示致害的危险，也没有明示防止危险发生的必要办法。产品使用者面对这一说明，会认为按照说明的剂量使用是最经济的，超过说明的剂量使用会造成浪费。可见，生产者对该产品的说明和警示不是没有做，而是没有达到充分的标准。因此，本案被告的行为构成警示说明不充分的缺陷，其应当承担产品责任。

产品责任实行不真正连带责任，本案的不真正连带责任人为杀虫气雾剂生产厂家和销售商。产品缺陷为生产厂家所致，为最终责任人。销售商对缺陷的产生没有过错，可以承担中间责任。法院直接判决最终责任人承担赔偿责任，符合不真正连带责任的规则要求。

本案生产者曾提出一个抗辩理由：国家对于杀虫气雾剂的说明或者警示没有强制性标准，没有要求进行充分说明；在同类产品中，也都没有作这样的充分说明或者警示，要求被告负有这样的责任不公平。这个抗辩不成立。国家对某种产品没有统一的强制性要求，并不等于法律对此没有要求。《消费者权益保护法》第18条第1款第二句规定，对可能危及人身、财产安全的商品和服务，应当向消费者作出真实的说明和明确的警示。生产或者销售一种带有实质性危险的产品，必须按照这些法律规定，承担充分警示或者说明的法定义务。违反这种法定义务，尽管国家或者地方对某种产品没有规定具体的强制性要求，也不能免除生产者的责任。

本案受害人在使用杀虫气雾剂过程中，没有遵守生产者在产品包装上所标注的一般说明。这个警示说明尽管不充分，但说明了一般的使用剂量。产品使用者过量喷洒，致使房间中的石油气含量达到了足以引起爆炸的程度，是有过错的，受害人自己应当承担部分责任。法院判决其承担20%的责任有充分的理由。

第六节　侵权责任中的补充责任

104.

“广告气球飘落伤害他人，错判学校对受害学生承担连带责任”案

案情介绍

周日下午，家润多超市的广告氢气球系着红色飘带，脱离了控制，飘到镇学区联校上空，学生方甲、李某等7人从学校围墙缺口跑出来，将氢气球拉到地上，又往塘坝上拉。村民方乙赶过来与学生对拖，氢气球突然爆炸燃烧，致使方甲和李某受重伤，其他2名学生受轻微伤。方甲和李某以家润多超市、金叶广告公司和镇学区联校为被告起诉，请求三被告连带承担侵权责任，赔偿10.5万元。

法律问题

1.适用补充责任的侵权行为

2.补充责任与不真正连带责任、连带责任的区别

3.补充责任的基本规则

法理分析

一、适用补充责任的侵权行为

《民法典》规定了两种补充责任形态：(1) 第1198条第2款规定了未尽安全保障义务的侵权行为。(2) 第1201条规定未成年学生在校受到第三人侵权行为损害时学校有过错的侵权行为。

适用补充责任的侵权行为，具有适用不真正连带责任的侵权行为的同样特点，这就是：两个以上的主体对同一个民事主体负有法定义务，当一个侵权行为侵害了这个法律所特殊保护的民事主体的民事权益时，该行为就产生了两个以上的损害赔偿请求权，分别针对负有不同法律义务的人。在这种情况下，应当适用的就是补充责任。可以说，补充责任是不真正连带责任的特殊表现形式。

二、补充责任与不真正连带责任、连带责任的区别

补充责任，是指两个以上的行为人违反法定义务，对一个受害人实施加害行为，或者不同的行为人基于不同的行为而致使受害人的权利受到同一损害，各个行为人

产生同一内容的侵权责任，受害人享有数个有顺序区别的请求权，首先行使顺序在先的请求权，不能实现或者不能完全实现时再行使另外的请求权的侵权责任形态。

补充责任与不真正连带责任既有联系又有区别。补充责任属于不真正连带责任中的一种特殊情况，属于广义的请求权竞合的一种。与不真正连带责任相比较，补充责任的唯一法律特征就是产生的数个请求权存在顺序的区别，权利人必须首先行使顺序在先的请求权，在行使顺序在先的请求权过程中，第一顺序的责任人不能赔偿、赔偿不足或者下落不明，因而请求权不能满足时，再行使其余的请求权，以保障自己的损害赔偿请求权能够完满实现。

补充责任和连带责任也有很多相似之处：一是行为人均为多数；二是每一个行为人都对整体责任负责，均负全部赔偿的责任；三是因一个行为人的给付而使全部责任归于消灭。两者的区别在于：（1）产生的原因不同。连带责任基于共同侵权行为而产生；而补充责任的产生必须基于导致损害后果的不同发生原因，即数个行为人使受害人遭受损害的原因是不同的法律事实，并不是一个行为而是几个行为，他们之间的责任关系必须基于不同的侵权行为而产生。（2）行为人的主观状态不同。连带责任的产生，必须共同行为人具有共同过错；而补充责任的产生必须数个行为人没有共同过错，行为人各自具有单一的主观状态，没有任何意思上的联系，责任相同纯粹是因为相关的法律关系发生重合，使责任竞合在一起。（3）行为人之间的关系不同。共同侵权行为的加害人尽管承担连带责任，但是共同加害人之间有当然的、潜在的内部责任份额关系；补充责任的行为人之间不存在这种内部分担关系，而是地地道道的补充责任形态。

三、补充责任的基本规则

补充责任的基本规则是：

（1）在补充责任形态中，受害人应当首先向直接责任人请求赔偿，直接责任人应当承担侵权责任。直接责任人承担了全部赔偿责任后，补充责任人的赔偿责任最终消灭，受害人不得向其请求赔偿，直接责任人也不得向其追偿。

（2）受害人在直接责任人不能赔偿、赔偿不足或者下落不明，无法行使第一顺序的赔偿请求权时，可以向补充责任人请求赔偿。补充责任人应当满足受害人的请求。补充责任人的赔偿责任范围，就是直接责任人不能赔偿的部分，即：直接责任人不能全部赔偿的，补充责任人承担全部赔偿责任；直接责任人赔偿不足的，补充责任人只承担赔偿不足部分的赔偿责任。

（3）补充责任人在承担了补充的赔偿责任之后，产生对直接责任人的追偿权，有权向直接责任人请求承担其赔偿责任。直接责任人有义务赔偿补充责任人因承担补充责任而遭受的全部损失。

因此，补充责任的含义包括以下两个要点：（1）补充责任的顺序是第二位的。直接责任人承担的赔偿责任是第一顺序的责任，补充责任人承担的赔偿责任是第二顺序的责任。因此，补充责任是补充直接责任的侵权责任形态。（2）补充责任的赔偿范围是补充性的。其赔偿范围的大小，取决于直接责任人承担的赔偿责任的大小。直接责任人赔偿不足的，补充责任人承担的赔偿责任就是其不足部分；直接责任人不能赔偿的，补充责任人承担的赔偿责任就是其不能赔偿的全部责任。

四、对本案的分析

法院认定：方甲等虽在学校附近受伤，但因双休日学生无须到校，故学区联校对学生在校外的行为不负有安全保护义务。但是，学校作为教育管理机构，明知氢气球易燃易爆，在众多学生围观、争抢氢气球的情况下，不予及时制止，应承担次要责任。故判决家润多超市和学校按照7：3的比例承担连带责任。

法院的这一判决是不正确的，主要错误在于混淆了侵权责任中连带责任与补充责任的界限，对应当承担补充责任的学校判决承担了连带责任，在责任的性质认定上出现了错误，无论判决学校承担多少责任，都违背它应当承担责任的性质，不符合侵权责任法的法理和《民法典》的规定。

第一，本案的性质是物件致人损害责任。方甲和李某受到人身损害，造成损害的直接原因是家润多超市的广告氢气球爆炸燃烧。这是典型的物件损害侵权行为，其赔偿范围是物件造成的全部损失，而不是其中的部分损失。

第二，学校对在校学生负有保护义务，但是在有直接责任人的场合，学校即使违反安全保障义务致使学生受伤，承担的也只是补充责任，而不是连带责任。

第三，判决确定家润多超市因疏于广告监督管理而承担主要责任、学校因未尽监督责任而承担次要责任，等于将二被告的行为认定为共同侵权行为而承担连带责任。这是错误的。

对本案的正确的处理方法是，首先由家润多超市承担全部赔偿责任，如果其不能承担全部责任或者全部不能承担责任，再由学校承担相应的补充责任。学校承担责任之后，可以向家润多超市追偿。

第三十一章
侵权损害赔偿

第一节　过失相抵与损益相抵

105.

“在路边摆放开水桶造成未成年人人身损害，请求减轻责任”案

案情介绍

赵某（3 岁）和尹某某（40 岁）住同一宿舍区，相距不远。某日下午，尹某某到开水房打开水回家，当提到赵家门口通道与公共通道交叉路口时，因提不动，将两只装满开水的水桶放在该处路上，去借扁担。此时，赵某玩耍后回家，倒退着走到水桶旁，被水桶的耳子刮着毛线裤，致其跌入开水桶内，左背部、臀部及双下肢严重烫伤。托管赵某的托儿所统一办理了幼儿托育意外伤害保险，受益人为赵某之父，烫伤后接受全额保险金 1 万元。赵某向法院起诉，请求尹某某承担侵权责任，尹某某则主张过失相抵和损益相抵。

法律问题

1. 过失相抵规则
2. 损益相抵规则

法理分析

一、过失相抵规则

与有过失是指对于侵权行为所造成的损害结果的发生或扩大，受害人也有过错，受害人的行为和行为人的行为对损害的发生均具有原因力的侵权行为形态。

与有过失的法律后果，是过失相抵。

过失相抵是债法的概念，是在损害赔偿之债中，由于与有过失的成立，而减轻

加害人的赔偿责任。侵权行为的与有过失，同样适用过失相抵规则。

过失相抵的构成，应从两个方面进行考虑。对于加害人的责任，应按照侵权损害赔偿责任构成要件的要求来确定。受害人应负的责任，其构成须具备以下三个要件：(1) 受害人的行为系损害发生或扩大的共同原因。损害的发生与扩大，都是过失相抵的事由。(2) 受害人的行为不当。构成过失相抵，受害人的行为无须违法，只为不当即可。不当行为，就是为自己的利益或在伦理的观念上为不当的行为，既可以是积极的行为，也可以是消极的行为。(3) 受害人有过错。虽然受害人的行为是损害发生或扩大的共同原因，但其主观上无过错时，仍然不构成过失相抵。关于受害人的过错，理论上认为并不是固有意义上的过失，而是受害人对于自己的过失。

依照《民法典》第1173条的规定，过失相抵的责任分担，就是在过失相抵具备其要件时，法官可以不待当事人主张，而依职权减轻加害人的赔偿责任。过失相抵的实行，包括两个步骤：一是比较过错，二是比较原因力。

1. 比较过错

比较过错亦称比较过失，是指在与有过失中，通过确定并比较加害人和受害人的过错程度，决定责任的承担和责任的范围。通常掌握的过失轻重标准是：故意重于重大过失，重大过失重于过失，过失重于一般过失。如果加害人具有故意或者重大过失，而受害人只有一般过失，则一般不实行过失相抵。

2. 比较原因力

原因力是指在造成损害结果的共同原因中，每一个原因行为对于损害结果发生或扩大所发挥的作用力。与有过失中的损害结果，是由加害人和受害人双方的行为造成的。这两种行为对于同一个损害结果来说，是共同原因；每一个作为共同原因的行为，都对损害事实的发生或扩大具有自己的原因力。

原因力对于与有过失责任范围的相对性决定作用，主要表现在以下方面：(1) 如果当事人双方的过错程度无法确定，应以各自行为的原因力大小，确定各自责任的比例。(2) 如果当事人双方的过错程度相等，各自行为的原因力大小对赔偿责任起“微调”作用。(3) 如果加害人依其过错应承担主要责任或次要责任，双方当事人行为的原因力对过失相抵责任的确定起“微调”作用：原因力相等的，依过错比例确定赔偿责任；原因力不等的，依原因力的大小相应调整主要责任或次要责任的责任比例，确定赔偿责任。

二、损益相抵规则

损益相抵是指赔偿权利人基于导致发生损害的同一原因而受有利益时，应在损害额内扣除利益，而由赔偿义务人就差额赔偿的制度。《民法典》没有明文规定损益相抵规则，但立法时明确在司法实践中可以适用。

损益相抵的构成须具备以下要件：（1）有损害赔偿之债成立。其成立的要件，各依其性质而定，均具备者，始成立此要件。缺乏损害赔偿之债的要件，尚未构成损害赔偿之债的，均不具备此要件。（2）受害人受有利益。此种利益，包括积极利益和消极利益。前者为受害人现有财产的增加，后者为受害人应减少的财产未减少。（3）有构成损害赔偿之债的损害事实与所得利益间的因果关系。在具体判断因果关系的构成时，基于同一赔偿原因所生直接结果之损益，成为不可分离或合一关系者，为有相当因果关系；基于同一赔偿原因所生间接结果，彼此之间或与直接结果间为不可分离或合一关系者，为有相当因果关系。

损益相抵的计算及折抵方法，主要有以下四种。

（1）损害造成的损失与利益均可以金钱计算时，直接相减，扣除利益，直接赔偿差额。对此列一公式如下：

损失价值＝原有价值－(原有价值/可用时间)×已用时间－残存价值

这一公式用于财产损害的损益相抵，其中，“原有价值－(原有价值/可用时间)×已用时间”即为被损害之物的损失价值；残存价值即为新生之利益，应予扣减；损失价值即为已扣除利益的差额，即赔偿数额。

（2）对于造成的损失已经以金钱赔偿者，应当由赔偿权利人将新生利益退还给赔偿义务人，实行损益相抵。例如，损毁他人汽车或房屋，则汽车损毁，所余汽车零件为新生利益；房屋被损，所遗建筑材料为新生的利益。如果对该汽车、房屋的损失以金钱赔偿，则所余残存零件或材料应归赔偿义务人所有。

（3）实物赔偿，新、旧物之差价，应由赔偿权利人退还赔偿义务人，否则，权利人对差价为不当得利。

（4）返还原物，对所得消极利益应退还返还义务人。如买卖菜牛合同，双方已交付标的物，后发现合同无效，买牛方负有返还原物的义务。卖方因未饲养而受有消极利益，返还原物时，卖方应退还该消极利益。

三、对本案的分析

法院对本案的判决是，尹某某因疏忽大意行为致使幼童赵某被烫伤，应当承担侵权责任；赵某的父母对赵某监护不周，亦有过失，应适当减轻尹某某的民事责任。尹某某应赔偿赵某医治烫伤所需的医疗费、护理费、生活补助费等费用的主要部分。保险公司依照合同付给赵某的医疗赔偿金可以冲抵尹某某应付的赔偿数额，保险公司由此获得向尹某某的追偿权。这个判决既涉及过失相抵，也涉及损益相抵。

第一，本案是否适用过失相抵规则，法院判决认为应当适用。不同的意见是：尹某某由于重大过失造成赵某的人身受伤害后果，构成侵权责任。赵某的父母亲对赵某监护不周，存在一定的过失，因此，在一般的意义上观察，似应适用过失相抵规则，减轻尹某某的责任。但是，侵权责任法更重视保护未成年人的权益，对未成年人的监护人一般的监护不周的过失不实行过失相抵。

第二，是否适用损益相抵规则，法院判决认为应当适用。不同意见是：对人身保险金可否与赔偿金相抵，通说认为，人身保险金，是保险人对投保人的人寿、健康或伤害进行保险，受益人所得保险金是给付保险费的对价，且保险公司支付保险金，目的并不在于填补可归责于加害人的损害，自与加害人的侵权行为全无关系，保险人无代位权，自不得损益相抵。① 在我国，对人身保险金，不采用财产保险金系因保险费支付而取得保险费之对价关系的理论，因而财产保险金可适用损益相抵。

过失相抵和损益相抵都是损害赔偿规则，在本案中涉及这两个损害赔偿规则的适用问题，特别值得研究。针对上述不同见解，可以进一步讨论。②

第二节　人身损害赔偿

106.

“失火将他人烧伤致残，请求人身损害赔偿”案

案情介绍

吴某某与刘某某在某汽车站等车。李某某与刘某某相遇后，同去车站旁的汽车停车场，爬进一辆停放在那里修理的汽车驾驶室，在发动机引擎盖上玩扑克。刘某某掏出香烟递给李某某，李某某掏出火柴给刘某某和自己点烟，后随手将火柴杆丢弃，结果丢在驾驶室内装洗车废汽油的汽油桶中，将汽油引燃。李某某慌忙将汽油桶端起来，交给刘某某，刘某某接过汽油桶向驾驶室外扔去，正好砸在吴某某的身上，导致吴某某被烧成重伤，当场休克。经治疗，吴某某丧失劳动能力，损失医疗费、误工费等费用。吴某某向法院起诉，要求刘某某、李某某赔偿医疗费等损失，支付以后的生活补助费至其死亡时止，赔偿由其抚养的 3 岁儿子的抚养费至其有独立生活能力时止。

法律问题

1. 人身损害赔偿的概念
2. 人身损害赔偿的范围

---

① 参见曾隆兴：《现代损害赔偿法论》，589～590 页，台北，泽华彩色印刷公司，1988。

② 参见林增余：《财产保险》，51 页，北京，中国金融出版社，1987。

法理分析

一、人身损害赔偿的概念

侵权法中的人身损害，不仅包括轻伤害、重伤害和轻微伤害，还包括致人死亡，以及未造成人身损害的对身体权的侵害。因而，人身损害这一概念在侵权法中的含义丰富，概括了侵害生命权、健康权和身体权的一切情况。

人身损害赔偿，是指民事主体的身体权、健康权、生命权受到不法侵害，造成致伤、致残、致死的后果以及其他损害时，要求侵权人以财产赔偿等方法进行救济和保护的侵权法律制度。《民法典》第1179、1180条规定了人身损害赔偿制度的基本内容。《最高人民法院关于审理人身损害赔偿案件适用法律若干问题的解释》（2022年修正）对此规定了具体的赔偿方法。

二、人身损害赔偿的范围

《民法典》第1179条规定："侵害他人造成人身损害的，应当赔偿医疗费、护理费、交通费、营养费、住院伙食补助费等为治疗和康复支出的合理费用，以及因误工减少的收入。造成残疾的，还应当赔偿辅助器具费和残疾赔偿金；造成死亡的，还应当赔偿丧葬费和死亡赔偿金。"这些赔偿项目都是对人身损害所直接造成的损失的赔偿。

（一）赔偿项目

1. 医疗费

医疗费根据医疗机构出具的医药费、住院费等收款凭证，结合病历和诊断证明等相关证据确定。赔偿义务人对治疗的必要性和合理性有异议的，应当承担相应的举证责任。医疗费的赔偿数额，按照一审法庭辩论终结前实际发生的数额确定。器官功能恢复训练所必要的康复费、适当的整容费以及其他后续治疗费，赔偿权利人可以待实际发生后另行起诉。但根据医疗证明或者鉴定结论确定必然发生的费用，可以与已经发生的医疗费一并予以赔偿。

2. 误工费

误工费根据受害人的误工时间和收入状况确定。误工时间根据受害人接受治疗的医疗机构出具的证明确定。受害人因伤致残持续误工的，误工时间可以计算至定残日前一天。受害人有固定收入的，误工费按照实际减少的收入计算。受害人无固定收入的，按照其最近三年的平均收入计算；受害人不能举证证明其最近三年的平均收入状况的，可以参照受诉法院所在地相同或者相近行业上一年度职工的平均工资计算。

3. 护理费

护理费根据护理人员的收入状况和护理人数、护理期限确定。护理人员有收入的，参照误工费的规定计算；护理人员没有收入或者雇佣护工的，参照当地护工从事同等级别护理的劳务报酬标准计算。护理人员原则上为一人，但医疗机构或者鉴定机构有明确意见的，可以参照确定护理人员人数。护理期限应计算至受害人恢复生活自理能力时止。受害人因残疾不能恢复生活自理能力的，可以根据其年龄、健康状况等因素确定合理的护理期限，但最长不超过 20 年。受害人定残后的护理，应当根据其护理依赖程度并结合配制残疾辅助器具的情况确定护理级别。

4. 交通费

交通费根据受害人及其必要的陪护人员因就医或者转院治疗实际发生的费用计算。交通费应当以正式票据为凭；有关凭据应当与就医地点、时间、人数、次数相符合。

5. 住院伙食补助费

住院伙食补助费可以参照当地国家机关一般工作人员的出差伙食补助标准予以确定。

受害人确有必要到外地治疗，因客观原因不能住院，受害人本人及其陪护人员实际发生的住宿费和伙食费，其合理部分应予赔偿。

6. 营养费

营养费根据受害人伤残情况参照医疗机构的意见确定。凡是受害人伤势较重的，一般都应当赔偿适当的营养费。

7. 残疾赔偿金

残疾赔偿金根据受害人丧失劳动能力程度或者伤残等级，按照受诉法院所在地上一年度城镇居民人均可支配收入或者农村居民人均纯收入标准，自定残之日起按 20 年计算。但 60 周岁以上的，年龄每增加 1 岁减少 1 年；75 周岁以上的，按 5 年计算。受害人因伤致残但实际收入没有减少，或者伤残等级较轻但造成职业妨害严重影响其劳动就业的，可以对残疾赔偿金作相应调整。

8. 残疾辅助器具费

残疾辅助器具费按照普通适用器具的合理费用标准计算。伤情有特殊需要的，可以参照辅助器具配制机构的意见确定相应的合理费用标准。辅助器具的更换周期和赔偿期限参照配制机构的意见确定。

9. 丧葬费

丧葬费按照受诉法院所在地上一年度职工月平均工资标准，以 6 个月总额计算。

10. 死亡赔偿金

死亡赔偿金按照受诉法院所在地上一年度城镇居民人均可支配收入或者农村居民人均纯收入标准，按 20 年计算。但 60 周岁以上的，年龄每增加 1 岁减少 1 年；75 周岁以上的，按 5 年计算。

11. 被扶养人生活费

被扶养人生活费计入残疾赔偿金或者死亡赔偿金。

被扶养人生活费根据扶养人丧失劳动能力程度，按照受诉法院所在地上一年度城镇居民人均消费性支出和农村居民人均年生活消费支出标准计算。被扶养人为未成年人的，计算至 18 周岁；被扶养人无劳动能力又无其他生活来源的，计算 20 年。但 60 周岁以上的，年龄每增加 1 岁减少 1 年；75 周岁以上的，按 5 年计算。

被扶养人是指受害人依法应当承担扶养义务的未成年人或者丧失劳动能力又无其他生活来源的成年近亲属。被扶养人还有其他扶养人的，赔偿义务人只赔偿受害人依法应当负担的部分。被扶养人有数人的，年赔偿总额累计不超过上一年度城镇居民人均消费性支出额或者农村居民人均年生活消费支出额。

（二）计算标准的掌握

赔偿权利人举证证明其住所地或者经常居住地城镇居民人均可支配收入或者农村居民人均纯收入高于受诉法院所在地标准的，残疾赔偿金或者死亡赔偿金可以按照其住所地或者经常居住地的相关标准计算。

被扶养人生活费的相关计算标准，依照前述规定的原则确定。

超过确定的护理期限、辅助器具费给付年限或者残疾赔偿金给付年限，赔偿权利人向人民法院起诉请求继续给付护理费、辅助器具费或者残疾赔偿金的，人民法院应予受理。赔偿权利人确需继续护理、配制辅助器具，或者没有劳动能力和生活来源的，人民法院应当判令赔偿义务人继续给付相关费用 5 年至 10 年。

三、对本案的分析

本案的刘某某、李某某因自己的重大过失，造成吴某某人身伤害，使其丧失劳动能力，对造成的医疗费等人身损害应当承担损害赔偿责任。

除了赔偿医疗费等常规费用，刘某某和李某某还应当赔偿吴某某的生活补助费，可以逐月按定期金赔偿，也可以予以一次性赔偿。对吴某某抚养的未成年子女的抚养来源损失，刘某某、李某某也应当赔偿，可以按定期金赔偿，也可以用一次性赔偿方法赔偿，至孩子 18 周岁为止。

第三节　财产损害赔偿

107.

“以借用邮票进行鉴定为名侵占他人珍贵邮票索赔”案

案情介绍

叶某与胡某系高中同学，都是集邮爱好者。胡某的父亲将自己收藏的一枚“放光芒”邮票（1956年国庆节拟发行的纪念邮票，“1956特15首都名胜4”，在邮市极为罕见）交给胡某收藏。该邮票是盖销票，票面盖有邮戳。胡某向叶某显摆，叶某要看该邮票。叶某看了后，认为真假难辨，要借走邮票找老师鉴定真伪。胡某应允，叶某将该邮票夹在书本中带走。胡某多次要求叶某返还，叶某均以邮票丢失、需要找寻为借口，长期拖延不还。嗣后，当地邮票市场出现一枚标有邮戳的“放光芒”邮票，因该邮票是在邮市上第一次出现，引起轰动，标价数万元。叶某的老师证实，曾看到过叶某持有该枚邮票。胡某向法院起诉。

法院以侵占财产为由，确认叶某侵权责任成立，判决限期返还，不能按期返还的，应按照高于该邮票的市场流通价的数额赔偿胡某的财产损失。

法律问题

1. 财产损害赔偿的概念和类型
2. 财产损害赔偿数额的计算
3. 财产损害赔偿的方法

法理分析

一、财产损害赔偿的概念和类型

财产损害是指侵权行为侵害财产权，使财产权的客体遭到破坏，其使用价值和价值贬损、减少或者完全丧失，或者破坏了财产权人对财产权客体的支配关系，使财产权人的财产利益受到损失，导致权利人拥有的财产价值的减少和可得财产利益的丧失。《民法典》第1184条规定了财产损害的赔偿方法。

财产损害的分类包括三种：侵占财产、损坏财产和损害其他财产利益。

侵占财产，是以对他人所有的财产的非法占有为特点，使该财产的所有权人对该财产丧失占有，乃至丧失所有权。最典型的侵占财产是偷窃、抢夺，还包括其他侵占财产的行为，诸如非法扣押他人财产等。侵占财产的最典型的表现形态是“位移”，即由所有权人或者合法占有人占用、支配的特定的财物，转而为行为人所占有，物的所在位置发生了变化，是侵权行为使被侵害的财产转移占有。

损坏财产，是以对他人所有的财产进行毁损为特点，使该财产的价值和使用价值受到破坏，以至于完全丧失，使原所有权人的财产拥有量减少，以至于丧失。损坏财产的最典型的表现形态是“质变”，即财物的外在形态和内在质量受到破坏。

其他财产利益损失，是指除所有权以外的其他财产权受到损害而产生的财产利益的损失。他物权、占有、债权和知识产权中所包含的财产利益，均属此处所谓“其他财产利益”。就是在相邻权中，也具有相当的财产利益因素。这些权利受到侵害以后，就会造成这些财产利益的损失。随着市场经济的日益发展，人们越来越重视这些权利及其体现的财产利益，这些财产利益在社会中也越来越重要。侵权责任法必须适应社会的发展需求，把这种财产利益的损失作为侵权行为的重要的后果，采取相应的措施，加以切实、有效的保护。

二、财产损害赔偿数额的计算

1. 直接损失的计算

直接损失就是现有财产的减少，是指加害人的侵权行为侵占或损坏受害人的财产，致使受害人现在拥有的财产价值量的实际减少。对于直接损失予以全部赔偿的方法，是对被侵害的财产计算出实际减少的价值，按照实际减少的价值进行赔偿。这就是对直接损失的赔偿范围。对于侵害财产使原物灭失，即原物的价值全部丧失的，以原物的原有价值进行赔偿；对于侵害财产使原物受到损坏，或者可以返还原物或恢复原状，但原物价值仍然受到一定程度影响的，就要计算出原物实际减少的价值，进行赔偿。

计算直接损失的赔偿范围，首先必须确定原物的价值。原物价值的计算，必须根据原物的原有价格、可以使用时间、已经使用时间等因素，综合判断。

2. 间接损失的计算

间接损失就是可得利益的减少，是指加害人侵害受害人所有的财物，致使受害人在一定范围内的未来财产利益的损失。它属于“其他重大损失”的范围。

间接损失有三个特征：(1) 损失的是一种未来的可得利益。在侵害行为实施时，它只具有一种取得的可能性，还不是一种现实的利益。(2) 这种丧失的未来利益是具有实际意义的，而不是抽象的或者假设的。(3) 这种可得利益必须是一定范围内的，即是在损害该财物的直接影响所及的范围内，超出这个范围的，不能认为是间接损失。

对财产损害间接损失的赔偿，关键在于三个方面：一是间接损失的性质，二是间接损失赔偿适用的场合，三是间接损失的计算。把这三个问题弄清楚以后，即可按照赔偿原则加以赔偿。

计算间接损失价值的公式是：

间接损失价值＝单位时间增值效益×影响效益发挥的时间

3. 其他财产利益损失的计算

在其他财产利益的损害赔偿中，绝大部分是赔偿间接损失。这种间接损失，绝大多数是预期利益损失。例如，侵害债权，使债权人丧失的利益，就是依其债权可得的预期利益；侵害用益物权，使受害人损失的财产利益，就是占有、用益该用益物应当得到而未能得到的预期利益。即使是侵害担保物权，使受害人受到的损失实际上也是设置担保物权时所担保的债权的预期利益，当债权丧失物权担保时，债权可能全部或部分不能实现，因而受到的损失仍然是全部或部分预期利益。

对于预期利益损失的计算，首先必须准确地确定预期利益的数额，在此基础上，减去已得利益额和必须支出的费用，其余额是预期利益损失的赔偿数额。

三、财产损害赔偿的方法

赔偿损失分为两种形式：一是折价赔偿；二是实物赔偿。

折价赔偿是对实物损害不能恢复原状、返还原物的，将物所遭受的损害折合成现金，以金钱予以赔偿。折价赔偿的关键，是对损失的计算。对于财产损害的直接损失和间接损失，按照计算方法计算出实际损失数额以后，以金钱全部赔偿，即补偿了受害人的财产损害。

实物赔偿方法简便易行，只要用同种类、同等质量的实物赔偿，就达到了全部赔偿的目的。所要注意的是，被侵害的财产，一般多为已经使用过的，有折旧的问题。赔偿的实物，往往是新购置的种类物，赔偿的时候，有时会出现赔偿范围过大的情况。在这种情况下，应当考虑这种因素，按照受损坏物品的实际折旧，计算出其中的差价，由受害人按照差价找价，比较公平合理。

四、对本案的分析

本案是典型的侵占财产的侵权案件。值得注意的是，原来原告起诉的案由是借用返还原物纠纷。法院经反复研究，确认该案的法律关系性质不是“借用”，而是侵占财产，属于侵权行为。

对侵占财产的侵权行为，法院应当判决返还原物，返还原物不能的，判决予以赔偿。按照这一规定，法院首先是判决返还原物，不能返还原物的，由于侵占的是珍贵邮票，叶某应当按照适当高于市场价的数额承担赔偿责任。

第四节 精神损害赔偿

108. “禁止‘丑女’进酒吧侵害人格尊严，请求精神损害赔偿”案

案情介绍

咨询公司市场主管高某在进入当地酒吧时，工作人员以“面容不太好，怕影响店中生意”为由，拒绝其入内。高某向法院起诉，认为酒吧工作人员的行为侵害了其人格尊严，给其造成极大精神伤害，要求酒吧赔偿精神损失费5万元及经济损失2 847元，公开赔礼道歉。

一审法院判决酒吧对高某予以赔礼道歉，赔偿精神损害抚慰金若干元及其他经济损失。酒吧上诉后，二审判决维持赔礼道歉并赔偿其他损失的内容，撤销了赔偿精神损害抚慰金的判决主文。

法律问题

1. 精神损害赔偿的概念和类型
2. 精神损害赔偿金的计算
3. 精神损害赔偿范围和具体计算办法

法理分析

一、精神损害赔偿的概念和类型

精神损害是指对民事主体精神活动的损害。侵权行为侵害自然人、法人、非法人组织的人身权利以及具有人格象征意义的特定纪念物品，造成对自然人生理、心理上的精神活动和自然人、法人、非法人组织维护其精神利益的精神活动的破坏，导致受害人精神痛苦和精神利益丧失或减损。精神损害的最终表现形式就是精神痛苦和精神利益的丧失或减损。

精神损害赔偿是民事主体因其人身权利受到不法侵害，使其人格利益和身份利益受到损害或遭受精神痛苦等无形损害，要求侵权人通过财产形式的赔偿等方法进行救济和保护的民事法律制度。《民法典》第1183条确定了精神损害赔偿的规则。

精神损害赔偿是侵权民事责任的具体承担方式，是行为人实施侵权行为之后应当承担的法律后果。它与人身损害赔偿和财产损害赔偿一起，构成了侵权责任的基本内容。

精神损害赔偿的性质是经济补偿，具有填补损害、抚慰受害人和制裁违法的功能。

二、精神损害赔偿金的计算

确定精神损害赔偿金的原则有三个：（1）法官自由酌量原则；（2）区别对待原则；（3）适当限制原则。

根据司法实践，我国精神损害赔偿金算定的基本办法是综合法，即由法官按照具体规则，综合各项精神损害的各个赔偿数额，酌定损害赔偿金总额。综合法是前述确定精神损害赔偿金三项原则的具体体现。

1. 概算规则

对于纯精神利益损害的赔偿和精神痛苦抚慰金的确定，适用概算规则。《民法典》第 998 条规定："认定行为人承担侵害除生命权、身体权和健康权外的人格权的民事责任，应当考虑行为人和受害人的职业、影响范围、过错程度，以及行为的目的、方式、后果等因素。"这是计算侵害精神性人格权的精神损害赔偿的基本方法。对于侵害其他人格权、身份权的精神损害赔偿，《最高人民法院关于确定民事侵权精神损害赔偿责任若干问题的解释》（2020 年修正）作了具体规定。

2. 比照规则

现行立法对于精神损害赔偿金的确定已有明确规定的，应当比照该规定确定赔偿数额。目前，只有《国家赔偿法》对于人身自由权侵害、生命权侵害和扶养请求权侵害是由国家行为造成的，有具体的赔偿规定。

3. 参照规则

在确定精神利益中财产利益损失的数额时，可以参照其他标准确定赔偿金数额。例如，可以参照受害人在被侵权期间可得利益的损失数额，也可以参照侵权人在侵权期间因侵权而获得的财产利益数额，还可以参照某些人格权转让使用的一般费用标准，综合确定精神损害赔偿金的数额。

三、精神损害赔偿范围和具体计算方法

1. 精神损害赔偿范围

依照《最高人民法院关于确定民事侵权精神损害赔偿若干问题的解释》（2020 年修正）的规定，精神损害赔偿适用范围包括以下方面：

（1）因人身权益或者具有人身意义的特定物受到侵害，自然人或者其近亲属向人民法院提起诉讼请求精神损害赔偿的，人民法院应当依法予以受理。这里包括：一是侵害物质性人格权益的精神抚慰金赔偿；二是侵害精神性人格权益的精神损害

赔偿；三是侵害具有人身意义的特定物造成人格利益受损害的精神损害赔偿。

（2）非法使被监护人脱离监护，导致亲子关系或者近亲属间的亲属关系遭受严重损害，监护人向人民法院起诉请求赔偿精神损害的，人民法院应当依法予以受理。这里包括的是侵害身份权益的精神损害赔偿。

（3）死者的姓名、肖像、名誉、荣誉、隐私、遗体、遗骨等受到侵害，其近亲属向人民法院提起诉讼请求精神损害赔偿的，人民法院应当依法予以支持。

法人或者非法人组织以名誉权、荣誉权、名称权遭受侵害为由，向人民法院起诉请求精神损害赔偿的，人民法院不予支持。

2. 精神损害赔偿数额的计算方法

精神损害的赔偿数额根据以下因素确定：（1）侵权人的过错程度，但是法律另有规定的除外；（2）侵权行为的目的、方式、场合等具体情节；（3）侵权行为所造成的后果；（4）侵权人的获利情况；（5）侵权人承担责任的经济能力；（6）受理诉讼法院所在地的平均生活水平。根据这些因素，按照能够抚慰受害人的损害、能够制裁侵权人的侵权行为、能够警示社会防范侵权行为的原则，综合确定侵权人应当承担的精神损害赔偿责任。

四、对本案的分析

本案的被告禁止原告即所谓“丑女”进酒吧消费，是严重的人格歧视行为，侵害的客体是人格尊严。对人格尊严的损害，只能以赔偿精神损害抚慰金的方法予以救济。对本案，法院应当判决被告承担侵权责任，以保护受害人的人格尊严。至于如何计算损害赔偿金，应当按照概算规则，由法官根据本案的实际情况，依照《民法典》第 1183 条的规定，酌定适当数额。

按照上述规定，本案一审法院的判决是正确的，二审法院以侵权行为情节轻微为由，改判不赔偿精神损害抚慰金不当，不符合《民法典》保护人格尊严的立法宗旨。

第五节 惩罚性赔偿

109.

“保健品不具有说明的保健功能，请求承担侵权惩罚性赔偿责任”案

案情介绍

孟某在超市有限公司员村店购买了 5 瓶药品有限公司出品的蜂胶软胶囊，单价

298元，共1 490元。员村店为孟某以超市有限公司的名义开具了发票。产品说明：该产品营养成分丰富，药品、食品双重GMP认证，标准：Q/SWJ501，卫生许可证号：粤卫食证字（2007）第0305A05115号；产品生产者某药品有限公司。该公司领取了“保健食品经营企业卫生许可证”，生产范围为保健食品生产销售（颗粒剂、片剂、胶囊剂、丸剂、软胶囊剂、袋泡茶剂），经营方式为保健食品经营。孟某服用蜂胶软胶囊后没有明显疗效，认为受到损害，向法院起诉，请求超市有限公司和药品有限公司赔偿其财产损失1 490元，并赔偿价金10倍的惩罚性赔偿14 900元。

一审法院判决予以支持。药品有限公司不服并上诉后，二审法院认为不符合适用惩罚性赔偿责任的条件，判决药品有限公司只返还购买该商品的价款。

法律问题

1. 惩罚性赔偿的概念
2. 适用惩罚性赔偿责任的侵权行为类型
3. 侵权惩罚性赔偿责任的具体适用规则

法理分析

一、惩罚性赔偿的概念

惩罚性赔偿是指超过必须赔偿原告的部分而给付的赔偿。① 惩罚性赔偿起源于18世纪60年代的英格兰，本是英美法系的赔偿制度。

我国的损害赔偿责任奉行填补损害原则，赔偿责任以损失大小为准，使权利人受到的损害能够通过赔偿而获得平复。1993年《消费者权益保护法》第49条采纳了惩罚性赔偿的方法，制裁产品欺诈和服务欺诈的违法经营者。这种惩罚性赔偿属于违约惩罚性赔偿。2009年《食品安全法》第96条第2款规定，恶意食品侵权造成健康损害的，除了请求赔偿损失，还可以请求价金10倍的惩罚性赔偿。2009年《侵权责任法》第47条规定了恶意产品侵权的惩罚性赔偿制度，但没有规定具体的计算方法。2013年修正后的《消费者权益保护法》第55条进一步规定了惩罚性赔偿责任。《民法典》第1185条、第1207条和第1232条对承担惩罚性赔偿责任作出新的规定。

二、适用惩罚性赔偿责任的侵权行为类型

按照《消费者权益保护法》（2013年）第55条第2款的规定，经营者明知商品

① 参见［奥］赫尔穆特·考茨欧、瓦尔萨·韦尔科克斯主编：《惩罚性赔偿金：普通法与大陆法的视角》，窦海洋译，3页，北京，中国法制出版社，2012。

或者服务存在缺陷，仍然向消费者提供，造成消费者或者其他受害人死亡或者健康严重损害的，应当承担超过实际损失的赔偿责任。我国目前侵权责任中的惩罚性赔偿，分为恶意产品致害的惩罚性赔偿和恶意服务致害的惩罚性赔偿。《食品安全法》（2021 年）第 148 条第 2 款规定："生产不符合食品安全标准的食品或者经营明知是不符合食品安全标准的食品，消费者除要求赔偿损失外，还可以向生产者或者经营者要求支付价款十倍或者损失三倍的赔偿金；增加赔偿的金额不足一千元的，为一千元。但是，食品的标签、说明书存在不影响食品安全且不会对消费者造成误导的瑕疵的除外。"这是恶意食品致害的惩罚性赔偿。

恶意商品致害责任属于产品责任，包含在《民法典》第 1207 条和《食品安全法》（2021 年）第 148 条第 2 款规定的内容之中。恶意服务致害责任超出了《民法典》第 1207 条规定的范围，属于《消费者权益保护法》第 55 条第 2 款的适用范围。该款规定了新的请求权基础，是新的法律规范。

《民法典》第 1185 条规定，故意侵害他人知识产权，情节严重的，被侵权人有权请求相应的惩罚性赔偿；第 1232 条规定，侵权人违反法律规定故意污染环境、破坏生态造成严重后果的，被侵权人有权请求相应的惩罚性赔偿。

三、侵权惩罚性赔偿责任的具体适用规则

1. 赔偿实际损失

在适用惩罚性赔偿责任时，首先应当计算受害人的实际损失，并且按照实际损失，确定侵权损害赔偿责任的实际赔偿数额。造成人身损害的，加害人应当赔偿人身损害造成的损失，以及精神损害；只造成精神损害的，加害人只承担精神损害赔偿责任。

2. 适用侵权惩罚性赔偿责任的要件

适用侵权惩罚性赔偿责任的要件是：（1）商品或者服务有缺陷。缺陷是指商品或者服务中存在危及人身、财产安全的不合理的危险。（2）损害的事实是造成消费者或者其他受害人死亡或者健康严重损害，健康严重损害包括重伤、丧失或者部分丧失劳动能力。（3）该缺陷与上述损害之间具有因果关系。（4）行为人须具有故意的要件，即明知有缺陷而希望或者放任损害后果的发生。

至于故意侵害知识产权，故意污染环境、破坏生态造成严重损害的惩罚性赔偿责任，须具备故意和损害严重的要件。

具备以上要件，受害人即可主张侵权人承担惩罚性赔偿责任。

3. 侵权惩罚性赔偿数额的确定方法

侵权惩罚性赔偿数额的确定方法是：普通的恶意产品或者服务造成受害人健康重大损害的，赔偿数额为实际损失的"二倍以下"；恶意食品侵权造成受害人健康重

大损害的，赔偿数额是实际损失的“三倍以下”。至于侵害知识产权和污染环境、破坏生态的惩罚性赔偿，应当依照相关单行法的具体规定确定赔偿的基数和倍数。具体计算方法是：(1) 计算倍数的基准，是人身损害赔偿数额或者精神损害赔偿数额。(2) 增加赔偿的倍数，分别为人身损害赔偿数额的 2 倍以下或者精神损害赔偿数额的 2 倍以下。在 2 倍以下确定具体数额，法官有自由裁量权，可以是 2 倍，可以是一倍半，也可以是一倍，还可以是半倍。恶意食品侵权的，赔偿倍数为 3 倍以下。(3) 法官对具体赔偿数额有自由裁量权，考量的因素包括：一是经营者的故意程度，是间接故意还是直接故意；二是受害人或者受害人的近亲属所受伤害、所受痛苦或者精神损害的程度，区分为特别严重、很严重和严重等；三是实际赔偿数额的大小。

四、对本案的分析

本案的一审法院支持原告支付惩罚性赔偿金的诉讼请求，二审法院不支持支付惩罚性赔偿金的请求。

一审法院判决将本案认定为侵权损害的惩罚性赔偿责任是不正确的，因为原告在购买、使用被告生产、销售的产品过程中，并没有造成价金之外的其他固有利益损失，特别是没有造成人身损害，被告也没有明知会造成损害的主观心态，缺乏构成侵权责任的要件，因此，主张适用侵权惩罚性赔偿责任没有事实和法律根据，应当适用违约惩罚性赔偿责任。

二审法院正确理解惩罚性赔偿责任的适用条件，确认本案不构成侵权责任，没有适用侵权惩罚性赔偿责任的前提，因而改判只赔偿价金损失，是正确的。

第三十二章
特殊侵权责任

第一节　监护人责任

110.

“未成年人盗窃他人财产后将财产丢失应承担赔偿责任”案

案情介绍

章某、涂某均为未成年人，二人潜入赵某家，窃取若干金首饰。两人得到这些财物后无处隐藏，又怕被发现，在花园中挖了一个坑，将这些金首饰埋入地下。破案后，两名未成年人引领警察到该地起获赃物，发现金首饰已经被人盗走。赵某主张二未成年人的监护人承担侵权责任；其监护人主张自己没有疏于监督的过失，但无法举证证明。

法院判决二未成年人的监护人承担侵权责任。

法律问题

1. 监护人责任的基本规则
2. 监护人责任的构成

法理分析

一、监护人责任的基本规则

本案涉及的特殊侵权责任类型是监护人责任，《民法典》第 1188 条第一句对此作出了规定：“无民事行为能力人、限制民事行为能力人造成他人损害的，由监护人承担侵权责任。”

监护人责任具有以下特点：

第一，监护人责任是对人的替代责任。监护人责任是替代责任，无民事行为能力人或者限制民事行为能力人实施侵害行为，造成了被侵权人的人身损害或者财产损害，侵害了被侵权人的权利的，承担侵权责任的不是造成损害的被监护人，而是被监护人的监护人，是监护人替代实施加害行为的被监护人承担侵权责任。

第二，监护人责任是过错推定责任。监护人责任的过错，并不要求被监护人具有过错，而是要求监护人具有过错。监护人的过错表现在监护人对未成年人或者精神病人没有尽到监护职责，并以此作为这种侵权责任构成的要件。由于实行过错推定原则，所以，监护人的过错并不需要原告证明，而是通过实施加害行为的被监护人的侵害行为推定其监护人具有未尽到监护职责的过错。

第三，监护人责任的承担受被监护人的财产状况制约。被监护人自己有财产的，应当先从他自己的财产中支付赔偿金，赔偿不足部分则由其监护人承担补偿责任。至于被监护人的财产，可以是受赠的财产、继承的财产，以及其他合法所得财产。被监护人没有财产的，由其监护人自行承担赔偿责任。

第四，监护人责任以公平分担损失规则为补充。我国的监护人责任实行过错推定原则，即使监护人能够证明自己对于实施加害行为的被监护人已经善尽监护职责的，即监护人自己无过错，也并不免除监护人的侵权责任，而是“可以减轻其侵权责任”。这是公平分担损失规则的适用，是为平衡双方当事人的经济利益而采取的措施。

二、监护人责任的构成

监护人责任的构成必须具备违法行为、损害事实、因果关系和过错这四个要件。具备这四个要件者，构成监护人责任。

确定监护人责任适用过错推定原则，而确定监护人的过错，是从被监护人致人损害的事实中，推定其监护人有疏于监护的过失。监护人认为自己没有过错的，应当举证证明自己无过错。不能证明自己无过错的，监护人应当承担侵权责任。

三、对本案的分析

章某和涂某都是未成年人，盗窃赵某的财产，尽管隐藏的赃物被人盗走，但他们的行为已经侵害了赵某的所有权。首先，他们是未成年人，他们实施盗窃行为，盗窃赵某的财产，其行为与赵某的财产损失之间具有因果关系。其次，确定监护人责任适用过错推定原则，按照要求，本案原告无须举证证明监护人的过错，即可从二被告窃取金饰品的事实推定其监护人未尽监护之责，为有过失。对此，监护人无法证明自己已尽监护义务而无过错，故过错推定成立，监护人应承担赔偿责任。最后，尽管二被告盗窃的财产已经被他人窃走，但是并不影响侵权行为的认定，也不影响二被告的监护人对该侵权行为承担侵权责任。本案的二被告自己没有财产，应当由其监护人承担全部赔偿责任。

第二节 暂时丧失心智损害责任

111. “于某醉酒驾车，无法控制自己的行为，发生交通事故致人损害”案

案情介绍

凌晨3时许，于某驾驶小客车与唐某驾驶的小客车发生交通事故，致使唐某受重伤。肇事原因是于某醉酒后驾车，身体暂时失去控制。公安交通管理部门认定于某属醉酒后驾车，无法控制自己的行为造成他人损害，应负此次事故的全部责任。

法院认为：本案双方当事人驾车发生交通事故，致使唐某的身体受到伤害。原因是于某醉酒驾车，身体失去控制，无法正常驾驶机动车。对于造成的损害，判决于某承担全部赔偿责任，共计赔偿人民币179 631.64元。①

法律问题

1. 暂时丧失心智损害责任的概念和构成
2. 暂时丧失心智损害责任的承担

法理分析

一、暂时丧失心智损害责任的概念和构成

本案涉及的特殊侵权责任类型是暂时丧失心智损害责任，《民法典》第1190条规定了这种特殊侵权责任。

暂时丧失心智损害责任，是指完全民事行为能力人对于自己过错引起暂时心智丧失，或者因醉酒或者因滥用麻醉、精神药品而暂时丧失心智，造成他人损害时，应当承担的特殊侵权责任。

---

① 本案只讨论侵权责任，不讨论刑事责任问题。

暂时丧失心智损害责任的构成，须具备以下要件：

第一，侵权人是完全民事行为能力人。这种特殊侵权责任的行为主体即侵权人，必须是完全民事行为能力人，而不是限制民事行为能力人或者无民事行为能力人。无民事行为能力人和限制民事行为能力人造成他人损害，由其监护人承担责任，另由监护人责任的特殊侵权责任规则调整。只有完全民事行为能力人才存在暂时丧失心智的情况，需要由专门规则调整。

第二，被侵权人遭受实际损害。在损害事实要件中，须造成被侵权人实际损害。这种损害既可以是人身损害，也可以是财产损害。造成人身损害以及财产损害的，当然构成损害事实要件。

第三，侵权人造成他人损害时暂时丧失心智。在这种特殊侵权责任的被侵权人受到侵害时，侵权人须在暂时丧失心智状态下，也即侵权人在丧失心智、无法控制自己的行为的状态下造成对被侵权人的损害。

第四，侵权人暂时丧失心智是自己的过错所致。构成这种特殊侵权责任，须侵权人具有过错，即侵权人的心智暂时丧失是基于自己的过失而发生的。丧失心智的过错，除了《民法典》第 1190 条第 2 款规定的醉酒、滥用麻醉药品或者精神药品，还包括其他故意或者过失行为。这种特殊侵权责任的过错认定实行过错推定原则，即被侵权人已经证明其他责任构成要件后，法官即可推定侵权人对其心智丧失有过错，丧失心智的侵权人如果主张自己没有过错，应当举证证明；不能够证明自己没有过错的，侵权责任成立，其应当承担赔偿责任。

二、暂时丧失心智损害责任的承担

实践中，因为行为人暂时丧失心智的原因不同，所以损害责任的承担也有所区别。具体处理规则如下：

第一，因过错导致暂时心智丧失致人损害的，应当由侵权人承担赔偿责任。完全民事行为能力人由于自己的过错导致暂时心智丧失，从而造成他人损害的，应当为自己的过错所造成的损害负责，因此，其应当对被侵权人承担侵权责任。

第二，因醉酒、滥用麻醉药品或者精神药品对自己的行为暂时没有意识或者失去控制，造成他人损害的，应当由侵权人承担赔偿责任。这种情形同样是侵权人过错所为，当然应由他自己承担侵权责任。事实上，《民法典》第 1190 条第 2 款规定的这种情形，是该条第 1 款规定的过错的特殊表现形式，适用同样的规则，只不过这种过错已经被证明，无须适用公平分担损失规则而已。

第三，完全民事行为能力人对于自己暂时心智丧失没有过错的，应当依照公平分担损失规则，根据自己的经济状况对受害人予以适当补偿。

三、对本案的分析

本案的于某驾车造成他人损害，是因醉酒而使自己的身体暂时失去控制，符合《民法典》第 1190 条的规定，构成侵权损害赔偿责任。我国每年酒后驾车引起大量交通事故，造成重大人员伤亡和财产损失，所以必须严格要求，以维护公共安全。醉酒能使完全民事行为能力人暂时心智丧失、行为失去控制，醉酒者驾驶机动车在道路上行驶，具有极大的社会危险性，极有可能对他人造成伤害。于某对于自己的身体失去控制具有过错，应当对唐某的损害承担全部赔偿责任。

第三节　用人单位责任

112. “铁路饭店职工执行工作任务致人损害赔偿”案

案情介绍

铁路饭店职工陈某准备将库存的硫酸桶转移到修缮工地。该桶的容量为 10 升，内装 400 克硫酸，桶口未加盖。住宿在该饭店的何某准备外出，在三楼楼梯上不慎摔倒，撞到陈某手提的硫酸桶上，桶内的硫酸洒在何某身上，其头部、面部、臂部被烧成重伤。何某起诉铁路饭店，请求承担侵权责任。

法院认为，铁路饭店是法人，其工作人员在执行职务中未尽相当的注意义务，致使危险物品造成了受害人的损害，铁路饭店应当承担侵权责任，故判决铁路饭店承担全部赔偿责任。

法律问题

1. 用人单位责任的概念和特征
2. 用人单位责任的构成
3. 用人单位责任的承担

法理分析

一、用人单位责任的概念和特征

本案涉及的特殊侵权责任类型是用人单位责任。《民法典》第 1191 条和第 1192

条规定的用人者责任包括用人单位责任、劳务派遣责任和个人劳务责任。

用人单位责任，是指用人单位的工作人员因执行工作任务造成他人损害的，由用人单位作为赔偿责任主体，为其工作人员的致害行为承担损害赔偿责任的特殊侵权责任。

用人单位责任的基本特征是：第一，实施侵权行为的主体特定化，只有用人单位的工作人员造成侵权后果的时候，才能够成立这种侵权责任。第二，侵权行为发生的场合特定化，即只有用人单位的工作人员执行工作任务造成他人损害的，才能构成这种侵权责任。第三，侵权损害的被侵权人即损害赔偿权利人特定化，只有用人单位的工作人员执行工作任务造成第三人损害的，才能构成这种侵权责任。第四，这种侵权责任是替代责任，用人单位工作人员造成第三人损害的，承担责任的不是行为人即用人单位的工作人员，而是用人单位，因此，该责任是典型的替代责任形态。

二、用人单位责任的构成

关于用人单位责任应当适用何种归责原则，《民法典》第 1191 条第 1 款规定得不明确。有人认为应当适用无过错责任原则，但本书认为，用人单位责任应当适用过错推定原则。过错推定原则的适用，能够从工作人员致被侵权人损害的事实中，推定用人单位有疏于选任、监督之责的过错，并实行举证责任倒置，由用人单位举证证明自己已尽相当的注意。无须被侵权人举证证明而直接推定用人单位有过错，就使被侵权人处于有利地位，使其合法权益能够得到更好的保护。

用人单位责任的构成须具备以下要件：

第一，用人单位责任的违法行为要件，是指用人单位的法定代表人、负责人及其他工作人员有执行职务行为，且该行为违反法律。用人单位，是指依法成立的法人与非法人组织。凡不是个人劳务的私人雇工关系和劳务派遣关系的用工单位，都是此处所指的用人单位。须用人单位工作人员的行为是执行工作任务的行为，才能构成用人单位责任。用人单位的工作人员是否执行工作任务，是用人单位承担替代责任与否的决定性因素。确定用人单位的工作人员是否执行工作任务应当采用客观说，即以用人单位工作人员所作出行为的外在表现形态为标准，如果行为在客观上表现为与用人单位指示办理的事件要求相一致，就应当认为属于执行工作任务的范围。

第二，用人单位责任的损害事实要件，包括侵害人身权益和财产权益所造成的损害后果。损害事实可以是人身损害事实，也可以是精神损害事实，还可以是财产损害事实。无损害则无责任。

第三，用人单位责任的因果关系要件，与其他侵权责任构成要件中的因果关系要件没有太大的差别，就是要求用人单位的法定代表人、负责人及其他工作人员的行为须和损害事实有引起与被引起的因果关系。

第四，用人单位责任的过错要件为用人单位主观上有过失。用人单位责任构成要件中的过错是用人单位的过失，过失的内容主要是用人单位在选任、监督、管理其工作人员方面的过失。尽管在很多情况下，用人单位的工作人员在执行工作任务时并没有过错，但由于用人单位本身具有过错，仍构成用人单位责任。认定用人单位责任的过错要件采推定方式，即通过此工作人员执行工作任务的行为造成他人损害，即可推定用人单位的过错。如果用人单位认为自己无过错，应当依法举证。证明成立的，免除侵权责任；不能证明或证明不足的，推定成立，认定其有过错。

三、用人单位责任的承担

用人单位责任是替代责任，工作人员因执行工作任务造成他人损害的，应当由工作人员的用人单位承担赔偿责任。因此，用人单位责任的特点是工作人员造成他人损害，用人单位承担赔偿责任。被侵权人不是向造成损害的工作人员请求赔偿，而是向用人单位请求赔偿。

如果工作人员在造成他人损害时有故意或者重大过失，则用人单位在承担了赔偿责任之后，取得对工作人员的追偿权，有权请求工作人员对其承担赔偿责任。

四、对本案的分析

在本案中，铁路饭店的职工在执行工作任务时不慎造成住店客人的人身损害，显然具有过失。该职工的行为是执行工作任务的行为，是用人单位行为的延伸。对于该损害后果，用人单位应当承担赔偿责任。该职工在执行工作任务时有过失，铁路饭店在承担了赔偿责任之后，可以向该职工追偿。

第四节　网络侵权责任

113.

“‘人肉搜索’构成网络侵权责任”案

案情介绍

王某与姜某系夫妻关系，双方于 2006 年 2 月 22 日登记结婚。2007 年 12 月 29 日晚，姜某从自己住所的 24 层跳楼自杀。自杀前，姜某在自己的博客中以日记形式记载了自杀前 2 个月的心路历程，将王某与某女性的合影贴在博客中，认为二人有不正当两性关系。在姜某自杀后，其博客被打开。姜某的大学同学张某得知信息后，注册了非经营性的“北飞的候鸟”网站，张某、姜某的亲属及朋友先后在该网站上发表纪念姜某的文章。张某还将该网站与天涯网、新浪网进行链接。姜某的博客日记被一名网民阅读后转发在天涯网社区论坛中，又不断被其他网民转发至不同网站。张某的网站开办后，网站上有关姜某的文章也被不断转载、传播。

网民在天涯网等网站上发起对王某的“人肉搜索”，使王某的姓名、工作单位、家庭住址等详细个人信息被披露；一些网民在网络上对王某进行谩骂；部分网民到王某和其父母住处进行骚扰，在王家门口墙壁上刷写、张贴“无良王家”“逼死贤妻”“血债血偿”等标语。

王某认为，“北飞的候鸟”网站刊登的部分文章披露了其隐私，包含侮辱和诽谤的内容，要求其承担侵害隐私权和名誉权的侵权责任。法院判决网络服务提供者张某承担侵权责任。

法律问题

1. 网络侵权行为的概念和责任人
2. 网络侵权责任的基本规则

法理分析

一、网络侵权行为的概念和责任人

网络侵权行为是指在互联网上，网络用户、网络服务提供者以及他人故意或者过失借助电脑网络和电信网络侵害他人民事权益的特殊侵权行为。

作为网络侵权责任人的网络服务提供者，是指依照其提供的服务形式有能力采取必要措施的信息存储空间或者提供搜索、链接服务等网络服务提供商，也包括在自己的网站上发表作品的网络内容提供者，主要有网络经营服务商（ISP）、网络内容服务商（ICP）、电子认证机构（CA）、网络电子市场营运商，以及其他参与网络活动的各种主体。①

二、网络侵权责任的基本规则

网络侵权责任的规则比较复杂，分为以下四个部分。

---

① 参见方美琪：《网络概论》，324 页，北京，清华大学出版社，1999。

1. 一般规则

网络侵权的一般规则是，网络用户、网络服务提供者利用网络侵害他人民事权益的，应当承担侵权责任。法律另有规定的，依照其规定。

"法律另有规定"，应当是指其他法律对网络用户、网络服务提供者利用网络侵害他人民事权益承担民事责任的情形。

2. 网络侵权责任避风港原则的通知规则

网络侵权责任的避风港原则，是指网络服务提供者在不知道且不应当知道网络用户实施的侵权行为时，只要采取了必要措施，即不承担侵权责任，进入"避风港"。其中，通知规则是：

（1）网络用户利用网络服务实施侵权行为的，权利人有权通知网络服务提供者采取删除、屏蔽、断开链接等必要措施。通知应当包括构成侵权的初步证据及权利人的真实身份信息。

（2）网络服务提供者接到通知后，应当及时将该通知转送相关网络用户，并根据构成侵权的初步证据和服务类型采取必要措施；未及时采取必要措施的，对损害的扩大部分与该网络用户承担连带责任。

（3）因错误通知造成网络用户或者网络服务提供者损害的，构成对网络用户或者网络服务者的侵权，权利人应当承担侵权责任。

3. 网络侵权责任避风港原则的反通知规则

权利人行使了上述通知权，对网络用户的行为采取了必要措施后，网络用户认为自己不构成侵权的，可以行使反通知权。避风港原则中的反通知规则的内容是：

（1）网络用户接到转送的通知后，可以向网络服务提供者提交不存在侵权行为的声明。声明应当包括不存在侵权行为的初步证据。

（2）网络服务提供者接到声明后，应当将该声明转送发出通知的权利人，并告知其可以向有关部门投诉或者向人民法院起诉。网络服务提供者在转送声明到达权利人后的合理期限内，未收到关于权利人已经投诉或者起诉通知的，应当及时终止所采取的措施。

4. 网络侵权责任的"红旗原则"

"红旗原则"就是网络服务提供者知道或者应当知道网络用户利用其网络服务侵害他人民事权益，却未采取必要措施。对此，网络服务提供者应当与该网络用户承担连带责任。

适用"红旗原则"的后果是，明知或者应知网络用户在自己的网站上实施侵权行为的网络服务提供者，对该侵权信息没有采取必要措施，须与实施侵权行为的网络用户一起，对被侵权人造成的损害承担连带赔偿责任。

三、对本案的分析

本案是“人肉搜索”网络侵权第一案，影响相当大。这个案件尽管是在《民法典》实施前发生并且审结的案件，但其法律适用经验被吸收进《侵权责任法》第36条中，其基本精神又被改写成《民法典》第1194～1197条的规定。

应当承认，本案王某婚后的“出轨”行为，对其妻姜某造成严重伤害，与姜某自杀后果有关系，王某应当受到谴责。但是，网民在网站上实施“网络暴力”，特别是对王某进行“人肉搜索”，使王某的隐私暴露于公众面前，使其受到人身攻击，造成严重精神损害，也是违反法律的。

面对网站上公然侵害他人个人信息的“人肉搜索”，作为涉案网站的开办者张某，除了自己发布侵权信息，明知其网站上的其他网络用户实施的行为为侵权行为，不采取必要措施，准许网络用户在自己的网站平台上进行“人肉搜索”，符合“红旗原则”的要求，构成侵权责任。张某不仅应当对自己的侵权行为承担责任，而且应当与侵权的网络用户承担连带责任。在王某起诉张某的情况下，法院判决其承担侵权责任，符合法律规定。

第五节　违反安全保障义务的侵权责任

114. “饭店未尽安全保障义务致沈某坠楼死亡”案

案情介绍

中央电视台某栏目的女主持人沈某受邀在餐饮有限公司举行的招待会就餐，房间在二楼邻近消防通道的位置。就餐过程中，沈某的手机响起，边接电话边走到附近的木制消防通道安全门旁，后不见踪影。经寻找，发现沈某坠落楼下受伤，经抢救无效身亡，经公安局鉴定为高坠死亡。沈某的近亲属起诉，认为沈某坠楼身亡是餐饮有限公司使用不合规范的工程且没有在危险地段设置警示标志造成的，两者的违法行为严重损害了消费者的权益，主观上具有明显过失，因此负有不可推卸的责任，故请求法院判令被告赔偿医疗费、交通费和精神损失费等若干万元。

法院认为，餐饮有限公司作为餐饮行业的经营者，本应向消费者提供符合保障人身安全的服务，而未尽安全保障义务，故存在过错，应当对造成的损害承担赔偿责任。

法律问题

1. 违反安全保障义务的侵权责任的概念和特征

2. 公共场所管理人等的安全保障义务的来源

3. 违反安全保障义务的侵权责任类型

法理分析

一、违反安全保障义务的侵权责任的概念和特征

违反安全保障义务的侵权责任是指依照法律规定或者约定对他人负有安全保障义务的人违反该义务，因而直接或者间接地造成他人人身或者财产权益损害，应当承担的损害赔偿责任。

违反安全保障义务的侵权责任的特征是：第一，行为人是对受保护人负有安全保障义务的人，即负有安全保障义务的公共场所或者群众性活动的管理人或者组织者；受保护人是进入行为人负有安全保障义务的公共场所或者群众性活动领域之中的人。第二，行为人违反安全保障义务。第三，受安全保障义务保护的相对人遭受了人身损害或财产损害。第四，违反安全保障义务的行为人应当承担侵权损害赔偿责任。

二、公共场所管理人等的安全保障义务的来源

确定违反安全保障义务的侵权责任，最重要的是确定行为人是不是负有安全保障义务、负有什么样的安全保障义务。安全保障义务的来源主要有以下三个方面：

一是法律直接规定。法律直接规定安全保护义务，是最直接的安全保障义务的来源。例如《消费者权益保护法》第 7 条规定："消费者在购买、使用商品和接受服务时享有人身、财产安全不受损害的权利。""消费者有权要求经营者提供的商品和服务，符合保障人身、财产安全的要求。"第 18 条第 2 款规定："宾馆、商场、餐馆、银行、机场、车站、港口、影剧院等经营场所的经营者，应当对消费者尽到安全保障义务。"其他法律规定的安全保护义务，也都属于这种性质。

二是合同约定的主义务。如果在当事人约定的合同义务中规定，合同的一方当事人对另一方当事人负有安全保障义务，则该方合同当事人应当承担安全保障义务。例如，订立旅客运输合同，旅客的人身安全保障义务就是合同的主义务，承运人必须履行这种义务。

三是法定的或者约定的合同附随义务。按照诚信原则，一方当事人应该对另一方当事人提供安全保障的，该方当事人也应该负有安全保障义务。例如，餐饮业、

旅馆业向顾客提供服务，按照诚信原则的解释，其对接受服务的客人的人身安全负有保障义务。

三、违反安全保障义务的侵权责任类型

1. 设施、设备违反安全保障义务

公共场所的管理人或者群众性活动的组织者在设施、设备方面违反安全保障义务，主要是违反相关的安全标准。经营场所或者社会活动场所的设施、设备必须符合国家的强制标准要求，没有国家的强制标准的，应当符合行业标准或者达到进行此等经营活动所需要达到的安全标准。例如，某商场在通道上安装的玻璃门未设置警示标志，一般人很难发现这是一扇门，顾客通过时撞在门上，造成伤害。对此商场应当承担违反安全保障义务的人身损害赔偿责任。

2. 服务管理违反安全保障义务

公共场所的管理人或者群众性活动的组织者在服务管理方面的安全保障义务，主要包括以下三个方面：第一，加强管理，提供安全的消费、活动环境。例如，涉及消费者和活动参与者的人身安全和卫生安全的经营、活动中，应当保障人身安全和卫生，地面不得存在油渍和障碍，应当定期消毒以防止传染病的传播等。第二，坚持服务标准，防止出现损害。在经营和活动中，应当按照确定的服务标准进行，不得违反服务标准。第三，必要的提示、说明、劝告、协助义务。如果在经营或者社会活动中存在不安全因素，例如可能出现伤害或者意外情况，应当进行警示、说明。

3. 对儿童违反安全保障义务

儿童是祖国的未来，是民族的未来，因此，法律对儿童予以特别的关照和保护。对儿童保护适用特别标准，公共场所的管理人或者群众性活动的组织者必须竭力做好保护儿童的各项措施，以保障儿童不受场地内具有诱惑性的危险的侵害。公共场所的管理人或者群众性活动的组织者对儿童违反安全保障义务造成儿童损害的，应当承担赔偿责任。

4. 防范、制止侵权行为违反安全保障义务

负有安全保障义务的公共场所的管理人或者群众性活动的组织者，在防范和制止他人侵害方面未尽义务，造成受保护人损害的，也构成违反安全保障义务的侵权责任。这是一种特定的类型。

四、对本案的分析

本案被告违反安全保障义务的侵权责任类型，是设施、设备违反安全保障义务

损害责任。被告对消费者的安全保障义务的来源，是《消费者权益保护法》第7条和第18条。沈某作为消费者，进入被告餐厅就餐后，被告作为经营者，对沈某的人身、财产负有合理限度内的安全保障义务，应当向消费者提供符合保障人身安全的服务，其中就包括设施、设备安全、无危险。但是，被告对本应预见到的对消费者的人身构成危害的安全隐患未采取措施，未尽到合理限度内的安全保障义务，致使沈某坠落死亡，存在重大过失，构成设施、设备未尽安全保障义务的侵权责任，应当对沈某坠楼身亡的损害后果承担全部赔偿责任。

第六节　机动车交通事故责任

115.

“买卖报废车发生交通事故致伤他人”案

案情介绍

经熟人介绍，王某花8 000元从郊县马某处购买了一辆小货车，在工地上拉原料，后来发现这辆车手续不全、属于报废车，即按废铁价格以4 000元卖给在工地打工的李某。李某当时没有钱，就开着这辆车在王某承包的工地上拉原料，用运输费抵购车款，直到把购车款全部还清。其间，李某驾驶该车撞伤了钱某后逃逸，后迫于压力投案自首。钱某起诉后，法院判决李某、王某和马某对钱某的人身损害承担连带赔偿责任。

法律问题

1. 机动车交通事故责任的基本规则
2. 非法转让报废车、拼装车的绝对责任

法理分析

一、机动车交通事故责任的基本规则

依照《民法典》第1208条和《道路交通安全法》第76条的规定，机动车交通事故责任的基本规则是：

第一，交通事故强制保险优先，不足部分适用《民法典》关于机动车交通事故责任的规定。在处理道路交通事故责任时，道路交通事故责任强制保险优先，先由

强制保险理赔。在这个范围内并不适用《民法典》的规则，服从于道路交通事故强制保险的具体规则。只有对于赔偿不足部分，才适用《民法典》的规则。

第二，道路交通事故责任的归责原则：一是机动车之间发生交通事故的，实行过错责任原则；二是机动车一方造成非机动车驾驶人或者行人损害的，实行过错推定原则。后者对过错的证明采取推定方式，在原告证明了违法行为、损害事实和因果关系要件之后，法官直接推定机动车一方有过错。机动车一方认为自己没有过错的，应当承担举证责任，实行举证责任倒置，证明自己没有过错。能够证明自己没有过错的，免除其责任；不能证明或者证明力不足的，过错推定成立，机动车一方应当承担赔偿责任。

第三，机动车交通事故责任适用过失相抵规则：一是机动车一方有过错的，构成侵权责任；非机动车一方或者行人也有过失的，应当根据受害人一方的过失程度适当减轻机动车一方的赔偿责任。二是机动车之间造成损害，各方都有过错的，应当按照各自的过错比例分担责任。

第四，非机动车驾驶人或者行人的完全过失造成损害的，机动车承担不超过10%的责任。承担不超过10%的赔偿责任的具体比例，要根据受害人的过失程度确定。

第五，受害人故意引起损害的，机动车一方不承担侵权责任。故意包括受害人对后果的追求和放任两种形式，凡是故意引起损害的，机动车一方都不承担责任。

二、非法转让报废车、拼装车的绝对责任

《民法典》第1214条规定的是非法转让机动车损害责任。以买卖等方式转让拼装车或者已经达到报废标准的机动车，是严重的违法交易。如果发生交通事故造成他人损害，由转让人和受让人双方承担连带责任。之所以这样规定，是因为双方当事人明知道交易的是报废车、拼装车，法律是严格禁止交易的，双方还互相交易，表明有严重过失。因此发生交通事故造成他人损害，让双方承担连带责任，完全是有道理的。

《民法典》第1214条规定的是绝对责任条款，只要非法转让的拼装车或者报废车发生交通事故造成他人损害，转让人和受让人就必须承担连带责任，不得以任何理由主张免除或者减轻责任。拼装车或者报废车被多次转让，发生交通事故造成他人损害的，全部转让人和受让人应当依照该条规定承担连带责任，以让受害人的合法权益得到更好的保障。

三、对本案的分析

本案属于典型的因买卖报废车发生的交通事故。马某和王某都属于报废车的转

让人，李某属于受让人，按照《民法典》第1214条的规定，应该由转让人马某、王某和受让人李某承担对钱某的连带赔偿责任。在机动车管理中，严禁拼装机动车，不准转让已经达到报废标准的机动车。违反法律规定，非法转让拼装机动车或者报废机动车属于严重的违法行为，转让人和受让人在主观上都有故意违法的意图。采取这种非法方式转让拼装机动车或者报废机动车，发生交通事故造成损害的，无论是造成他人损害还是造成自己损害，对于损害的发生，将双方在非法转让中的故意视为对损害发生的放任，因此，在转让人和受让人之间具有共同的间接故意，构成共同侵权行为。《民法典》第1214条规定由转让人和受让人承担连带责任，并且不管转让几手，所有参与转让的人都是责任人。这符合侵权责任法原理，也符合《民法典》第1168条关于共同侵权行为应当承担连带责任的规定。

第七节　医疗损害责任

116.

“医疗机构伪造、篡改病历资料被推定为医疗技术过错”案

案情介绍

张某的妻子怀孕41周，于上午9时在妇产医院入院待产，常规检查初步诊断为羊水过多。下午5时，产妇胎膜破裂后自然分娩，胎儿娩至下腹部时，产妇突然出现抽搐、昏迷、意识丧失、无自主呼吸，考虑为羊水栓塞，立即抢救。晚6时10分，产妇出血1 000ml，输血后给予宫腔纱布填塞仍不能止血，后进行子宫切除手术。手术进行2分钟后，产妇血压降至0；14分钟后无自主呼吸、心脏停搏。晚11时50分抢救无效死亡，手术中的总出血量约8 000ml。医患双方委托进行病历解析，临床病历结论为推测死者系子宫弛缓性出血，引起失血性休克导致死亡。张某起诉，妇产医院申请医学会进行医疗事故鉴定，因妇产医院存在篡改病历行为，且病程日志、手术志愿书、麻醉前谈话记录均系签字后填写，无法进行鉴定。

法院认定，产妇与妇产医院的医疗服务合同依法成立，妇产医院存在伪造、篡改病历的行为，患者的知情同意权没有受到尊重，构成医疗事故责任，遂判决妇产医院向患者家属赔偿若干万元。

法律问题

1. 医疗损害责任的基本规则

2. 推定医疗机构有过错的情形

法理分析

一、医疗损害责任的基本规则

依照《民法典》侵权责任编第六章的规定，医疗损害责任的基本规则是：

第一，废止医疗事故责任、医疗过错责任等称谓，统一称为医疗损害责任。

第二，医疗损害责任分为医疗伦理损害责任、医疗技术损害责任、医疗产品损害责任和医疗管理损害责任。《民法典》第 1219 条规定的违反告知义务损害责任，是主要的医疗伦理损害责任；第 1221 条规定的是医疗技术损害责任，是医疗机构、医务人员违反当时的医疗水平的要求，造成患者损害的责任；医疗产品损害责任是第 1223 条规定的医疗损害责任，是有缺陷的药品、医疗器械、消毒药剂以及不合格的血液使用在患者身上，造成患者损害的医疗损害责任；对于医疗管理损害责任，应当依照第 1218 条规定的医疗损害责任一般规定的要求确定侵权责任。

第三，医疗损害责任的归责原则是：医疗伦理损害责任、医疗技术损害责任和医疗管理损害责任适用过错责任原则，医疗产品损害责任适用无过错责任原则。

第四，医疗损害责任的责任形态是替代责任，即医务人员的过失行为造成损害的，由医疗机构承担赔偿责任，而不是由医务人员承担责任。医疗产品损害责任则为不真正连带责任，受害人可以向有缺陷的医疗产品的生产者请求赔偿，也可以向医疗机构请求赔偿，医疗机构承担赔偿责任之后，有权向缺陷医疗产品的生产者请求追偿。

第五，医疗损害责任的举证责任由受害患者承担，具有《民法典》第 1222 条规定情形之一的，可以推定医疗机构存在过错。这些情形是：（1）违反法律、行政法规、规章以及其他有关诊疗规范的规定；（2）隐匿或者拒绝提供与纠纷有关的病历资料；（3）遗失、伪造、篡改或者违法销毁病历资料。

第六，实行统一的人身损害赔偿标准，不再区分医疗事故责任和医疗过错责任在赔偿标准上的差别，全面适用《民法典》第 1179 条的规定。

二、推定医疗机构有过错的情形

按照《民法典》第 1222 条的规定，受害患者能够证明医疗机构存在以下三种法定的情形，即可推定存在医疗过失：

（1）医疗机构及医务人员违反法律、行政法规、规章等有关诊疗规范的规定。在立法中，很多学者提出，违反法律、行政法规、规章等有关诊疗规范的规定的，其实就是有过失，因为证明医疗技术过失的标准之一，就是违反有关诊疗规范的规定。因此，具备本项规定的要求的为有技术过失，没有举证责任倒置的问题。

（2）医疗机构及医务人员隐匿或者拒绝提供与纠纷有关的病历资料。医疗机构及医务人员在发生医疗损害责任纠纷时，隐匿或者拒绝提供上述病历资料的，直接推定存在医疗技术过失，受害患者不必再举证证明。

（3）医疗机构及医务人员遗失、伪造、篡改或者销毁病历资料。前项规定的推定过错事由，是医疗机构及医务人员对病历资料采取消极态度，是隐匿或者拒绝提供，属于不作为。而本项规定的行为，是医疗机构及医务人员对病历资料采取积极态度，即遗失、伪造、篡改或者销毁。对此，同样应当推定有医疗技术过失。

在依照上述规定推定过错之后，是否准许医疗机构及医务人员举证推翻过错推定，有不同意见。第一种意见认为，有推定就有举证责任倒置，只要医疗机构及医务人员能够举证证明自己没有医疗过失，即使存在上述三项法定事由，也不应当认定医疗机构有医疗技术过失。第二种意见认为，第一项规定的过错推定事由是不能够举证推翻的，直接认定过错；第二项和第三项规定的过错推定，可以通过举证证明无过错而予以推翻。第三种意见认为，第一项规定的过错推定当然不能推翻，第二项和第三项规定的内容，相当于机动车交通事故责任中的肇事后逃逸，交通肇事后逃逸就直接认定为有过错、承担全部责任。医疗损害责任同样如此。既然已经证明存在隐匿、拒绝提供、伪造、销毁病历资料及有关资料，推定过失后就应不准举证推翻，直接认定过错。对此，法律没有明确规定。笔者赞成第三种意见，认为其意义在于警示医疗机构及医务人员严守《民法典》第 1225 条规定的医疗机构及医务人员对病历资料的职责。

三、对本案的分析

本案医疗损害纠纷的性质是医疗技术损害责任，依照《民法典》的规定，应当适用过错责任原则，因而与医疗产品损害责任适用无过错责任原则不同。同时，尽管医疗技术损害责任与医疗伦理损害责任、医疗管理损害责任都适用过错责任原则，但医疗技术损害责任的过错认定有特殊性，认定医疗技术过失的标准是“医务人员在诊疗活动中未尽到与当时的医疗水平相应的诊疗义务”，需要原告举证证明，不过，《民法典》第 1222 条又规定了可以推定医疗技术过失的法定事由，符合该条规定的三种法定事由之一的，即可推定医疗机构有过失。

认定本案医疗机构是否有医疗技术过失，应当由医疗事故鉴定机构进行鉴定确定。妇产医院在张某起诉后曾经主张鉴定，法院也决定要作鉴定，但因病历被医务人员进行了篡改，其他资料也不真实，医疗事故鉴定机构无法进行鉴定。这种情况属于《民法典》第1222条规定的医疗技术过失推定的法定事由之一，医疗机构遗失、伪造、篡改或者销毁病历资料，应当推定其有医疗技术过失。法院依照该规定，推定医疗机构存在医疗技术过失，判决妇产医院应当承担赔偿责任，是正确的，判决符合《民法典》第1222条的规定。

第八节　环境污染和生态破坏责任

117.

“小偷盗窃加油站油品导致油品泄漏污染农田、鱼塘”案

案情介绍

张某在镇郊经营加油站。某日晚，肖某到该加油站偷油，打开储油罐后关不上阀门，导致油品泄漏，污染了下游的农田和鱼塘，致使村民损失30余万元。肖某被抓获后，经审判，被追究刑事责任。受污染损害的村民起诉加油站，要求其承担环境污染损失赔偿责任。加油站拒绝赔偿，原因是油污损害是肖某盗窃造成的，与自己无关，而且自己的油漏了造成重大损失，是受害人。

法律问题

1. 环境污染和生态破坏责任的概念和构成
2. 环境污染和生态破坏责任的因果关系推定

法理分析

一、环境污染和生态破坏责任的概念和构成

环境污染和生态破坏责任是指行为人实施环境污染、破坏生态行为造成生活、生态环境污染而应当承担的特殊侵权责任。环境污染和破坏生态包括大气污染、水污染、固体废物污染、海洋污染、能量污染、有毒有害物质污染等生活、生态环境污染、破坏等。

环境污染和生态破坏责任的构成须具备以下三个要件：

1. 有违反环境、生态保护法律的环境污染、破坏生态行为

构成侵权责任，首先必须有环境污染和破坏生态的行为。环境污染，是指工矿企业等单位所产生的废气、废水、废渣、粉尘、垃圾、放射性物质等有害物质，以

及噪声、震动、恶臭排放或传播到大气、水、土地等环境之中，使人类生存环境受到一定程度的危害的行为。破坏生态是指侵权行为使生态受到破坏的行为。

环境污染、破坏生态行为可以由作为和不作为构成，多数表现为排放有害物质和有害废弃物，散发有害气体、粉尘，传播噪声、颤动，散漏化学毒品或放射性物质等。在这些表现形式中，排放、传播都表现为作为的方式，而散发、散漏既可以表现为作为的方式，如过失造成密封器的损坏，也可以表现为不作为的方式，如密封器的自然损坏。

2. 有客观的环境污染、破坏生态的损害事实

环境污染、破坏生态的损害事实，是指污染环境、破坏生态的行为致使国家、集体的财产和公民的人身、财产及环境享受被侵害而造成的损害事实。没有这种损害事实，不构成环境污染、破坏生态侵权责任。

环境污染、破坏生态造成的损害以人身损害事实最为常见。污染水源、空气等，都可以造成大范围的人身伤害。环境污染、破坏生态所造成的人身损害具有潜在性和隐蔽性，即被侵权人往往在开始受害时显露不出明显损害，但随着时间的推移，损害逐渐显露，如早衰、人体功能减退等。这种潜在危害也应作为人身伤害事实。

环境污染、破坏生态造成的财产损害，主要是财产本身的毁损，使其丧失价值和使用价值。它也包括直接损失和间接损失。

环境、生态享受损害也是构成环境污染和生态破坏责任的损害事实，是指对民事主体享受良好环境和生态质量权益的损害。它与财产损害和人身损害有关，但不完全等同。

3. 有因果关系

环境污染、破坏生态行为与污染、破坏的损害事实之间要有因果关系。这一要件指的是环境污染、生态破坏行为与损害事实之间必须具有引起与被引起的客观联系。环境污染和生态破坏责任作为一种特殊侵权责任，在构成要件的因果关系方面也有特殊性，实行推定因果关系规则，即在环境污染和生态破坏责任中，只要证明企业等单位已经排放了可能危及人身健康或造成财产损害的物质，而公众的人身或财产已在排污后受到或正在受到损害，就可以推定这种危害是该排污行为所致。

二、环境污染和生态破坏责任的因果关系推定

由于环境污染和生态破坏责任的特殊性，被侵权人通常难以举证证明污染行为与损害后果之间的因果关系。为了更好地保护受害人的利益，使其损害得到及时救济，法官在原告完成因果关系初步证明的基础上，可以进行因果关系推定。推定的基础条件是：

第一，确认如果无此行为发生通常不会有这种后果。得出这个结论，首先应当确定事实因素，即环境污染、生态破坏行为和损害事实存在的事实得到确认，确认环境污染、破坏生态行为与损害事实之间可能存在客观的、合乎规律的联系。其次应当确定顺序因素，即分清环境污染、生态破坏行为与损害事实的时间顺序，作为原因的环境污染、破坏生态行为必定在前，作为结果的损害事实必须在后。违背这一时间顺序性特征的环境污染和生态破坏责任，为无因果关系。污染者一方如果否认因果关系，须举证证明违法排污行为和损害结果之间的时间顺序不符合要求，即可推翻这个推定。

第二，不存在其他可能原因，包括原告或者第三人行为或者其他因素介入。应当在损害事实与环境污染、破坏生态行为之间排除其他可能性。当确定这种损害事实的发生没有其他任何致害原因时，即可推定该种环境污染、破坏生态行为是损害事实发生的原因，才可以推定因果关系。

第三，判断有因果关系的可能性的标准是一般社会智识经验。基于一般社会经验判断，其因果关系存在的疑点显著存在，且此疑点于事实上可以合理说明，有科学的假说存在者，则法律上即可推定因果关系的存在。

实行因果关系推定，就意味着被侵权人在因果关系要件的证明上不必举证证明因果关系的高度盖然性，而在其证明了因果关系盖然性标准的基础上，即由法官实行推定。

在法官推定因果关系之后，被告如认为自己的排污、破坏生态行为与损害事实之间没有因果关系，则须自己举证证明。只要举证证明污染、破坏行为与损害事实之间没有因果关系，就可以推翻因果关系推定，免除自己的责任。

三、对本案的分析

案例里的肖某到张某开办的加油站偷油，因关不上阀门造成油品泄漏，污染了下游的农田和鱼塘。肖某的行为除了是盗窃，还构成因第三人过错导致的环境污染、生态破坏损害责任，即造成污染损害的是加油站的油品，但是过错在肖某这个第三人的行为中。这符合《民法典》第 1233 条关于“因第三人的过错污染环境、破坏生态的，被侵权人可以向侵权人请求赔偿，也可以向第三人请求赔偿。侵权人赔偿后，有权向第三人追偿”的规定。

按《民法典》这一规定，本案中因污染而受害的村民，可以要求肖某赔偿，也可以要求加油站赔偿。现在村民起诉加油站，虽然加油站对污染损害无过错，甚至自己还是油品被偷的受害人，但根据无过错责任原则，加油站还是要全额赔偿村民的损失。加油站在赔偿后，有权向肖某追偿，毕竟肖某才是真正的侵权人。

第九节　高度危险责任

118.

“货车装载黑火药发生爆炸致人损害”案

案情介绍

某日0时20分，一辆装载黑火药的大货车行驶至京珠高速湖北段时起火后发生爆炸，造成现场4人死亡、高速路面严重损毁，并造成附近10个行政村共有两千余户居民家的房子不同程度受损、29名村民受伤。

法律问题

1. 高度危险责任的概念和构成
2. 高度危险责任的类型

法理分析

一、高度危险责任的概念和构成

高度危险责任是指在占有、使用、管理、经营危险活动和危险物等活动中，造成他人损害时，相关行为人应当依照无过错责任原则承担侵权责任的特殊侵权责任。

这种特殊侵权责任的构成要件是：

第一，高度危险活动和危险物的占有人在高度危险作业中，违反对他人权利不得侵犯的法定义务，行为具有违法性。

第二，受害人遭受了人身损害或者财产损害的客观后果。高度危险活动和危险物作业造成的损害事实，既可以是人身损害，也可以是财产损害，还可以是既有人身损害又有财产损害。

第三，高度危险活动和危险物的作业与损害事实之间具有因果关系。在一般情况下，因果关系的举证责任由原告负担，但如果高度危险作业属于高科技领域，原告即受害人很难举证证明作业与损害间的因果关系，可以采用“盖然性因果关系”规则认定，即只要受害人证明了前两个要件，并能够证明这两个要件之间具有因果关系的盖然性（可能性），法官即可推定二者之间存在因果关系。如果高度危险活动或者高度危险物的占有人认为自己的行为与损害事实之间没有因果关系，则应当自己负举证责任：证明成立者，免除责任；证明不成立者，因果关系推定成立，构成侵权责任。

二、高度危险责任的类型

《民法典》侵权责任编第八章规定的高度危险责任的类型有：(1) 民用核设施发生核损害责任；(2) 民用航空器损害责任；(3) 占有或者使用易燃、易爆、剧毒、放射性等高度危险物损害责任；(4) 高空、高压、地下施工、高速轨道运输工具损害责任。对于这些不同的高度危险责任的类型，《民法典》第 1237 条至第 1243 条规定了各自的责任承担规则。

三、对本案的分析

依照《民法典》第 1239 条的规定，占有或者使用易燃、易爆、剧毒、高放射性、强腐蚀性、高致病性等高度危险物造成他人损害的，占有人或者使用人应当承担侵权责任；但是，能够证明损害是因受害人故意或者不可抗力造成的，不承担责任。被侵权人对损害的发生有重大过失的，可以减轻占有人或者使用人的责任。高度危险责任分为高度危险物损害责任和高度危险行为损害责任，本案显然是高度危险物损害责任。

本案经营者运输的黑火药，显然是高度危险物。在运输途中，黑火药发生爆炸，造成多人人身损害以及财产损害，依照《民法典》第 1239 条的规定，已经构成高度危险责任，黑火药的经营者应当对所有的受害人承担侵权损害赔偿责任。

第十节　饲养动物损害责任

119.

"在城区饲养恶犬伤害幼童受到广泛关注"案

案情介绍

2023 年 10 月 16 日 8 时许，崇州市恒大西辰绿洲小区，幼儿唐某被没拴绳的罗威纳犬撕咬，唐某父亲为保护唐某也被狗撕咬。经鉴定，唐某右肾挫裂伤，右侧肋骨骨折。伤人犬只主人被采取刑事强制措施，罗威纳犬被捕获。该案发生后，受到社会广泛关注。①

① 笔者在案发后发表的评论微博，就被点击阅读 1 451 万次。

法律问题

1. 饲养动物损害责任的概念与特征
2. 饲养动物损害责任的特殊类型

法理分析

一、饲养动物损害责任的概念与特征

饲养动物损害责任是指动物的饲养人或者管理人在饲养的动物造成他人损害时，根据致害动物的种类和性质适用无过错责任原则或者过错推定原则，应当承担赔偿责任的特殊侵权责任。

饲养动物损害责任的特征是：

1. 致害的动物是饲养的动物

饲养的动物分为饲养的一般动物、违反管理规定的动物、禁止饲养的动物以及动物园的动物。对于除此之外的其他动物，特别是野生动物，《民法典》并不调整；造成损害的，也不适用《民法典》的规定确定侵权责任。

2. 责任形态为对物的替代责任

《民法典》第1245条规定的责任主体为动物的饲养人或管理人。其特点是，造成损害的是饲养人或者管理人饲养的动物，而承担责任的是动物的饲养人或管理人。这属于典型的对管领的物造成的损害承担赔偿责任的替代责任，简称为对物的替代责任。

3. 一般条款下的特殊规定的立法体例

《民法典》第1145条的规定是动物损害责任的一般条款，规定的是一般规则；在此之下，对四种不同的特殊责任分别加以规定。对于一般动物损害责任适用一般性规定，对于特殊动物损害责任适用特别规定，体现了实事求是的原则，既能够做到具体情况具体对待，又体现了公平和公正的立法原则，体现了科学化的要求。

4. 归责原则二元化

饲养动物损害责任的基本归责原则为无过错责任原则，但对于个别的动物损害责任例如动物园的动物致人损害，适用过错推定原则。

根据《民法典》第1245条至第1249条的规定，我国动物损害责任的归责原则体系由无过错责任原则和过错推定原则两个归责原则构成。除了《民法典》第1248条规定的动物园饲养的动物致人损害适用过错推定原则，其他所有的饲养动物致人损害都适用无过错责任原则。动物的饲养人或者管理人能够证明损害是由被侵权人故意或者重大过失造成的，可以予以减轻或者免除责任。这一规定没有讲过失，显然被侵权人只具有过失的，不属于免责事由。

二、饲养动物损害责任的特殊类型

《民法典》主要规定了四种特殊的饲养动物损害责任：

第一，《民法典》第1246条规定，违反管理规定，未对动物采取安全措施造成他人损害的，适用无过错责任原则；但是，能够证明损害是因被侵权人故意造成的，可以减轻责任。

第二，《民法典》第1247条规定的禁止饲养的烈性犬等危险动物造成他人损害的，适用最为严格的无过错责任原则。无过错责任不能免责，同时也没有规定其他免责事由。因此，即使被侵权人具有故意或者重大过失，也不得免除或者减轻责任。

第三，《民法典》第1249条规定的遗弃动物或者逃逸动物造成他人损害的，适用无过错责任原则。

第四，适用过错推定原则的饲养动物损害责任，是《民法典》第1248条规定的动物园的动物造成他人损害的责任。法律明确规定“但是，能够证明尽到管理职责的，不承担侵权责任”，就标志着适用过错推定原则：先推定加害人具有过错，加害人主张自己无过错的，就要证明自己已经尽到管理职责。能够证明已经尽到管理职责的，为无过错，免除责任；不能证明者，为有过错，加害人应当承担赔偿责任。

三、对本案的分析

本案造成儿童受伤的犬只是罗威纳犬，很多地区都把它界定为烈性犬。对此，应当适用《民法典》第1247条：“禁止饲养的烈性犬等危险动物造成他人损害的，动物饲养人或者管理人应当承担侵权责任。”法理把这个条文称为绝对责任条款，不仅适用无过错责任原则，而且即使烈性犬的饲养人没有过错，甚至还有本应当减轻、免除责任的事由，都不管用，都要承担侵权责任。

有评论认为，这个小区不是犬只限养区，属于非限养区，不给发“狗证”。发不发“狗证”不是承不承担赔偿责任的依据。适用《民法典》第1246条和第1247条，并不区分限养区和非限养区，限不限养对损害赔偿没有决定性作用。如果饲养的是一般犬只，只有违反管理规定，如遛狗没有拴绳、没有带笼头等，造成损害才要承担赔偿责任。饲养烈性犬，连这些要求都不用考虑，只要养的烈性犬造成他人损害，就须承担赔偿责任，而且不得减责、免责。

第十一节 建筑物和物件损害责任

120. “高层建筑物使用人抛掷烟灰缸致人损害”案

案情介绍

凌晨1时40分，郝某与李某在街边谈事时，被临路楼房的阳台上抛掷下来的玻璃烟灰缸砸中头部，当即倒地，被送急救中心抢救。经医院精心治疗，郝某在昏迷7天后苏醒，留下了严重的后遗症，被鉴定为智能障碍伤残、命名性失语伤残、颅骨缺损伤残等。公安机关经过现场侦查，排除了有人故意伤害的可能。郝某家人对抛掷烟灰缸的肇事者调查无果，公安机关也无法确定烟灰缸所有人。郝某将位于出事地点的两幢居民楼的产权人以及两幢居民楼一定楼层以上的25户居民告上法庭，要求他们共同赔偿自己的医药费、精神损失费等各种费用。

法律问题

1. 建筑物和物件损害责任的概念
2. 建筑物和物件损害责任的类型
3. 高空抛掷物、坠落物损害责任

法理分析

一、建筑物和物件损害责任的概念

建筑物和物件损害责任，是指为自己管领下的建筑物和物件造成他人损害时，应当由物的所有人或者管理人承担侵权责任的特殊侵权责任。

二、建筑物和物件损害责任的类型

建筑物和物件损害责任实行过错推定原则，主要的类型是：

（1）建筑物等倒塌损害责任。建筑物、构筑物或者其他设施因建造缺陷而倒塌，造成他人损害的，由建设单位与施工单位承担连带责任。建设单位、施工单位赔偿后，如果另有其他责任人，则有权向其他责任人追偿。若建筑物、构筑物或者其他设施因管理缺陷而倒塌，造成他人损害，是其他责任人即建筑物等的所有人、管理人、使用人的原因引起的，则由这些第三人承担侵权责任。

（2）建筑物等及其悬挂物、搁置物损害责任。建筑物、构筑物或者其他设施及其悬挂物、搁置物发生脱落、坠落造成他人损害，所有人、管理人或者使用人不能证明自己没有过错的，应当承担侵权责任。所有人、管理人或者使用人赔偿后，有其他责任人的，有权向其他责任人追偿。

（3）堆放物损害责任。堆放物倒塌造成他人损害，堆放人不能证明自己没有过错的，应当承担侵权责任。

（4）道路障碍物损害责任。在公共道路上堆放、倾倒、遗撒妨碍通行的物品造成他人损害的，有关单位或者个人应当承担侵权责任。

（5）林木折断损害责任。因林木折断造成他人损害，林木的所有人或者管理人不能证明自己没有过错的，应当承担侵权责任。

（6）地下工作物损害责任。1）施工中的地下工作物损害责任。在公共场所或者道路上挖坑、修缮、安装地下设施等，没有设置明显标志和采取安全措施，造成他人损害的，施工人应当承担侵权责任。2）使用中的地下工作物损害责任。例如窨井等地下设施造成他人损害，管理人不能证明尽到管理职责的，应当承担侵权责任。

三、高空抛掷物、坠落物损害责任

《民法典》第 1254 条规定的是高空抛掷物、坠落物损害责任，包括以下六项规则。

（1）禁止从建筑物中抛掷物品。这是禁止性规定，是对高空抛掷物、坠落物损害责任的基础性规定。从建筑物中抛掷物品是非常危险的危害公共安全的行为，也是违反公序良俗的行为，必须严格禁止。

（2）从建筑物中抛掷物品，或者从建筑物上坠落物品，造成他人损害的，都由侵权人承担责任。侵权人就是抛掷物品的行为人，或者坠落物品的所有人、管理人或者使用人。

（3）抛掷物、坠落物致人损害，侵权人不明时，可能加害的建筑物使用人承担补偿责任的构成要件包括：一是行为人从建筑物中抛掷物品，或者物品从建筑物上坠落；二是抛掷物或者坠落物造成他人损害，主要是人身损害；三是实施抛掷行为的人或者坠落物品的所有人、管理人或使用人不明，不能确定真正的加害人；四是特定建筑物的使用人不能证明自己不是侵权人。如果具备上述四个要件，则该建筑物的使用人是可能加害的建筑物使用人。责任承担的方式是由可能加害的建筑物使用人对受害人的损失给予补偿，而不是承担连带责任。能够证明自己不是加害人，即没有实施抛掷物品行为，也不是坠落物品的所有人、管理人或者使用人的，不承担补偿责任。

（4）可能加害的建筑物使用人承担了补偿责任后，如果查到了真正的侵权人，对其享有追偿权，可以向其进行追偿。

（5）物业服务企业等建筑物管理人应当采取必要的安全保障措施，防止高空抛掷物品或者坠落物品造成损害的发生。未尽此安全保障义务，造成损害的，应当依照《民法典》第 1198 条的规定，承担违反安全保障义务的损害责任。《最高人民法院关于适用〈中华人民共和国民法典〉侵权责任编的解释（一）》第 24 条和第 25 条规定：第一，物业服务企业等建筑物管理人承担相应的补充责任，承担责任的方法是，未采取必要安全保障措施的物业服务企业等建筑物管理人，在法院对具体侵权人的财产依法强制执行后仍不能履行的部分，承担与其过错相应的补充责任。第二，物业服务企业等建筑物管理人承担补充责任，可能加害的建筑物使用人在剩余的赔偿数额内给予补偿。建筑物管理人与可能加害的建筑物使用人之间，承担责任也存在顺位关系，即建筑物管理人为第一顺位责任人，可能加害的建筑物使用人为第二顺位责任人。

（6）对高空抛掷物造成损害后果的，公安等机关应当依法立案调查，对责任人依法给予治安管理处罚；构成犯罪的，应当依法追究刑事责任。这样就明确了高空抛掷物行为发生后，侦查职责在公安机关，其应当及时立案侦查，查清责任人，依法处理。只有动用侦查手段仍然查不清责任人的，才可以适用本条第 1 款第二句第二分句的规定。

四、对本案的分析

本案是有关高空抛掷物、坠落物损害责任第一案，具有重大影响。在当时，审理这个案件的法官判决由有可能加害的人承担连带责任，对受害人的损失予以全部赔偿。

在《侵权责任法》立法中，立法专家一致认为，对于这种情形不应当由全体有可能加害的人承担赔偿责任，尤其是不能让他们承担连带责任，如此就会认为这种行为是共同危险行为。因此，《侵权责任法》第 87 条规定，由有可能造成损害的人予以补偿。

该条法律规定实施后，没有使高空抛物造成损害的案件有明显减少，原因是这个条文规定的是补偿规则，而不是防免这类危险行为发生的规则。笔者建议，立法更应当关注防范高空抛物的发生，事发后，公安机关应当介入调查，而不能认为是民事纠纷而放任不管。

在高空抛掷物、坠落物损害责任中，多数是能查清具体加害人的。《民法典》特别规定了“公安等机关应当依法及时调查，查清责任人”，明确了高空抛物行为发生后，公安机关应当及时立案侦查，查清责任人，只有动用侦查手段仍然查不清责任人时，才能让有可能造成损害的建筑物使用人给予补偿。

讨论本案，有助于进一步准确理解《民法典》这一条文规定的基本精神。

图书在版编目（CIP）数据

民法案例分析教程/杨立新编著. --6版. --北京：中国人民大学出版社，2025.6. --(新编21世纪法学系列教材/曾宪义，王利明总主编). --ISBN 978-7-300-33755-5

Ⅰ. D923.05

中国国家版本馆CIP数据核字第2025HB0342号

新编21世纪法学系列教材

总主编　曾宪义　王利明

民法案例分析教程（第六版）

杨立新　编著

Minfa Anli Fenxi Jiaocheng

出版发行	中国人民大学出版社		
社　　址	北京中关村大街31号	**邮政编码**	100080
电　　话	010－62511242（总编室）		010－62511770（质管部）
	010－82501766（邮购部）		010－62514148（门市部）
	010－62511173（发行公司）		010－62515275（盗版举报）
网　　址	http://www.crup.com.cn		
经　　销	新华书店		
印　　刷	北京七色印务有限公司	**版　　次**	2008年2月第1版
开　　本	787 mm×1092 mm　1/16		2025年6月第6版
印　　张	27.25 插页1	**印　　次**	2025年6月第1次印刷
字　　数	532 000	**定　　价**	78.00元

《　　　　　　　》※任课教师调查问卷

为了能更好地为您提供优秀的教材及良好的服务，也为了进一步提高我社法学教材出版的质量，希望您能协助我们完成本次小问卷，完成后您可以在我社网站中选择与您教学相关的 1 本教材作为今后的备选教材，我们会及时为您邮寄送达！如果您不方便邮寄，也可以申请加入我社的**法学教师 QQ 群：436438859（申请时请注明法学教师）**，然后下载本问卷填写，并发往我们指定的邮箱（cruplaw@163. com）。

邮寄地址：北京市海淀区中关村大街 59 号文化大厦 1202 室收

邮　　编：100872

再次感谢您在百忙中抽出时间为我们填写这份调查问卷，您的举手之劳，将使我们获益匪浅！

基本信息及联系方式：※

姓名：＿＿＿＿＿＿＿ 性别：＿＿＿＿＿＿＿ 课程：＿＿＿＿＿＿＿＿＿＿

任教学校：＿＿＿＿＿＿＿＿＿＿＿＿＿＿＿ 院系（所）：＿＿＿＿＿＿＿＿

邮寄地址：＿＿＿＿＿＿＿＿＿＿＿＿＿＿＿ 邮编：＿＿＿＿＿＿＿＿＿＿

电话（办公）：＿＿＿＿＿＿＿ 手机：＿＿＿＿＿＿＿ 电子邮件：＿＿＿＿＿

调查问卷：※

1. 您认为图书的哪类特性对您选用教材最有影响力？（　　）（可多选，按重要性排序）

   A. 各级规划教材、获奖教材　　B. 知名作者教材

   C. 完善的配套资源　　D. 自编教材

   E. 行政命令

2. 在教材配套资源中，您最需要哪些？（　　）（可多选，按重要性排序）

   A. 电子教案　　B. 教学案例

   C. 教学视频　　D. 配套习题、模拟试卷

3. 您对于本书的评价如何？（　　）

   A. 该书目前仍符合教学要求，表现不错将继续采用

   B. 该书的配套资源需要改进，才会继续使用

   C. 该书需要在内容或实例更新再版后才能满足我的教学，才会继续使用

   D. 该书与同类教材差距很大，不准备继续采用了

4. 从您的教学出发，谈谈对本书的改进建议：＿＿＿＿＿＿＿＿＿＿＿＿＿＿

＿＿＿＿＿＿＿＿＿＿＿＿＿＿＿＿＿＿＿＿＿＿＿＿＿＿＿＿＿＿＿＿＿＿＿

＿＿＿＿＿＿＿＿＿＿＿＿＿＿＿＿＿＿＿＿＿＿＿＿＿＿＿＿＿＿＿＿＿＿＿

选题征集：如果您有好的选题或出版需求，欢迎您联系我们：

联系人：黄　强　联系电话：010-62515955

索取样书：书名：＿＿＿＿＿＿＿＿＿＿＿＿＿＿＿＿＿＿＿＿＿＿＿＿＿＿

书号：＿＿＿＿＿＿＿＿＿＿＿＿＿＿＿＿＿＿＿＿＿＿＿＿＿＿＿＿＿＿＿＿

备注：※ 为必填项。